모든 언어를 꽃피게 하라

모든 언어를 꽃피게 하라

나의 아버지 웨인 그린에게 이 책을 바친다.

〈일러두기〉
별표(*)를 단 각주는 모두 옮긴이의 것이다.

추천의 말

존 맥워터*

내가 여덟 살 때, 필라델피아에 사는 많은 가족들이 가끔 그러듯이 우리 가족도 당일치기로 뉴욕 시를 구경했다. 그리고 뉴욕을 여행하는 대부분의 가족이 한 번은 꼭 들르는 명소인 엠파이어스테이트빌딩을 방문했다.

거의 40년 전인 그날 오후 101층 전망대에서 멀리 내려다본 이웃 코네티컷 주의 모습은 이제 어렴풋한 기억으로만 남아 있다(날씨가 워낙 화창해서 그 이름난 경관을 온전히 즐길 수 있었다). 나에게 그날 무엇보다도 좋았던 것은 지금도 내 서재 벽장 속 상자에 다른 기념품들과 함께 간직돼 있는 관광 안내 소책자였다. 더 구체적으로 말하면, 영어 외에 다섯 가지 다른 언어로도 만들어진 소책자들이다!

뉴욕을 구경하기 두어 해 전, 영어 말고도 여러 방식으로 말을 할 수

---

* 존 맥워터(John McWhorter)는 미국의 언어학자이며 정치평론가로, 시사평론 잡지 『뉴리퍼블릭』의 칼럼니스트이자 맨해튼정책연구소가 발행하는 계간지 『시티저널』의 고정 필자다. 1993년 스탠퍼드대학교에서 언어학 박사 학위를 취득했으며, 현재 컬럼비아대에서 가르치고 있다. 주된 연구 분야는 언어 변화와 언어 간의 접촉이다. 『뉴욕타임스』 선정 베스트셀러였던 『패배한 경주: 미국 흑인들의 자기 저해』 외에 『언어란 무엇인가(무엇이 아니며 무엇이 될 수 있는가)』 등 많은 저서가 있다.

있다는 사실을 처음 알았을 때부터 나는 줄곧 마법에 홀린 기분이었다. 어떤 이유에서인지 그 경이감은 쉽사리 내 마음을 떠나지 않았다. 20대 후반에 내가 언어학 교수가 되어 언어 연구를 평생의 업으로 삼게 된 것도 당시의 내 생각과는 달리 결코 상황에 따른 우연만은 아니었다.

그때 우연이라고 느끼게 된 데는 아마 다음과 같은 점도 작용하지 않았나 싶다. 언어학자는 언어에 대한 자신의 관점과 연구실 밖 주변 사람 대부분의 관점 간의 부조화에 끊임없이 시달려야 한다는 사실 말이다. 자신의 직업에 관해 이야기할 때 그는 마치 닻을 잃은 배 같은 느낌, 자신이 남들과 "다르다"는 느낌에 사로잡힌다.

천체물리학자는 천체의 구성과 움직임에 관해 일반인이 도달할 수 없는 수준으로 상세하게 알고 있다. 그렇다 해도 우리 모두는 그가 왜 천체에 관심을 쏟는지를 기초적으로나마 알고 있으며, 상당수는 플라네타륨을 찾아 천장에 투영된 별자리를 즐기고 천체망원경을 들여다보면서 아마추어 차원에서 그의 관심을 공유한다. 건축물을 창조하고자 하는 건축가의 경우에도, 우리는 그의 욕구와 이유를 충분히 이해한다. 정비공은 우리의 차를 수리하고, 우리는 그걸 기쁘게 생각한다. 그의 사명감과 우리의 이해 사이에는 한 치의 괴리도 없다.

언어학자는 상황이 다르다. 언어학자들은 언어의 기본적 특성, 즉 사통팔달로 펼쳐지는 가운데에도 정연함이 숨어 있는 그 복잡성에 경탄한다. 언어학자는 혼돈으로 보이는 것 속에서 작용하는 체계를 확인하고자 노력한다. 언어학자의 기본적인 정서는 경이로움이다.

게다가 이 세상 언어의 다양성이라니! 독일어와 러시아어 못지않게 나이지리아의 하우사어나 아마존 부족의 거의 알려지지 않은 언어 역시 경탄을 자아낸다. 외부 세계와 기약 없이 단절돼 있는 미얀마를 보며 우리 언어학자들은 훗날 언젠가 발견되기를 기다리고 있는 그곳 언어의 풍요로움을 상상하며 매혹에 잠기곤 한다.

그러나 시간이 지남에 따라 언어학자는 한 가지 중요한 사실을 깨닫게 된다. 대부분의 일반인에게 언어는 경이로움보다는 까탈 섞인 두 갈래의 감정—즉, 세상 사람 대다수가 원시적인 언어를 사용하거나, 그렇지 않더라도 말을 제대로 구사할 줄 모른다는 느낌—을 불러일으킨다는 사실이 그것이다.

물론 사람들의 그런 느낌을 위와 같이 직설적으로 묘사하는 언어학자는 거의 없다. 그보다는 과학자들이 흔히 쓰는 표현으로, 그것이 언어학자들의 기본 전제와 '부합하지 않는다'고 한다.

예를 들어, 글자로 기록되지 않는 언어는 '진정한' 언어가 아니라고 흔히들 생각한다. 이 관점에서 언어란 소리가 아니라 문자다. 문자가 없는 언어는 일반적으로 '미개하다'고 치부되며, 그 언어의 사용자들조차 그리 생각한다.

어쨌든 지구에는 약 6,000개의 언어가 있는데 그중 기껏해야 수백 개만이 제대로 기록된다는 점에서, 인간이 사용하는 언어는 몇몇을 제외하고는 모조리 미숙하다는—다시 말해 원시적이라는—견해가 지배적이다. 그렇다면 인도네시아 파푸아 지역의 극소수 주민만이 쓰는 베릭어도 원시적이라 해야 할 터이다. 이 언어에선 동사를 활용할 때 영어의 s에 해당하는 인칭 표지뿐 아니라, 말하려는 행위가 하루 중 언제 일어났는지, 그 일이 작은 물체와 관련 있는지 큰 물체와 관련 있는지, 나아가 해당 물체가 결국 높은 곳에 올라갔는지 밑으로 내려갔는지를 나타내는 표지까지 한 단어에 묶어서 표현하는데 말이다.

캅카스 산맥 지역의 언어인 카바르드어는 또 어떤가. 여기서는 "그는 그것을 나에게 줬다."라는 문장 전체가 하나의 단어로 표현된다(이 얼마나 '원시적'인가). 한 음절, 심지어 하나의 음소만으로 이루어진 각각의 의미 마디들이 한 덩어리로 결합하는데, 마디별로 구분해 발음하면 대략 '커-스-아-이-어-터-아그-스'다. 한데 이렇게 구성된 단어를 실제로 말할 때는 발음이 '키-지이(강세 음절)-타스'로 짧아진다! 천천히 말해도 마찬가지다. 이렇게 되는 이유는 우리가 예컨대 나뭇잎들을 'leafs'라고 말하는 대신 'leaves'라고 하는 것과 같은 유의 규칙적 과정들 때문이다. 카바르드어를 하려면 이것들 외에도 숱한 규칙을 익혀야 한다.

사실 언어학자들은 '원시적'이라 할 언어를 발견한 바 없다. 대체로 보아, 문자가 없는 언어들이 오히려 영어보다 더 복잡한 경향이 있다. 따지고 보면 글자란 그저 종이 위에 낸 자국들로서 말하는 '소리'를 흉내 낸, 유용하지만 결함이 있는 모사(模寫)에 불과하다. 어쨌든 8만 년 전 현생인류가 출현한 이후 불과 5,500년쯤 전에 문자가 생겨날 때까지 언어는 단지 음성일 뿐 아니었던가.

문자를 언어적 '실체'와 동일시하는 게 얼마나 어리석은 일인지는 중국의 예를 통해 쉽게 이해할 수 있을 것이다. 중국인들은 표준 중국어(북방어)와 광둥어(廣東語), 그 밖의 지역언어들이 같은 중국 문자로 표기되고 있기 때문에 모두 '한 언어'의 방언들이라고 흔히 생각한다. 물론 모든 중국인은 '나'를 '我'로 표기한다. 하지만 발음은 제각각이다. 표준 중국어로는 '워', 광둥어로는 '응고', 타이완어로는 '호아', 상하이어로는 '응구', 하카어(客家語)로는 '응가이', 간어(贛語)로는 '아'로 발음한다. 이들이 한 언어의 방언들이라면 프랑스어, 스페인어(에스파냐어), 이탈리아어 역시 한 언어의 방언들이라고 해야 할 터이다. 문자 표기와 언어 자체는 결코 같은 게 아니다.

마찬가지로, 단일한 언어의 경우에도 그 '존재'의 우열은 그것의 기록 여부와 방식에 따라 달라지며 따라서 문자 없는 언어는 문자를 지닌 언어보다 열등하다는 생각 또한 논리적으로 근거가 없다. 베릭어는 글로 쓰인 적이 거의 없지만 명백하게 '존재'할 뿐 아니라, 영어보다 오히려 '현실'의 참모습에 더 근접한 것으로 보이는 복잡성을 갖추고 있다. 문자가 언어의 본질이라는 것은 근대 특유의 관념이다. 마치 일반적인 여행 속도는 시속 90km 이상이라는 생각이 그렇듯이.

살펴봐야 할 통념 또 하나는 우리 자신의 '발달한' 언어에 관한 것이다. 사람들 대부분의 언어 사용 실태를 보면 도저히 발달한 언어 같아 보이지 않는다는, 흔히 토로되는 견해가 그것이다. 언어학자라면 익숙해진 일이지만, 말에 관한 강연 후에 청중들은 잘못된 언어의 확산 사례를 쏟아내면서 절박한 질문들을 해오곤 한다.

영국의 저널리스트이자 작가인 린 트러스의 『먹고, 쏘고, 튄다*Eats, Shoots & Leaves*』는 부실한 언어 사용을 개탄한 저서로 일반 대중 사이에서 큰 인기를 누렸다(레인 그린은 이 책에서 트러스의 견해에 깊은 불만을 표하고 있다). 트러스의 책을 낸 출판사는 내 책을 내는 곳이기도 한데, 그들은 나도 트러스처럼 언어의 상태에 관해 대중적 분개를 불러일으킬 책을 썼으면 하고 바랄 게 틀림없다.

하지만 나는 그럴 수가 없다. 오늘날 올바른 문법으로 치부되는 바로 그것들이 과거엔 오류로 보였던 용법들이기 때문이다. 대중이 라틴어

식의 격어미(格語尾)를 버리는 현상을 보면서 고대 영어의 화자들이 어떻게 느꼈을지 상상해보라. 이 책에서 레인도 묘사하고 있지만, 로마의 정치가였던 키케로가 라틴어 자체에 그 같은 변화가 일어나는 걸 보면서 느낀 것과 같은 감정이 일었을 테다. 그러나 고대 영어에 일어난 그 변화는 지금 내가 쓰고 있는 언어를 낳았고, 변화한 라틴어는 단테의 『신곡』의 언어가 되지 않았는가.

하지만 사람들 대부분의 일상적 어법에 문제가 많다는 생각은 여간 뿌리 깊은 게 아니어서, 미국에 건너온 이민자들의 경우, 영어에는 그런 주장을 적용할 수 없음을 인정하는 사람이라도 자기네 고국 이런저런 지방의 어법에 대해서는 "정말로 끔찍해요. 제 나라 말을 올바로 사용할 줄 모르는 거죠."라는 식으로 강변한다. 이런 예들을 보건대 언어가 (신체적 자세나 세금 납부, 혹은 진실 말하기 따위가 그렇듯이) 사람들이 등한시하고 위반하기 아주 쉬운 대상이라며 경계하는 것은 인간의 일반적 성향인 듯도 하며, 그런 인식은 문자 기록의 표준 방식이 도입되고 굳어진 뒤에 특히 두드러지는 것 같다.

온갖 사실들로 그득한 레인 그린의 냉철하고 흥미로운 이 책은 언어에 대한 위와 같은 사고방식이 실은 얼마나 별스러운 것인지, 언어학자들은 왜 그렇게 보지 않으며 그런 생각을 버리면 어떤 이점이 있는지를 명확하게 설명해준다. 레인은 이 문제를 진정 효과적인 단 하나의 방식으로, 즉 세계의 다양한 언어들과 그 역사를 거침없이 오가면서 풀어낸다. 그리하여 우리는 말들의 변화 발전을 놓고 "좋은 건지 아닌지"를 평가하려 드는 수많은 무리가, 언어의 멋들어진 퍼레이드를 옆에서 바라다만 보는 구경꾼에 불과하다는 사실을 깨닫게 된다. 그들처럼 언어의 참모습을 간과하도록 훈련받지 않은 사람에겐 퍼레이드의 장려함이 언제나 환하게 드러나는데 말이다. 이런 측면에서 본다면, 레인의 책은 고정 관념의 세뇌에서 행복하게 벗어나는 사람들의 수를 늘리게 될 것이다.

문자 의존도가 높기로 이름난 유럽과 중동은 물론이고 중국과 일본에도 흥미로운 언어 현상이 많으며, 고대 인도의 경전 리그베다, 남아시아의 다른 지역에서 사용되는 몇몇 '문자 체계'들, 고대 이집트와 마야의 상형문자 역시 상당한 관심의 대상이지만, 따지고 보면 전 세계의 모든 언어가 흥미를 불러일으키기에 충분하다고 레인은 말한다. 그가 보여주듯이, 사실 세계의 언어들은 서로 이리저리 번져 들어가고 번져 나온 방언들의 얼룩진 집합체라고 할 수 있다. 프랑스어가 어떻게 프랑스어가 되었고, 세르보·크로아트어가 어떻게 세르보·크로아트어가 되었는지(또는 되지 못했는지)에 대한 실제 이야기들을 들어보면, 표준어란 민족국가가 이질적 요소들을 융합하며 자리 잡는 과정에서 영역 내의 여러 방언 중 하나를 공통어로 선택한 것에 불과하다는 사실을 알게 된다.

범세계적 현상으로서 언어가 얼마나 경이로운 것인지를 이제 미국인들도 깨닫기 시작했다는 징후들이 나타나고 있다. 요즘 학생들은 내가 앞에서 언급한 엠파이어스테이트빌딩 안내 책자가 인쇄되던 시절에는 생각조차 할 수 없었을 만큼 열심히 아랍어, 중국어, 러시아어, 일본어를 공부한다. 어렸을 적 내가 엠파이어스테이트빌딩에 올랐을 때 이 넷 중 안내 책자에 사용된 언어는 중국어뿐이었다. 외국인들의 미국 이주 규제를 크게 완화한 1965년 이민법이 제정된 지 고작 8년이 지난 때였다. 그 뒤로 엄청난 수의 이민자와 그 자녀들이 미국이라는 거대한 직조물에 짜 넣어졌다. 이제 '언어'란, 특히 아이들이 가정에서 영어 아닌 수십 가지 다른 언어를 말하는 도시 지역에서는, 그 옛날 벌리츠 사에서 발행하여 한 시대를 풍미했던 하드커버 언어 자습서들이 다룬 몇 개 주요 언어만을 가리키는 게 아니라는 사실이 갈수록 분명해지고 있다.

공교롭다고 할까, 근래에 레인과 나는 언어가 지닌 매혹적인 어려움은 덜 알려진 언어에서도 다를 바 없다는 점과, 문자 체계는 그 언어의 본질과 느슨한 관계만을 가진다는 점을 단적으로 보여주는 경험을 함께 했다. 레인과 나의 누이는 모두 덴마크 사람과 결혼했다. 그래서 레인과 나는 그 나라의 말과 즐겁게 씨름해왔는데, 이게 보통 까다롭지 않다. 예컨대 영어의 'better(더 좋은)'에 해당하는 단어는 철자가 'bedre'인데 발음은 '비흘드러'에 가까우며, 이 발음을 수십 번 연습한 뒤에야 흉내나마 그럴싸해져서 덴마크인이 자비로운 표정으로 비슷하다고 인정해주는 체한다. 이건 고작 한 단어의 예에 불과하다.

뉴욕 시 인구보다도 적은 수의 사람만이 사용하는 이 언어는 발음이 살인적으로 어렵고, 표기법은 마치 다른 언어를 위해 고안된 것 같다(실제로 그랬다고 할 수 있다). 레인은 내가 엄두도 못 낼 만큼 덴마크어를 깊이 파고들었지만, 우리 둘 다에게 지금까지의 경험은 언어의 본질이 무엇인지를 배우는 좋은 기회였다. 비록 사용자가 소수에 불과하고, 표기 체계 또한 말의 원숙함을 드러내기보다는 영어가 그렇듯이 짜증을 유발하는 편이긴 하지만.

이 책은 언어를 있는 그대로 보고자 하는 사람들을 위한 훌륭한 입문서다. 독자들도 느끼게 되겠듯이, 언어의 맨얼굴을 이처럼 직시하는 편이 그걸 낙오자들과 잘못된 습관의 구성물로 여기는 시각보다 우리에게 훨씬 만족스럽다는 것을 아이러니라 해야 할까.

들어가는 말

　나에겐 말의 스승이 두 분 있었는데, 각기 다른 것들을 나에게 가르쳐 주었다. 나의 외할아버지 로버트 윌슨 레인은 육군 대령 출신이었으며, 주변 사람 누구도 이 사실을 잊을 수 없었다. 할아버지는 퇴역한 지 오랜 후에도 전화를 받을 때마다 근엄한 어조로 "레인 대령입니다."라고 하셨던 것이다. 나는 할아버지를 숭배한 나머지 복도의 벽장 속에 걸려 있는 그분의 군복을 몰래 만지작거렸고, 할아버지를 닮고 싶어서 직업 군인이 될 생각까지 했다. 어머니와 아버지는 여름마다 동생과 나를 외조부모님이 은퇴 후 살고 계시던 샌안토니오로 데려가 몇 주일씩 지내게 했다. 내 머릿속에 언어에 대한 최초의 생각들이 자리 잡은 것은 바로 거기에서였다.

　할아버지는 끊임없이 재미를 주는 분이었다. 프랑스어와 독일어를 할 줄 알았는데, 순전히 즐거움을 위해 수시로 그 언어들을 활용했다. 한번은 할아버지가 내게 'Hottentotenpotentatenmuttermörderattent-atsverrater〔호텐토텐포텐타텐무터뫼르더라텐타츠페어라터〕' 라는 단어가 독일어로 '호텐토트족의 왕의 어머니를 살해한 자를 배신한 사람' 이라는 뜻이라고 가르쳐줬다. 그런 단어를 다 만들어내다니 독일 사람들은 정말 대단하다고 나는 생각했다. (실은 독일인들이 만들어낸 말이 아니라, 단어들을 사슬처럼 엮어 복합어를 만드는 독일어의 습관에 매혹된 영어 사용자들이 꾸며낸 농담이라는 사실을 당시 나로서는 알 턱이 없었다.)

할아버지는 또한 우리가 어려운 단어를 놀이로 익히도록 했다. 'a paucity(소량)'라는 말이 있는데 왜 'a little(조금)'이라고 하지? 'a plethora(과다)'라고 훨씬 재미있게 말하면 좋을 텐데 왜 그저 'a lot(많다)'이라고 하지? 여름에 즐기던 게임 중엔 이런 것도 있다. 할아버지가 나와 동생 행크에게 'mosey(어슬렁거리다), sidle(게걸음 치다), amble(느릿느릿 걷다), strut(뽐내며 걷다), skulk(살금살금 걷다)' 등의 단어들을 방 안에서 직접 몸으로 표현해보라고 시킨다. 책에서 읽기만 한 단어들에 신체적 감각을 덧씌우게 하는 것이다. 실제로 게걸음을 쳐보니 어떤 느낌이더냐? 게처럼 모로 걸은 거냐?

그러나 할아버지가 내게 물려준 진짜 유산은 내가 이 책에서 '(언어에 관한) 잔소리(sticklerism)'*라고 부를 습관의 철저한 가르침이었다. 내가 집을 나서며 "행크하고 쇼핑센터에 다녀올게요.(Hank and me are going to the mall.)"라고 말하면 할아버지의 벼락같은 질문이 돌아왔다. "'누가' 마트에 간다고?" 나는 황급하게 "Hank and me"를 "Hank and I"로 고쳐서 다시 말한다. 그런 뒤에야 나갈 수 있었다.

더 좋은 말, 올바른 말 따위에 대한 생각을 처음 하게 된 이 시절부터 나는 잔소리꾼의 규약을 가슴 깊이 새겼다. 쉬운 단어보다 길고 어려운

---

* 'stickler'는 규칙이나 관행 따위를 융통성 없이 지키며 다른 이들에게도 그럴 것을 요구하는 깐깐한 사람, 잔소리꾼을 말하며, 'sticklerism'은 그 같은 사고와 행태를 가리킨다.

단어가 더 좋고, 문법상의 실수는 욕실에 불을 켜놓고 나오는 것처럼 나쁜 습관이라고 말이다.

그러나 성장기에 내가 더 가까이 접했던 영어는 이와 아주 달랐다. 아버지 웨인 그린은 조지아 주 메이컨 시에서 어린 시절을 보냈다. 고등학교를 중퇴하고 질이 안 좋은 친구들과 어울렸기 때문에 아무 짝에도 쓸모없는 사람이 될 거라고 모두가 믿어 의심치 않았다. 한데 모두의 예상을 뒤엎으며 아버지는 해군에 입대해 전기 기술을 배웠고, 검정고시에 합격한 뒤 대학에 들어갔다. 이후 제너럴일렉트릭 사의 세일즈맨으로 성공한 그는 당신이 누리지 못한 안락한 중산층 환경에서 두 아들을 키우는 것을 자랑으로 여겼다.

그러나 시골에서 벗어날 수는 있어도 시골티를 벗기는 어려운 법이다. 아버지는 뼛속까지 메이컨 사람이었다. 나는 집에서 멀리 떠난 후에야 비로소 아버지의 말씨가 얼마나 남부적인지를 깨달았다. 옥스퍼드의 대학원에서 공부하던 시절, 뉴질랜드 출신 친구가 내 방에 왔을 때였다. 전화 자동응답기의 불빛이 깜박이기에 재생 버튼을 눌렀다. 그리고 응답기에서 흘러나온 목소리를 들으며 나는 깜짝 놀랐다. "아야, 뭣 하고 있다냐? 느그 애비다. 뭐하고 있나 궁금해서 전화한 것인디, 집에 없는 것을 본게 어디 술 한 잔 하러 나간 것이냐……." 나는 멋쩍은 얼굴로 친구에게 아버지가 항상 저렇게 말하진 않는다고 설명했다. 다음 날 나는 어머니에게 전화했다. "엄마, 아빠의 사투리가 부쩍 심해지지 않았나요?" 나는 틀림없이 그렇다고 생각했지만 어머니는 예사롭게 대답했다. "아니, 전혀 안 그런데?"

돌려 말해서, 아버지는 언어에 능한 분은 아니었다. 남부 말씨는 그렇

다 치고, 낯선 단어와 이름이 나오면 전혀 복잡한 게 아닐 때도 쩔쩔매
곤 했다. 예컨대 전화에서 애틀랜타 스포츠 팀들 얘기를 하게 될 경우,
선수들의 이름을 도통 발음하지 못했다. 호크스*의 호리호리한 센터 존
콘캑(Jon Koncak)은 발음이 결코 어렵지 않은 이름인데도 아버지의 입
에선 항상 '콘책'이 되어버렸다. 언젠가 아버지는 브레이브스 팀이 내
야수 유망주로 기대를 걸고 있다는 '윌프레도 베니테스' 칭찬을 한참 했
는데, 나는 내가 알고 있는 브레이브스 2군 유망주들을 죽 따져본 후 아
버지가 말한 선수가 도미니카공화국 출신의 유격수 '윌슨 베테미트'임
을 짐작했다.*

　조지아에서 수천km 떨어진 영국에서의 그날 밤부터 아버지는 나에
게 외국어 사용자가 되었고, 나는 그 사실에 완전히 매료되었다. 내 안
에 숨어 있는 외국인을 발견한 것이다. 이탈리아계 미국인, 아일랜드계
미국인 등등이 대개 그러듯이 나 또한 성년 초반에 자신에게 색다른 배
경이 있음을 깨닫고 그걸 소중히 여기게 됐다. 남들이 모두 우스꽝스럽
거나 초라하다고 생각하지만 자신은 특별히 좋아하는 셔츠처럼 말이다.
내 뿌리의 절반이 남부에 있다는 사실이 갑자기 엄청난 중요성을 지니
게 됐다. 그때부터, 다른 곳도 아닌 옥스퍼드에서, 나는 조금은 더 남부
말투로 말하기 시작한 것 같다. 이제 막 사랑하기로 마음먹은 유산을 몸
에 맞춰보듯이.

---

* 호크스(Hawks)는 애틀랜타에 연고를 둔 프로농구 팀이다.
* 브레이브스(Braves)는 애틀랜타의 프로야구 팀이며, 베니테스는 푸에르토리코 출
신의 프로 권투선수로 3개 체급에서 세계 챔피언을 땄었다. 저자의 아버지는 '베테
미트'를 '베니테스'로, 베니테스의 이름 '윌프레드'도 '윌프레도'로 착각했다.

한편 아버지는 대학에서 여러 나라 말을 배운 아들을 자랑스럽게 여겼다. 나를 독일인 고객에게 소개하고는, "인자 둘이 독일어로 얘기하쇼." 하곤 했다. 그러면 영어가 유창한 그 고객은 얼굴이 벌게져서는 역시 쑥스러워하는 나와 독일어로 대화를 나누었고, 아버지는 그 모습을 지켜보았다. 그때쯤 아버지는 내가 당신의 기대와 달리 해군에 입대하지 않고 바로 사회에 진출하려 한다는 사실을 받아들이고 있었다. 내가 아버지 자신처럼 되지는 않았어도 어쨌든 친구들에게 얘기할 만한 자랑거리는 되었으니까.

언어는 내게 명함 같은 것이 되었다. 누가 "레인은 9개 국어를 할 줄 압니다."라고 소개하면 다른 누군가가 "그래요? 어떤 언어들이죠?"라고 묻곤 했다. 나는 겉으로는 수줍어하면서도 속으론 괴짜들 특유의 자부심을 느끼며 질문에 답했다.

나는 고등학교에서 스페인어를 첫 외국어로 배웠다. 열네 살짜리 보통 아이들과 달리 처음부터 외국어가 아주 즐거워서, 마치 멋진 암호생성기에 영어를 입력해서 만들어내는 암호를 푸는 것 같았다. 대학에 들어가서는 독일어를 시작하여 3학년 과정은 함부르크에서 들었다. 대학 선택과목의 절반은 언어 수업에 바쳤으며, 이렇게 해서 프랑스어를 꽤 쓸 만하게, 러시아어는 기초 수준으로 습득했다. 그 뒤 2001년 9월 11일 직후부터 아랍어를 배우기 시작했다. 당시에는 좋은 생각 같았다. 영국의 시사 주간지 이코노미스트의 웹 편집 팀에서 일하기 시작한 때였는데, 아랍어를 배워놓으면 국제문제 보도에서 남들보다 한 걸음 앞서지 않을까 싶었던 것이다. 그 뒤 몇 년 사이에 아랍어 신문을 읽고 구어체로 잡담을 나눌 수 있게 되었지만, 아랍어는 내가 배운 언어들 중 가장 어려워서 지금도 꾸준히 공부하고 있다.

그러다 드디어 나는 하늘처럼 넓고 환한 미소를 지닌, 키가 180cm를 훌쩍 넘는 금발 여인을 만났다. 그녀를 만난 2005년 7월 4일 독립기념일은 언어와 관련해서도 나에게 의미 깊은 날이 되었다. 내 아내가 된 그녀 에바는 덴마크 사람이어서, 나는 지난 몇 년 동안 아랍어와 병행해 아내의 언어를 공부해왔다. 하지만 둘 중 덴마크어는 뒷전이다. 아랍어보다 일과 연관하여 쓸모가 적고, 에바의 영어는 대부분의 미국인이 부러워할 만한 수준이라 내가 덴마크어를 열심히 익힐 동기가 없는 것이다. 게다가 발음이 지독하게 어렵다. 그러나 코펜하겐에서 아내가 나를 혼자 남겨둘 때마다, 내가 스스로 생각했던 것보다 덴마크어를 잘 구사한다는 걸 깨닫는다. 30분 정도의 대화는 큰 어려움 없이 소화해낼 수 있으니 말이다. 키르케고르를 이야기할 만한 수준이야 아니지만 의사소통에는 충분하다.

하지만 내가 이 책을 쓰고 싶었던 것은 내가 알고 있는 언어들 때문이 아니다. 내가 모르는 그 모든 언어들 때문이다. 새로운 언어를 말해보려다 종종 실패했던 나의 경험은 보통 아이들의 언어 습득 능력이 얼마나 놀라운지를 깨닫게 해주었다. (외국에서 그 나라 말을 더듬거리다 여덟 살 꼬마에게 바보 취급을 당하는 것처럼 사람을 겸허하게 만드는 경우도 없다.) 이 글을 쓰는 지금 나의 아들은 아홉 살이고, 그의 언어 능력은 최고조에 달해 있다. 아홉 살 아이치고 그렇다는 것만이 아니라, 미국에서 영어와 씨름하며 살아가는 똑똑한 성인 이민자들에 비해서도 그렇다는 얘기다. 대부분의 사람은, 특히 내가 이 책에서 은근히 놀리고 있는 '잔소리꾼들'은 온갖 곳에서 언어적 무능력을 발견한다. 반면에 나는 끝없이 일어나는 기적을 본다.

대부분의 사람이 그렇듯이 나 역시 처음에는 '진정한' 언어란 체계와 격식을 갖춘 것이어서 학식 있는 이들이나 올바르게 알고 사용하지 대다수는 잘못 쓰고 있다고 생각하도록 교육받았다. 그러나 여러 언어를 열심히 파고들다 보니 내가 배웠던 영어의 규칙들이 적잖이 임의적이라는 생각이 들기 시작했다. 할아버지가 절대 금했던 "Hank and me"란 표현만 해도 그랬다. 프랑스인들은 "Henri et moi", 영어로는 "Henry and me"라고 말하지 절대 "Henri et je" 즉 "Henry and I"라고 하지 않는다. 영어의 잔소리꾼들은 문장을 전치사로 끝내면 안 된다고 고집하지만, 덴마크인은 그렇게 한다("Hvad taler du om?"이 하나의 예인데, 글자 그대로 영어로 옮기면 "What talk you about?"다). 우리는 영어의 규칙이 자명하고 논리적이라고 배웠지만, 다른 나라 사람들의 '올바른' 어법에서는 영어에서 내세우는 규칙들이 줄곧 무시된다. 프랑스인과 덴마크인 들이 비논리적인 걸까? 아니면 내가 영어에서 배웠던 규칙들이 논리 아닌 어떤 것에 바탕을 두고 있는 걸까?

이런저런 언어들을 나란히 놓고 살펴보니 복수의 언어들이 아닌 '언어라는 것 자체'가 보이기 시작했다. 세계의 언어들을 들을 때 실수에 귀를 세우는 대신 새로운 것에 대한 호기심을 가지면 세계는 훨씬 더 흥미로운 곳이 된다. 나는 독자 여러분이 언어의 매혹적인 다양성을 해결해야 할 문제가 아니라 아껴야 할 보물로 여기기를 바란다.

언어에 대한 이 같은 생각은 정치와 무슨 관계가 있을까? 언어는 우리의 정체성을 나타내는 강력한 표지다. 다시 말해 우리가 속한 사회집단, 계급, 국가나 민족을 나타내는 것이라는 얘기다. 사실 문자에 의한

기록이 출현한 이후는 물론이고 분명 그 전부터도 언어는 '우리' 와 '그
들' 을 구별해왔다. 그러나 언어와 정치의 연관성은 근대 민족주의의 출
현과 함께 더욱 뚜렷해졌다. 뒤에서 우리는 언어에 대한 잔소리가 오랫
동안 존재해왔지만 근대에 들어 특정한 유형의 보수적 민족주의와 결합
했음을 보게 될 터이다. 모든 잔소리꾼이 정치적 보수주의자이거나 민
족주의자는 아니다. 그러나 그 같은 잔소리의 배후에 놓인 완고한 사
고—"누구나 이렇게 말하고 써야 한다. 오로지 이런 식으로!"—는 집단
귀속을 강조하는 완고한 사고와 딱 맞물려 있다.

근대에 들어 국가에 대한 소속감이 생기기 시작한 후로 사람들은 다양
성을 쫓아내려는 나쁜 습관에 빠지기 시작했다. 언어적 다양성도 예외
가 아니었다. 그런 흐름 가운데, 이런저런 용법을 처방하거나 금지하는
식으로 언어를 개혁하려드는 헛되고 때로는 우스꽝스러운 시도들은 성
가시긴 했어도 크게 해롭지는 않았다. 그러나 근대 민족주의가 소수집
단의 언어들을 파괴하거나, 인접언어 사용자들을 국경 밖으로 추방하거
나, 표준어를 모르는 사람들을 비참하게 만들려는 시도를 낳았을 때 문
제는 훨씬 심각해졌다. 나아가 극단적인 경우에 근대 민족주의는 더할
바 없이 폭력적인 전쟁들의 원천이 되었고, 이 현상은 20세기에 특히
두드러졌다. 모든 대륙에 걸쳐 있는 수많은 국가의 그 같은 사례들을
뒤에서 살펴볼 것이다. 이 책이 취하고 있는 포괄적 접근법을 통해, 언
어 자체와 현실의 언어들에 대한 인류의 관심이 보편적인 것이며 문자
기록만큼이나 오래되었음을 독자들이 인식하게 됐으면 좋겠다. 그러
나 그 관심은 근대에 와서 민족주의 개념에 의해 유난히 날카로워진 게
사실이다.

잔소리꾼들은 이 책의 많은 부분에 반대할 터이다. 그들의 말이 들리는 듯하다. 뛰어난 글과 격식 갖춘 말의 수단인 표준어는 우리 자녀에게 반드시 가르쳐야 할 값진 유산으로, 그렇게 해야 아이들이 언어를 통해 과거의 모든 유산과 역사에 접근하고 스스로도 탁월함을 성취할 수 있다는 얘기다. 그러나 내가 이 책에서 분명히 밝히고자 하듯이, 표준어란 만들어진 것일 따름이고 그나마 대부분은 인류 역사의 최근 시기에야 규정되었다. 표준어는 우리가 명료하게 생각하고 기본적 품위를 지키도록 해주는 수단이 아니라 취업 면접이나 정치 연설, 에세이, 소설 등 우리 삶의 틀지어진 분야들에 접근하도록 해주는 규약이다. 표준어는 교육과 학식을 나타내는 징표이지 교육과 학식 그 자체는 아닌 것이다.

이 책에서 나는 언어에 대하여 까다롭게 안달하는 사고방식이 근대의 정체성 정치*와 공유하는 특징들을 살펴보면서 양자의 연결점을 드러내 보려 한다. 이 책은 언어를 다른 방식으로 생각하라고 권유할 것이다. 언어를 깔끔히 포장되고 서로 뚜렷이 구별되는 상자들("이건 영어이고, 저건 영어가 아니야.", "이건 고급한 언어이고, 저건 저급한 언어지.") 이 아니라 서로 겹치면서 끊임없이 움직이는 구름들("이곳 사람들은 이런 식으로 말하는데, 이웃한 저곳 사람들의 말과 그리 다르지 않지만 흥미롭게도 약간 구별되는 점이 있네.")처럼 여기는 것 말이다. 나는 우리가 언어를 생각할 때 깐깐한 잔소리와 오만함, 민족주의 대신에 융통성

---

* 정체성 정치(identity politics)란 어떤 사회집단의 구성원들이 인종, 민족, 계급, 종교, 성, 혹은 지배관계에서의 위치 등에 따라 스스로 규정한 정체성과 이해관계에 바탕을 두고 펼치는 정치적 행위를 말한다. 이에 관한 정치적 주장과 이론을 가리키기도 한다.

과 겸허함, 다언어주의의 입장을 취해야 한다고 믿는다. 이런 사고가 인간을 특징짓는 능력인 언어를 보다 인간적으로 생각하는 방법 아니겠는가. 게다가 훨씬 크고 순수한 즐거움을 주기까지 한다. 언어를 두고 너무 많은 사람들이 너무나 자주, 너무 심하게 화를 낸다. 그 시간을 우리 주변의 지극히 다채로운 인간 언어들에 귀를 기울이고, 배우고, 즐기는 데 쓰는 편이 훨씬 좋지 않을까.

이제 나에게 언어를 가르쳐준 스승들이자 이 책에서 언어의 양 극단을 대표하는 두 분에게로 되돌아가자. 자부심 넘치는 퇴역 대령이며 말에 관한 한 으뜸가는 잔소리꾼이었던 외할아버지가 이 책을 읽었더라면 재미있어하시지 않았을까. 물론 나의 소망일 따름이다. 이 책이 할아버지의 견해를 통째 바꿔놓지야 못했겠지만, 당신이 즐겨 강요하던 규칙들 중 일부가 어디에서 비롯되었는지, 그리고 무엇을 위해 싸우는 게 진정 가치 있는 일인지를 한 번쯤 더 생각게 하지 않았을까 싶기는 하다(복종보다는 소통이, 규칙보다는 말의 효과적이고 아름다운 사용이 더 중요하지 않겠는가). 할아버지의 말씀들이 듣는 이를 사로잡았던 힘도 문법이나 어휘력보다는 당신이 그것들을 능숙하게 활용하면서 느낀 즐거움에서 나온 것이니 말이다.

아버지는 또 어떠하셨던가? 어느 잔소리꾼이 그가 하는 말들을 들었다면 흠을 잡느라 정신이 없었을 것이다. 문법은 표준에 맞지 않았고, 발음은 남부 식이었으며, 어휘 또한 거칠어서 어느 부모라도 세 살 난 자식이 배우지 않았으면 할 저속한 말들을 자주 썼다. 동시에 아버지는 내가 아는 누구보다도 입담이 좋았다. 같은 농담을 되풀이해도 매번 듣는 사람을 웃겼다. 당신이 어떻게 자랐으며, 무슨 곤경을 겪었고, 어떻게 맨주먹으로 삶을 개척해왔는지에 대한 이야기도 늘 했는데, 거듭될 때마다 살이 붙어 점점 기이해졌지만, 나는 듣고 또 들어도 전혀 싫증이 나지 않았다. 아버지는 누구라도 넋을 잃고 빠져들게 만들 수 있었다.

나는 사람의 말이라는 게 얼마나 초라해질 수 있는지를 직접 보았다. 아버지는 암으로 돌아가셨는데, 암이 서서히 뇌에 침범하면서 말이 조리가 없어지기 시작했다. 밑도 끝도 없는 질문을 했고, 일어나지도 않은 일을 걱정했다. 이윽고는 단어들이 그냥 입 밖으로 쏟아져 나왔다. 처음 한동안은 문법의 자투리가 남아 있었지만, 얼마 뒤부터는 단어들만, 다음엔 그저 소리만 새어나왔다.

하지만 그건 나의 아버지가 아니었다. 아버지는 언어 구사에서 가히 천재적이라 할 수 있었다. 그의 말들은 웃겼고, 뜨거웠고, 설득력 있었고, 빠져들게 했으며, 무엇보다 매력이 흘러넘쳤다. 한창때 아버지의 남부 사투리를 듣고 누군가가 "말을 바르게 할 줄 모르네."라고 평한다면, 나는 이렇게 응수하겠다. "좋아하네. 도대체 뭐가 바른 말이야?" 그러고는 그 문제에 대해 싸움을 마다 않을 것이다. 그만큼은 나도 남부 사람이니까. 아버지는 프랑스어도 독일어도 몰랐지만, 단어들을 엮어서 말을 만드는 방법이 하나만이 아님을 내게 가르쳐주었다. 언어는 단지 규칙과 단어의 문제가 아니다. 언어는 무엇보다도 소통이다. 나의 아버지는 말의 달인이셨다. 그분에게 이 책을 바친다.

1

바벨탑과 그 이후

—언어와 신화

전쟁에서 승리한 길르앗 사람들은 에브라임 지역으로 들어가는 길목인 요단 강 나루터를 지키고 있었다. 그러다가 강을 건너 도망치려는 사람이 있으면 "당신은 에브라임 사람이냐?"라고 물어보아, 그가 "아니요!" 하고 대답하면, 그에게 "쉽볼렛!" 하고 발음해보라고 했다. 에브라임 사람들이 제대로 발음을 내지 못하여 "십볼렛!"이라고 하면, 그를 붙잡아 요단 나루터에서 죽였다. 이렇게 해서 죽임당한 에브라임 사람이 무려 4만 2천 명이나 되었다.

— 구약성경 「사사기」 12장 5~6절

인간의 상상력에서 언어가 지닌 힘이 얼마나 막강한지는 기독교 성경의 「창세기」에서 가장 유명한 이야기 중 하나에 잘 나타나 있다. 오만해질 대로 오만해진 인간들은 높은 탑을 쌓아올리기 시작했다. 하늘에 닿게 하여 스스로 이름을 내고 하나님의 영광에 견주기 위해서였다. 스스로 "질투하는 하나님"*임을 인정하는 하나님은 이를 노여워해 조처를 취하기로 결심했다. 어떻게 했을까? 구약 곳곳에 등장하는 여러 불운한 족속들에게 그랬듯이 탑을 쌓던 사람들을 단번에 쳐부쉈을까? 바빌로니아 왕 벨사살의 궁전 벽에 사람의 손가락이 나타나서 쓴 경고 문구*나 사막 한가운데에서 이스라엘 백성을 이끈 불기둥처럼 잊을 수 없는 신호를 보여줬을까?

하나님의 힘이라면 건방진 인간들의 바벨탑 건설을 그처럼 직접적으로 저지할 수도 있었다. 하지만 그러지 않고 "온 땅의 언어를 혼잡케" 하기로 결심했으며, 이는 인간 세상에 영속적인 결과를 초래했다. 역사언어학이 출현하기 전에는, 세상에 어떻게 그처럼 많은 언어들이 존재하는지를 바벨탑 이야기가 설명했다. 아담과 이브는 아마 하나의 언어를 사용했을 것이다. 「창세기」는 어째서 이 행복한 상태가 끝나고 아카드어, 히타이트어, 히브리어가 생겨나게 됐는지를 말해준다.

그러나 바벨탑 이야기의 보다 흥미로운 측면은 그 이야기를 만들어낸 사람들의 눈에 비친 언어의 힘이다. 하나님은 인간의 무리가 한 족속이요 언어도 하나이므로 "이제 저들이 마음만 먹으면 못할 짓이 없겠구나." 하고 걱정한다. 생각해보라, 다른 누구도 아닌 '하나님'이─온 세상을 홍수로 잠기게 하고, 개구리로 이집트 땅을 뒤덮고, 강을 핏물로 바꾸고, 죽은 자를 일으키는 절대자가─이런 걱정을 한다. 언어를 이용한 소통의 위력은 이 지고한 신조차 불안해서 그냥 두지 못할 정도로 막강함이 분명하다.

이 장 첫머리에 인용한 성경 구절은 언어의 차이가 폭력을 수반할 수 있음을 말해주는 최초의 기록이지만 분명 최후의 기록은 아니다. 북아

---

* 「출애굽기」 20장 모세가 십계명을 전하는 부분에 "나 여호와 너의 하나님은 질투하는 하나님"이라는 말이 나온다.
* 구약 「다니엘」 5장에 나오는 이야기로, 이때 유대인 현자 다니엘이 왕에게 불려가 그 글자들이 벨사살의 시대가 끝났음을 알리는 것이라고 해석해줬다.

일랜드의 전투적인 개신교도와 구교도는 현대판 '쉽볼렛'으로 서로를 구분하기도 했다. 개신교도들은 알파벳의 여덟 번째 글자(H)를 '에이치'로 발음하는 반면, 구교도들은 '헤이치'라고 한다. 구 유고슬라비아 지역에서 세르비아인과 크로아티아인, 보스니아인 들이 서로 전쟁을 벌이려고 준비하는 과정에서 각 진영의 종족적 민족주의자들은* 한때 세르보·크로아트어*라고 불렸던 언어 내의 작은 발음 차이들을 과장하여 선전했다. (구 유고슬라비아 국민들은 '세르보·크로아트어'라는 이름을 버렸으며, 이제 각기 세르비아어, 보스니아어, 크로아티아어를 사용한다고 주장한다.) 2008년 뭄바이에서 여러 날 동안 끔찍한 총격과 폭탄 테러가 있은 뒤 인도 경찰은 이 학살의 배후에 파키스탄인들이 있다고 주장했다. 테러범들은 인도인처럼 보이려고 했지만, 인도 정부는 그들의 요구 사항이 적힌 편지의 철자법(맞춤법) 오류에 주목했다. 이에 대해 파키스탄 정부는 몇몇 발음('조로르' 대 '주루르')을 가리키면서 테러범들은 분명 인도인이라고 반박했다. 핵무기를 보유한 두 경쟁국은 호전적인 언사를 쏟아내면서 군대에 동원령을 내렸다. 쉽볼렛이 가장 위험한 형태로 부활한 형국이었다.

언어라는 게 하나님이 직접 개입할 정도로 중요하고 누가 어느 부족인지를 드러내는 아주 강력한 표지라면, 사람들이 모든 언어들 중 하나, 즉 자기네 말을 높이 떠받들고 심지어 그걸 누가, 언제, 어떻게 사용할 수 있는지까지 제한하는 식으로 언어를 통제하려 들 거라고 충분히 예

---

* 종족적 민족주의 혹은 종족민족주의(ethnic nationalism, ethnonationalism)는 언어와 문화, 종교 등이 동일한 종족집단이 그 동일성을 기초로 정치적, 사회적 권리를 주장하는 운동과 그 이념을 말한다.
* 세르보·크로아트어는 인도·유럽어족 슬라브어파에 속한 언어로, 지금은 해체된 유고슬라비아 연방의 공용어였다.

상할 수 있다.

　히브리어는 거의 2,000년 전에 표준어로서 생명력을 잃었다. 고대 중동 즉 서남아시아에서 아람어*가 더 우세해짐에 따라 유대인들은 토라*의 이 신성한 언어를 점차 종교적 목적에만 사용하게 됐다. 엘리에제르 벤 예후다*가 19세기 말 팔레스타인에서 히브리어의 부활 노력을 시작할 때까지 오랜 세월 동안 그것은 사실상 죽어 있었다. 그러나 부활 노력은 완고한 정통파 유대인들의 맹렬한 저항을 불러일으켰다. 아이를 꾸짖거나 음식을 주문하는 따위의 일에 신성한 언어를 사용한다는 생각을 받아들일 수 없었던 것이다. 그들은 신의 이름조차 말로 표현하지 않는 극단적인 신자들이다. 현대의 학자들은 (모음을 생략한 옛 히브리어 문서를 연구한 결과) 유대의 신의 이름이 '야훼(Yahweh)'라고 추정만 할 수 있을 뿐이다. 독실한 유대인들은 토라를 소리 내어 읽을 때 신의 이름을 나타내는 네 글자 YHWH를 '주님'이라는 뜻의 말 '아도나이(adonai)'로 읽는다. 그리고 일상에서는 '그 이름'이란 뜻의 '하셈(haShem)'으로 지칭한다. 유대인은 자기네 성서들을 극진히 숭배하는 것으로 유명하고, 그보다는 덜 알려진 사실이지만 자기들의 언어 자체도 열렬히 떠받든다. 유대인들은 히브리어를 너무 숭배한 나머지 그것

---

* 아람어는 셈어의 중북부 어군 또는 북서부 어군에 속하는 언어로서, 기원전 8세기 이후 국제 통상 용어 및 외교 용어로 고대 페르시아에서 아프가니스탄까지 널리 쓰였다. 예수와 그의 제자들도 이 말을 쓴 것으로 보인다.
* '토라'는 히브리어로 '가르침' 혹은 '법'을 뜻하며 구약성경의 첫 다섯 편, 곧 「창세기」「출애굽기」「레위기」「민수기」「신명기」를 이르는 말이다. '모세오경', '모세율법'이라고도 하며 유대교에서 가장 중요한 문헌이다.
* 러시아령이던 벨라루스 출신 유대인인 벤 예후다(1858~1922, 본명 엘리에제르 이츠하크 페를만)는 사전 편찬자이자 신문 편집자로, 히브리어를 일상 언어로 되살리는 데 핵심적 역할을 했다.

을 부활시키려는 운동에 저항한 것이다. 신성한 언어가 거리에서 함부로 쓰이면 더럽혀질 게 분명하므로.

같은 아브라함의 전통에서 갈라져 나간 경쟁 종교 이슬람은 유대교와 정반대의 길을 택했다. 종교의 언어를 규제하지 않고 널리 퍼뜨린 것이다. 대천사 지브릴(가브리엘의 아랍어)이 예언자 무함마드에게 처음 던진 말이 "Iqra'〔이크라〕!"* 즉 "암송하라!"였다. 무함마드는 알라 신이 지브릴을 통해 계시한 쿠란*을 자신의 모어인 아랍어로 받아 적었다. 당시 아랍어는 아라비아 반도에서만 쓰였다. 이후 불과 몇 세기 사이에 무함마드와 그의 후계자들은 이슬람이라는 새로운 종교를 온 세상에 전파했으며, 아랍어는 이슬람교의 필수 언어가 되었다. 경전이 처음 쓰인 언어가 얼마나 중시됐는가 하면, 진정한 무슬림 즉 이슬람교도는 쿠란을 아랍어로만 읽어야 했다. (쿠란 자체에도 다음과 같은 알라의 말씀이 적혀 있다. "하나님이 쿠란을 아랍어가 아닌 다른 언어로 계시했다면 불신자들은 말했으리라. '이 계시는 왜 분명하지 않느뇨? 선지자는 아랍인인데 성서는 아랍어가 아니지 않느뇨?'"〔41장 44절〕)

이 언어의 종교적 역할은 모로코에서 이라크에 이르는 많은 나라들을 아랍화하는 데 크게 기여했다. 세계의 다른 지역에 살고 있는 신실한 무슬림들도 성서를 읽기 위해 아랍어를 알아야 한다. 정의상 어떤 번역본도 진짜가 아니다. 2009년 아프가니스탄의 한 법원은 쿠란을 페르시아어의 현지 방언으로 번역하고는 아랍어 원문을 병기하지 않은 남자에게 내려진 20년 형을 확정했다. 이는 오늘날 전 세계 무슬림의 대다수에 해

---

* 이하 아랍어 표기는 원서에서 로마자로 옮긴 것을 그대로 썼다.
* 이슬람교 성서 이름의 국어사전 표기 기준은 '코란' 혹은 '쿠란'이며, 요즘은 원어 발음에 가까운 '꾸란'도 흔히 쓴다.

당하는 10여 억 명의 신자가 외국어로만 자신의 종교에 접근할 수 있다는 얘기가 된다.*

유대교와 이슬람교는 이처럼 접근법이 다르지만 신성한 언어를 숭배한다는 점에선 동일하다. 독실한 유대교인이라면 경전과의 소통을 위해 히브리어를 철저히 습득하고 성경에 대한 긴 주석(註釋)들을 읽기 위해 아람어를 익혀야 한다. 아랍인들 또한 쿠란의 언어를 무척 받들어서, 쿠란 전체를 암기한 사람을 이르는 '하피즈(hafiz)'라는 말은 이슬람교 최고의 경칭 중 하나다.

종교 아닌 언어에 관한 책에서 왜 종교 이야기를 길게 하고 있는 걸까? 종교와 언어의 상호작용은 이 책의 핵심적 주장 중 하나, 즉 언어는 인간이 가장 소중히 여기는 것들과 긴밀히 묶여 있다는 것을 명확히 보여주기 때문이다. 언어는 우리를 인간으로 만들며, 우리는 언어를 통해 하나가 되면 신만큼 위대해질 수 있다고 생각한다. 한편 언어는 종교 차원에서 집단들을 규정하기도 한다. 우리는 원전의 신성한 언어로 경서를 읽는 사람들인데 너희는 그렇지 않다는 식으로 말이다. 마지막으로, 종교-언어적 금기는 우리의 주술적 사고의 일면을 드러낸다. 특정한 단어, 즉 하나님의 이름을 입에 올리면 성스러운 이름을 망령되이 일컫는 죄를 짓게 되기 십상이다. 유대인들은 앞에서 보았듯이 하나님의 이름을 일절 입에 올리지 않는다. 영어권의 기독교인들은 화가 났을 때 "Jiminy cricket〔지미니 크리켓〕!"이나 "Jeez〔지즈〕!"라고 외친다.* 하나님이 열 가지밖에 안 되는 십계명에 이를 포함시켰다는 사실은 중요한 의미를 지닌다.

---

* 현재 전 세계의 이슬람교도 수는 약 16억 명으로 집계되는데, 이중 20%만이 중동과 북아프리카 지역에 살고 있다.

여기서 요점은 오늘날까지도 우리가 언어의 힘을 숭배하며 어느 정도 두려움을 갖고 언어에 접근한다는 사실이다. 사람들은 말이 대단히 중요하다고 믿는다. 사람들은 또 자신이 말하는 방식이 비길 데 없이 우수하고, 자기가 누구인지를 드러내는 가장 명확한 징표가 바로 언어라고 흔히 생각한다. 이 두 믿음이 결합하여 오늘날 볼 수 있는 언어의 세속 종교화 현상을 낳고, 언어를 조작(操作)과 신화 창출의 매력적인 대상으로 만든다. 이런 신화는 종종 언어를 누구보다 소중히 여기는 이들, 이를테면 탁월한 작가와 문장가 등 그러면 안 된다는 걸 잘 알 만한 사람들에 의해 만들어지곤 한다.

그 언어엔 이런 단어가 없거나 너무 많다!

예를 들어보자. 여러분은 아랍어에 낙타와 그 관련 장비를 가리키는 단어가 6,000개나 되고, 이탈리아어 'muscatel〔무스카텔〕'은 '파리가 빠진 와인'이라는 뜻이며, 뉴질랜드의 마오리족에게는 똥을 이르는 단어의 수가 자그마치 35개라는 것을 알고 있었는가?

사실 이 세 가지 모두가 '알' 수는 없는 것들이다. '알다(know)'(그리고 '알게 되다〔learn〕와 '발견하다〔discover〕 따위) 같은 동사들은 그 뒤에 이어지는 진술이 참이어야 하는데, 위의 세 진술은 모두 참이 아니기 때문이다. 그리고 셋 다 출처가 동일하다. 온갖 주제에 대해 재미있는 글을 쓰는 저널리스트 빌 브라이슨*의 저서 『모국어 *The Mother Tongue*』가 그것이다. 유쾌하면서도 진지하게 영어를 들여다보겠다는

---

* 영미인들은 놀람이나 실망, 분노, 불신, 공포 등을 나타낼 때 종종 "Jesus Christ!"라고 하는데, 그리스도의 이름을 피하기 위해 두문자(JC)가 같은 '지니 크리켓', '지저스'가 완곡하게 변형된 '지즈' 따위의 대체 어구를 쓴다.

이 책의 서문은 명백하게 말이 안 되는 내용을 워낙 많이 담고 있어서, 왜 영리한 사람들이 언어에 대해 기이한 믿음들을 잔뜩 지니고 있는지를 잘 보여주는 사례라 할 만하다.

『모국어』는 먼저 외국어들을 둘러보는 멋지고 신비로운 여행에 독자를 초대한다. 브라이슨은 말한다. "우리는 다른 나라의 언어를 대할 때, 그들의 문화에 대해 그러듯이 깔보는 태도를 감추지 못하는 경향이 있다." 더없이 옳은 말이다. 그러나 애석하게도 브라이슨이 그 증거로 늘어놓는 일련의 이야기들은, 자신의 헛소리 탐지기로—너무나 기이해서 도저히 진실일 수 없는 이야기를 알아보는 감각으로—걸러냈어야 할 것들이다. 그는 "일본어로 외국인을 가리키는 단어는 '외국인의 머리에서 풍기는 악취'를 의미한다."라고 말한다. 전혀 그렇지 않다. 'がいこくじん[가이코쿠진]'은 그냥 '외국인'이란 뜻이다. "체코 사람들에게 헝가리인은 '뽀루지'다." 천만에. 체코 사람들에게 헝가리인은 'Mad'ar[마댜르]'인데, 이 단어는 헝가리 사람들이 스스로를 지칭하는 말 'Magyar[마자르]'와 관계가 있다. (보다 드물게 쓰이는 단어 'uher-sky'는 뽀루지 즉 'uher'와 약간 비슷하지만, 이는 우연일 따름이다.)

브라이슨은 계속 말한다. "프랑스인들은 예를 들어 집(house)과 가정(home), 정신(mind)과 뇌(brain), 남자(man)와 신사(gentleman)를 구분하지 못한다." 셋 다 틀린 주장이다. '정신'은 'esprit[에스프리]', 뇌는 'cerveau[세르보]'이고, 프랑스 사람들은 둘을 잘 구별한다. 남자

---

* 브라이슨(1951~)은 영어, 여행, 과학 등의 주제에 관해 『거의 모든 것의 역사』, 『발칙한 영어 산책』, 『재밌는 세상』 같은 베스트셀러를 많이 썼다. 미국 출신이나 영국에서 오래 살면서 『더타임스』, 『인디펜던트』 등의 신문에서 일하기도 했다.

는 'homme〔옴〕'이지만, 교양 있는 남자는 'gentilhomme〔장티옴〕'
이라 부르고(영어 'gentleman'에서 어의語義를 차용한 말이다), 더
나아가 "저 남자 분은 커피를 원한다."와 같은 맥락에선 'monsieur〔무
슈〕'라는 단어를 쓴다. 'maison〔메종〕'은 집과 가정 둘 다를 뜻하지만,
그렇다고 해서 프랑스인이 그 둘을 '구분하지 못한다'고 본다면, 미국
인들은 주거지인 'house'와 전자악기로 연주하는 댄스 음악의 한 종류
인 'house'를 구분 못한다고 해야 할 테다.

"그들의 말엔 X에 해당하는 단어가 없다."[1]라는 식의 얘기는, 호기심
을 돋우지만 실은 제대로 알지 못하고 쓰는 언어 관련 글들의 단골 메뉴
다. 그 밑바탕에는, 외국어의 어느 한 단어가 영어 단어 둘 이상의 의미
를 포괄하거나('maison'이 'house'이자 'home'이듯이), 외국어
단어 하나를 번역하는 데 영어 두 단어 이상이 필요하다면 그 외국어의
어휘 구조는 우리의 것과 뭔가 기이하게 다르지 않겠느냐는 생각이 깔
려 있다. 브라이슨은 덴마크어의 'hygge〔휘게〕'에 해당하는 단어가 영
어엔 없다고 말하고는 곧 이어 그 단어의 뜻이 영어로 'instantly sat-
isfying and cozy(즉각 만족스럽고 아늑하다)'라고 정확히 밝힌다(품사
를 혼동하긴 했다. 'hygge'는 명사이므로 'cozy'가 아니라 'cozi-
ness'다). 영어에는 프랑스어 'sang-froid〔상프루아〕'나 스페인어
'macho〔마초〕'에 해당하는 단어가 없기 때문에 "우리는 그 단어들을
빌려오든지, 아니면 그런 정서를 느끼지 못하고 지내야 한다."라고 그
는 말한다. 과연 그럴까? 저 단어들이 영어에 들어오기 전에는 어려운
상황에서의 침착함이나 사내다움의 과시를 생각할 다른 방법이 전혀 없
었을까? 브라이슨은 여기서 통속적 형태의 '워프주의(Whorfianism)'에
빠져 있다. 어떤 것을 가리키는 단어가 없으면 사람들은 그것에 대해 생

각할 수 없다고 하는 이론 말이다.

똥을 의미하는 35개의 마오리 단어 얘기는 뭘까? 나는 마오리어를 모르기 때문에 사전을 구해서 찾아봤다. 'haumuti, hamuti, tuutae', 이렇게 세 항목이 등재돼 있었다. '똥 덩어리(piece of dung)'는 'parakaeto'와 'paratutae'로 나와 있었다. 속어, 완곡어, 동물 관련 용어를 포함하여 모든 마오리 사람이 쓰는 방언 전부를 뒤지고 똥과 관련된 형용사와 동사까지 끼워 넣으면 단숨에 35개를 채울 수 있을지 모른다. 하지만 영어에서도 이 정도는 우습다. 점잖은 말로 'dung, fertilizer, manure, feces, stool' 등과 배변 행위를 이르는 'defecation'이 있고, 완곡어로 'poo, poop, doo-doo, number two'가 있으며, 동물 관련 용어로 'cow patty(소똥), buffalo chip(마른 버펄로 똥), rabbit pellet(토끼 똥), guano(구아노, 즉 바닷새의 배설물 등이 바위에 쌓여 굳어진 덩어리)'가 있고, 준(準) 금기어로는 'turd, crap', 우스꽝스럽거나 유치한 말로 'malarkey, caca'가, 그리고 절대 빼놓을 수 없는 우리의 정다운 'shit'도 있다.

그러면 이탈리아어 'muscatel'이 '파리가 빠진 와인'을 가리킨다는 주장은? 이 역시 사실과는 무관하다. 이탈리아어로 'mosca'가 '파리'라는 사실 때문에 브라이슨이 착각을 한 모양이다. 무스카텔에 관해 재미있는 진짜 사실을 알고 싶다면 하나 알려주겠다. 이 이름은 포도의 한 품종인 'muscat'*에서 왔다. muscat은 'musk(사향)'와 어원이 같다. 그렇다면 musk는 어디에서 온 말일까? 그건 중세 영어의 'muske'에서 왔고, muske는 다시 중세 프랑스어 'musc'에서,

---

musc는 후기 라틴어 'muscus'에서, muscus는 후기 그리스어 'moschos'에서, moschos는 중기 페르시아어 'mušk-'에서 왔으며, 이것은 또 산스크리트어 'muska'에서 왔는데, muska의 뜻은 —이게 재미있는 부분으로— '고환'이다. muska는 '생쥐'를 의미하는 'mūs'의 지소사(指小辭)*에서 유래한다.[2] 그러니까, 옛날 옛적에 산스크리트어 사용자들은 고환을 '작은 쥐'라고 완곡하게 표현했는데 오랜 세월 언어가 자연적 변화를 거치면서 'musk'는 사향을 의미하는 쪽으로, 'muscat, muscatel'은 포도나 포도주를 의미하는 쪽으로 갈라져 나갔다는 얘기다. 물론 어원이 그렇다고 해서 'muscatel'에다 '고환 와인' 또는 '생쥐가 빠진 와인' 등속의 터무니없는 뜻을 갖다 붙일 수는 없다. 'muscatel'이라는 말의 기원을 먼 옛날까지 추적하다 보면 고환과 생쥐를 가리키는 산스크리트 단어들에 이른다는 것일 따름이다. 아무튼 이만하면 브라이슨의 '파리가 빠진 와인' 이야기 못잖게 흥미롭지 않은가? 게다가 사실이기까지 하다.

브라이슨 표 외국어 이야기를 하나만 더 언급하고 넘어가야겠다. 그의 책에서도 가장 황당한 이야기가 아닐까 싶다. "광둥어로 '하이(hai)'는 영어의 '예스'라는 뜻이다. 그러나 음조를 조금만 달리하면 여성의 외음부를 가리키는 말이 된다. 이로 인해 얼마나 많은 혼란이 발생할 수 있을지는 여러분의 상상에 맡기겠다." 사실 대단한 상상력이 필요한 일이다. 나는 '예스'와 '여성의 외음부'가 동일한 질문에 각기 의미있는 대답이 될 수 있고, 그래서 한바탕 오해가 일고는 웃음바다로 마무

---

* 지소사(指小辭, diminutive)란 어떤 단어에 접미사 등을 붙여 보다 작은 개념이나 친애의 뜻을 나타내게끔 한 것이다. 예컨대 영어의 'piglet, kitchenette', 우리말의 '송아지, 강아지' 따위다. 지소형을 만드는 접사 자체를 지소사라 부르기도 한다.

리되는 경우를 구체적으로 상상해보려 했으나 완전히 허사로 끝났다. 앞의 인용문 중 "음조를 조금만 달리하면"이란 중국어의 '성조(聲調)' 즉 1성, 2성, 3성, 4성을 말한다. 영어에서 단모음인 'bit'과 장모음 'beet'가 다르듯이 중국어에서는 이 네 가지 성조에 따라 단어의 뜻이 아주 달라지는데, 중국 사람들은 그 차이를 거뜬히 구별한다.

어느 도시에선가 중국인 저널리스트 겸 유머 작가가 다음과 같은 글을 쓰고 있을지도 모른다. "영어의 어떤 단어는 '침대를 덮는 데 쓰는 순면의, 또는 면이 섞인 천'을 의미한다. 하지만 모음을 조금만 달리 발음하면 배설물을 뜻하게 된다. 이로 인해 얼마나 많은 혼란이 발생할 수 있을지는 여러분의 상상에 맡기겠다." 하지만 실제로 'sheet'와 'shit'을 혼동하는 경우가 얼마나 되겠는가? 외국인들이 흔히 그러듯이 두 단어를 비슷하게 발음하는 경우라 해도 말이다.

어딘가에서 얻어들은 기발한 이야기들로 온갖 외국어를 이상한 것으로 만들어 놓은 뒤(악의 없는 'bullsheet'*라고나 할까), 브라이슨은 『모국어』의 진짜 주제인 영어로 옮겨 간다. 이제 이 재능 있는 저자는 보다 확고한 근거 위에 서게 되고, 그의 책은 대체로 정확하고 재미있는 역사를 독자들에게 전한다. 한데 초반에 그는 영어에 얽힌 이야기가 얼마나 특별한 건지를 강조해야겠다는 강박에 사로잡힌 듯, 영어가 지녔다는 놀라운 특징들을 줄줄이 제시한다.

---

* 'bullsheet' 혹은 'bull sheet'는 흔히 쓰는 비속어인 'bullshit(헛소리, 허튼소리)'을 변형한 말이다('bullshit'은 그냥 'bull'이라고도 한다). 외국인들의 발음 오류를 익살스레 묘사할 때 종종 쓰이는데, 여기서는 그보다 '헛소리가 쓰인 지면(sheet)'이라는 의미가 두드러진다. 데이터 처리용 컴퓨터 프로그램인 스프레드시트(spreadsheet)로 경영 관련 정보를 조작하는 행위와 그 결과물을 'bullsheet'라고 하는 것도 같은 용법이다.

방심하는 외국인에게 영어는 지뢰밭이다. …… 거짓말을 하는 것은 'tell *a* lie' 라 하면서 진실에 대해선 'tell *the* truth' 라고 표현하는 걸 배워야 하는 외국인의 입장을 상상해보라. …… 영어는 워낙 복잡한지라 원어민들조차 언제나 효과적으로 소통하지는 못한다. …… 영어는 또한 하나의 단어로 하여금 명사와 동사의 이중적 역할을 맡도록 해서 그 능률을 극대화하는 독특한 능력이 있으며 …… drink, fight, fire, sleep, run 〔등이 그런 예다.〕 …… 때로는 알맹이 없는 말과 종잡기 어려운 전문용어에 의존하는 경향을 보이고, 특히 학계와 정계의 말들이 그러한데 …… 현대 영어의 심각한 폐단 중 하나다.

이중 어느 하나라도 프랑스어나 독일어에서는 찾을 수 없는 특징이 있는가? 나아가 다른 수많은 언어들에서도 말이다.

빌 브라이슨에 대한 비판은 이 정도만 해두자. 따지고 보면 그는 진지한 저널리스트라기보다는 논평가고 유머 작가라 할 수 있으니까. 그의 글은 웃음이 터져 나올 정도로 재미있다. 그가 관찰력이 대단하며, 매우 똑똑한 사람이라는 점 또한 분명하다. 그러나 유머 작가라고 해서 모든 책임이 면제되는 건 아니다. 그는 『모국어』 외에도 사람들이 영어에 대해 모르고 있던 것들을 재미있게 가르쳐주는 책을 몇 권 더 썼다. 유머 작가든 뭐든, 그는 정말로 자신이 '알고 있는' 바를 공유하고 싶어한다. 한데, 19세기 미국의 유머 작가 조시 빌링스가 썼듯이, 문제는 사람들이 모르는 것들이 아니라 사실과 다르게 알고 있는 것들에서 생긴다(이 말은 종종 마크 트웨인의 것으로 잘못 인용된다).

언어에 대한 잘못된 지식이 누구보다도 많은 게 저널리스트다. 정치에 관한 글을 쓰다가 물리학으로 주제를 바꾸게 된 저널리스트라면 누구나 사실을 꼼꼼히 확인하게 마련이다. 그러나 생각이 깊고 머리가 좋은 필자들까지도 쉽게 빠지는 함정이 하나 있으니, 자신이 언어를 잘 '구사' 할 줄 아는 만큼 언어에 '대해' 글을 쓸 때는 헛소리 탐지기를 가동하지 않아도 된다는 생각이 그것이다. 그러고는 정확성이 떨어지는 잡지 기사들과 그 밖의 2차 자료들을 훑어서 전설 같은 이야기들을 건져 올린다. 그중 어떤 이야기들은 너무나 근사해서, 그걸 옮기고자 하는 필자 입장에선 사실 관계를 확인하기는커녕 단 몇 초라도 비판적으로 검토할 생각조차 하지 않는다. 언어에 대해 글을 쓸 때 그의 머릿속에는 오직 어휘력 빼어나고 문체도 멋들어진 글쟁이이고자 하는 생각만 가득하다. 조사, 사전, 어원, 언어학적 통찰 따윈 모조리 잊고 오로지 직감에 기대어 무얼 믿을지를 판단하라, 긴가민가할 때엔 즉흥적으로 대처하라는 식이다. 자신이 말의 구사에 능숙하다는 점만 믿고 사실 확인 없이 언어에 관해 글을 쓰는 저널리스트는 스스로를 생리학자로 생각하는 일류 육상선수나 마찬가지다. 물론 나 자신도 저널리스트다. 하지만 내가 (특히 실수들을 통해서) 배운 바로는, 언어란 그 자체로서 제대로 연구해야 마땅한 대상이지, 다른 일들을 하면서 가끔 칼럼 등속에서 휘갈겨 다루어도 그만인 무엇이 아니다.

언어에 관해 뭔가 안답시고 써내는 글들에 대해 사실 여부에는 별 관심 없이 재미있으면 그만이라고 생각하는 사람도 많지만, 나는 스스로가 가짜임을 알고 그걸 오히려 내세우는 글들을 더 좋아한다. 미국의 유머 칼럼니스트인 데이브 배리의 패러디 상담 칼럼 「언어 전문가에게 물어보세요」에 나온 가상 문답 하나를 보자.

질문: 저는 유력한 대통령 후보의 연설문 작성자인데, 'integrity OUT

the wazoo' 와 'integrity UP the wazoo' 중 어느 쪽이 올바른 표현인가요?

답변: 옥스퍼드 영어사전을 찾아보고 빌리 그레이엄 목사*에게도 문의한 결과, 양측 모두 올바른 단어는 'wazooty' 라고 합니다.*

그러나 언어에 관심 있는 사람들이 건조한 학문, 너무나 근사해서 사실 여부를 확인하지 않게 되는 '사실들', 그리고 풍자 사이에서 선택을 해야 할 필요는 없다. 언어에 관한 매혹적인 진짜 사실들이 세상에 넘쳐나기 때문이다. 거기에는 언어의 기원들과 언어가 지닌 온갖 가능성, 전 세계적 다양성에 관하여 아직도 계속 발견되고 있는 사실들이 포함된다. 나도 재미있는 사실을 싫어하기는커녕 누구보다도 환영하고 즐긴다. 하지만 그 사실이 사실이 아니라면 그 재미 또한 재미일 수 없다.

이 말은 번역이 불가능해

언어에 관한 신화들은 '우리' 를 정의하고 '그들' 을 멀리하는 데 한몫을 한다. 신화 중엔 모국어에 관한 것들이 많다. 세계 곳곳의 사람들은 자기네의 언어나 방언이 가장 명료하고, 가장 아름답고, 가장 논리적이며 표현도 가장 풍부하다고 말한다. 우리가 모르는 언어를 사용하는 사

---

* 빌리 그레이엄(1918~)은 미국의 침례교 목사이자 세계적인 복음전도사이며, 여러 미국 대통령에게 영적인 조언자 역할을 해왔다.
* 'wazoo' 는 항문을 뜻하는 속어이며, 'up the wazoo' 와 'out the wazoo' 는 둘다 '대량의, 과도하게 많은' 이라는 의미의 속어 관용구다(형용사구이자 부사구. 비슷한 어구로 'up the ass' 도 있다). 이 패러디 문답의 포인트는 서로 엇나가는 물음과 대답, 그리고 정치인의 진실성(integrity)과 항문이 들어간 관용구의 결합을 통한 풍자에 있다. 배리의 이 칼럼('Ask Mr. Language Person')은 늘 이런 유의 종횡무진 말장난으로 가득 차 있다.

람들에게서 흔히 듣는 말이 있다. "아, 이 단어는 우리말에 특유한 거여서 다른 나라 말로 번역하기가 불가능해요."[3] 그러고는 곧바로 그 단어의 의미가 무엇인지를 설명해줌으로써 자신이 틀렸음을 입증한다. 사실상 모든 말이 번역이 가능하고, 그래서 "X는 번역할 수 없다."라는 주장은 대개 "우리말에는 X라는 단어가 있는데, 당신네 말로 표현하려면 서너 단어가 필요하다."라는 정도의 얘기에 불과하다. 그러나 이런 사고방식은 사람들을 사로잡아서, 예컨대 아랍의 무슬림들은 쿠란을 외국말로 번역할 수 없다고 본다. 물론 어느 언어로든 번역할 수 있다.

외국어에는 이런 단어가 없다느니 번역할 수 없다느니 하는 신화의 예를 좀 더 보자. 아일랜드 말에는 '섹스'에 해당하는 단어가 없고, 심지어 '예스'에 해당하는 단어조차 없다고까지 하는 이야기(아일랜드 사람들이 '섹스' 제의에 '네'라고 답할 수 없다면 어떻게 지금까지 지구상에 남아 있는 건지 정말 궁금하다. 아일랜드어에는 섹스를 가리키는 단어가 여럿 있으며, 다른 몇몇 언어가 그렇듯 상대방이 던진 물음의 동사를 반복함으로써 '네'라는 의미를 표한다)가 그런 사례고, 타이의 모켄족에겐 '언제(when)'에 해당하는 단어가 없다거나, 흔히 에스키모라고 부르는 이누이트 사람들은 지구 온난화 때문에 '황혼(twilight)'에 해당하는 단어를 만들어내야 했다는 이야기도 그렇다.

문제는 이런 신화들의 해악이 그걸 전하는 사람들의 개인적 평판을 떨어뜨리는 데서 그치지 않는다는 점이다. 1985년 미국의 로널드 레이건 대통령은 소련의 미하일 고르바초프 서기장과 정상회담을 시작할 즈음에 미국과 소련의 차이점들을 넌지시 언급하면서 이렇게 말했다. "난 언어에 대해서는 잘 모르지만, 얘기를 듣자 하니 러시아어에는 '자유'를 가리키는 단어조차 없다고 하더군요."[4] 없을 리가 있겠는가. 자유는 러

시아어로 'svoboda〔스보보다〕'다. 브라이슨처럼 레이건도 워프 식의
논리를 구사해서, 러시아 사람들은 워낙 오랫동안 자유를 누리지 못한
탓에 자유를 가리키는 단어조차 모르고, 따라서 아마 자유에 대해 이야
기할 수도 없으리라고 생각한 모양이다. 이른바 자유세계의 지도자라는
사람이 정상회담에서 이렇게 어리석은 편견을 드러낸 것이다.

"어떤 언어는 원시적"이라는 원시적 편견

다른 언어들에 대한 가장 흔한 믿음 중 하나가 어떤 언어들은 '원시
적'이라는 생각이다. 문자를 사용하는 부유한 사회의 사람들은 흔히,
문자 없는 언어들은 아주 기초적인 생각들밖에는 전달하지 못하리라고
생각한다. 식민 시대의 문헌을 보면 서양 관리들이 원주민의 혼란스러
운 '재잘거림'을 묘사한 기록이 숱하다. 오늘날엔 아무리 무례한 사람
이라도 내놓고 그런 식으로 말하진 않지만, 저널리스트들이 새로 발견
되었거나 희귀한 어떤 언어에 관해 보도하면서 그 언어에는 시간이나
섹스, 또는 색깔 같은 기본적 현상들을 '지칭하는 단어가 없다'고 할 때
언외에 함축된 의미는 바로 그런 것이다. 이럴 때 결론은 독자 스스로
내리도록 남겨두는 게 요령이다. 그들은 너무 원시적이어서 삶의 기본
적인 일들조차 제대로 표현하지 못한다는 결론을.

그러나 사실은 관찰자들이 아직 해당 단어들을 발견하지 못했거나,
그 '원시적인' 언어가 문제의 개념들을 표현하는 방식이 잘 알려진 서양
언어들과 다를 뿐인 경우가 대부분이다. 언어학자들이 잘 알고 있듯이,
정작 원시적인 것은 대중의 상상력이다. 시간이나 섹스에 대해 이야기
할 수 없는 언어는 존재하지 않으며, '원시적인 언어' 같은 것도 없다.
문자 없는 사회나 토착민 사회의 '재잘거리는' 언어들도, 외부인이 유

심히 들여다보면 인상적일 뿐 아니라 믿기 어려울 만큼 복잡한 문법 규칙들을 지니고 있는 경우가 숱하다.[5]

브라질과 콜롬비아의 일부 주민이 쓰는 투유카어를 보자. 이 언어의 사용자는 현재 800명도 채 되지 않는다. 그들은 가난하며, 식민주의자와 외부인들이 순진하고 무지하다고 항상 간주해온 토착민들의 전형적인 예다. 그러나 투유카어에는 언어학자들이 '증거성(evidentiality)'이라 부르는 특징이 있다. 어떤 소년이 축구를 했다는 사실을 전할 때 영어 사용자들은 그냥 "The boy played soccer."라고 하면 된다. 그러나 투유카어의 동사에는 그 소년이 축구를 한 사실을 '말하는 이가 어떻게 알았는지'를 듣는 사람에게 알려주는 요소가 어미에 붙는다. 그 소년이 축구하는 걸 보았는가? 그가 공 차는 소리를 들었는가? 진흙투성이의 발 같은 증거를 보았는가? 축구를 끔찍이 좋아하는 그 소년이 두 시간 동안 사라졌기 때문에 그렇게 가정했을 따름인가? 투유카어는 이런 정보를 동사의 접미사로 표현한다.[6]

그런데 지금 우리 역시 이국적인 것을 신화화하고 있는 건 아닐까? 인식론적 차원에서 볼 때 투유카 사람들은 서양인들에겐 없는 깊이 또는 다면성을 지니고 있음이 분명한데, 그렇다면 그들은 유별나게 진실한 족속이거나, 아니면 전사-법률가 종족의 후예일지도 모른다, 하는 식으로 말이다. 그건 말도 안 된다. 증거성이라는 특징이 유다르기는 하지만, 터키어를 비롯한 다른 여러 언어에도 존재한다. 투유카 사람들도 자기네 말의 그런 특성을 전혀 별스럽게 생각지 않을 테다.

여기서 이 책의 요지 중 하나를 제시할 수 있겠다. 세계의 언어들—그리고 말씨와 지역방언 같은 언어 변이형들—사이에는 차이점보다 공통점이 훨씬 많다는 것이다. 세계 언어들의 근저에 공통적으로 존재하는 '보편문법'의 규명을 필생의 목표로 삼아온 노엄 촘스키*의 간결하고 함축적인 표현을 빌리자면, 인간 언어들 사이의 공통점은 어느 언어가 다른 어떤 가능한 소통 방식과 지닐 수 있는 공통점들보다 훨씬 많다. 화성인이 지구에 온다면 지구인이 하나의 언어를 사용하며, 다만 지역별로 차이가 좀 있다고 결론지을 것이다. 지구상의 어떤 언어든 멋들어진(물론 때로는 따분한) 소통이 가능하다. 그러나 사람들은 이 사실을 믿고 싶어하지 않는다. 자기네 언어의 세력과 명예를 드높이기 위한 신화들을 지어낼 뿐이다.

개입은 언제나 정치적이다

"우리말은 논리적이고 아름답다."라거나 "저 언어는 원시적이고 별스럽다."라며 언어를 신화화하는 사람들은 결국 언어를 통제하려 들게 마련이다. 통제의 형태에는 몇 가지가 있다.

독재자들은 종종 그 나라의 특정 언어를 으뜸가는 것으로 선언하고 다른 언어들은 박멸하려고 노력한다. 예를 들어 스페인의 프란시스코 프랑코는 그러한 시도로서 바스크어와 카탈루냐어*를 공공장소에서 사용하지 못하도록 했다. 구소련의 이오시프 스탈린은 자신의 그루지야 말투를 죽을 때까지 못 버렸으면서도 소수민족들도 러시아어를 쓰게 하는

---

* 촘스키(1928~)는 '변형생성문법' 이론을 창시한 미국의 저명한 언어학자이자 철학자이며 진보적인 정치운동가, 저술가이기도 하다. 1955년 이후 매사추세츠공과대학교(MIT)에서 가르쳐왔다.

* 바스크어는 프랑스 남부이자 스페인 북부인 피레네 산맥 지방의 바스크족이 쓰는 말이다. 인도·유럽어족에 둘러싸여 있으나 이들과는 다르고 친족 관계가 증명되어 있지 않은 언어다. 카탈루냐어는 인도·유럽어족의 이탈리아어파에 속한 언어로 스페인의 카탈루냐 지방, 발렌시아 주 등지에서 쓴다. 영어식으로 '카탈로니아어'라고도 한다.

정책을 편 적이 있다. 중국에선 베이징의 관화(官話), 즉 관청에서 쓰던 말과 북방 중국어에 바탕을 둔 표준 중국어 '푸퉁화(普通话, 널리 쓰이는 말이란 뜻)'를 보급하면서 '방언들'(사실상 별개의 언어들)을 억제하려 했다.*

　민주주의 국가들도 언어를 통제하고 싶어한다. 미국의 경우, 영어가 압도적으로 우세한 데다 이렇다 할 위기도 아닌 상황에서 2006년 상원은 영어를 미국의 '국어'로 선언하는 법안을 통과시켰다. 영어가 그런 지위 없이도 230년 동안 잘만 지내왔는데 말이다. 캐나다의 퀘벡 주는 영어를 보조적인 언어로 격하하겠다고 작정하고는, 간판에 영어를 넣을 때도 글자 크기가 프랑스어의 절반 이하여야 한다고 규정하고 있다. 프랑스는 국제적 경쟁 언어인 영어에 맞서 자국어를 보호하느라 노심초사하는 가운데 프랑스 내에서 기업들이 사용할 수 있는 영어의 양까지 제한한다. 프랑스는 또한 국내에서도 바스크어와 브르타뉴어* 등 지방의 토착어들을 억압해온 오랜 역사를 갖고 있다.

　언어를 통제하려는 모든 시도가 한 언어에 지배적 지위를 부여하기 위한 것은 아니다. 보다 미묘하거나 온화한 정책들도 있다. 아일랜드의 어린이들은 학교에서 아일랜드어('아일랜드 게일어'라고도 한다)를 의무적으로 배운다. 그러나 이 나라 국민 중 아일랜드어를 제1 언어로 사용

---

* 영미 등 서양에서는 베이징 관화(官話), 베이팡화(北方話, 즉 북방 중국어), 표준 중국어 등을 모두 'Mandarin'이라는 말로 지칭하는 수가 많다(영어에선 'Mandarin Chinese'라고도 한다). 참고로, 북방 중국어(북방어)에 속하는 대표적 방언으로는 베이징어, 텐진어(天津語), 둥베이어(東北語), 시안어(西安語), 청두어(成都語), 난징어(南京語) 등이 있다.

* 브르타뉴어는 인도·유럽어족 켈트어파의 언어로 프랑스 서북단 브르타뉴 지방에서 쓰이는 소수언어다. '브르통어'라고도 한다.

하는 사람은 극소수이며, 그들도 모두 영어를 병용한다. 국민 대다수가 학교 밖에서는 아일랜드어를 전혀 쓰지 않으므로, 이 언어를 가르치는 데 배정한 수백 시간을 과학이나 수학으로 돌린다면 먹느냐 먹히느냐의 세계 경제에서 아일랜드의 경쟁력을 키울 수도 있을 테다. 그러나 모국어에 대한 민족주의적 애착 앞에서 경제 경쟁력 따위의 저급한 의도는 설 자리가 없다. 아일랜드 사람들에게 모국어는 영국의 지배를 받기 전 수백 년간의 영광스러운 역사를 떠올리게 하는 연결 고리 구실을 할 뿐 아니라, 무엇보다도 그들이 단지 아일랜드 억양의 영어로써가 아니라 별개의 언어로 스스로를 구분할 수 있게 해준다는 막중한 의미가 있다.

프랑스인들의 언어정치는 유형이 또 다르다. 정부는 프랑스어 원어민들이 언제 어떻게 그들의 언어를 말하고 써야 하는지를 통제하고자 노력한다. 가장 유명한 정책으로, 정부 부처들은 미국 영어의 침투를 막기 위해 문제의 단어들을 대체할 프랑스어 단어들을 제시한다. 프랑스에는 독특한 기관이 있는데, 프랑스어의 용법에 관한 문제를 판정하는 존엄한 아카데미프랑세즈*가 그것이다. 미국인이나 영국인에겐 도통 낯설기만 한 발상이다. 아니, 단어의 복수형을 만드는 방식을 정부 기구에서 결정하다니? 직함을 나타내는 단어(예컨대 '장관'을 의미하는 'ministre')가 항상 남성명사여야 하는지의 여부도 거기서 공식적으로 판정을 내린다니? 그러나 프랑스인들은 아카데미프랑세즈를 소중히 여

---

* 프랑스의 국립 학술단체인 아카데미프랑세즈(Académie française)는 프랑스어의 발전과 보호를 목적으로 1635년 루이 13세의 재상이던 리슐리외가 주도하여 설립했다. 학자와 문필가, 예술가 중심이나 의사, 군인, 정치가, 성직자 등도 종종 포함되는 종신직 회원 40명으로 구성되며, 프랑스어 사전을 편찬하고 문학과 예술, 학술 분야의 상 60여 가지를 수여한다.

긴다. 한데, 이런 방식이 프랑스의 엘리트층에겐 기쁨과 관심을 불러일으킬지 몰라도, 일반인들은 대체로 아카데미와 정부 부처들의 결정을 두 번도 생각 않고 무시해버리곤 한다. 다른 모든 나라 사람들이 그러듯이 프랑스인들 역시 늘 해온 대로 말하게 마련이니까.

언어에 대한 정부의 개입이 단지 실용성 때문인 것으로 보일 때도 있다. 예컨대 기존 문자를 버리고 새로운 문자를 도입하면서 그게 더 간단하거나 더 적합하거나 더 현대적이라고 선전하는 경우가 그렇다. 그러나 이런 유의 결정은 그 의미가 기술적 차원에 국한되지 않으며, 전략지정학적 함의를 지닐 수도 있다. 구소련의 중앙아시아 지역 공화국들이 연방 해체 후 러시아어의 키릴문자에서 로마자로 전환했을 때, 이 정책은 그들이 생각하는 미래의 방향을 암시했다. 때로 문자는 단순한 문자 이상의 무엇이다. 중국인들이 그토록 오래된 표기 체계 즉 한자를 고수하는 이유 중에는 그것이 중국어권의 결집에 도움이 된다는 점도 있다. 중국어를 소리 나는 대로 적어보면(가령 로마자로), 사람들이 흔히 중국어의 '방언'이라고 부르는 말들이 로맨스어들* 못지않게 다양하다는 사실을 확연히 알 수 있다. 중국의 실제 언어 상황을 바로 보게 되면 중국인이 단일한 역사적 민족이며 내부적 차이는 사소할 따름이라는 정치적으로 유용한 신화는 바람 빠진 풍선이 돼버린다.

언어를 통제하려는 이 같은 시도들의 공통점은 모두가 매우 '정치적'이라는 것이다. 정치적 성격을 노골적으로 드러내지 않는 경우라 해도

---

* 로맨스어(Romance Languages)란 로마제국 붕괴 후 라틴어가 지역별로 분화하여 변천하다가 중세에 이르러 재탄생과 성장의 길을 밟아 이루어진 근대 언어들을 총칭하는 말이다. 이에 속하는 주요 언어는 포르투갈어, 스페인어, 프랑스어, 이탈리아어, 루마니아어, 카탈루냐어, 사르데냐어, 코르시카어 등이다. 로망어, 로망스어라고도 한다.

마찬가지다. 언어의 힘은 강력하며 자기네의 언어는 특별하다는 믿음이 자기네와 다른 (특히 알아들을 수 없는) 말을 사용하는 사람들에 대한 두려움과 결합할 때, 정치인과 관료, 교사 및 그 지지자들은 특정 형태의 언어를 치켜세우고 다른 것들은 깎아내리면서 언어 자체에 끼어들어 집적거리려 들기 쉽다. 그 결과는 종종 험악하다.

그런 변화가 일어나는 곳에는 항상 승자와 패자가 갈리게 마련이다. 이는 민감한 주제이고, 신중히 판단해야 할 중요한 사항들이 많다. 어떤 언어나 언어 변이형(예를 들어 방언들)은 정말로 다른 것들보다 우월한가? 우월하다는 건 무슨 뜻이며, 우월 여부를 어떻게 알 수 있을까? 국가는 단 하나의 공용어를 선택하고 장려해야 하는가? 그에 따른 비용과 편익은 무엇인가? 소수집단들은 자기네의 언어로 TV를 보고 신문을 읽을 권리가 있는가? 그 언어로 교육을 받을 권리는? 정부는 표준적인 철자법과 어휘, 문법을 장려해야—나아가 의무화해야—하는가? 젊은이들에 대한 전략적 외국어의 교육은 어떻게 해야 하나? 이민의 이입은 그들을 받아들이는 나라의 언어를 위협하는가? 국제무대에선 사정이 어떤가? 다시 말해, 영어의 세력 강화가 다른 언어들을 파괴하고 있는가? 사라져가는 작은 언어들을(예컨대 투유카어를) 살려야 하나? 그래야 한다면 거기에 투입할 수 있는 합리적인 비용은 어느 정도일까?

2

잔소리꾼의 간략한 역사
─문법 불평가들의 참호에서

불필요한 단어는 생략하라! 불필요한 단어는 생략하라! 불필요한 단어는 생략
하라!

—윌리엄 스트렁크 주니어

언어에 대해 권위자를 자임하며 논평하는 사람들은 어떤 유의 정치 집회나 소란스러운 스포츠 경기의 과격한 군중들과 무슨 공통점이 있을까? 한쪽 편에 섰다는 점이다. 사람들이 하나같이 사고를 명확히 표현할 줄 모른다는 생각에 사로잡힌 그들은 자신이 올바름과 빛과 문명의 편에 서 있다고 여긴다. 그래서 바른 언어의 수호자인 자신과 다른 방식으로 말하는 젊은이들을 보면 분통을 터뜨리고, 고등학생이나 대학생의 서툰 글을 보고는 침을 튀기며 노발대발한다. 게다가 다른 나라에서 온 인종 집단들이 그들의 언어를 전통주의자와 다르게 사용하는 것까지 보게 되면 자극과 짜증은 더 커질 터이다. 아니, 말을 제대로 사용할 줄 아는 사람이 이렇게도 없단 말이야?

2003년 영국의 린 트러스*는 작은 저서를 하나 펴냈는데, 이 책은 순식간에 엄청난 베스트셀러로 올라섰다. 트러스 스스로도 얼떨떨했다고 인정할 정도였다. 영국에서 처음 출간된 이 책은 『뉴욕타임스』 베스트셀러 목록의 논픽션 부문 1위에 오른 뒤 여러 주 동안 그 자리를 지켰다. 이후 지금까지 세계적으로 300만 부 이상 팔리고 일러스트레이션을 넣은 판과 아동용 판이 나오는 등, 저자 자신이 놀란 것도 당연할 만큼 출판계의 폭발적 사건이 되었다. 책의 주제가 뭐냐고? 문장부호였다.*

『먹고, 쏘고, 튄다: 한치의 오차도 허용치 않는 영어 문장부호 사용법 *Eats, Shoots & Leaves: The Zero Tolerance Approach to Punctuation*』이라는 제목은 판다에 관한 농담에서 유래했다. 이야기 속에 많이 나오는 말하는 동물들이 흔히 그러듯 이 판다도 술집에 들어가더니, 음식을 시켜 먹은 다음 권총을 꺼내서 쏘아댄다. 그리고 느긋이 술집을 나가면서 다른 손님들에게 자신의 행동을 설명하기 위해 '문장부호 사용법이 엉망인' 야생동물 설명서를 어깨 너머로 던지고는 이렇게 말한다. "나는 판다요. 그 책자에서 나를 찾아서 읽어봐요." 아니나 다를까, 설명서에는 다음과 같이 적혀 있었다. 판다는 작은 털북숭이 곰으로 먹고, 쏘고, 튄다(A panda is a small, furry bear that eats, shoots and leaves).*

그러나 트러스에게 구두법, 즉 문장부호 사용법은 농담이 아니다. 책 곳곳에서 그녀는 영어 문장부호 사용법의 쇠퇴와 그 쇠퇴를 앞당기는

---

* 린 트러스(1955~)는 영국의 작가이자 저널리스트로 런던의 『더타임스』 등에서 일했으며, 『먹고, 쏘고, 튄다』 외에 소설과 논픽션을 여러 권 썼다.
* 예전에는 '구두점(句讀點)'이라 했으나 요즘은 '문장부호'라는 말이 널리 쓰인다.
* 'eats' 다음에 잘못 찍힌 쉼표를 빼면 다음과 같은 뜻이 된다. '판다는 작은 털북숭이 곰으로 죽순과 잎을 먹는다.'

54

사람들에 대해 짜증을 넘어 분노를 터뜨린다. 그녀는 당당하게 '잔소리꾼'을 자칭하고, 그녀의 글에 푹 빠진 독자들 역시 잔소리꾼에 속하리라고 보아도 과히 틀리지 않을 테다. 쉼표와 마침표 같은 것에 그런 감정을 느낄 수 있다니 대체 어찌된 일인가?

트러스가 이 책에서 호소하는 대상인 잔소리꾼들에게는 몇 가지 특징이 있다. 그 하나는 저지른 잘못에 비해 과도한 노여움이다. 그들은 오늘날의 언어 사용 실태를 보며 심한 스트레스를 받는다고 단순하게 말하지 않는다. "'TOMATOE'S ON SALE(토마토 팝니다)'이라는 팻말을 보면 막 비명을 지르고 싶어진다."라거나 "'between you and I(우리끼리 이야기인데)'라는 말은 언제 들어도 손톱으로 칠판 긁는 소리처럼 귀에 거슬린다."라는 식의 극단적인 표현을 한다.* 트러스 역시 분노의 다이얼을 최고 단계로 올리면서 아포스트로피(')를 잘못 찍는 사람들에 대해 이렇게 말한다. "번개에 맞아 그 자리에서 몸이 갈가리 찢겨 어딘지도 알 수 없는 곳에 묻혀 마땅하다."*

이 모든 분노는 어떤 면에서든 사람들을 기분 좋게 해주는 게 틀림없다. 따지고 보면 야채장수나 간판장이들이 꼼꼼하게 구두점에 신경 쓰는 부류가 아님을 발견한 게 트러스가 처음은 아니잖은가. 『먹고, 쏘고, 튄다』에서 새롭다 할 통찰은 찾을 수 없다. 그런데도 어떻게 그리 많이 팔렸을까? 아마 트러스의 문체 때문이 아닐까. 거의 모든 문장에서 그녀는 분노에 차서 절규하거나 언어적 군중 폭력을 선동한다. 트러스는 섬세함과는 거리가 멀다.

---

* 각기 'TOMATOES ON SALE'과 'between you and me'라고 해야 문법에 맞는다.
* 이하 『먹고, 쏘고, 튄다』 인용문은 모두 장경렬 번역본(문학수첩, 2005)을 기준으로 했다.

언어에 대한 분노는 혼자서 터뜨릴 땐 기분을 푸는 정도로 그치지만, 어법을 단속하려 드는 사람들이 서로 연계하게 되면 홍분제를 먹은 분노처럼 된다. "잔소리꾼들이여, 단결하라!"는 트러스 책의 비공식적 슬로건이다. 소설가 데이비드 포스터 월리스*는 한 소설에서 잔소리꾼의 조합 비슷한 '매사추세츠 문법가 투쟁연합'이란 걸 만들어냈다. 현실에서도 월리스의 가족은 바른 어법을 지키는 민병대를 자처하며 자신들을 '스누트(SNOOT)'라는 암호명으로 불렀다. † '바른문법촉진회(SPOGG, The Society for the Promotion of Good Grammar)'는 "나쁜 영어의 횡행에 충격받은 펜대 놀리는 사람들을 위한" 조직으로, 회원 수가 6,000명이라고 주장한다. SPOGG는 웹사이트에 회원들이 쓰는 친절한 블로그들을 게시하고 '문법의 날'을 후원한다(3월 4일). 대부분의 즐거운 감정이 그렇듯, 언어에 관해 분노를 터뜨리며 느끼는 모종의 쾌감도 남들과 공유하면 더 커진다는 생각에서일 테다.

이 같은 깨달음 — "남들도 나와 같은 생각을 하고 있다는 걸 난 전혀 알아차리지 못했어!" — 은 문법과 용법에 관해 잘난 체하는 속물들의 주요 특징 하나를 말해준다. 자신이 선택받은 소수의 눈에만 보이는 어떤

---

* 데이비드 포스터 월리스(1962~2008)는 미국의 작가로, 문법가 투쟁연합이 등장하는 소설은 그의 대표 장편 『무궁무진한 재담 Infinite Jest』(1996)이다.

† 〔지은이 주〕 월리스는 SNOOT라는 이름이 'Sprachgefühl Necessitates Our Ongoing Tendance(언어 감각은 우리의 지속적인 돌봄을 요한다)' 또는 'Syntax Nudniks of Our Time(우리 시대의 통사론적으로 성가신 사람들)'에서 온 것이며, 둘 중 어느 쪽인가는 화자가 스누트 회원인지 아닌지에 따라 달라진다고 했다. 'Sprachgefühl'은 '언어 감각'을 뜻하는 독일어다. (일반 단어 'snoot'는 '거만한 사람, 속물'이라는 뜻이다. 그리고 'nudnik〔너드닉〕'은 많은 유럽 유대인의 생활 언어이던 이디시어에서 온 단어로, '짜증스러운/귀찮은/지루한/성가신 사람'을 가리킨다. 이디시어는 고지 독일어와 히브리어, 아람어, 슬라브어, 약간의 로맨스어 등이 섞여서 형성된 언어다. ─옮긴이)

것을 보고 있다는 쾌감 말이다. 전형적인 문법 불평가는 다음과 같이 느 낀다.

—영어(또는 다른 해당 언어)는 역사상 유례없는 위기에 직면해 있다.
—언어 교육이 사상 최저 수준이다.
—발음에서부터 어휘, 문법, 속어에 이르기까지 모든 방면의 새로운 변 화들은 우리의 언어를 망친다.
—과학기술이 이 혼란을 부채질하고 있다.
—머지않아 우리는 소통이 거의 불가능한 상황에 직면할 것이다.
—잔소리꾼은 언어의 수준 저하를 절대 방관하지 않으려는 강인한 무리 의 일원이다.

다시 말해 언어의 잔소리꾼들은 '유례없는 특별함'에 흥분하고 전율 한다. 그들의 언어는 특별히 소중하고, 특별한 위험에 처해 있는바, 과 거의 어느 시대보다도 '지금 이 순간' 유례없는 위기에 직면해 있다는 것이다.

그 점에 대해 한마디 하겠다. 잔소리꾼들은 아마 실망하겠지만, 그래 도 반드시 들어둬야 한다. 인류 역사의 모든 시대에, 지구상의 모든 사 회에서, 세대를 거듭하면서 어른들과 잔소리꾼들은 언어에 대해 그와 똑같은 얘기를 해왔다. 역사 기록을 펼쳐보면 알 수 있듯이, 언어의 쇠 퇴가 거론되지 않은 시대가 없었다. 이는 언어가 실제로는 결코 쇠퇴한 적이 없음을 의미한다.

언어는 끊임없이 흐르는데

언어는 변한다. 평범한 언어 자경단원도 그 사실을 안다고 주장하며, 혹 그가 영어나 영문학 학위가 있는 사람이라면 문학사의 예를 통해 더욱 생생히 알 테다. 영어로 쓰인 현존하는 가장 오래된 작품이라는 서사시『베오울프*Beowulf*』*를 현대의 독자가 보면 바로 알아볼 만한 단어가 거의 없을 것이다.

Hwæt! We Gardena in geardagum,

þeodcyninga, þrym gefrunon,

hu ða æþelingas ellen fremedon.

Oft Scyld Scefing sceaþena þreatum,

들어보라! 우리들은 전투에 능했던 옛 덴마크 왕들의 위대한 영예와

그들 군주들이 이룩한 용맹스러운 업적들을 들어왔노라.

실드셰빙은 수차례에 걸쳐 주변에 대치해 있는 많은 종족들로부터*

1,000년 전의 이 고대 영어로부터 300년쯤 내려오면서 상황은 조금 개선됐다. 초서의『캔터베리 이야기*The Canterbury Tales*』*에서 발췌한 아래의 인용문은 영어임을 알아볼 수 있으니 말이다. 하지만 중세 영어의 어휘와 문법을 공부하지 않은 사람에겐 여전히 의미가 불투명하다.

---

*『베오울프』는 고대 영어로 된 영웅 서사시로, 이름이 남지 않은 앵글로 · 색슨계 시인에 의해 8세기에서 11세기 사이에 쓰인 것으로 추정된다. 이야기의 배경은 스칸디나비아 지역이며, 인용된 문장은 작품의 도입부다.

* 번역문은 이동일이 옮긴 〈문지 스펙트럼〉 판(문학과지성사, 1998)을 기준으로 했다. 인용된 마지막 행은 문장의 일부인데, 나머지 부분은 "주석(酒席)을 빼앗았고 그들 군주의 간담을 서늘케 했노라."다.

Whan that the knyght had thus his tale ytoold

In al the route nas ther yong ne oold

That he ne seyde it was a noble storie

And worthy for to drawen to memorie

And namely the gentils everichon.

기사가 이 이야기를 끝마쳤을 때

일행 중의 노소(老少) 전원이

대단히 훌륭한 이야기라고 치하하고

머리에 잘 새겨둘 만하다고 했다.

특히 좀 나은 신분의 순례객들이 그렇게 생각했다.*

그 세 세기 동안 영어는 너무 많이 변해서 초서가 『베오울프』를 펼쳤다 해도 거의 읽을 수 없었을 테고, 『베오울프』 시대의 영어 사용자와 대화를 나눴어도 아마 알아듣지 못했을 것이다.

다시 약 세 세기 정도가 흐르면서 영어는 아래와 같이 변했다. 셰익스피어의 『코리올라누스*Coriolanus*』에서 뽑은 구절이다.

Menenius Agrippa: What work's my Countrimen in hand? Where go you with Bats and Clubs? The matter Speake I pray you.

Second Citizen: Our busines isn't vnknowne to th' Senat, they

---

*『캔터베리 이야기』는 잉글랜드의 시인이자 공직자로서 영어를 문학적 언어로 격상시켰다고 평가되는 제프리 초서(1343~1400 추정)의 대표작이다. 14세기 이탈리아 작가 보카치오의 『데카메론』에서 영향을 받아, 캔터베리 성당으로 가는 한 무리의 순례자들이 돌아가며 이야기하는 형식으로 구성한 설화집이다.
* 번역문은 김진만 역본(탐구당, 2003)을 따랐다.

60 haue had inkling this fortnight what we intend to do, w now wee'l shew em in deeds: they say poore Suters haue strong breaths, they shal know we haue strong arms too.

메네니우스 아그리파: 동포 여러분, 이게 무슨 짓이오? 손에 작대기와 곤봉을 들고 어디로 가는 거예요? 뭐 때문이오?

시민 2: 우리들의 목적을 원로원 의원들이 모를 리 없을 겁니다. 우리가 어떤 일을 할 작정인지 그분들은 이미 두 주일 전부터 알고 있단 말입니다. 우린 그 일을 이제부터 실행하려고 하는 거지. 가난한 자가 탄원을 할 땐 입심도 세지만 두고 보세요. 우린 완력도 세다니까.*

뜻을 대충 이해할 순 있지만 지금 영어와는 거리가 멀다는 게 확연하다. 현대에 들어 출간된 셰익스피어 작품들은 철자는 물론이고 대문자와 문장부호 사용 방식도 고친 것이어서 여러 세대의 영어 선생님들이 고등학교 1학년 학생들에게도 현대 문학 작품처럼 가르칠 수 있었다. 게다가 『로미오와 줄리엣*Romeo and Juliet*』이나 『햄릿*Hamlet*』의 공연을 볼 때 우리는 줄거리와 대사들을 잘 알고 있기 때문에 이해하는 데 아무 문제가 없다. 그러나 잘 알려지지 않았고 현대판으로 고치지 않은 희곡에서 무작위로 한 구절을 발췌해보면 그 언어가 지금과 얼마나 다른지를 극명하게 알게 된다. 철자와 문장부호 사용 방식만이 아니다. 대명사 (thou, ye),* 어미(2인칭 동사 어미 -est, 3인칭 어미 -eth), 어순 ("The matter Speake I pray you"), 조동사를 쓰거나 안 쓰는 기준

---

* 『코리올라누스』 1막 1장에 나온다. 번역은 신정옥의 것(전예원, 2002)을 따랐다.
* 'thou'는 옛 영어에서 2인칭 단수 주격이며, 'ye[jiː]'는 그 복수형이다. 참고로, 2인칭 단수 목적격은 'thee', 소유격은 'thy, thine'이다.

("Where go you?")도 지금과 다르다. 셰익스피어 시대의 영어 발음 또한 현대인이 듣는다면 귀에 매우 설 터이다. 예를 들면, 위에 나오는 'deeds'는 'dades'에 가깝게 발음했을 것이다.

그로부터 두 세기쯤 뒤 미국이 탄생할 즈음에도 영어는 여전히 유동적이었다. 독립혁명 시기에 벤저민 프랭클린은* 모든 명사를 대문자로 시작해야 한다고 생각했다. 노아 웹스터는* 단어를 표기하는 올바른 방법은 단 하나라는 생각이 영 낯설었을 국민들에게 새로운 철자법을 제시해 받아들이도록 했다. 토머스 제퍼슨의 아포스트로피 사용 방식을 린트러스가 봤다면 그를 아마 난도질했을 것이다. 예컨대 이런 식이다. "[W]hen we see or read of any atrocious deed, we are disgusted with *it's* deformity …… we are pleased with the subsequent atonement, and view with emulation a soul candidly acknowledging *it's* fault and making a just reparation.[1] (흉악한 행위를 보거나 글로 읽을 때 우리는 그 추함을 혐오스러워한다. …… 우리는 이후의 속죄에 기뻐하고, 어떤 사람이 자신의 잘못을 솔직히 인정하고 정당하게 보상하는 것을 보면 본받고 싶은 마음이 든다.)"*

이처럼 언어는 끊임없이 변한다. 인쇄술과 현대 교육은 그 변화를 느리게 했을 뿐 멈추진 못했다. 이 모든 변화를 고려할 때, 언어를 논평하

---

* 미국의 정치가이자 정치이론가, 과학자, 발명가, 음악가였던 벤저민 프랭클린 (1706~90)은 토머스 제퍼슨, 존 애덤스 등과 함께 독립선언서를 기초하기도 했다.
* 그 이름이 영어 사전의 대명사가 된 사전 편찬자 노아 웹스터(1758~1843)는 미국 영어의 철자 개혁을 이끄는 한편 영문법 책을 쓰고 미국 역사 교과서를 만들기도 했다.
* 영문에서 이탤릭체로 표시한 두 군데의 'it's'는 모두 'its'가 올바르다. 이 오류는 영어 원어민들 사이에서도 여전히 흔하다.

는 이들이 생각하는 '언어가 완벽했던 때' 는 도대체 언제란 말인가? 언어 쇠퇴론자들은 이에 대해 어떤 답을 내놓기가 좀 당혹스럽지 않을까 싶다. 1950년대인가? 20세기 초 에드워드 7세의 시대? 진정한 답은 아마 "내가 말과 글을 배우던 어린 시절"일 것이다. 그렇게 말하는 사람은 찾아보기 어렵지만 말이다. 예컨대 나는, 우리 세대가 60대가 되면 '요즘 아이들은 말을 제대로 할 줄 모르며 교육의 절정기는 1980년대였다'고 생각하리라는 걸 믿어 의심치 않는다. 하지만 영어의 '절정기'가 정확히 언제였는지, 그리고 왜 하필 그 시대가 절정이었는지를 입증할 수 있다고 어느 누가 진지하게 주장할 수 있겠는가?

대중의 말에도 "노", 어법의 변화에도 "노"

사실 영어가 글자로 적히기 시작한 이래 잔소리꾼들은 늘 다른 사람들의 어휘나 발음, 문법을 개탄해왔다. 영국 최초의 인쇄업자인 윌리엄 캑스턴은* 1490년경에 영어의 다양함과 변화에 대해 다음과 같이 불만을 토로했다.

우리 영국인은 달의 강력한 영향 아래 태어난다고 할까, 달이 그렇듯 전혀 한결같지 못하고 늘 흔들리면서 시절에 따라 차고 기울기를 거듭한다. 통속의 영어도 그러해서 주에 따라 말이 서로 달라지곤 한다. 전에 이런 일이 있었다. 몇몇 상인이 바다 건너 질란드*로 가기 위해 템스 강

---

* 상인 출신인 캑스턴(1415년에서 22년 사이~1492)은 이탈리아 등지를 여행하면서 인쇄술에 주목해 1476년 웨스트민스터 성당 부근에 영국의 첫 인쇄소를 차리고 출판업도 겸했으며 직접 번역도 많이 했다. 그가 최초로 찍어낸 책이 초서의 『캔터베리 이야기』라고 한다.

에서 출항한 배에 타고 있었는데, 바람이 불지 않아 포어랜드* 부근에서 지체하다가 기운을 좀 차리고자 뭍에 올랐다. 그들 중 셰필드라는 직물 상인이 어느 집에 들어가 음식을 청했다. 그가 특별히 'eggs(달걀)'〔캑스턴의 원문 표기는 eggys—저자〕를 좀 달라고 했더니, 주인아주머니는 자기는 프랑스어를 모른다고 답했다. 상인은 화가 났다. 프랑스어야 자신도 모르는 것이고, 단지 달걀이 먹고 싶었을 뿐인데 그러니 말이다. 여자는 그의 말을 이해하지 못했다. 결국 다른 사람이 끼어들어 남자가 원하는 건 'eyren'*이라고 말해주었다. 그제야 주인아주머니는 잘 알겠다고 했다. 이러니 오늘날 우리는 대체 어떻게 적어야 하는가? 'eggys'인가 'eyren'인가? 말이 이처럼 상이하고 또 변화하기 때문에 모두를 만족시키기는 분명 힘들다.[2]

그다음 세기인 엘리자베스 여왕 시대에는 런던 방언에 기초한 '표준' 영어가 정립되고 있었다. 물론 각 지방에는 다른 방언들이 존속했다. 그러는 동안 시인과 극작가 들은 여전히 유동적인 언어 관습들을 이리저리 비틀어보곤 했다. 셰익스피어도 보란 듯이 분리부정사*를 사용하고, 단수 선행사를 'they'로 받고, 명사를 동사로 쓰고, 전치사로 문장을 끝내는 등 나중에 규범적인 쉽볼렛 노릇을 할 거의 모든 규칙을 위

---

* 질란드(Zealand)는 덴마크의 가장 큰 섬이다.
* 포어랜드(Foreland)는 템스 강을 끼고 바다에 면해 있는 켄트 주 동단의 곶을 이른다.
* 'eyren'은 달걀을 뜻하는 중세 영어 'ey'의 복수형이다.
* 뒤에 다시 나오지만, 분리부정사(split infinitive)란 예컨대 'to completely understand'처럼 'to 부정사'의 'to'와 동사 사이에 부사가 들어가 있는 형태를 말한다. 저자의 말이 주는 인상과 달리, 셰익스피어(1564~1616)는 분리부정사를 단 하나밖에 쓰지 않았다고 주장한 사람도 있다.

반했다.

캐스턴 이후에 출현해 셰익스피어 시대에도 아직 형성 중이던 새로운 표준 영어는 정부 문서의 작성을 담당했던 런던 공문서보관청 서기들의 글에 바탕을 두었다. 표준 영어가 성장한다면 머잖아 규범주의적인 명령들 또한 무성해질 터였다. 새로이 형성되던 표준의 존재는 또한 언어적 자의식이 싹틀 것임을 의미했다. '올바르게' 말하고 싶다는 욕구와 경멸당할지 모른다는 두려움이 그 자의식의 양면이었다.

문장을 전치사로 끝내는 게 왜 '잘못된' 건가? 나는 바로 두 문장 앞에서 그렇게 했는데 여러분이 과연 눈치라도 챘을까?* 문장 교열을 업으로 하는 사람이 아니라면 아마 모르고 지나쳤을 테다. 그게 해당 문장을 구성하는 자연스러운 방법이기 때문이다. 어느 누가 회사 휴게실에서 케이크를 보고는 "이 케이크는 누굴 위한 거지?"라는 뜻으로 "Who's the cake for?"라고 하지 않고 "For whom is this cake?"이라고 말할까? 그런 규칙은 어디서 나온 걸까?(Where did this rule come from?)

그 답을 들으면 영어 선생님들이라도 대부분 놀랄 법하다. 17세기의 유명한 시인이며, 그만큼 널리 알려진 사실은 아니지만 영향력 있는 초기 잔소리꾼이기도 했던 존 드라이든*에게서 나왔다. 1672년의 한 에

---

* 여기서 가리키는 구절은 "the desire to speak 'correctly', and the fear of being looked down on."인데, 'on'이라는 전치사로 끝나지만 지극히 자연스럽다. 문단의 마지막 문장이며 역시 전치사로 끝나는 "Where did this rule come from?"도 이 의미를 가장 자연스럽게 표현하는 방법이다.

* 시인이자 극작가, 비평가였던 드라이든(1631~1700)은 올리버 크롬웰의 공화정이 끝난 후 왕정복고기의 영국 문단에서 압도적인 존재여서 그 시기를 흔히 '드라이든의 시대'라 부른다.

세이에서 그는 앞 세대의 문인인 벤 존슨이 "The bodies that these souls were frightened from(이 영혼들이 겁먹고 쫓겨 나온 신체들)"이라고 썼다 하여 그를 비난했다. 왜 드라이든은 전치사로 끝나는 구문의 문제에 그토록 집착했을까? 이 사이비 규칙은 다른 많은 사이비 규칙들이 그렇듯이 고전어*에 근거를 둔 것으로 보인다. 드라이든은 글을 라틴어로 먼저 쓴 뒤 영어로 번역하기를 좋아한다고 말했다.[3] 그가 믿기로 라틴어는 정확성과 명료성을 요구하는데, 이것들이 자신에겐 매우 소중하다는 이유에서였다. 한데 라틴어에서는 전치사로 문장을 끝내는 게 불가능하다. 따라서 영어에서도 그러면 안 된다는 것이었다. 그의 논리가 혼란스러운가? 언어학자들은 오늘날까지도 혼란스러워한다. 그러나 드라이든이 선포해버린 이 규칙은 한 세기쯤 뒤에 나오기 시작한 영어 용법 지도서들에 들어갔고, 이후 200년 동안 영어 교사들과 신문·출판 교열 담당자들의 머릿속을 지배했다.

이 규칙의 근거를 이루는 것은 명료함도 아니고("Who's that cake for?"는 명료하기 그지없다), 역사도 아니고(전혀 근거 없이 만들어졌다), 문학 전통도 아니며(셰익스피어, 제인 오스틴, 새뮤얼 존슨, 바이런 경, 헨리 애덤스, 루이스 캐럴, 제임스 조이스 등 많은 뛰어난 작가들이 이 규칙을 위반했다), 영어의 순수성 또한 아니다(영어 고유의 용법이 아니라 라틴어에서 훔쳐온 것으로 보인다. 영어의 사촌쯤 되는 덴마크어와 아이슬란드어에는 문미〔文尾〕 전치사가 존재한다). 드라이든의 규칙이 터무니없다는 사실을 많은 이들이 알고 있다. 20세기 초 영어 용법사전의 위대한 저자인 헨리 왓슨 파울러*를 필두로 어법 전문가들

---

* 고전어란 서양 고전들의 언어, 즉 그리스어와 라틴어를 말한다.

은 독자들에게 그 규칙을 무시하라고 충고하기 시작했다. 『뉴욕타임스』
역시 무시한다. 그 '규칙'은 없애버려야 마땅하지만 결코 사라지지 않
을지도 모른다. 그걸 우스꽝스럽다고 생각하는 사람들조차 남들을 자극
할까봐 마지못해 준수한다.

이처럼 멋대로 만들어진 규칙들 중 일부는 우리의 삶에 끼어들어 끊임
없이 우리를 괴롭힌다. 하지만 역사를 돌이켜보면 규범주의적 불평의
대다수는 언어 변화를 막는 데 아주 무력했다. 셰익스피어보다 한 세기
뒤에 활동한 작가 조너선 스위프트*는 당대의 가장 짓궂은 풍자가였다.
그러나 언어 얘기만 나오면 유머 감각이 썰물처럼 빠져나갔다. 1712년
옥스퍼드 백작에게 보낸 편지에서 그는 이렇게 말했다.

우리의 언어는 지극히 불완전합니다. 나날이 발전하고는 있지만, 나날
이 타락하는 정도에는 결코 비길 바가 못 됩니다. 영어를 갈고 닦는 척하
는 자들은 주로 오용과 불합리를 배가시켜 왔을 뿐입니다. 숱한 사례에
서 영어는 온갖 문법 사항을 다 위반하고 있습니다.

스위프트가 보기에 영어는 프랑스어에서 너무 많은 것을 차용했다.
젊은 귀족들은 더 이상 적절한 교육을 받고 있지 못했다. 발음의 변화에
맞추기 위해 철자법 자체가 서서히 변하고 있었다. 스위프트는 심지어
이렇게까지 썼다. "나는 우리 언어의 순화를—적어도 소리의 문제에 관

---

* 영국의 교사 출신 사전 편찬자이자 용법 전문가인 파울러(1858~1933)는 『현대영
어용법사전』 등 오늘날까지 영어 사용자들에게 필수적인 일련의 저서로 유명하다.
* 『걸리버 여행기』의 저자 스위프트(1667~1745)는 영어권 최고의 풍자가로 꼽힌
다. 정치 활동도 하고, 한때 성직자이기도 했다.

한 한—무식한 법조계 협잡꾼들과 덜떨어진 시인들, 대학생 아이들에게 맡기기보다 차라리 여자들의 판단력에 맡겼더라면 싶다." 여자들이라니! 정말 심각한 상황으로 생각했음이 틀림없다.

글쓰기에 일어난 변화 중 스위프트에게 특히 거슬리는 게 하나 있었다.

영어를 망치는 데 아주 크게 기여해온 또 하나의 부류가 있습니다. 바로 왕정복고 이후의 시인들입니다. 이 신사들은…… 시간과 수고를 덜기 위해, 단어를 축약하는 야만적인 관습을 도입하여 시의 운율을 맞추는 데 이용했습니다. 이런 일을 빈번히, 대단히 무분별하게 행하면서 귀에 아주 거슬리는 부조화한 소리들을 만들어내는데, '북방인'*들을 제외하고는 누구도 그 소리를 참고 듣기가 힘듭니다. 고작 한 음절을 줄이려고 모음을 빼버리고는 거세게 부대끼는 자음들을 바로 이어 붙이는 것입니다.

그렇게 불쾌한 축약의 사례는 어떤 걸까? 스위프트에 따르면 "Drudg'd, Disturb'd, Rebuk't, Fledg'd, 그리고 무수한 다른 예들"이다. 그는 어떤 경우에도 어미 -ed를 그대로 적고 e 발음을 빼지 말고 온전하게 발음해야 한다고 생각했다. 물론 이전에야 항상 그래왔지만, 스위프트의 시대에는 예컨대 시적 운율에 맞출 필요가 있는 경우 등에 한해 일부 자유로운 변형이 통용되고 있었다. 그러나 어미 -ed를 발음하지 않는 경향

* 이 편지에서 스위프트는 '북방인, 북방민족'을 거듭 거론하는데, 이는 스웨덴인, 덴마크인, 네덜란드인, 독일인 등을 가리키는 말이다. 스위프트는 이들의 언어가 영어와 마찬가지로 자음이 많고 거칠다면서 스페인어나 이탈리아어, 프랑스어 등 '세련된' 로맨스어들과 대비한다.

은 시간이 지날수록 더욱 강해져서, 오늘날 'disturbed', 'rebuked' 같은 유의 단어들은 '반드시' 스위프트가 그토록 싫어했던 방식으로 발음해야 한다. 과거의 혐오 대상이 오늘날엔 규칙이 되었다.

장기적으로 보면 이런 유형의 변화, 즉 *e*가 발음되는 'disturbèd'가 'disturb'd'로 바뀌는 식의 변화는 거의 보편적이라 할 만큼 자연스러운 것이다. 인간을 뜻하는 라틴어는 'hominus'였지만 그 후손인 현대 프랑스어에서는 'homme'이다('옴'으로 발음한다). 고전 아랍어의 'kabir(큰)'와 'saghir(작은)'는 현대 아랍어의 구어에서는 'kbir'와 'sghir'로 바뀌었다. 세월은 강세가 없는 음절에 가혹해서, 어미 *-ed*의 발음 변화에서 보듯이 그런 음절들을 갈아서 으깨버린다. 어느 언어에서도 다를 바 없다. 인생이 짧은 것만큼이나 자연스러운 일이다.

하지만 스위프트는, 오늘날 언어 불평꾼들의 세계에서 그의 후계자들 다수가 그러듯이, 이 평범하고 흔한 변화를 끔찍이 싫어했을 뿐 아니라 그 원인이 도덕적 결함에 있다고까지 생각했다.

각하, 이 나라가 지닌 그 모든 진정한 장점에도 불구하고, 유감스럽게도 우리 국민은 선천적으로 썩 품위 있는 편이 못 됩니다. 모음을 생략하여 우리말 단어들을 단축하는 이 그칠 줄 모르는 습성은 다름 아니라, 우리 의 조상이며 그 언어들이 모두 이와 동일한 결함에 시달려온 '북방민족' 들의 야만성으로 회귀하는 경향입니다.*

---

* 이상의 세 인용문은 스위프트가 1712년에 자신의 정치적 후견인이던 제1 재무상 (현대의 총리 격) 로버트 할리(옥스퍼드–모티머 백작)에게 보낸 '영어를 바로잡고, 개선하고, 확정하기 위한 제언'이라는 주제의 긴 공개서한 중 한 구절이다. 여기서 스위프트는 아카데미프랑세즈 비슷한 전문가 기구의 구성을 제안했다.

그로부터 300년을 훌쩍 뛰어넘으면, 10대들이 'like'를 사용하는 방식이 불분명한 사고를 드러낸다거나 의문문이 아닌데도 흔히 말끝을 올리는 것("So I really liked this movie? I saw it with Brett?")이 천박함의 징후라고 한탄하는 스위프트의 후계자들을 만나게 된다. 잔소리꾼들은 변화를 언급하거나 그런 발음이나 말투가 싫다고 말하는 데에 그치지 않고 다른 사람들의 정신세계에 관해 섣부른 판단까지 내리는 것이다.

발음 변화와 문법의 진전, 새로운 어휘 등에 대해 스위프트가 선호한 해결책은 유럽의 다른 나라들에서 이미 시도된 바 있는 언어 아카데미의 설립이었다. 드라이든을 포함한 다른 많은 사람들처럼 스위프트도 저명한 작가들을 모아놓으면 용법의 문제들에 대해 판정을 내릴 수 있으리라고 기대했다. 그들의 명성이 지닌 막중한 무게로 말을 올바른 자리에 붙잡아둘 수 있을 것 같았다. 스위프트의 염두에는 본보기들이 있었다. 일찍이 프랑스와 이탈리아에서 아카데미를 설립한 사실에 주목하고 있었던 것이다(이들과는 뒤에서 다시 만나게 된다).

스위프트가 살았던 18세기에는 다른 두 명의 인물이 출현해 먼 훗날 '기술주의(descriptivism)'와 '규범주의(prescriptivism)'라는 이름이 붙게 될 두 중요한 전통의 선구자가 되었다. 하나는 최초의(그리고 위대한) 영어사전을 펴낸 새뮤얼 존슨*이고, 다른 하나는 첫 영문법 베스트셀러의 저자인 로버트 로스*다.

---

* 다재다능했던 새뮤얼 존슨(1709~84)은 그가 만든 사전으로뿐 아니라 시인, 수필가, 비평가, 전기 작가, 편집자로서도 영국 문학에 크게 기여했다.
* 로버트 로스(1710~87)는 성직자이자 옥스퍼드대학교에서 시를 가르치는 교수였다.

존슨은 오늘날에도 널리 알려지고 높이 평가되는 인물이지만 로스를 아는 사람은 거의 없다. 영어의 역사를 공부하는 학생이라면 누구나 존슨이 근대적 사전 편찬의 기준을 확립한 베스트셀러 사전의 저자라는 것과 아울러 그가 때로는 정통적이 아닌 방법을 썼다는 사실도 배우게 된다(그의 유명한 정의에 의하면 사전 편집자란 "단조롭고 고된 일을 하는 무해한 자"다). 존슨은 또한 유능한 전기 작가이자 자신도 유명 문인이었던 제임스 보즈웰에 의해 그의 일대기가 집필되는 호사도 누렸다.*

존슨은 사전의 서문에서, 스위프트의 바람과는 달리 언어를 한 자리에 붙박아놓을 수는 없는 노릇이며, 그건 아무리 많은 대작가들이 이런저런 용법을 고집하더라도 마찬가지라고 했다. 존슨 스스로도 위대한 작가들에 의존했고, 사전의 올림말 대부분은 셰익스피어와 밀턴의 작품, 킹 제임스 성경*을 포함한 소수의 출처에서 예문을 인용하고 있다. 그러나 이처럼 최고의 권위에 의존하면서도 그는 자신의 의도가 "언어를 형성하는 것이 아니라 기록하는 것"이라고 했다. 언어를 동결시킬 수는 없음을 그는 명시적으로 인정했다. 따라서 존슨은 그의 노력에 힘입어 언어 변화가 부분적으로 다소 늦어지긴 했어도 그 후 수세기 동안 철자법, 문장부호 사용법, 단어들의 용법, 문법, 발음이 크게 변했다는 사실에 별로 놀라지 않을 터이다. 비록 존슨 역시 때로는 언어가 쇠퇴하고

---

* 존슨과 그의 오랜 벗이자 관찰자였던 보즈웰(1740~95)의 관계는 종종 셜록 홈스와 왓슨의 관계에 비유되기도 한다. 문학비평가 해럴드 블룸은 『새뮤얼 존슨전』이 "영어로 쓰인 최고의 전기"라고 했다.
* 킹 제임스 성경(King James Bible)은 영국 왕 제임스 1세의 명령에 따라 영국 국교회 즉 성공회가 1604년에 번역을 시작하여 1611년에 펴낸 영어 성경이다. 왕이 몸소 제정했다 해서 '흠정역(欽定譯) 성경'이라고도 한다.

있다고 느낀 것처럼 보이지만, 스위프트처럼 머리를 쥐어뜯으며 개탄하지는 않았다. 다만, 자신의 사전이 제공하는 훌륭한 문학적 예문들이 그 같은 변화를 누그러뜨리기를 바랐다.

로스는 전혀 다른 유형의 인물이었다. 그는 명문 사립학교를 거쳐 옥스퍼드대학교의 뉴칼리지에서 공부하면서 곧 신학 분야에서 두각을 드러냈다. 그는 구약성경의 「이사야서」를 새로 번역했고, (구약의 히브리어를 포함하여) 중동 지역의 언어에 새롭게 관심을 기울이던 일군의 저술가들과 어울렸다. 로스와 동료 연구자들은 낭만주의 시대를 앞선 낭만주의자가 되어 각 민족의 정신을 표상하는 언어적 '특질'을 찾고자 했다. 그는 교회의 초급 지위에서 시작해 옥스퍼드 주교를 거쳐 런던 주교가 되었으며, 건강만 허락했다면 캔터베리 대주교까지 되었을지도 모른다.

그가 옥스퍼드에 재직할 때 쓴 『간략한 영문법 입문*A Short Introduction to English Grammar*』은 예상 밖의 대히트가 되었다. 1762년 익명으로 출간한 이 책은 1838년까지 한두 해에 한 차례씩은 증쇄되었고, 후세의 많은 문법학자들에게 영향을 미쳤다. 그의 규칙들을 한 자도 고치지 않고 옮긴 학자들도 있었다.

이 책의 속표지에는 다음과 같은 키케로의 말이 인용되어 있다(물론 라틴어로).

라틴어를 올바르게 말하는 것은 최고의 존경을 받아 마땅하다. 라틴어 자체의 장점들 때문만이 아니라, 실은 대중들이 그것을 소홀히 해왔다는 점 때문에도 그러하다. 라틴어를 아는 게 고귀한 일이라기보다는, 라틴어를 모르는 것이 수치스러운 일이니까 말이다.

이어 로스는 키케로의 논점을 한층 강화한다. 서문에서 그는 묻는다. "영어는…… 이 나라의 가장 교양 있는 계층의 말과 가장 정평 있는 작가들의 글에서도 자주 온갖 문법 사항들을 위반하는가? 지금까지는 유감스럽게도 이러한 비난이 맞는다. …… 우리의 가장 훌륭한 작가들마저도 영문법에 대한 합당한 지식이 부족하여 중대한 실수들을 저질러왔다." 여기서 그가 자신이 모범으로 삼은 키케로보다도 한 걸음 더 나간다는 데에 주목하라. "대중들"뿐 아니라 "우리의 가장 훌륭한 작가들"마저도 "중대한 실수들"을 저질러왔다고 하지 않는가.

이렇게 해서 로스는 규범주의 전통의 주춧돌을 놓는다. 규칙은 규칙이고, 그것은 실제의 언어 관행보다 우위에 있다는 것이다. "이 나라의 가장 교양 있는 계층"이 어떻게 말을 하든 상관없다. "우리의 가장 훌륭한 작가들"이 어떻게 글을 쓰든 알 바 없다. 외국어에서 끌어오건, 논리로 연역해내건, 아무런 근거 없이 그냥 선언해버리건 간에 규칙을 정해야 한다는 식이다. 그런 이후 언어는 사용자들이 아니라(가장 훌륭한 사용자라도 마찬가지다), 잔소리꾼들과 그들의 문법에 의해 좌지우지될 터였다.

로스의 방법은 "우리의 가장 훌륭한 작가들"이 올바른 문법을 위반한 사례들을 골라내 이를 "잘못된 구문"으로 제시하면서 가르치는 것이었다. 사람들은 아마 킹 제임스 성경만큼은 이 성직자의 비판을 비켜갔으리라고 추측할지 모른다. 영국에서 으뜸가는 학자들과 작가들로 구성된 위원회가 1611년에 번역을 완료한 이 성경의 영어 문장은 지금도 많은 사람들이 역사상 제일 훌륭한 것으로 간주한다. 그러나 로스는 이 성경의 제일 유명한 구절마저도 서슴지 않고 비판했다. 그에 따르면 주기도문의 첫 구절인 "Our father, which art in Heaven(하늘에 계신 아버지)"부터 잘못되었다. 'which'는 무생물만을 가리킬 수 있으므로, 사람(그리고 신)에게는 'who'를 써야 한다. 따라서 "who art in Heaven"이 되어야 한다는 얘기다.

셰익스피어 역시 로스의 기준에는 못 미쳤다. 『헨리 6세』에 나오는 대사, "the lab'ring heart / who in the conflict that it holds with death, attracts the same for aidance 'gainst the enemy(심장이 죽음과 싸우느라고 원군으로서 모든 피를 심장에 불러들이는 것이어서)"*에서 "the lab'ring heart who"의 'who'는 'which'가 되어야 한다고 로스는 썼다. 그리고 영어의 역사에서 가장 훌륭한 작가가 쓴 나쁜 영어의 다른 사례들을 줄줄이 늘어놓는다. 셰익스피어와 성경을 특별한 표적으로 삼은 건 아니었다. 자상한 주교께서는 존 애디슨, 밀턴, 알렉산더 포프, 드라이든, 스위프트, 존 로크, 그리고 성공회의 전례문이 어느 대목에서 그의 규칙을 위반했는지를 지적한다.

로스는 자신이 흠잡고 있는 킹 제임스 성경과 셰익스피어의 작품들이 이미 150년도 더 된 것들이라는 사실은 생각조차 하지 않았다. 위대한 문인들의 글에서 '오류들'을 하나하나 잡아내는 동안 어쩌면 그들이 맞고 자기가 틀렸을지도 모른다는 의구심 따위도 전혀 들지 않았다. 로스에게 규칙들이란 누가 봐도 명백한 논리의 산물일 따름이었다. 변주나 변화를 용인할 여지는 조금도 없었는데, 이는 그가 영어를 있는 그대로 설명하는 게 아니라 영어가 '어떠해야 하는지'를 말하고 있었기 때문이다. 한편 오늘날 로스를 읽는 사람은 그가 엄숙하게 올바른 영어라고 규

---

* 『헨리 6세』 제2부 3막 2장에 나오는 워릭 백작의 대사다. 번역문은 신정옥 역본(전예원, 2008)을 따랐다.

정했지만 이제는 전혀 쓰이지 않는 것들을 보며 흥미로움을 느끼곤 한다. 예를 들어, 로스에게 'get, break, cleave, speak, swear, tear, wear, tread, creep'의 과거형은 각기 'gat, brake, clave, spake, sware, tare, weare, trode, crope'*였다. 그는 성공했지만 전능하진 않았다. 이 과거형들은 그의 시대에 이미 사라지고 있었다.

로스는 문장을 전치사로 끝내면 안 된다는 드라이든의 주장을 되풀이하면서, 그 같은 구문은 "an idiom, which our language is strongly inclined to(우리말이 강하게 이끌리는 관용적 어법)"라는 표현으로 어느 문장을 마무리했다. 특정 어법을 금하는 문장에서 바로 그 어법을 쓴 게 재미를 주려는 의도에서였는지는 분명치 않다. (현대 작가들은 종종 유머를 위해 그렇게 하지만, 로스는 자기가 "잘못된 구문"으로 규정한 것은 스스로도 쓰지 않았고, 다른 곳에서도 의도적으로 웃긴 적이 없었다.) 그는 사람들이 "보통의 대화에서" 흔히 전치사로 문장을 끝낸다는 사실을 인정했지만, 격식을 차리는 글에서는 그 관행을 금해야 한다고 생각했다. 그래서 철학자이자 정치사상가인 존 로크의 "We are still much at a loss, who civil power belongs to.(우리는 시민사회의 권력이 누구에게 귀속되는지를 여전히 알 도리가 없다.)"나 셰익스피어의 "Who servest thou under?(네 소속 부대장은 누구냐?)" 같은 문장들을 비판했다. (둘 다 'whom'이어야 한다는 얘기다.)

로스는 논리가 의심스러운 또 하나의 유명한 규칙을 선언한다. 이중부정의 금지가 그것이다. 로스의 시대에도 이미 이중부정문은 교양 있는 표준 영어에서는 흔하지 않았다. 그러나 여러 방언과 일상어에선 흔

---

* 현재 쓰는 과거형은 각기 'got, broke, cleaved/cleft/clove, spoke, swore, tore, wore, trod, crept'다.

했고, 그 이전 시대에는 표준으로까지 통했다. 한데 로스는 수학과 유사한 논리에 호소하여 이중부정을 추방했다. "영어에서 두 번의 부정은 서로를 무효화해 결국 긍정이 되고 만다." 하지만 반드시 그리 돼야 할 이유는 없다. 초서와 셰익스피어도 이중부정을 사용했다. 프랑스어는 두 개의 부정어 'ne'와 'pas'를 함께 쓰곤 한다("Je ne sais pas", 즉 "I don't know"). 스페인어와 러시아어를 비롯한 여러 언어에선 부정의 동사는 부정의 대명사를 필요로 한다(스페인어의 "No tengo nada" 즉 "I don't have nothing", 러시아어의 "Nichevo ne znaiu" 즉 "I don't know nothing"). 그러나 로스의 시대에 이미 쇠퇴하고 있었던 영어의 이중부정은 그의 반대에 따라 (적어도 교양 있는 집단에서는) 소멸해버렸다. 오늘날에도 선생님들은 학생에게 "I don't know nothing"은 "I know something"을 의미한다며 주의를 주곤 한다. 대부분 로스가 누구인지 들어본 적조차 없는 선생님들이 몇 백 년이나 묵은 그의 그릇된 논리를 앵무새처럼 되뇌는 것이다.

또 다른 종류의 중복도 그의 분노를 샀다. 이번엔 이중비교급(이중최상급 포함)이다. 셰익스피어는 『줄리어스 시저』에서 "the most unkindest cut of all(가장 최고로 무자비한 일격)"*이라 썼고, 킹 제임스 성경 번역자들은 「사도행전」에서 "after the most straitest sect of our religion(우리 종교의 가장 최고로 엄한 파를 좇아)"이라고 썼다. 여기서도 역시, 그런 표현을 쓴 사람들은 이중최상급이 이중부정과 마찬가

---

* 괄호 속 번역은 원문의 중복 최상급을 그대로 살렸으나, 실제 작품 번역에서는 예컨대 "브루투스가 찌른 이 상처는 가장 잔인무도했소."(신상웅 역, 『줄리어스 시저』, 동서문화사, 2008) 혹은 "이거야말로 가장 무자비한 일격이었소."(김재남 역, 을지서적, 1995) 식으로 한다. 우리 역시 글에서는 대체로 이중최상급을 피하기 때문이다. 「사도행전」의 경우에도 마찬가지다.

지로 특별한 강조를 위해 선택할 수 있는 어법의 하나라고 보았다. 물론 논리적으로야 가장 엄한 것보다 더 엄한 것은 있을 수 없지만, 시인들은 (그리고 보통의 화자들 또한) 종종 논리를 갖고 장난치기를 좋아한다. 그것은 언어가 우리에게 허용하는 여러 가능성들 중 하나다. 그러나 옥스퍼드의 주교가 보기에 영어의 가장 위대한 저자들은 틀렸고 자신이 옳았다. 이중비교급 역시 로스의 반대로 현대 영어에서 쇠퇴와 죽음이 앞당겨졌다.

로스의 논조와 방법에는 몇 가지 현저한 특징이 있다. 앞에서 보았듯이 그중 하나는 변화를 받아들이지 못하는 것이다. 로스는 셰익스피어가 1600년에 쓴 영어가 자신이 1762년에 옳다고 생각한 영어와 다르다는 사실에 놀란 듯하다. 또 하나의 특징은 수학과 비슷한 논리에 의존한다는 점이다. 두 개의 부정어가 들어가는 문장은 반드시 긍정의 의미가 된다는 식이다(그 둘이 서로를 강화할 가능성은 그의 눈에 보이지 않았다). 마지막으로, 후세의 많은 잔소리꾼들과 마찬가지로 로스는 변이형들을 언어적 사실로 받아들이기를 꺼렸다. 이중부정은 숱한 사람들의 말 속에 흔하게 나왔지만, 로스에게 올바른 방법은 단 하나여야 했다. "most straitest" 같은 시적 형태들은 야단을 쳐서 사라지도록 해야 했다. 규칙은 규칙이었다.

로스의 책 자체도 베스트셀러였지만, 그는 또 다른 문법서 저자인 린들리 머리*에게 깊은 자취를 남김으로써 자신의 영향력을 배가했다. 미국에서 태어난(맨해튼의 한 지역명인 머리힐에 그의 가족 이름이 남아 있다) 머리는 중년기에 영국으로 이주했는데, 거기서 내놓은 책 『영문법English Grammar』은 발간 즉시 두 나라 모두에서 선풍적인 인기를 끌었다. 1795년에 발행된 후 불과 11년 사이에 영국에서 21쇄를 찍었고,

미국에서의 증쇄 횟수는 그 두 배를 넘었다.[4] 로스의 규칙들은 그가 되풀이해준 덕분에 많은 부분이 불변의 것으로 새겨질 수 있었다. 그는 이 중부정 규칙을 되풀이하면서 선배가 기술한 문미 전치사 금지 규칙의 문구를 "to which our language is strongly inclined"로 바로잡았다.* 한편 머리는 자신의 예문들이 문법적으로뿐 아니라 도덕적으로까지 독자를 고양시킬 수 있게끔 신경을 썼다. 그의 말을 들어보자(자신을 삼인칭으로 가리키고 있다).

〔그는〕 학습뿐 아니라 덕성이라는 목표 또한 어느 정도 촉진하기를 바라는바, 이를 위해 책 전체에서 그는 젊은이들의 마음에 그릇된 영향을 미칠 수 있는 예문과 설명을 철저히 피함과 동시에 많은 경우에 도덕적, 종교적 성향을 띤 예문과 설명을 제시하고자 애썼다.

이러한 점과 관련하여, 머리가 문법과 도덕성을 뒤섞은 최초의 인물도 아니었고(스위프트를 기억하라) 최후의 인물 또한 아님은(뒤에 다시 만나게 될 린 트러스가 있다) 말할 필요도 없다. 잔소리꾼의 전형적 특징은 다르게 말하거나 쓰는 사람들은 단지 틀린 게 아니라 타락한 게 분명하다고 믿는다는 점이다.

---

* 린들리 머리(1745~1826)의 저서들은 19세기의 첫 반세기 동안 영어 학습 서적 분야를 지배했는데, 한 통계를 보면 그의 『영문법』은 미국에서 모두 1,600만 부, 영국에서도 400만 부나 팔렸다고 한다. 이후 또 하나의 베스트셀러 『영어독본』을 비롯해서 열 권의 교과서·참고서를 더 펴냈다.
* 앞에서 보았듯이 로스는 자신의 규칙을 위반하고 "which our language is strongly inclined to"라는 표현을 썼다.

아무 문제 없던 곳에 문제 만들기

19세기에 로스와 머리의 주장에 큰 영향을 받은 문법서와 용법서가 폭발적으로 증가하여 두 사람의 영향을 더욱 확산시켰다. 1700년대 중반에 졸졸 흐르기 시작한 물이 한 세기가 지나자 해일로 변한 형국이었다. 영국은 민주화되고 있었고, 미국은 취약한 신생 공화국이었다. 두 나라 다 교육받은 시민 계급이 곧 국가의 힘이라는 믿음 아래 보편적 교육을 추진하기 시작했다. 애석하게도 흔히 이 '교육' 에는 로스와 머리 같은 사람들에게서 유래한, 근거 없이 만들어진 문법 규칙들이 포함되었다.

19세기에는 또 하나의 이상한 규칙이 출현해서 널리 알려졌다. 분리부정사를 금지하자는 것으로, 자신의 이름을 'P' 라고만 밝힌 사람이 1834년 발표한 글에 처음 등장했다.[5] 그후 19세기가 진행되는 동안 이 '규칙' 은 문법서에서 문법서로 빠르게 퍼져 나갔고, 어법의 올바름에 대해 남의 눈을 의식하는 영어 화자는 누구나 부정사의 'to' 와 동사 사이에 단어를 끼워 넣는 것은 야만적인 짓이라고 '확신하게' 되었다.

분리부정사 금지 규칙은 무분별한 규범주의의 정점을 보여준다 해도 좋을 터이다. 그것은 외래의 규칙이었다(라틴어와 그리스어에 근거를 두었음이 거의 확실한데, 두 언어에서는 부정사가 한 단어로 이루어지기 때문에 분리가 불가능하다). 영어로 글을 쓴 위대한 문필가들은 이 규칙을 밥 먹듯 위반했다. 1931년의 한 연구는 모든 세기의 영문학 작품들에서 분리부정사를 발견했다.[6] 14세기의 작자 불명 서사시 『거웨인 경과 녹색 기사 *Sir Gawain and the Green Knight*』를 비롯하여 신학자이며 성경 번역자인 윌리엄 틴들, 청교도혁명 지도자 올리버 크롬웰, 『피프스의 일기』로 유명한 행정가 새뮤얼 피프스, 소설가 대니얼 디포, 시인 존 던, 벤저민 프랭클린, 새뮤얼 존슨, 정치가이자 사상가인 에드

먼드 버크, 시인 새뮤얼 테일러 콜리지와 엘리자베스 배릿 브라우닝, 그리고 다른 많은 사람들이 분리부정사를 사용하는 '잘못'을 저질렀다.

분리부정사를 피한 문장은 의미가 애매해질 수 있다. "He failed entirely to comprehend it."은 그가 이해에 완전히 실패했음을 의미할 수도 있고, 이해하긴 했지만 완전히는 못했음을 의미할 수도 있다. 'entirely'를 'to'와 'comprehend' 사이에 넣어야만 "그는 그걸 대부분 이해했지만 전부는 못했다."라는 뜻이 확실히 전달된다. 물론 문장을 바꿔 이 문제를 우회할 수는 있으나("He failed to comprehend everything"), 그래야 할 이유가 없다. 툭하면 가독성과 명료성을 높인다는 엉터리 주장을 내세우는 다른 많은 규범주의 규칙에 비해서도 이 규칙은 한층 나쁘다. 애초에 아무 문제도 없던 곳에 오히려 문제를 들여오기 때문이다. 아무튼 19세기의 글에서 분리부정사가 더 흔해진 데 비례해 그에 대한 비난도 더욱 거세졌다. 어법의 역사나 세련미, 또는 실제 관행보다 '규칙'이 더 중요하다는 생각, 다시 말해서 무분별하게 이른바 실수를 찾아내는 좀비 같은 규범주의는, 말을 하고 글을 쓰는 사람들에게 실수에 대한 공포감을 불어넣었다.

새 유형의 잔소리꾼들과 파울러

19세기 말과 20세기 초에 상황이 변하기 시작했다. 언어들의 역사적 발전에 대한 관심이 낡은 생각들을 줄줄이 전복하기 시작했다. 18세기 말에 문헌학자 윌리엄 존스*는 인도·유럽어족을 발견했다. 영어와 프랑스어가 페르시아어 및 산스크리트어와 동족이라는 깨달음은 특정 언어의 고유성에 관해 오랫동안 소중히 여겨온 많은 관념들을 뒤집었다. 서로 그토록 멀리 떨어진 언어들이 공통의 조상을 갖고 있다는 사실을 통해 사람들은 특정 시대에 존재하는 특정 언어라는 게 얼마나 우연적이고 변하기 쉬운 것인지를 깨닫게 되었다.

그 결과라 해야 할까. 20세기의 보다 사려 깊은 잔소리꾼들은 선배들과는 다른 태도를 취하게 됐다. 그들은 기계적인 규칙들을 노골적이고 일방적으로 선포하고 거듭 읊어대기보다는 재치와 설득을 곁들이며 사람들에게 글쓰기를 가르치려 했다. 조지 버나드 쇼*는 이 새로운 사고방식을 대표하는 인물이었다. 쇼는 언어의 천재로서, 자신의 작품에서 언어에 관한 속물성의 극치를 보여주는 인물 헨리 히긴스를 창조했다. 『피그말리온*Pygmalion*』*에서 히긴스는 꽃 파는 소녀 일라이자 둘리틀에게 이렇게 말한다.

그런 우울하고 역겨운 소리나 내는 여자는 어디에도 있을 권리가 없어. 살 자격도 없다고. 너는 영혼을 가진 인간임을 기억해. 신이 주신 똑똑하게 발음할 수 있는 능력을 가지고 있다고. 그리고 네 모국어는 셰익스피

---

* 윌리엄 존스(1746~94)는 영국의 법률가이자 고대 인도를 연구한 동양학자로 식민지였던 인도에서 판사로 일하면서 아시아학회를 설립하기도 했다. 평생 28개 언어를 공부했다고 한다. 참고로, 문헌학이란 문헌 자료를 언어학적, 역사적 측면에서 해석하고, 그에 근거하여 대상 민족이나 시대의 문화를 연구하는 학문으로, 인문주의적 역사언어학의 한 갈래라 할 수 있다.
* 쇼(1856~1950)는 뛰어난 풍자와 위트로 유명한 아일랜드의 극작가이자 소설가, 비평가다. 열성적인 사회주의자로, 영국 노동당의 기초가 된 사회주의 운동단체 페이비언협회의 창립에 참여했다. 『인간과 초인』, 잔 다르크를 다룬 『세인트 존』 등 수많은 작품을 썼으며, 1925년 노벨 문학상을 받았다.
* 이 희곡을 영화화한 것이 렉스 해리슨, 오드리 헵번 주연의 『마이 페어 레이디』다. 희곡은 로마 시인 오비디우스의 『변신 이야기』에 나오는 조각가 피그말리온 이야기에서 소재를 따왔다. 이상적인 여인을 상아로 만들고는 그것을 사랑하게 되었는데, 베누스 여신이 기도에 응답하여 조각상에 생명을 불어넣어 주었다는 내용이다.

어와 밀턴, 그리고 성서의 언어야. 그러니 거기 앉아서 성질난 비둘기처럼 구구대지 좀 말라고.*

그러나 현실 세계의 쇼에게 규칙은 그 자체가 목적이 아니라 우아한 표현을 위한 수단일 따름이었다. 한번은 어느 어리석은 규범주의자 때문에 분통이 터져서는 신문사에 편지를 썼다.

문학적 글쓰기를 주제로 한 당신네 칼럼에서 거의 매일 이래라저래라 명령하며 나대는 그 사람을 즉시 자르지 않으면 나는 『크로니클』지를 절독하겠습니다. 그 사람은 규칙만 찾는 공론가이자 무식쟁이고, 천치에다가 자기과시적인 얼간이입니다. …… 당신네의 이 어리석은 전문가는 요즘 들어 'to suddenly go' 나 'to boldly say' 같은 식의 어구를 쓴 신문들을 "이류"라고 비난하기 시작했지요. 부디 이 사람을 내보낼 것을 귀지에 부탁드립니다. …… 그가 갑자기 떠날 때 'to suddenly go', 'to go suddenly', 'suddenly to go' 중 하나를 선택할 자유는 전적으로 그의 것이니 마음대로 고르라고 하세요. …… 그를 내보내고는 그 자리에 영리한 뉴펀들랜드 개를 앉혀보십시오.[7]*

그러나 생각 깊은 이 신종 잔소리꾼 무리에서 가장 영향력이 컸던 사람은 쇼처럼 위대한 문학가가 아니었다. 그는 전직 교사이자 크게 성공하지는 못한 수필가로서 언뜻 보기에 그런 영향력과는 어울리지 않는 사람이었지만, 그가 생의 후반기에 들어서야 써낸 발군의 영어 용법서는

---

* 번역문은 김소임이 옮긴 『피그말리온』(전예원, 2011)을 따랐다.
* 1892년 『런던데일리크로니클』지의 독자편지 난에 실린 것이다.

20세기 전반부를 지배했다.

헨리 왓슨 파울러는 1858년 영국의 켄트 주에서 태어났고, 중년이 될 때까지 사립학교에서 아이들을 가르쳤다.[8] 그러나 그는 사감 승진을 포기할 수밖에 없었다. 당시 그가 교장에게 한 설명에 따르면, 사감으로서 맡게 될 아이들이 영국 국교회의 견진성사를 받도록 준비시키는 일을 자신은 할 수 없다는 것이었다. 나중에 그는 이렇게 썼다. "30년 전 나는 종교적인 믿음이 옳다고 생각했다. 20년 전에는 의심스러워했다. 10년 전에는 잘못된 것이라고 생각했다. 지금은 터무니없다고 본다(물론 개인적인 생각이다)." 첫 직업을 유지할 수 없게 된 그는 런던으로 이사한 뒤 수필류를 쓰면서 어렵게 살다가 동생 프랜시스와 공동 저술을 하기 위해 영국해협에 있는 건지 섬으로 이사했다.

1906년 두 사람은 『킹스 잉글리시 *The King's English*』*라는 용법서를 발표했고, 런던의 『더타임스』는 이 책이 "세상을 풍미했다"라고 평했다. 이 책은 문법서가 아니라 좋은 글을 쓰기 위한 안내서로, 미국식 표현이나 유행하는 새말들, 완곡어법, 라틴어계 어휘의 과용 따위를 못마땅해했다. 한데 서술이 간명하고 박력 있었기 때문에 그런 종류의 책을 좋아하는 사람들에겐 흥미진진했다.

8년 뒤 제1차 세계대전이 터지자 56세였던 파울러와 열세 살 밑인 동생은 나이를 속이고 군에 입대했다. 그러나 후방에서 행정업무를 맡게 되자 두 사람은 안달하다가 결국 제대를 시켜달라고 청원했다. 오래지 않아 프랭크가 군에서 얻은 폐결핵으로 사망하자 헨리는 크게 상

---

* 'King's English'는 영국 남부 지방의 표준 영어를 이르는 말로, '표준적이며 올바른, 왕의 궁정에서 쓸 법한 영어'라는 내포를 담고 있다. 여왕 통치기에는 'Queen's English'라 부른다.

심했다.

　노인이 되었고 『킹스 잉글리시』로 약간의 명성을 얻은 그는 이제 자신의 최대 걸작을 완성했다. 바로 『현대영어용법사전 *A Dictionary of Modern English Usage*』, 오늘날 대부분의 사람에게 그냥 'Fowler's'로 통하는 책이다. 항목들을 알파벳순으로 배열한 이 책에서 파울러는 'pharaoh' 같은 단어들의 헷갈리는 발음을 명시하는 일에서부터 문법과 용법에 관한 당대의 논쟁들을 판정하는 일에 이르기까지 영어의 온갖 문제를 다 다뤘다. 분리부정사에 대해 파울러는 그의 전형적인 어조로 이렇게 말한다.

영어권의 사람들은 다음과 같이 나눌 수 있다. (1) 분리부정사가 무엇인지 모르고 관심도 없는 사람들, (2) 모르지만 관심이 아주 많은 사람들, (3) 알고 비난하는 사람들, (4) 알고 괜찮다는 사람들, (5) 알고 분별 있게 사용하는 사람들. 첫 부류, 즉 모르고 관심도 없는 사람들이 대다수를 차지하며, 소수 부류들에 속한 자 대부분은 이 행복한 사람들을 부러워해 마땅하다. …… 진정한 분리부정사는, 그 자체가 원래 바람직하지는 않더라도, 다음의 두 경우, 즉 〔부정사를 분리하지 않아서—옮긴이〕 의미가 정말로 애매모호한 것과 명백하게 부자연스러운 것보다는 낫다.

이런 식으로 책의 곳곳에서 파울러는 현대판 쉽볼렛들을 박살낸다. 'Fetishes(맹목적 집착)'라는 표제어를 단 항목에서 그는 문장을 전치사로 끝내지 않으려 하는 사람들을 비웃고, 'None'을 복수형 동사로 받지 말라는 규칙을 조소한다. (그에게 "None of us are happy."는 아무 문제가 없다. 대부분의 잔소리꾼들은 "None of us is happy."를 고집한다.) 마찬가지로 'Superstitions(미신들)' 항목에서도 'and' 나 'but'으로 문장을 시작하지 않으려는 사람들을 단칼에 해치우면서, 그런 금지야말로 "비문법적인 난센스"라고 일침을 놓는다.

『현대영어용법사전』은 깐깐한 재판관이 한 권의 책으로 탄생한 양 여러 용법 논쟁들에 판정을 내리는 것 외에, 『킹스 잉글리시』의 연장선상에서 이른바 좋은 글쓰기의 요령들에 대해서도 신랄한 평가를 제공한다. 예를 들어 상투적 표현과 기계적인 글쓰기에 대한 파울러의 거부감은 'Hackneyed phrases(진부한 문구들)' 항목에서 분명히 드러난다.

깊은 잠은 항상 'the sleep of the just(마음에 거리낌 없는 자의 편안한 잠)'라고 묘사해야 하는 사람이 무수히 많다. 그들에게 황혼의 빛은 늘 'dim, religious light(어스레하고 경건한 빛)'이고, 모든 믿음은 'cherished belief(소중히 간직해온 믿음)'이고, 모든 신뢰는 'implicit confidence(무조건적 신뢰)'이며, 모든 무지는 'blissful ignorance(행복한 무지)', 모든 고립은 'splendid isolation(영광의 고립)',* 모든 불확정성은 'glorious uncertainty(장려한 불확정성)', 모든 공허감은 'aching void(가슴 저린 공허감)'이다.

파울러가 이어서 나무라는 상투적 표현들 중에는 오늘날엔 진기하게 고풍스러워 보이는 것들이 포함되어 있다. 'balm in Gilead(길르앗의 유

---

* 'splendid isolation'은 본디 19세기에 영국이 벤저민 디즈레일리, 솔즈베리 후작 등의 보수당 정부 시절 오랫동안 유럽 대륙의 국제정치에 간여하지 않은 것을 가리키는 표현이었다. 한편, 바로 앞의 'blissful ignorance'는 '모르는 게 약'이라는 내포를 지니고 있다.

향)’, ‘consummation devoutly to be wished(열렬히 희구할 생의 극
치)’, ‘curate’s egg(보좌신부의 달걀)’, ‘in a Pickwickian sense(픽윅
적인 의미에서)’, ‘neither fish, flesh, nor good red herring(생선도
살코기도 아니고, 그렇다고 맞갖은 훈제 청어도 아닌)’ 등이 그런 예다.* 파울
러의 이 같은 구투(舊套)는 다른 곳에서도 볼 수 있는데, 예컨대 이슬람
교 창시자의 이름을 보다 정확한 ‘Mohammed〔모함메드〕’나
‘Muhammad〔무함마드〕’로 써야 한다는 주장에 대해 종래의
‘Mahomet〔마호메트〕’도 아무 문제가 없다고 했다. 그리고 지식을 뽐
내는 여성을 한 번도 만나보지 못한 듯 이렇게 쓴다. “여자들이 모성 본
능에 사로잡혀 있는 것처럼 남자들은 가르치려 드는 충동에 사로잡혀
있다.”

한데 그토록 고루해 보이는 책이 어째서 계속 사람들을 사로잡아 왔을
까? 비록 성마르게 비판하고 재단했지만 파울러는 현실주의자였다. 앞

---

* ‘길르앗의 유향’은 구약성경 「예레미야」 8장 22절에 나오는 말로, 비유적으로는
‘슬픔이나 고통을 위로하고 덜어주거나 치유해주는 사물이나 행위’를 뜻한다.
‘balm of Gilead’라고도 한다. ‘열렬히 희구할 생의 극치’는 셰익스피어의 『햄릿』 3
막 1장의 유명한 대사 “삶이냐 죽음이냐, 이것이 문제다.”에서 몇 문장 지나 나오는
말 “그렇다면 죽음, 잠, 이것이야말로 열렬히 희구할 생의 극치가 아니겠는가.”(김재
남 역본을 따름)에 들어 있는 표현이다. ‘보좌신부의 달걀’은 ‘나쁜 점이 분명 있지
만 좋은 점도 있다’는 뜻으로 쓰이던 말로, 1895년 영국의 만화 주간지 『펀치』에 실
린 한 만화에서 유래했다. 주교 집에서 아침 식사를 하면서 곯은 달걀을 받은 보좌신
부에게 주교가 어떡하냐는 뜻의 말을 하자 보좌신부가 “아닙니다, 주교님. 썩 괜찮
은 부분도 있습니다.”라고 답하는 내용이다. ‘픽윅적인 의미에서’는 ‘보통과 다른
의미로, 농담으로’라는 뜻으로, 찰스 디킨스 소설 『픽윅 페이퍼스』의 착하고 익살스
러운 주인공 이름에서 유래했다. ‘생선도 살코기도 아니고, 그렇다고 맞갖은 훈제
청어도 아닌’은 ‘정체를 알 수 없는, 이도 저도 아닌, 아무 데도 소용없는’이라는 뜻
이다. 원래 이 세 가지는 중세 사회의 성직자, 유족한 평민, 그리고 극빈자들이 각기
흔히 먹은 음식을 가리켰다고 한다.

시대의 새뮤얼 존슨이 그랬듯이 그는 언어는 변하게 마련이라는 사실을 인정했다(변화를 저지할 수 있다고 생각한 스위프트와는 달랐다). 예를 들어 '-monger(-장수)' 라는 말은 예전엔 'cheese, iron, fish' 처럼 무해한 말들에 붙었지만 언제부턴가 'war, gossip, whore' 따위들과 어울리며 씻을 수 없는 불명예의 얼룩을 지니게 되었다고 파울러는 한탄한다.* 파울러에게 그것은 달갑지 않은 상황 전개였다. 그러나 상황을 되돌리려 해봤자 아무 소용이 없으며 '-monger' 는 이미 돌아올 수 없는 강을 건넜음을 그는 알았다. 언어의 끊임없는 유동성을 잘 알고 있는 파울러였던 만큼, 『킹스 잉글리시』를 쓴 지 100년, 『용법사전』을 쓴 지 80년이 지난 이즈음에도 자신이 내린 모든 판단이 여전히 유효하다는 사실을 그가 안다면 적이 놀랄 것이다.

파울러는 사람들 앞에서는 몹시 수줍음을 탔다. 그러나 자신의 글에서만큼은 확신에 찬 자기인식과("우리는 누구나, 비정상적으로 우둔한 자들을 제외하고는, 각자의 삶에서 나름대로 현학적인 익살꾼이었다.") 함께 서슴없이 규범을 제시하는 태도를 보여주었다. 그의 용법 지침서가 전대미문의 성공을 거둘 수 있었던 것은 바로 이 같은 권위와 겸손의 조화 덕분이었다. 그의 사전은 두 번 개정된 제3판으로 오늘날에도 출간되고 있다. 발행사인 옥스퍼드대학교 출판부에는 아직도 감사 편지와 때로는 질문을 담은 편지들이 저자 H. W. 파울러 앞으로 들어오곤 한다. 1933년에 세상을 떠난 사람에게 말이다.

---

* 'warmonger' 는 전쟁광, 전쟁도발자를, 'gossipmonger' 는 가납사니, 수다쟁이를, 'whoremonger' 는 매춘부와 노는 사람이나 포주를 뜻한다.

스트렁크, 작지만 거대한 책

파울러는 지극히 전형적인 영국인이어서, 전통적인 사고방식을 지녔으며, 담배에 찌들고, 크리켓을 좋아했고, 이른 아침에 상쾌하게 서늘한 요크셔의 물에서 수영하기를 즐겼다. 그와 지적인 성향은 달라도 명성에서는 맞수라 할 미국인은 윌리엄 스트렁크 주니어라는 코넬대학교의 무명 교수였다. 그는 자신의 영작문 수업을 듣는 학생들에게 그가 자비로 출판한 작은 책을 사서 보도록 했다.*

나중에 스트렁크의 책은 『샬럿의 거미줄 *Charlotte's Web*』로 널리 알려진 소설가 E. B. 화이트에 의해 수정되고 편집되었다.* 흔히 '스트렁크 앤드 화이트'로 불리는 이 책 『글쓰기의 기본 *Elements of Style*』은 파울러의 『현대영어용법사전』보다 훨씬 얇다.* 그러나 오늘날 미국 대중의 뇌리에는 훨씬 더 큰 책으로 존재한다. 『글쓰기의 기본』은 화이트가 손을 보아 펴낸 1959년부터 지금까지 계속 인쇄돼왔고, 1,000만 부 넘게 팔린 것으로 추정된다.[9] 2005년에는 일러스트레이션을 넣은 판이 발간되었다. 니코 뮬리라는 작곡가는 이 책에 일련의 곡을 붙였고, 뉴욕공공도서관에서 있은 그 연주회에는 수백 명의 사람이 모이기도 했다. 극

---

* 코넬대에서 46년간 영어와 영문학을 가르친 윌리엄 스트렁크 주니어(1869~1946)는 학생들이 '작은 책(the little book)'이라고 부른 이 지침서를 1918년에 써서 1919년에 학내용으로 처음 출판했다. 이 초간본의 한국어판이 김지양·조서연이 옮긴 『영어 글쓰기의 기본』(인간희극, 2007)이다.

* 1957년 잡지 『뉴요커』에서 기고자와 편집자로 활동하던 작가 E. B. 화이트(1899~1985)는 자신의 칼럼을 통해 스트렁크의 책을 널리 알렸고, 맥밀란 출판사의 요청에 따라 원 저자의 1935년도 개정판을 다시 수정하고 가필했다. 화이트는 우리에게도 잘 알려진 『샬럿의 거미줄』과 『스튜어트 리틀』의 작가다.

* 아마존을 찾아보면 『글쓰기의 기본』 2008년 판은 128쪽이며(2012년 새로 찍어낸 1919년 판은 불과 52쪽), 『현대영어용법사전』의 2010년 판(언어학자 데이비드 크리스털이 편집)은 832쪽에 이른다.

작가 웬디 워서스틴은 9·11 테러 공격이 일어난 후 뉴욕의 불안한 나날을 그린 자신의 소설 제목을 'Elements of Style'이라고 했다. 그리고 2009년에는 '스트렁크 앤드 화이트' 발간 50주년을 기리기 위해 금으로 돋을새김을 한 가죽 장정본이 발행되었다.

근거 없는 신의 목소리로

한 권의 용법서가 혼란에 빠진 사람들에게 구명 밧줄로, 길잡이로 느껴지고 드디어는 바이블처럼 된 것은 과연 어떤 점 때문일까? 화이트가 단서 하나를 제공한다. 그는 책의 서문에서, 윌리엄 스트렁크는 자신의 지침들에 대해 추호의 의구심도 없었던 것 같다고 말한다. 스트렁크는 마치 소대원들을 지휘하는 하사관처럼 명령한다. "등위절들을 콤마로 연결하지 말라." "〔하나여야 할〕 문장을 둘로 쪼개지 말라." "능동태를 사용하라." "불필요한 단어를 생략하라." 『글쓰기의 기본』의 많은 독자들은 자신의 언어 능력이 염려스러웠기 때문에 권위를 갈망했다. 스트렁크는 코넬대 학생들에게 그런 권위를 제공했고, 화이트는 그것을 수백만 독자에게 전달했다.

그러나 『기본』이 이 단호함을 사용하는 방식은 때로는 유용했지만 때로는 야릇했다. 작은 것들에 집착하는 태도를 경멸한 파울러와는 달리, 스트렁크는 종종 무엇이 작은 문제인지를 모르는 듯하다. 모두가 경애하는 이 책에 맨 처음 나오는 규칙이 무엇인가? "단수 명사의 소유격은 아포스트로피를 찍고 s를 붙여라. …… 단어 끝의 자음이 무엇이든 이 규칙을 따른다."인데, 저자가 밝히지 않는 어떤 이유로 'Jesus'와 'Moses' 같은 고대의 이름들은 예외다〔아포스트로피만 붙인다〕. 고대인에 대한 이 예외를, 나아가 규칙 자체를 뒷받침하는 설명은 한 줄도 없다. 스트렁크는 그 규칙을 그냥 선언하는 것으로 『기본』의 첫 페이지를 연다.

21세기에 출간되는 이런 유의 책이라면 필경 그보다는 더 중요한 작문이나 문법, 또는 문체에 관한 규칙으로 서두를 장식할 터이다. 스트렁크의 첫머리는 결코 독자를 잡아끈다고 할 수 없다. 하지만 그게 바로 이 작고 특이한 『기본』이라는 책이다. 이 책이 소중히 담고 있는 지시들 중엔 다음과 같은 것도 있다. 원고 첫 페이지의 제목 위쪽을 충분히 비워놓아 편집자가 식자공에게 지시 사항을 적어 보낼 수 있도록 하라, 주석을 달거나 편집할 것이 많으리라고 예상되면 원고의 왼쪽 여백을 넉넉히 잡아라, 쓰는 이 자신이 날짜를 적을 때에는 'August 9th' 식으로 하지만 인용하는 대화문에 날짜가 들어갈 때는 "I arrived home on August ninth" 식으로 숫자를 철자로 적어라 등등.* 이처럼 문체는 차치하고 문법의 중요한 규칙보다도 편집 체재, 그것도 특정 매체에 고유한 체재와 연관된 사소한 사항들이 많다.

스트렁크와 화이트가 선택한 특이한 지침은 그런 것들뿐이 아니다. 관계대명사 'which'는 '비제한적(계속적)' 용법의 관계사절에 쓰고, 'that'은 '제한적(한정적)' 용법의 관계사절에 쓰라고 말한다. 책에 나온 예문을 보자.

The lawnmower that is broken is over there.

The lawnmower, which is broken, is over there.

---

* 예시한 세 가지는 화이트가 수정 보완한 개정판에 추가된 것이다.

첫 문장은 어느 잔디깎이 기계가 저기 있는지를 지정하고 있고(고장 난 잔디깎이 기계가/는 저기에 있다), 둘째 문장은 지금 얘기하는 잔디깎이 기계가 어느 것인지는 독자가 안다고 가정하고서 그 기계가 고장 났다는 사실을 덧붙이고 있다(그 잔디깎이 기계는 고장이 났는데 저기에 있다).

스트렁크와 화이트는 이 규칙도 왜 그런지 설명할 필요 없이 그냥 존재하는 것으로 제시한다. 그러나 위의 예에서는 콤마가 문맥의 도움을 받아 결정적 기능을 수행하는 만큼, 의미를 명확히 하는 데 굳이 그런 규칙을 들먹일 필요는 없다. 말을 할 때는 억양이 콤마와 같은 구실을 하게 마련이다. 그리고 스트렁크와 화이트도 인정하듯이 계속적이 아니라 제한적인 용법의 'which'는 영어의 역사에서 오래전부터 흔히 볼 수 있었다. 킹 제임스 성경의 번역자들도 셰익스피어도 제한적 용법의 'which'를 사용했다. (거꾸로 'that'을 계속적 용법으로 쓴 경우 또한 19세기의 글을 중심으로 발견되지만, 그리 흔하진 않다.) 더욱이, 화이트 자신이 제한적 용법의 'which'에 아무 문제가 없음을 입증했다고 할 수도 있다. 다른 글들에서 몇 번이나 사용했기 때문이다. 「돼지의 죽음」이라는 그의 수필을 보자.

…… the premature expiration of a pig is, I soon discovered, a departure which the community marks solemnly on its calendar. (돼지의 때 이른 죽음이 마을 공동체의 달력에 엄숙하게 기록되는 사건임을 나는 곧 깨달았다.)

문법 문제 외에도, 스트렁크와 화이트는 그들의 귀에 거슬리는 많은 단어들을 거론하며 그 사용을 꾸짖는다. 예컨대 그들은 어떤 진술이 참

임을 주장할 때는 '주장' 을 뜻하는 단어 중에서도 'claim' 은 쓸 수 없다
고 생각하는 것 같다. 독일은 알자스로렌 지방의 소유권을 'claim' 할
수 있지만, 파티에서 잘난 체하는 떠벌이는 자기가 프랑스어를 안다고
'claim' 할 수는 없다는 것이다.* 이런 유의 별난 규칙들이 책 곳곳에서
불쑥불쑥 나타나는데, 대부분 스트렁크가 지어낸 게 아닌가 싶다.

　화이트도 덜 유명하지만 골치 아프기는 매한가지인 규칙으로 한 몫 거
든다. 그와 후세의 깐깐한 공론가들은 'hopefully' 는 'in a hopeful
way(희망을 갖고)' 라는 뜻으로만 써야 하고, "Hopefully I' ll arrive
on Tuesday."와 같이 '바라건대' 혹은 '잘하면' 이라는 뜻으로는 쓸 수
없다고 주장한다. 다음에서 보듯이 많은 '문장부사(sentence adverb)'
들*이 'hopefully' 와 똑같은 역할을 하는데도 말이다.

Frankly, he' s dissembling.(솔직히 말해서 그는 진의를 숨기고
있다.)
Honestly, he' s a liar.(정직하게 말하면 그는 거짓말쟁이다.)
Seriously, he' s a doofus.(이건 진담인데, 그는 멍청이다.)

만일 부사가 반드시 문법적 주어의 동작이나 상태만을 수식해야 한다면

---

* 이들의 기준에 의하면 'claim' 은 'lay claim to' 즉 '~에 대한 권리를 주장하다'
라는 뜻으로만 써야 하는데도 'delare, maintain, charge' 따위를 써야 할 곳에 흔
히 잘못 쓴다는 것이다. 그래서 화이트가 해당 항목에 추가한 용례를 보면 'He
claimed he knew how."는 "He declared he knew how."라고 해야 올바르다.
같은 이유로 위의 떠벌이도 프랑스어를 안다고 'declare' 해야 한다.
* 문장부사란 특정 단어나 요소를 꾸미는 게 아니라 문장이나 절 전체를 꾸미는 부
사로서, 그 내용에 대한 화자의 주관적인 판단을 나타낸다.

세 문장 모두 말이 안 될 것이다.* 하지만 그렇지 않다는 게 명백하다. 이 부사들은 필자나 화자 자신의 태도를 전달한다. 지금까지 이들 다른 문장부사의 대부분은 비난을 받은 적이 없었는데, 『기본』은 특별히 힘을 주어 'hopefully'를 꾸짖는다.

화이트의 편집자는 이 작은 책의 일부 규정이 독단적인 것 같다는 점에 주목했다. 그러나 화이트는 고집을 꺾지 않았다. 예를 들어 『글쓰기의 기본』은 'like'는 명사와 대명사 앞에 써야 하고("He smells like fish.〔그에게선 생선 냄새가 난다.〕") 반면에 'as'는 구와 절 앞에 와야 한다고 말한다("He smells like fish, as you would expect from a fishmonger.〔생선장수에게서 예상할 수 있듯이 그에게선 생선 냄새가 난다.〕") 그래서 절대로 "He smells like fish, like you would expect from a fishmonger."라고 쓰면 안 된다. 그의 편집자는 이 규칙이 스트렁크와 화이트만의 것이라 생각했고, 그 책에 과연 필요한 규칙인지 의심했다. 화이트는 이를 악물고서 자신의 주장을 관철시켰다.

스트렁크의 불만거리들을 받아들이고 여기에 자신의 것들을 더하여 신의 목소리로 전달한 화이트는 책이 출간된 후의 일부 반응들에 놀랐다. 그가 미처 나무라지 못한 '오류들'을 독자 편지로 지적해오는 이 까다롭고 성가신 사람들은 도대체 어떤 이들일까? 그는 친구에게 쓴 편지에서 이렇게 말했다.

교과서 편집자의 삶은 자네 같은 문외한들의 생각과 달리 장밋빛 꿈이 아니라네. 나는 분노한 깐깐이들과 콤마 벌초꾼 등 불평 없이는 뭐 하나

---

* 그럴 경우, 세 문장은 각기 "그는 진의를 솔직하게 숨기고 있다", "그는 정직하게 거짓말쟁이다", "그는 진지하게 멍청이다"가 된다.

그냥 넘어가는 게 없는 사람들에게서 매일같이 별별 희한한 편지들을 다 받고 있지.[10]

한 독자는 새로 유행하는 표현인 'to dress up(옷을 차려입다)'에 잔뜩 흥분해서 편지를 썼다. 화이트는 자기가 생각하기에 그 표현은 아무 문제가 없고 'to dress'와 'to dress up' 사이에는 중요한 차이가 있다고 정중하게 답했다. 하지만 화이트는 도대체 무엇을 근거로 'hope-fully'는 나무라면서 'to dress'의 새로운 파생어는 인정한 것일까? 아무 근거도 제시되지 않았다. 불평이라는 게 원래 그렇다. 나의 불평은 법이고, 남의 불평은 불건전한 집착이다.

문체 그 자체에 대하여 스트렁크와 화이트는 대부분의 경우 지키는 게 최선인 두 가지 명령을 선포한다. 잘 알려진 "불필요한 말을 생략하라!"와, 수동태보다 능동태를 쓰라는 것이다. 그러나 이 책 자체의 형식─유머와 박학다식을 바탕으로 한 파울러의 고상한 설득 방식과는 대조적으로 줄줄이 이어지는 명령들─탓에 이 충고는 좋은 지침으로서보다는 성스러운 명령처럼 전해졌다. (수동태와 관련한 스트렁크와 화이트의 경직된 태도가 끼친 영향은 마이크로소프트워드의 여러 버전에서 잘 드러난다. 언어를 이해하지도 못하는 이 컴퓨터 프로그램이 수동태를 자동적으로 골라내어 틀렸다고 하는 것이다.) 이 모든 게 전적으로 스트렁크의 잘못은 아니다. 글쓰기 도움말과 문법적 편견들, 학생들에 대한 개인적 불만들을 뒤범벅으로 적어놓긴 했지만 말이다. 또한 화이트의 잘못만도 아니다. 그는 스트렁크의 책에 설명을 더해 대중화했을 뿐이다. 가장 큰 책임은 『글쓰기의 기본』을 때때로 쓸모 있는, 특유의 관점을 지닌 지침서가 아니라 신성한 책으로 취급해온 사람들에게 있다. 사람들은 다름과 변화를 관용하지 않는 엄격한 언어적 권위를 갈망한다. 스트렁크와 화이트가 사람들에게 제공한 게 바로 그것이었다.

사실 글을 잘 쓰는 길은 하나뿐이다. 책을 두루 읽고, 많이 쓰고 많이 퇴고하는 것이다. 대학생과 고등학생들이 수준 높고 편집이 잘 된 글을 계속 접한다면 그중 일부는 그런대로 괜찮은 글을, 어쩌면 빼어난 글까지도 쓸 수 있게 될 터이다. 물론 다수는 그리 되지 못한다. 그러나 궁극적으로 글쓰기는 규칙을 기계적으로 적용하는 일이 아니라 예술적 '기교'이며, 파울러는 그 점을 알고 있었다. 파울러의 뛰어난 편집자 어니스트 가워스*는 자신의 영웅에 대해 "그의 훈계들의 원동력은 문법적 인습에 대한 존중이라기보다는 장인의 본능이었다."라고 썼다. 하지만 스트렁크에게는 그의 근거 없는 규칙들(예컨대 앞과 대비되는 내용으로 넘어갈 때 지금 이 문장처럼 문장 맨 앞에 'however'를 쓰지 말라는 것.*)을 힘주어 외칠 필요가 있었다. 아마 스트렁크는, 자신은 그 규칙들을 깨야 할 때를 아는 반면 다른 사람들은 죄다 무능한 신입생처럼 취급해야 한다고 생각했는지도 모른다. 스트렁크와 화이트도 언어가 변화하며 규칙은 깨질 수 있음을 가끔은 인정했지만, 우리의 뇌리에는 야전교범 같은 그 책의 단호한 어조가 융통성과 변화에 대한 이따금의 수긍보다 더 강하게 새겨져 있다.

---

* 영국 정부에서 뛰어난 행정가로 오랫동안 일한 어니스트 가워스(1880~1960)는 60대 말 노년기에 공무원들을 위한 짤막한 글쓰기 지침서(제목은 *Plain Words*)를 썼는데, 그 책이 대중적으로까지 히트를 치자 옥스퍼드대 출판부에서 파울러의 『현대영어용법사전』 개정판의 편집과 집필을 맡겼다.
* 문장 앞머리 "하지만 스트렁크에게는"의 원문이 "However, for Strunk"다. 참고로, 스트렁크 책 원본의 해당 항목은 다음과 같다. "However: 'nevertheless(그럼에도 불구하고)'의 뜻으로 쓸 때는 문장이나 절의 맨 앞에 오지 않도록 한다." 화이트의 개정판은 이 항목의 표현이 살짝 부드러워졌으나 요지는 같다.

황금기는 어디에 있나

이제 린 트러스로 다시 가보자. 파울러는 신중하고 재치 있는 용법사전으로 20세기를 시작했다. 스트렁크는 세기 중반에 화이트에게 배턴을 넘겼고, 충고는 명령이 되었다. 21세기가 시작될 즈음엔 문법, 문장부호 사용법, 또는 말의 용법에 대해 새롭게 이야기할 게 거의 없었다. 그래서 주의를 끌기에 가장 좋은 방법은 낡은 규칙들을 이전 어느 때보다도 크고 성난 목소리로 전달하는 것이었다. 바로 여기에서 우리는 이 책의 주제, 즉 오늘날 언어가 급속도로 엉망이 되고 있다는 주장 뒤에 숨겨진 정치학으로 돌아가게 된다.

트러스가 단순한 문장부호 사용법 이상의 어떤 것에 관심이 있음을 우리는 어떻게 알아낼 수 있을까? 가장 먼저 알아봐야 할 것은 그가 별다른 거리낌 없이 명백한 거짓을 말하고 있는가이다. 아니나 다를까, 분노로 가득한 자신의 작은 책 거의 첫머리에서 트러스는 문법과 문장부호 사용법에 대한 교육이 "대부분의 영국 학교에서 이뤄지지 않았다."라고 말한다. if that was true wed expect that nearly everything written by people educated in england in the last few decades too look like this but it doesnt seem to be so(만일 그게 사실이라면 지난 몇 십 년 동안 영국에서 교육받은 사람들의 거의 모든 글도 이 문장과 비슷해야 할 텐데 실제로는 그렇지 않아 보인다)* 사람들의 실수가 트러스가 봐줄 수 있는 정도보다는 많을지 모르지만, 대부분 학교에서

---

* 이 책의 저자 그린이 의도적으로 문장부호 사용법과 문장 첫 글자의 대문자 표기 원칙을 무시하고 쓴 것이다. 번역문으로는 저자의 의도가 전달되지 않아서 영문을 바로 내세웠다. 참고로, 트러스의 책에는 "대부분의 영국 학교" 앞에 "지난 사반세기 이상"이라는 한정 어구가 들어가 있다.

문법과 문장부호 사용법을 전혀 가르치지 않는다는 말은 도저히 믿을 수가 없다.

잠시 후 트러스는 너무나 근사해서 사실 여부를 확인하지 않는 유형의 이야기에 또 한 차례 빠져든다. "소문에 의하면 일부 행정 부처에서는 실용성 차원에서 공무원들에게 아포스트로피를 사용하지 말라는 지시가 내려졌다고 한다. 아무도 더 이상 아포스트로피 사용법을 모르기 때문이라는 것이다." 어이가 없어서 웃음만 나올 뿐이다. 물론 "소문에 의하면"이라고 빠져나갈 구멍을 만들어놨고, 당연히 공무원 중에는 글쓰기 능력이 형편없는 사람도 있을 것이다. 그렇다 해도 어느 부서장이 직원들에게 "자 여러분, 이제 아포스트로피를 그만 써도 됩니다. 쓸모에 비해 너무나 골치 아프니까요."라고 말하겠는가. 이 정도면 소문보다는 도시 괴담에 가깝다. 아무튼 트러스가 미국뿐 아니라 영국에서도 거둔 성공을 보면서 우리는 어느 사무실에나 그녀가 사랑하는 잔소리꾼이 적어도 한 명은 있어서 저런 유의 지시가 내려온다면 거품을 물고 분노하리라는 사실을 새삼 떠올리게 된다.

책에서 트러스는 잔소리꾼의 단초가 보였던 자신의 어린 시절을 묘사하는데, 이 이야기는 시사하는 바가 크다.

일요일 오후 다른 여자아이들이 남자 친구와 데이트를 나갔다가 꼴사납게 목에다 사랑의 물린 자국을 얻어 가지고 올 동안 나는 집에 남아 라디오를 틀어놓고 이언 메시터의 퀴즈 프로그램인 '수많은 실수(Many a Slip)'를 들었다. 이 프로그램에서는 박식하고 재치 있는 출연자들이 등장하여 이런저런 글에서 문법적 오류를 잡아내곤 했는데, 이는 정말 환상적인 프로그램이었다. 때때로 나는 이 프로그램이 부활한 꿈을 꾸기도 할 정도다. 이소벨 바넷과 데이비드 닉슨 같은 출연자들이 버저를 눌러 로이 플롬리의 말을 가로막고 "동어반복이네요!"라고 말하곤 했었지. 바로 이 무렵 내 또래의 다른 여자아이들이 와이트 섬 축제에 갔다가 낙태 수술을 받는 소동까지 벌일 때 나는 에릭 파트리지의 『영어의 이용과 오용 *Usage and Abusage*』을 사서 접착 플라스틱 포장지로 곱게 싸는 일을 했다. 일생 동안 간직할 요량으로 그랬던 것인데, 지금까지도 이 책은 건재하다. 이런 일이 그 당시 그렇게 유별난 것이라고 생각하지 않았던 것이 지금 생각해도 묘하다. 온통 '잔소리꾼'의 초기 증세를 드러내는 행동을 했는데도 말이다.

그런데 어찌된 일인가? '동어반복(tautology)'은 문법적 오류가 아니라 논리적 오류로, 하나의 어구 안에서 불필요하게 의미를 보강하는 것('free gift〔공짜 선물〕'가 그런 예인데, 이를 'pleonasm〔용어법冗語法 또는 동의중복〕'이라고 한다)이나, 정의(定義)에 의한 논법 혹은 순환논법 따위여서 반증이 불가능한 진술을 말한다. "잘 지켜보면 많은 걸 볼 수 있다.(You can observe a lot by watching.)"라는 요기 베라*의 말을 생각하면 쉽게 이해될 터이다.

이건 공연히 흠을 잡는 게 아니다(물론 세계 최고의 흠잡기 전문가를 자임한 사람의 흠을 들춰내는 건 봐줄 만한 일이 아닐까 싶지만). 여기서 지적하고 있는 것은 범주착오(category error)*로, 이는 언어의 오류

---

* 미국 프로야구 팀 뉴욕 양키스의 전설적 포수였으며 이후 양키스와 뉴욕 메츠의 감독을 지낸 요기 베라(1925~)는 재담을 잘하는 것으로도 유명하다. 위와 같은 유형의 말로 "끝날 때까진 끝난 게 아니다.(It ain't over 'til it's over.)"도 있다.
* 'category mistake'나 범주오류라고도 한다.

에 대해 생각할 때 많은 사람이 드러내는 주요한 문제점이다.

언어 전문가에게 '문법'이란 유의미한 요소들로 단어와 문장을 구성하는 방식에 관한 것이다. 문법은 명사의 복수형이나 동사의 과거형은 어떻게 만드는지, 개별 단어들을 어찌 결합해야 통사론 규칙에 맞는 구와 절, 문장이 될 수 있는지를 설명한다.

그러나 린 트러스를 영웅으로 여기는 사람들에겐 이상하게도 철자법의 관행에서부터 단어 선택과 논리에 이르기까지 모든 것이 '문법'이다. 그리고 트러스가 대표하는 동시에 부채질하는 대중의 상상 속에서 '문법'은 어느 질문에 대해서든 언제나 오로지 하나의 정답을 제시한다. 스트렁크의 정신을 증류하면 다음과 같은 요체가 남는다. 큰 소리로 말하라, 확신을 잃지 말라, 절대로 마음을 바꾸지 말라.

인정하건대, 트러스는 자신의 주제가 문법이 아니라 문장부호 사용법이라고 말한다. 그러나 '동어반복' 실수를 볼 때, 그녀는 문법이란 게 뭔지를 정확히 모르거나 그게 뭐든 별로 신경을 쓰지 않는 듯하다. 그녀가 바라는 바 독자들이 알아줬으면 하는 요점은 자신이 '규칙'을, 그게 무엇이든 간에, 집요하리만큼 소중히 여긴다는 것이다.

트러스의 분노에는 정치적 의미가 담겨 있을까? 트러스가 섹스와 그 결과를 한 번도 아니고 두 번이나 언급한 것은 시사하는 바가 너무 명백해서 우연이라 하기는 어려워 보인다. 그녀는 "다른 여자아이들이 …… 꼴사납게 목에다 사랑의 물린 자국을 얻어 가지고 올 동안" 문장부호 사용법을 공부했고, "다른 여자아이들이 …… 낙태 수술을 받는 소동까지 벌일 때" 파트리지의 책을 읽었다. 트러스가 자신의 학창 시절이 1966년부터 1973년까지임을 언급하는 대목에서 우리는 마침내 문제의 초점을 알아차린다. 바로 1960년대와 이때 벌어진 많은 일들이 그것이다. 자유연애, 반항, 마약, 항의 운동, 지나친 관용, 그리고 와이트 섬 축제도 모두 60년대의 표현이었다. 가장 가공스러웠다는 게 기껏 엘비스의 골반*이었던 1950년대의 확실하고 단순했던 세계는 종말을 고했다. 60년대를 즐긴 사람들조차 불안감을 느끼지 않을 수 없었다. 그러니 확실한 것을 좋아하는 사람들에겐 얼마나 힘든 시대였을 텐가.

한때는 삶이 단순했고, 그래, '규칙'이라는 게 있었다. 그런데 갑자기 아이들이 머리에 꽃을 꽂고 대학교를 점거하기 시작했다. 그 후로 교수들은 겁을 먹은 나머지 규칙을 담은 책들을 집어던지고 '프리라이팅(free writing)'*을 가르치면서 "너 자신을 표현하라."라고 말했다. 이제 'its'와 'it's'의 무시무시한 차이를 아무도 모른다. 영국의 대다수 학교들은 문법이나 문장부호 사용법을 가르치지조차 않는다.

규범주의자들이 야단치며 늘어놓는 이야기들에서는 사람들이 지금보다 현명했던 시대가 있었다는 생각이 끊임없이 고개를 내민다. 트러스도 시간과 연관된 표현들을 통해 이를 무심코 드러낸다. "단어 사이의 공간, 대문자 등등을 포함하여 문장부호가 사라지고 있다는 사실은 문자언어에 대한 우리의 태도에 **엄청난 변화**가 일고 있음을 암시하는 것인데, 이런 변화의 끝이 어디인지를 아는 사람은 아무도 없다." (강조는 지은이.) 트러스는 사람들이 문자언어를 숭배하고 문장부호가 신성불가침

---

* 가수 엘비스 프레슬리의 초기 별명이 'Elvis the Pelvis(골반 엘비스)'였다. 이 별명은 그가 무대에서 선정적으로 골반을 돌리며 노래하는 모습에 빗대어 운율을 맞춰 붙인 것이다.
* 프리라이팅이란 일반적으로 말하는 글쓰기의 사전 단계라 할 수 있는 것으로, 일정한 시간 동안 철자니 문법이니 주제 따위는 무시하면서 머리에 떠오르는 생각들을 끊임없이 적어나가는 것을 말한다. 쓰는 이의 감각과 관심을 생생하게 만들어주고 자기비판, 자기검열 등의 장벽을 극복할 수 있도록 해준다고 해서 글쓰기 교사들이 애용하는 테크닉이다.

이었던 때가 정확히 언제였는지를 밝히지 않는다. 그러나 여러분이 이 장을 통해 뭔가를 알게 됐다면 그건 그 같은 시대가 전혀 없었다는 사실일 테다. 물론 어떤 이들은 19세기에서 20세기로의 전환기에 학교들에서 낸 깐깐한 시험 문제들을 가리키면서, 한때는 남녀를 불문하고 모든 어린 학생들에게 놀라울 정도로 철저하게 문법과 글쓰기를 가르쳤다는 증거 아니겠느냐고 할 수도 있다. 그러나 이는 초점을 놓친 얘기다. 19세기 말과 20세기 초에 설사 그런 교육을 했다 해도 실제로 학교에 나가 그걸 배운 학생은 아주 소수였다. 많은 학생이 시골에 살았고 부모의 농사일을 돕느라 학교를 빼먹기 일쑤였다. 도시에 사는 학생들은 능력과 기회만 되면 학교를 중퇴하고 공장에 취직했다. 영국과 미국 모두 오늘날 문맹률은 과거보다 높은 게 아니라 훨씬 낮다.

140년 전에는 미국인 다섯 명 중 하나가 문맹이었다. 지금은 100명 중 한 명 미만인데, 미국에서 문맹률의 이 같은 하락세는 인종 간의 '분리평등' *이라는 원칙 아래 흑인들이 100년 동안 형편없는 여건의 학교

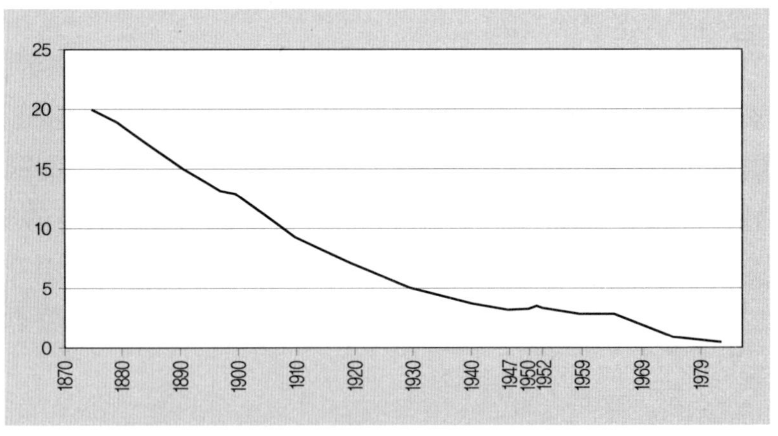

미국 14세 이상 인구의 문맹률 추이 〈출처: 미국 인구조사국〉

에서나마 교육을 받던 시기에 시작되었다. 영국의 문맹률은 이보다도 낮다. 과거에 좋은 학교들에서는 정규 문법을 더 폭넓게 가르쳤을지 모른다. 그러나 예전에는 모든 남학생이 H. W. 파울러 같았고 모든 여학생은 문장부호를 완벽하게 구사하는 린 트러스였는데 오늘날에는 아무도 두 단어를 제대로 조합할 줄조차 모른다는 생각은 도무지 조리에 닿지 않는다. 문자언어의 예전 황금기는 과연 어디에 있단 말인가?

그러나 밥벌이에 바쁜 속류 저널리스트들이 흔히 말하듯, 사실 여부를 따지다가 근사한 이야기를 망칠 순 없다. 트러스와 그 추종자들, 그리고 지난 여러 세기의 많은 선배들은 교육하려는 게 아니라 분노를 불러일으키고자 한다. 언어는 쇠퇴의 말기에 들어섰다! 머잖아 우리는 글 쓸 줄을 전혀 모르게 되고, 어쩌면 말조차 못하게 될지 모른다!

이건 사실이 아니다. 1712년에 스위프트가 똑같은 말을 했을 때도 사실이 아니었듯이 말이다. 하지만 '쇠퇴론'은 장사가 된다. 쇠퇴론을 잘만 휘두르면 정치 서적이 팔리고, 정치색이 가미된 언어 책이 팔린다. 트러스가 『먹고, 쏘고, 튄다』에 이어서 낸 책이 교육 개혁이나 불평등 완화에 관한 게 아니라는 점은 시사하는 바가 크다. 『안 들으니까 입 닥쳐 Talk to the Hand』*는 예절의 쇠퇴를 다루고 있으며, 이 역시 『뉴욕타임스』 베스트셀러가 되었다.

---

* 여기서 말하는 '분리평등원칙(separate but equal doctrine)'은 미국의 남북전쟁 이후부터 1950년대까지 우여곡절 속에 유지된 법적 원칙으로, 인종 분리와 차별의 근거가 됐다.
* 1990년대부터 미국에서 흔히 쓰이는 속된 표현으로, 상대방의 말을 듣기 싫을 때 닥치라는 뜻으로 팔을 뻗어 손바닥을 내보이며 내뱉는 무례한 말이다. 'Talk to the hand'는 "Talk to the hand 'cause the ear's not listening('cause the face ain't listening)" 등으로 늘여 표현하기도 한다.

키케로의 걱정과 야코프 그림의 향수

　수백 년간의 사례들이 보여주듯 쇠퇴론은 새로운 게 아닐 뿐더러 영어 사용권에 고유한 현상도 아니다. 여러 세기 동안 영국과 미국의 깐깐한 선생 유형들은 '요즘 아이들'을 걱정해왔는데, 기록된 역사의 전 기간에 걸쳐 세계 곳곳의 온갖 언어 사용자들 역시 그 비슷한 걱정에 시달려 왔다.

　키케로는 라틴어 시대의 가장 유명한 불평가였다. 그는 사람들의 라틴어 지식이 "수치스러운" 수준이라고 말했다. 그리고 이런저런 단어를 예시하면서 이젠 아무도 그것들을 정확히 발음하지 못한다고 투덜거렸다. 그러나 그조차도 자신이 할 수 있는 일이 없다는 걸 알았다. "어느 시점에, 그건 늦은 시점이었는데, 귀에 들려오는 재잘거림들이 나로 하여금 불현듯 진실을 깨닫게 해주었기 때문에, 나는 말하기의 관습을 사람들의 몫으로 넘기고 〔정확한 문법과 발음에 관한〕 지식을 나 혼자 간직했다." [11] 키케로의 우려는 옳았다. 라틴어는 쇠퇴하여—이 경우에 '쇠퇴'라는 표현이 적절한지는 모르겠지만—근대 프랑스어, 스페인어, 포르투갈어, 이탈리아어를 비롯한 로맨스어들이 되었다.

　영어 사용권에서 쇠퇴론자들이 잘 들먹이는 또 다른 주제 역시 세계 곳곳에서 볼 수 있다. 몇 세대 전에는 소박한 민중들도 요즘의 가장 교양 있는 사람들보다 말이나 글을 더 잘하고 잘 썼다는 생각이 그것이다. 오늘날의 불평가들은 'who'와 'whom'을 구별할 줄 아는 사람이 없다고 걱정하지만, 격을 표시하는 어미들(예컨대 주어가 아니라 목적어를 나타내는 'whom'처럼)은 시간이 지남에 따라 사라지는 경우가 많다. 이처럼 일반적인 과정이 잔소리꾼들에겐 모든 사람이 올바른 어미들을 알고 있던 행복했던 옛 시절의 붕괴로 보이기 일쑤다. 그들에게 변화는 언제나 무너짐이다. 야코프 그림은 대부분의 사람에게 동생과 함께 수집하여 펴낸 동화집으로 잘 알려져 있지만 실은 문헌학자였다.*
그는 언어의 변화를 자연스러운 일로 이해했기 때문에 문법에 대한 불평가의 부류에 들지는 않았다. 그런 그마저도 독일어가 수많은 어미를 잃어버린 것을 애석하게 여겨 향수에 젖은 글을 썼다.

> 오래된 게르만어 원전들을 주의 깊게 읽으면서 나는, 우리 언어의 현재 상태를 생각할 때 우리가 흔히 그리스와 로마 사람들에게서 부러워하는 것과 같은 〔언어의—옮긴이〕 형식들과 완벽성을 매일 발견했다. ……
> 600년 전에는 시골 사람이라도 누구나 오늘날 최고의 문법가들조차 꿈도 꾸지 못할 만큼 숙달되고 섬세한 독일어 능력이 있었고, 그것을 일상에서 구사하고 있었다.[12]

그러나 과거를 동경하는 이에겐 '숙달됨과 섬세함'으로 보이는 것이 다른 사람에겐 지나간 시대의 낡아빠지고 불필요한 어미들에 불과할 수 있다. 영어에 '황금기'가 없었다고 한다면 독일어 역시 마찬가지였다. 언어는 단지 변할 뿐이었다.

쇠퇴론은 고전어나 '세련된' 유럽 언어들의 사용자에게만 국한되지 않는다. 문자가 없는 언어는 문자의 전통이 있는 언어보다 더 빠르게 변한다. 인쇄술과 문자, 사전과 문법서는 언어의 변화를 막지는 못해도 그

---

* 그림 형제, 야코프(1785~1863)와 빌헬름(1786~1859)은 함께 민요와 민담, 전설을 수집하여 『어린이와 가정을 위한 동화』(약칭 '그림 동화집'), 『독일의 전설』 등의 책을 펴내고 방대한 『독일어 사전』의 기틀을 잡아놓는 등 독일 민속학과 독어독문학의 토대를 놓았다. 특히 야코프는 역사언어학과 게르만 문헌학에 중요한 공헌을 했다.

속도를 늦춘다. 그래서 구술문화들은 문자 유산을 지닌 문화들보다 '요즘 아이들'을 걱정할 이유가 훨씬 많을지도 모른다. 서아프리카에 널리 퍼져 있으며 특히 외지인들이 현지어를 모를 때 소통 수단으로 흔히 쓰는 월로프어*에는 문법상의 성(性)이 16가지나 있는데, 그중 일부가 사라지고 있는 것으로 보인다. (여러분은 독일어에 남성·여성·중성이라는 세 개의 성이 있는 것을 복잡하다고 생각했을지 모르지만, 많은 언어가 유럽 언어들보다 훨씬 다수의, 필수적으로 배정되는 명사부류들*을 지니고 있다. 명사의 성은 생물학적 성[sex]과는 사실상 무관하지만 언어학자들은 성[gender]이라고 부른다. 'gender'는 '종류, 유형, 스타일, 문예 양식의 갈래'를 뜻하는 '장르[genre]'와 친척 사이인 말이다.) 외지에서 온 주민 대다수는 16개의 성을 모두 익히질 못하기 때문에, '요즘 아이들'은 주위에서 성이 없는 월로프어를 듣고는 그걸 배운다. 이것이 월로프어가 쇠퇴하고 있음을 의미하진 않는다. 사실 문자 없는 사회에서는 문자를 쓰는 사회에서보다 쇠퇴론이 더 적게 거론된다. 그렇다 해도 부모들이 아이들의 언어에 대해 불평하는 것은 다를 바 없다고 언어학자들은 보고한다. 불평의 대상이 통상적인 변화든 다른 언어와의 혼합이든 그 밖의 어떤 흔해빠진 현상이든 간에 말이다.

물론 이런 불평불만이 문자를 사용하는 사회에서만큼 흔하진 않다. 성문화된 문법과, 학생들의 머리에 그 문법을 주입하는 현대적 교육제

---

* 니제르콩고어족에 속하는 월로프(Wolof)어는 서아프리카의 세네갈, 감비아, 모리타니 등지에서 쓰는 언어로, 세네갈 인구의 약 40%를 차지하는 월로프족의 모어다. 다른 아프리카 언어들보다 서유럽어의 영향을 많이 받았다고 한다.
* 명사부류(noun class, 명사류)란 각 명사가 지시하는 대상의 성이나 유정성(有情性, animacy. 有生性이라고도 한다), 형태 등의 기준에 따라, 혹은 해당 언어 나름의 분류 관습에 따라 명사 무리를 나눈 것이다.

도가 존재하는 환경에서는, 그 어려운 규칙들을 자기네는 통달했는데 다른 사람들은 통 이해를 못한다고 불평을 늘어놓으며 자신의 학식을 과시할 강력한 동기를 지닌 사람들의 무리가 생겨나게 마련이다. 그러나 현장 연구를 하는 언어학자들이 문자 없는 사회에서도 이와 비슷한, 잔소리꾼 같은 태도를 발견한다는 사실에서 미국과 영국의 쇠퇴론자들은 일말의 통찰을 얻어야 한다. 모든 언어는 항상 변화하는바, 그 언어들이 모두 쇠퇴하고 있을 리는 만무한 것이다.

역사적 관점으로 솔기 터진 옷을 보라

논쟁에서 가장 비열한 행위 중 하나는 상대방의 동기에 의문을 제기하면서 그가 '진정' 의도하는 바가 무엇인지를 안다고 주장하는 것이다. 그러니 이 장을 마무리하기에 앞서 지금까지 내가 신랄하게 이의를 제기한 많은 잔소리꾼들에게 합당한 경의를 간단하게나마 표하고자 한다.

파울러의 위엄 있는 판정들에서는 저자의 박식함뿐 아니라 그의 열정도 확연히 드러난다. 분리부정사 금지 규칙 같은 신성한 소*들을 주저 없이 도살한 그의 태도는 문법의 짠돌이를 자칭하는 사람들이 본으로 삼아야 할 터이다. 한편, 보다 과격하다 할 스트렁크의 방식들—특히 그의 충고에서 퉁명스러우리만큼 간결한 어조를 견지함으로써 깊이 있는 논의를 차단하는 태도—에서 우리는 자신이 사랑하는 언어를 대학생 대다수가 함부로 다루는 것을 지켜본 한 인간의 안타까움을 볼 수 있다. (이것이 이미 100년 전이었으므로, 언어가 완벽했던 일종의 황금기가 과거에 존재했다는 관념은 더욱더 김이 빠진다.) E. B. 화이트는 『글쓰

---

* 신성한 소(sacred cow) 혹은 성우(聖牛)란 지나치게 신성시되어 비판도 의심도 허용되지 않는 존재(사람, 신조, 관습, 제도 등)를 뜻한다.

기의 기본』에서 자신이 내린 지엄한 명령들을 스스로가 심심찮게(그리고 올바르게) 위반한 훌륭한 작가였다.[13] 심지어 트러스의 자극적인 글에서도, 맹렬한 복수의 환상에 탐닉하는 대목들을 제외하면, 그녀가 글쓰기를 즐긴다는 사실이 명백히 드러난다. 로스 주교로 말하자면, 그가 비록 영문법 교육 내용 중 가장 뿌리 뽑기 어려운 한심한 규칙들을 후세에 물려주었지만, 나는 그에게 해줄 수 있는 호의적인 말들을 애써 찾아본다. 그래, 짐작건대 그는 「이사야서」를 훌륭하게 번역했을 테지. 그리고 바라건대 히브리어 문법에 대해서는 영문법에 관해서보다 나은 직관을 갖고 있었기를.

이 모든 논의의 요점은 규범주의(품격 있는 파울러에서부터 숨 가쁜 요설의 트러스에 이르기까지)를 역사적이고 세계적인 관점에서 보자는 것이다. 오늘날의 영어는 거의 우연에 의해 선택된 한 방언의 후손이다. 앨프레드 대왕*이 런던으로 수도를 옮기지 않았다면 오늘날 우리는 알아보기 힘들 정도로 다른, 웨섹스 왕국의 말에서 유래한 방언을 쓰고 있을 것이다. 현재의 영어 글쓰기 관습은 수백 년에 걸쳐 조금씩 형성된 것이다. 그 규칙들은 변한다. 'silly(어리석은)'가 수백 년 전과 달리 'innocent(순진한)'를 뜻하지 않는 것처럼 말이다. 교육 수준은 하락할 수도 있고, 표준어의 글쓰기 관습에 숙달한 사람의 비율도 과거의 어느 시점과 비교해 약간 줄었을 수도 있다. 그러나 다시 생각해보면, 어쨌든 대부분의 사람은 결코 숙련된 문장가가 되지 못한다. 주된 이유는 그럴 필요가 없기 때문이다. 그들은 일상생활에서 영어를 우아하게 써

---

* 앨프레드 대왕(849~99)은 영국 남부에 있던 웨섹스 왕국의 군주로, 바이킹의 침공에 맞서 싸우며 앵글로-색슨 통일국가의 기틀을 다졌다. 그의 손주 대에 웨섹스 왕국은 잉글랜드 왕국이 된다. 영국 역사상의 군주 중 유일하게 '대왕'으로 불린다.

야 할 일이 전혀 없는 것이다. 트러스가 학창 시절에 간파했듯이, 안 그래도 우리 주변에는 섹스와 음악을 비롯해서 시간 보낼 일들이 쌔고 쌔지 않았는가. 글쓰기 기법에 통달하는 일이 인간적 가치의 궁극적인 척도라는 이상한 생각에 빠져 있는 것은 그 자신 글을 꽤 쓸 줄 아는 사람들뿐이다.

그리고 이 생각에도 역시 정치적인 측면이 있다. 청년층과 소수집단들, 그리고 변화를 못마땅하게 여기는 성난 보수주의의 정치가 그것이다. 앞에서 보았듯이 쇠퇴론은 오랜 옛날부터 모든 문화에 존재해왔다. 그러나 오늘날의 쇠퇴론자들에겐 문제의 현상이 유난히 갑작스럽고 적나라하게 대두한 것처럼 보인다. 즉 1960년대 이전의 세상은 지금보다 나았다는 얘기로, 대개는 이를 넌지시 암시하는 데 그치지만 어떤 이들은 아주 노골적으로 표명한다. 1960년대라면 여성해방, 청년문화의 부상, 거의 보편적인 성적 자율성 등 아직까지도 많은 보수주의자들이 온전히 납득 못하고 있는 사태들에 의해 온갖 종류의 권위가 도전받던 바로 그 시기다. 또한 미국에서 민권운동이 활발했고 유색인들의 영국 이민이 시작되는 등, 교양 있다는 사람들은 대놓고 비판하기를 피하는 많은 일들이 일어난 시대이기도 했다.

긍정적인 방향으로 나아가는 이 같은 격변들을 비판하는 게 적절치 않아 보이자, 불안해하던 보수주의자들은 무고한 희생자들을 보호해야 한다는 논리를 펴기 시작했다. 젊은이들의 음악은 도무지 음악 같지가 않았다. 마약은 전도양양한 세대를 타락시키고 있었다. 범죄는 도심 지역을 정겨웠던 '다운타운(downtown)'에서 문제투성이의 '이너 시티(inner city)'로 변화시키고 있었다.* 그리고 교사들이 가르치기를 두려워하고 대담해진 아이들은 배우기를 거부하는 사이에 언어도 점점 더 망가져 갔다.

소수 인종 집단들에게 언어는 진정한 해방을 가로막는 잔인한 역할을 했다. 표준어를 익히기 위해 가장 고투해야 한 것은 항상 소수집단들이었다. 그들은 수백 년 동안 극악한 차별을 겪었거나(미국의 흑인들), 언어가 다르고 빈곤이 만연한 지역에서 건너와 열악한 학교들을 벗어나지 못하고 도착한 순간부터 인종차별의 희생자가 됐다.

표준어는 이 집단들에게 유용한 도구이자 불리한 장애물이다. 소수집단 사람이 표준어를 습득하면 "말을 정확하게 잘한다."라는 칭찬을 듣고 사회에 성공적으로 통합됐다고 간주되어 탄탄한 출세 가도에 오르게 된다. 이처럼 난관을 딛고 일어서는 이야기는 누구나 사랑하게 마련이다. 반면에 출신 지역의 방언을 쓰거나(많은 미국 흑인들) 열악한 교육을 받았거나(서구의 소수 인종 집단 대부분) 언어적 배경이 다르거나(최근 이민자와 그 자녀들) 한 탓에 표준어를 정복하지 못한 사람들 앞에는 애초부터 험난한 길이 펼쳐진다. 그리고 "저 사람들은 도통 말을 제대로 못한다."라는 비판은 그들에게 가해지는 인종차별을 아주 쉽게 은폐하고 정당화한다. 따라서 그들이 단지 다른 방언, 다른 언어를 쓰는 공동체 출신일 뿐이라는 점을 우리가 인정한다면 문제의 초점이 바뀌고, 우리의 과제는 사회라는 사다리 오르기에서 미끄러진 사람들이 다시 올라설 수 있도록 그들에게 필요한 교육을 제공하는 일이 될 터이다. 물론 표준 영어를 통해서다.

그러니 부디 표준 영어의 쓰기 규칙들을 익히고 소중히 여기도록 하라. 표준 영어는 위대한 역사를 자랑하고, 사회 내의 이질적인 집단들을

---

* 두 단어는 같은 도심 지역을 가리키나 어감 혹은 내포가 상당히 다르다.

하나로 묶는다. 이 책 역시 언어를 사랑하는 한 사람이 표준 영어로 썼다. 그러나 표준 영어가 유용한 것은 그게 효과적으로 기능하기 때문이지 그 자의적인 규칙들이 무슨 신성불가침이기라도 해서가 아니다. 어떤 규칙들은 어리석고, 어떤 규칙들은 시간이 흐르면서 변하며, 또 어떤 규칙들은 곳에 따라 다르다. 특정 매체나 조직에 고유한 규칙이 있는가 하면, 논쟁의 대상이 되는 규칙도 있다.

살아남은 규칙들, 즉 표준어의 한 부분으로 널리 인정받는 규칙 중 어떤 것들은 누구라도 알 수 있지만(네 살을 넘은 아이라면 특별히 배우지 않아도 'I am'의 과거형이 'I was'임을 안다), 어떤 것들은 그렇지 않다(교육받은 사람들 다수가 'whom'을 사용할 줄 모른다. 이 말은 영어에서 소멸해가는 듯도 하다). 그리고 문장부호와 문장 구성 기법의 경우 대부분의 규칙은 엄밀히 말해서 문법도 아니다. 문장부호란 글을 더 '읽기 쉽게' 만들기 위한 것이지 언어의 신들의 분노를 진정시키기 위해 있는 게 아니다.

트러스조차도 가끔은 동의하는 듯하다.

〔문장부호를〕 사용하지 않으면 어떤 일이 일어날까? 우선 문장부호가 언어라는 천을 꿰는 바느질과 같은 것이라면, 분명히 언어라는 옷은 조각조각 나뉘어 모양을 잃을 것이고 또 그 위의 온갖 단추들도 다 떨어져 나가겠지. 만일 문장부호가 교통신호와 같은 것이라면, 단어들이 서로 충돌하는 등 난리가 날 것이고 결국 모두가 시궁창에 처박히는 신세가 될 것이다. …… 또 문장부호를 예의에 비유한다면 어떨까? 문장은 당신이 들어올 수 있도록 문을 열고 기다리는 대신 당신이 다가가면 면전에서 문을 닫아버리는 예의 없는 존재들이 되겠지.

그래, 이렇게 말하니 훨씬 낫지 않은가. 문장부호의 오용을 솔기 터진 옷이나 고장 난 신호등, 가장 그럴싸하게는 무례함에 비유하는 것 말이다. 어떤 언어의 관습과 규약도—특히 글쓰기의 그것은—선과 악이나 구원과 파멸의 문제, 아마겟돈에서의 그리스도와 적그리스도의 대결 같은 문제가 아니다. 단순한 관습, 하지만 유용한 관습이다. 린 트러스도 목청에 힘을 주고 있지 않을 때에는 이 사실을 아는 듯하다. 물론 그렇게 차분하게 합리적인 어조만으로는 저 엄청난 판매 부수를 올리지 못했을 테지만.

3

말을 사랑하는 또 다른 방법
―언어학자들의 통찰

문법은 "우리가 저 깊은 곳의 영혼을 표현하는 걸 허용하지 않는다."라면서 문법이란 사실 지배 엘리트가 룸펜프롤레타리아트*를 억압하기 위해 사용하는 계급전쟁의 도구라고 본 60년대의 교육적 태도가 영어를 구제불능 상태로 내몰았는지도 모른다. 일부 언어학자들도 이런 생각에 동조했다.

―크리스토퍼 올렛, 「우리의 말할 줄 모를 미래」, 『위클리 스탠더드』 지에서

언어학자들은 왜 그렇게 영어를 구제불능 상태로 내몰려 들까? 언어학이라는 학문 또는 그중 '기술주의(記述主義, descriptivism)' 학파는

---

* 실업이나 질병으로 노동자계급에서 탈락해 사회에 기생하며 살아가는 계층을 룸펜프롤레타리아트(Lumpenproletariat, 'Lump'는 독일어로 '타락했거나 비참한 인간, 부랑자, 불량배'를 이른다)라고 한다. 마르크스는 이들이 계급의식을 갖기 어렵기 때문에 혁명 대열에 참여하지 못하며 반동 정치에 이용되는 수가 많다고 했다.

우리의 언어 지식, 우리의 소통 능력을 망치고 있는가? 이 언어학자들은 대체 어떤 사람들이며, 왜 그토록 우리의 언어를 미워할까? 언어 연구를 필생의 업으로 삼은 사람들(위의 인용문에서 크리스토퍼 올렛이 경멸을 표한 직업적 언어학자들)은 언어를 사랑하기는 하는 걸까? 사랑한다면 어떻게 언어를 보는 눈이 잔소리꾼들과 그처럼이나 다른 건가?

2006년 미국의 신경정신의학자인 루앤 브리젠다인은 독자들의 지적 이드*를 곧바로 파고드는 책을 발표했다. 여기서 '지적 이드(intellectual id)'는 형용모순이 아니다. 사람들에겐 몹시도 믿고 싶어하는 어떤 것들이 있고, 그런 것들이 학문적으로 보이는 연구에 의해 '확증'되면 아주 기뻐한다. 브리젠다인의 『여자의 뇌 *The Female Brain*』*는 그런 급소를 정확히 찔렀다.

이 책에서 브리젠다인이 제시한 주장들 중에는, 여자들은 하루에 2만 단어를 말하는 반면 남자들이 입 밖에 내는 단어는 고작 7,000개 정도라는 게 있다. 이는 여자의 뇌가 남자의 뇌와 다르게 작동한다는 큰 주제의 한 부분이었다. 그리고 많은 사람이, 특히 아내의 잔소리에 질린 남편들이 듣고 싶어한 말이었다. 영국 신문 『데일리메일』은 "이것은 인구의 절반이 오랫동안 의심해왔고 나머지 절반은 항상 소리 높여 부인해온 점이다."라고 썼다. 『워싱턴포스트』의 한 기자는 회사 사이트의 자기 블로그에다 "여자는 말을 너무 많이 하고 남자는 오로지 섹스만 생각

---

* 프로이트의 정신분석 용어인 이드(id)는 자아·초자아와 함께 인간 성격을 구성하는 요소로, 원시적인 육체적 본능, 특히 성욕 및 공격욕과 관련된 심리적 내용을 포함한다.
* 번역본은 『여자의 뇌, 여자의 발견』(임옥희 옮김, 리더스북, 2007)이다.

한다. …… 이걸 이해하는 데 박사 학위까지 필요할까?"라고 이죽댔다
(브리젠다인은 의학박사다). 남녀의 말수에 관한 브리젠다인의 주장은
책의 커버에 눈에 띄게 내세워졌고, 인터넷에서 센세이션을 일으켰다.

그러나 펜실베이니아대학교의 언어학자 마크 리버먼은 뭔가 이상하
다고 생각했다. 여자가 남자보다 말을 세 배나 한다고? 전공 분야는 음
성학이지만 리버먼은 인기 블로그 '랭귀지로그(Language Log)'의 운영
자이기도 한데, 여기에는 뉴스 등에 등장하는, 일반인의 관심을 끌 만한
언어 문제들에 관하여 그를 비롯한 십여 명의 언어학자가 정기적으로
글을 올린다.

브리젠다인이 새로운 연구를 한 걸까? 아니면 남녀 말수의 이 엄청난
격차를 발견한 과거의 어느 연구를 리버먼이 몰랐던 것일까? 리버먼은
브리젠다인 책 뒤쪽의 후주를 살펴보았다(후주와 참고도서 목록이 전체
쪽수의 3분의 1 가까이나 돼서 책이 중후한 듯해 보였다). 그리고 그 2
만 단어 주장에 대한 참고문헌을 딱 하나 발견했다. 『대화의 언어: 득
도 보고 즐거움도 얻는 대화 이용법 *Talk Language: How to Use
Conversation for Profit and Pleasure*』이라는 자기계발서였고, 저자는
앨런 피즈와 앨런 가너였다. 피즈와 가너는 책의 주제에 관해 어떤 새
로운 연구도 하지 않았고, 그런 연구를 한 누군가를 인용한 것도 아니
었다.

리버먼은 이리저리 좀 더 알아보았다. 남자와 여자의 말수에 대해 연
구한 다른 누군가가 있을까? 물론 있었다. 그리고 추측할 수 있듯이,
말수는 사람에 따라 엄청나게 달랐다. 남녀 구별 없이 어떤 사람은 입을
다물 줄 모르고, 또 어떤 사람은 좀처럼 입을 떼지 않는다. 그러나 평균
치를 놓고 볼 때, 그 연구들은 남녀 간에 어떤 차이도 찾지 못했거나 기

껏해야 사소한 차이만을 발견했는데, 그것도 오히려 남자 쪽이 우세했다. 사실이다. 몇몇 연구를 보면 (평균적으로) 남자가 여자보다 말을 약간 많이 한다는 것이다.[1] 아직까지 리버먼은 여자가 남자보다 말을 상당히 많이 한다고 입증한 연구를 찾지 못했다. 자신의 블로그 독자들에게 그 같은 연구를 찾아서 보내주면 게재해주겠다고 약속했지만 단 한 건도 받지 못했다.

문제가 제기되자 브리젠다인은 얼버무리며 빠져나가려 했다. 후주에서 피즈와 가너의 자기계발서를 언급한 것은 "추가 참고 도서"로 삼으라는 뜻이었지 학술적 전거로 밝힌 게 아니었다고 했다. 그리고 자신이 제시한 생각들이 부당하게 공격받고 있다고 주장했다. "남녀 간에 뭐든 성차(性差)가 있다고 말하는 것은 '정치적으로 올바르지 못한' 일로 간주된다."라는 것이다. 그러고는 문제된 부분으로 돌아가, 여자가 남자보다 "의사소통 사건들(communication events)"—이는 몸짓이니 표정이니 그런 것들을 다 포함한 개념인데—을 더 많이 만들어낸다고 조금 완화된 표현을 썼다. 그러나 결국에는 나중에 책의 개정판을 낼 때 여성의 다변에 관한 부분을 삭제하겠다고 약속했다. 그러는 게 좋을 듯싶다. 이듬해인 2007년 『사이언스』지에 미국과 멕시코에서 다수의 사람(여자 210명, 남자 186명)을 하루 종일 추적한 최초의 연구가 발표되었는데, 양성 모두 하루에 약 1만 6,000 단어를 말한 것으로 나타났다.[2] 평균적으로 여자가 말한 단어의 수가 3.5% 많긴 했지만, 이는 통계적으로 사소한 차이다. 브리젠다인은 여자의 말수가 남자의 2.85배나 된다고 했었다.

물론 브리젠다인의 이 근거 없는 '사실'은 이미 고삐가 풀려 수많은 블로그와 서평들을 휘젓고 있었다. 또한 책이 여러 언어로 번역되면서 외국인들도 영어 사용자들만큼이나 빠르게 그 수치에 혹해버렸다. (독어 번역본의 출판사도 온라인 서점 아마존의 독일 사이트에 "왜 여자들은 하루에 2만 개의 단어를 쓰는데 남자들은 겨우 7,000개만 사용할까?"라는 선전 문구를 올렸다.) 리버먼의 노력에도 불구하고 이것은 21세기 초에 가장 사랑받는 '의사(擬似) 사실(factoid)'* 중 하나가 되어 모든 사람의 '지식'의 일부가 될 가능성이 크다.

리버먼은 2009년 5월에 다시 칼을 빼들었다.[3] 이번의 상대는 보수적인 신문 칼럼니스트 조지 월, 영문학 교수이며 『뉴욕타임스』 고정 기고자인 스탠리 피시, 그리고 조지 H. W. 부시 전 대통령(아버지 부시)의 연설문 작성자였던 메리 케이트 케리였다. 이들은 월을 시작으로 하여 잇달아 각자의 칼럼이나 블로그에서 새 대통령 오바마가 심하게 자기중심적인 모습을 보이고 있다고 지적했다. 세 사람 모두가 꼭 집어 내세운 주장은 버락 오바마의 입에서 'I(나)'라는 단어가 "Yes we can(우린 해낼 수 있어)"을 선거운동의 비공식 구호로 내걸었던 사람치고는 부적절할 정도로 자주 튀어나오고 있다는 것이었다. 그 구호의 초점은 오바마가 대변하는 사회적 운동이지 후보 개인이 아닌 걸로 아는데 말이다.

리버먼은 월, 피시, 또는 케리가 해보려고 생각지도 않은 일을 벌였다. 누구나 쉽게 접근할 수 있는 공식 기록들을 확인한 것이다. 그는 오바마와 두 전임 대통령의 취임 직후 기자회견들에 주목했다. 아들 부시가 첫 두 번의 기자 회견에서 'I'를 사용한 비율은 전체 단어의 4.5%였

---

* '의사 사실'이란 근거가 없는 정보나 이야기인데도 미디어, 입소문 등을 통해 거듭 다루어지면서 사실로 널리 받아들여진 것을 말한다. 미국 작가 노먼 메일러가 1973년에 'fact'에다 비슷한 것을 뜻하는 접미사 '-oid'를 붙여 만들어낸 말이라고 한다. 맥락에 따라서는 거짓이 아닌 '사소한 흥밋거리 정보'를 뜻하기도 한다.

고, 그 전의 빌 클린턴은 3.9%였다. 오바마가 첫 기자회견에서 사용한 단어 중 'I'의 비율은 2.9%에 불과했다. 케리가 자신이 모셨던 첫 번째 부시 대통령은 아주 점잖아서 'I'라는 단어를 그리 좋아하지 않았다고 칼럼에서 치고 나오자 리버먼은 곧바로 아버지 부시 역시 'I'를 오바마보다 훨씬 자주 사용했음을 입증했다. 오바마야말로 현대 미국의 대통령치고 특이하리만큼 'I'를 기피하는 인물인 듯하다.

그러나 리버먼은 고작 블로그 하나를 운영한다. 그 블로그도 하루 방문객이 약 1만 명이나 되지만, 다른 세 명의 글은 『워싱턴포스트』, 『뉴욕타임스』, 그리고 『U.S. 뉴스 & 월드리포트』 웹사이트에 오른 것들이다. 사람들이 어느 쪽의 '사실'을 더 많이 읽고 기억할지는 불을 보듯 뻔하다. 리버먼이 대중의 인식을 바꿀 수는 없을지 모르지만, 그래도 그는 꾸준히 칼럼니스트들과 이른바 권위 있는 논평자들이 언어에 관해 내놓는 주장을 검증하는 일에 매진하고 있다. 진실은 중요하며 언어에서 진실은 사람들이 관심을 갖고 찾으려만 들면 쉽게 발견할 수 있는 곳에 기록되어 있다는, 때로는 순진해만 보이는 믿음을 가지고.

언어학자의 서식지에서

나는 언어학자들이 실제로 어떤 일을 하는지를 더 잘 이해하려면 언어학자 한 사람을 그의 천연 서식지라 할 작업 현장에서 직접 관찰하는 게 좋으리라고 생각했다. 그래서 펜실베이니아대학교 부설 언어자료컨소시엄(Linguistic Data Consortium, LDC)에 있는 리버먼의 연구실을 찾아갔다. LDC는 미 국방부의 유명한 방위고등연구계획국(Defense Advanced Research Projects Agency, DARPA)*에서 제공한 기금으로 설립된 독립적 연구기관이다. 잠깐 둘러보는 동안, 일하다 말고 나를 쳐다

보는 사람은 거의 없다. 한 젊은 여성이 중국어 오디오파일을 글로 옮겨 적고 있다. 인도인 프로그래머 한 사람은 튀니지 출신 동료와 함께 텍스트에 들어간 아랍어 단어를 자동으로 분석해주는 컴퓨터 프로그램을 보완하고 있다. 아랍어 단어를 클릭하면 프로그램이 품사, 격(주어, 목적어, 소유주 등), 또는 동사 활용형, 연계형 대명사와 전치사, 올바른 발음(아랍어에선 짧은 모음은 적지 않는다) 따위를 알려준다. 아랍어는 이런 사항들을 대개 문맥을 통해서만 알 수 있기 때문에 읽기가 꽤 어렵다. 그럴 때 인간은 상식을 이용하는 데 비해 이 프로그램은 앞뒤에 있는 단어들을 통계학적으로 정교하게 분석해, 'ktbt'가 'katabtu(I wrote)'인지 'katabat(she wrote)'인지, 아니면 'katabta(you〔남성〕wrote)'나 'katabti(you〔여성〕wrote)'인지를 판정한다. 아직 문제가 많은 컴퓨터 번역의 질을 개선하는 데 언젠가 이 프로그램이 도움이 될 수도 있다. 컴퓨터 번역의 질을 인간의 도움이 필요 없을 정도로 높일 획기적 발전은 해가 가고 또 가도 늘 '5년쯤 후'에나 가능하다고 얘기되는 것이지만 말이다.

LDC 곳곳에는 하드드라이브들이 마치 대학 2학년생 기숙사 방의 감자칩 봉지들처럼 어지럽게 흩어져 있다. 다른 연구 단체들이 사용할 LDC의 제품을 대량으로 복사하는 기계들 옆에 CD-ROM과 DVD 더미가 거의 1m씩의 높이로 서 있다. 컴퓨터실을 보니 키 큰 선반들 안에 서버들이 수평으로 뉘어서 쌓여 있고, 서버를 식히는 팬들이 생각보다 더 시끄럽게 윙윙 돌아가고 있다. 여덟아홉 개의 작은 화면들은 아랍어, 중국어, 또 다른 언어들로 하는 텔레비전 방송을 실시간으로 보여

---

* DARPA는 인터넷의 모체인 아르파넷(ARPANET, Advanced Research Projects Agency Network)을 개발한 곳으로 유명하다.

주고 있다.

리버먼은 LDC의 내력을 이야기했다. 그냥 들른 사람에겐 필요 이상으로 자세하지만, 이 기관의 책임자로서 자부심을 잘 드러내는 설명이다. DARPA는 언뜻 비현실적으로 보이는 기술들의 연구에 과감히 투자하는 것으로 유명한데, 그 기술들은 워낙 시대를 앞선 것이어서 LDC 프로젝트들의 결과는 대개 둘 중 하나, 대실패 아니면 대성공이다. 성공할 경우 시장에서는 결코 이뤄낼 수 없는 엄청난 기술적 도약을 성취하게 된다. DARPA는 당연히 언어에도 관심을 기울인다. 기계 번역과 '정의된 항목 인식'(예를 들어 블로그와 텔레비전 방송에서, 혹은 도청을 할 때 '오사마 빈 라덴'이란 이름을 바로 찾아내는 기술)은 국방부에 흥미로울 수밖에 없다. 그러나 이곳은 연구소로 분류되지 않으며, 보조금을 받는 대신 연구 결과를 공유해야 한다.

점심을 함께 들면서 더 얘기해보니 리버먼은 주견이 아주 뚜렷한 사람이었지만 우리의 모든 논의 주제에 대해 열린 마음을 보여주었다. 얘기가 워프의 가설에 대한 유명한 논쟁(4장에서 다시 살펴볼 것이다)으로 옮겨가자 그는 그것에 반대하는 견해를 짤막하게 피력하고는 워프 가설을 지지하는 몇몇 학자를 내게 알려주었다. 그의 말은 매우 느려서, 내가 녹음한 테이프를 빠른 속도에 놓고 들으니 내 목소리는 경매인 같았고 그가 정상으로 들렸다. '랭귀지로그'에 올리는 글들에서도 그는 자신이 하고 싶은 주장을 뒷받침하는 정보를 샅샅이 찾아 충분히 확보해가면서 생각의 실타래를 서서히 풀어내곤 한다. 읽는 사람이 받는 압도적 인상은 그가 가차 없이 '경험주의적'이라는 것이다. 결코 견해를 먼저 정해놓고서 그걸 떠받치는 사실들을 그러모으지 않는다는 얘기다. 남녀의 말수에 관한 브리젠다인의 주장이나 오바마의 'I'에 관한 몇몇 사람의 비판을 검증했을 때처럼, 그는 먼저 객관적 사실들을 살펴보고, 필요하면 이런저런 계산을 해본 다음, 그 사실들이 입증하는 진실에 도달한다.

언어학자는 대체 무얼 하는가

언어에 대해 보수적인 태도를 지닌 사람들에게 이 신중한 경험주의는 다소 놀라울지도 모른다. '규범주의자'에 속하는 잔소리꾼들과 대부분 '기술주의자'인 전문적 언어학자들이 맞서서 벌인 용법 전쟁들은 인식론적 측면과 정치적 측면을 함께 지니고 있다. 우리가 앞 장에서 만난 잔소리꾼들은 사람들에게 어떻게 말하고 글을 써야 하는지를 가르치려 한다. 반면에 언어학자들은 사람들이 '실제로' 어떻게 말을 하고 글을 쓰는지를 알아내고, 관찰이나 기술(description)*로부터 '규칙들'을 추론해낸다. 잔소리꾼들이 보기에 이는 지적 혼란이다.

마크 핼펀을 보자. 그는 컴퓨터 프로그래머이면서도 시사 잡지인 『애틀랜틱』과 영어의 문제들을 다루는 온라인 저널 『버캐뷸러 리뷰』에 언어에 관한 글들을 기고해왔고, 2008년에는 『언어와 인간본성*Language and Human Nature*』이라는 책도 냈다. 리버먼이 그 책을 점잖게 꼬집자 핼펀은 긴 반론을 보내왔고 리버먼은 그 글을 지체 없이 '랭귀지로그'에 게시했다. 이들 두 사람은 맞서고 있는 양 진영 논객의 좋은 본보기다.

핼펀은 편협하거나 분노만을 일삼는 잔소리꾼은 아니다. 그는 규범주의적 규칙 중엔 어리석은 것들도 있으며 역사를 통틀어 언어의 변화는

---

* 잘 알다시피 기술(記述)이란 '대상이나 과정의 내용과 특징을 있는 그대로 열거하거나 기록하여 서술함. 또는 그런 기록'을 뜻한다.

일반적인 현상이라고 인정한다. 그는 자신을 '규범주의자'로 규정하지도 않는데, 그럼에도 '언어 적극주의자'*임을 자부한다. 언어학자들은 언어의 변화가 일어나는 과정들에 대해 가치판단이 배제된 건조한 이름을 붙이고, 대개 비난하기보다는 기술하려 한다. 예컨대 '재분석(reanalysis)'이란, 'pease'라는 단어가 과거에는 콩 따위 작고 둥근 모양의 채소들을 걸쭉하게 조리한 것(미국의 오트밀, 영국에선 포리지라고 부르는 것과 비슷한 형태)을 말했으나 나중엔 단수 명사 'pea(완두콩)'의 복수형으로 다시 분석된 것 같은 과정을 가리킨다. '의미 변화(semantic shift)'*는, 흔한 유형 한 가지를 들면, 어떤 단어의 값이 떨어지는 것이다. 'lady'는 원래 귀족 여자를 가리켰지만 이제는 어느 여성에게나 적용된다. 언어학자들은 이런 과정들을 포착하여 설명하곤 한다. 그러나 핼펀은 그 같은 과정들이 "단순한 무지", "입신(立身)을 위한 노력", "의미의 인플레이션" 따위에 기인한 것이라고 깎아내린다.*

그가 생각하기에 언어학자들은 사실 과학자, 다시 말해 체계적인 관찰자가 아니다. 그보다 핼펀은 어떤 의도를 감지한다. 그는 언어학자들에게 '진보적'이라는 꼬리표를 자유롭게(혹은 '보수적으로'라고 해야 할까?) 갖다 붙이곤 한다.* 핼펀 머릿속의 희화화된 이미지에 따르면 언어학자들이란 어느 누구라도 남을 비난하여 그의 감정을 상하게 해서는 안 된다고 생각하는 사람들이다. 언어학자들은 '잘못된 말'까지 포함하여 산출된 모든 언어를 승인하는데, 이는 그들이 학계를 지배하고

---

* 언어 적극주의자(linguistic activist)는 사법 적극주의자(judicial activist)가 법 문제에 대해 그러듯이 정치·사회적 목적의식을 가지고 언어 문제를 다룬다.
* '의미 변화'는 'semantic change' 혹은 'semantic progression'이라고도 하며, 시간이 지나면서 어떤 말의 의미(혹은 의미들 중 하나)가 원 뜻과 크게 달라지는 현상을 이르는데 그 유형이 아주 다양하다.

120

있는 다른 어리석은 좌파들과 한통속이기 때문이다. 언어학은 객관적 사실의 존재를 부정하는 포스트모더니즘과 밀접한 관계에 있다. 그 같은 상황은 '언어의 타락'을 허용하게 되며, 이는 다시 반유대주의와 공산주의 같은 끔찍한 현상들이 강건한 민족주의니 공동체주의 정신이니 하는 건전해 보이는 이름으로 위장할 길을 열어준다. 언어에 올바른 관심을 기울이지 않을 때 사람들은 정치가들의 속임수에 말려들 가능성이 커진다고 햴편은 주장한다.

햴편의 글들에선 그의 정치적 보수주의가 명백히 드러난다. 학자들이 객관성 개념 자체를 파괴하려 든다는 그의 비판은 정치적 우파에서 툭 하면 써먹는 낡은 논리다. 그런데 기묘하게도, 언어학자들이 건전한 객관적 사고를 파괴한다는 이 견해는 정치적 스펙트럼의 오른쪽 절반에 국한되지 않는다.

---

* 이는 햴편이 저서 『언어와 인간 본성』 1장에서 우리가 언어를 변화시키는 일반적 요인으로 제시한 여섯 가지 중 일부다. 나머지 셋은 '노력 최소화'와 '집단의 결속', '언론의 편의'다. 이해를 위해 덧붙이면, '단순한 무지'의 예는 'cohort'의 뜻이 또래집단처럼 '동일한 특색이나 행동 양식을 공유하는 집단'에서 단순한 '친구, 파트너, 동료' 등으로 확장된 것 따위이고, '입신을 위한 노력'의 예는 남들에게 높은 평가를 받고 싶어서 잘 모르는 전문용어나 프랑스어, 라틴어 어구 등을 서툴게 사용하는 것(혹은 반대 방향으로, 백인들이 의도적으로 흑인들의 어휘와 말투를 흉내 내는 것) 따위다. 한편 '의미의 인플레이션'은 단어나 비유들의 효과가 시간이 지남에 따라 닳아버리면서(이를테면 구매력이 줄어들면서) 사람들이 점점 더 큰 말, 강력한 말을 쓰게 되는 것을 말한다('pretty dress'는 'awesome dress'가 되고, 'becoming hairdo'는 'devastating hairdo'가 된다). 그러나 햴편은 이런 과정들을 비난만 하지는 않으며, 그중 일부는 현실적으로 양해될 수 있다고 본다.
* 여기서 '자유롭게'의 원어는 'liberally'인데, 이 말은 보통 '엄밀하지 않게, 대충'이라는 뜻으로 쓰이나(이 문장에서도 일차적 의미는 그렇다) 글자 그대로 '자유주의적으로'라고 할 수도 있음을 빗대어 저자는 괄호 속에서 말장난을 하고 있다. 햴편은 언어에 관해서는 보수적이기 때문이다.

작가 데이비드 포스터 월리스는 2001년 종합월간지 『하퍼스』에 기고한 「긴장한 현재: 민주주의, 영어, 그리고 용법을 둘러싼 전쟁들」*이란 글에서 헬펀의 비판을 그대로 흉내 냈다. 이 글은 널리 읽히고 인용되었는데, 그건 소설 『무궁무진한 재담』과 수필 및 단편소설에서 월리스가 보여준 현란한 글솜씨 덕이었다. 그는 분명 정치적 보수주의자가 아니었지만, 언어학과 언어학자들에 대해 이야기할 때는 헬펀과 똑같은 실수들을 범하고 있다.

월리스는 그 자신 말의 용법에 관한 잔소리꾼일 뿐 아니라 당당한 잔소리꾼 가문 출신이기도 하다고 밝힌 뒤 이 책의 주장과 많은 부분이 일치하는 논변을 폈다. 언어에 관한 논쟁은 곧 정치적 논쟁이며, 언어의 표준화를 고취하는 프로젝트의 핵심에는 정체성 정치가 놓여 있다는 주장이 그것이다.

월리스는 블루밍턴의 일리노이대학교에서 작문을 가르쳤는데, 이 경험을 통해 표준 영어가 백인들보다도 소수집단 학생들—대개 다른 언어 아니면 흑인 영어(Black English)† 등 개별적 방언을 쓰는 학생들—에게 더욱 필요하다고 느끼게 됐다. 이 점에 대한 민감성, 그리고 다음 인용문에서 드러나는 자기인식은 그를 잔소리꾼 가운데 특별한 존재로 만든다.

---

* 제목 '긴장한 현재(Tense Present)'는 '시제(tense)는 현재'라는 또 하나의 뜻을 지닌 중의법 말장난이다. 'tense'는 형용사일 경우 '긴장한, 긴박한, 팽팽한'이지만 명사로는 '시제'다.
† [지은이 주] 언어학자들은 흑인 영어를 'Black Vernacular English(BVE, 흑인 방언영어)'나 'African-American Vernacular English(AAVE, 아프리카계 미국인 방언영어)' 등으로 길게 부르기도 하지만, 'Black English'라고 짧게 쓰지 못할 이유가 없다고 본다.

우리 스누트(SNOOT)들은 언제 어떻게 형용사구에 하이픈을 넣어야 하고 또 언제 어떻게 현수분사(懸垂分詞, dangling participle)*를 피해야 하는지를 알고, 우리가 안다는 사실을 의식하고 있으며, 이런 지식이 있는, 아니 관심이라도 있는 미국인이 얼마나 적은지를 알고, 그에 따라 그들을 판단한다.

여기서 월리스는 트러스처럼 노골적인 자찬을 하고 있는 게 아니다. 위의 "판단한다"를 그는 좋은 의미로 사용하지 않았다. 언어에 관한 잔소리들의 정치적 내용에 대한 민감한 의식이 그의 『하퍼스』 기고문 전체에 배어 있다.

한데 월리스는 갑자기 돌아서서는 언어학자가 어떤 사람들이며 '기술주의'란 무엇인지에 관한 완전히 잘못된 주장들에 의거해 표준 영어를 옹호한다. 그는 언어학자들과 기술주의자들을 진보적이고 자유주의적이며 1960년대 이후 득세한 '우리 모두 그냥 사이좋게 지낼 수 없을까?' 집단의 일부로 희화화한다. 첨단적이기로 유명한 이 X세대 소설가가 자신보다 나이가 훨씬 많고 도도한 보수주의자 핼펀과 똑같이 말하는 것이다. 그러나 그 과정에서 월리스는 줄줄이 오류를 범한다. 그는 1961년의 『웹스터 신국제사전 3판』* 간행이 기술주의의 본격 공세가

---

* 현수분사는 관련된 명사, 즉 의미상의 주어가 제시되어 있지 않은 분사를 이르며, 비문법적이라고 간주된다. 예컨대 "Turning the corner, a handsome school building appeared(모퉁이를 돌아서니 멋진 학교 건물이 나타났다)."에서 모퉁이를 돌아선 주체는 학교 건물이 아닌데 문장에 드러나 있지 않다.
* *Webster's Third New International Dictionary of the English Language, Unabridged*(약칭은 *Webster's Third*)는 1961년 웹스터 사에서 10년 넘게 준비한 끝에 45만여 개의 올림말(새 의미들을 많이 추가했고 새로운 올림말만 10만 이상)을 담아 펴낸 야심적 대사전이다.

시작된 '섬터 요새의 순간'*이라고 잘못 판단한다. 이 사전은 기술주의의 원리들에 기초해 있기는 해도 'heighth'나 'irregardless'*처럼 잔소리꾼들을 자극하는 단어들을 등재할 때에는 '주로 방언' 또는 '비표준' 같은 주의 표지를 달았다. (어찌된 일인지 월리스는 이 황색 깃발들을* 보지 못하고 'heighth'와 'irregardless'가 "주의 표지를 달지 않고" 등재되어 있다고 썼다.) 그의 생각과 달리, 사실 1961년의 『웹스터 신국제사전 3판』은 언어학자들이 수십 년간 쌓아온 통찰들에 기초해 있었고, 기술주의적 관행은 『옥스퍼드 영어사전』 등 이전에 나온 훌륭한 사전들에서도 볼 수 있었다.

더 심각한 것은 월리스가 웬일인지 언어학과 인문학을 혼동했다는 점이다. 현대에 들어 발달한 이 두 분야는 주도 원리들이 완전히 다르다. 영문학이나 비교문학 학과들은 인종, 계급, 성, 식민주의, 패러다임 등등에 많은 비중을 두는 게 사실이지만, 언어학은 다르다. 월리스는 언어학과의 동료들과는 얘기를 별로 나누지 않았던 모양이다. 월리스가 비판하는 방식으로 생각하느라 연구 시간을 허비하는 언어학자는 거의 없

---

* 미국 찰스턴 항 입구의 섬에 있는 섬터 요새(Fort Sumter)는 1861년 남북전쟁의 첫 전투가 벌어진 곳이다(남군이 먼저 요새를 포격했다). 미국인들은 새롭고 중대한 상황이 촉발되는 순간을 종종 '섬터 요새의 순간'으로 표현한다.
* 요즘은 'height(높이, 키)'의 잘못된 철자로 치부되는 'heighth'는 17세기 말까지만 해도 'highth'와 함께 표준적인 표기였다고 한다(다른 측량 단어들 'width, depth, length'와 어미 '-th'가 같은 점에 주목하라). 'irregardless'는 'regardless(개의치 않는, 여하튼)'에다 부정의 접두사 'ir-'을 다시 붙여 만든 비격식 단어다. 뒤에 이미 '-less'가 있기 때문에 이중부정이 된다 하여 틀린 말로 친다.
* 선박들이 사용하는 국제신호기 중 하나인 황색기(yellow flag)는 검역기(quarantine flag)라고도 하며 입항할 때 이 깃발을 단독으로 걸면 승무원의 건강에 문제가 없다며 검역필증을 요구하는 신호이며, 다른 깃발과 함께 걸면 선상에 질병이 있음을 알리는 신호다.

기 때문이다.

월리스의 글은 다음 구절에서 바닥을 친다.

기술주의가 이 나라의 영어 교육을 아주 신속하고 철저하게 점령한 결과, 1970년께 이후 중학교에 들어간 사람은 거의 모두가 '프리라이팅(free writing)'이니 '브레인스토밍(brainstorming)'이니 '저널링(journaling)'*이니 하는 것들을 통해 '기술주의적'으로 글을 쓰는 걸 배웠다. 이러한 관점에서는 글쓰기를 소통으로 보기보다는 자기탐구와 자기표현으로 보고 체계적인 문법과 용법, 의미론, 수사, 어원 등을 포기하게 된다.

월리스의 말에도 일리는 있으나 언어학하고는 상관이 없는 얘기다. 그가 정작 공격하려 한 것은 진보적 교육운동인 듯하다. 이 운동은 (의도는 괜찮았으나 종종 부적절한 방식으로) 학생들이 공부를 즐길 수 있도록 하는 데에 보다 집중하고자 했다. 공부를 재미있게, 그리고 각자가 자신의 일로 생각하도록 만들면 학생들은 배우려 들 것이다. 그러나 문법과 용법의 규칙들을 내던지고 '프리라이팅'이나 '저널링'을 강조한 일은 언어학자들과는 사실상 무관했다. 월리스가 기자는 아니었지만 그래도 수화기를 들고 언어학자에게 한 번쯤은 물어보는 편이 나았을 터

---

* 프리라이팅은 앞 장의 주에서 말했듯이 모든 글쓰기 규칙을 무시하고 머리에 떠오르는 생각을 끊임없이 적어나가는 것인데, 이는 글쓰기에서의 브레인스토밍(이는 본디 생각의 자유로운 제시와 비판 없는 논의를 통해 창조적 아이디어를 이끌어내는 것이다)의 한 기법이기도 하다. 저널링 역시 비슷해서, 자신에게 의미 있는 생각이나 감정들을 일기(journal)처럼 기록함으로써 스스로를 보다 선명하게 이해토록 하는 것이다.

이다. 미국 언어학회 회원을 아무나 하나 골라서 통화했더라도 상대는 '프리라이팅'으로 아이들의 기분을 맞춰주는 방식에 찬성하는 비현실적인 사람보다는 마크 리버먼 같은 이였을 가능성이 훨씬 크다. 같은 문단의 앞부분에서 월리스는 언어학자들이 "교조적인 실증주의자들"이며(언어학자들은 과학적 진리의 발견이 가능하다고 생각하니까 이는 맞는 말이다) "그들의 지적 뿌리는 …… 미국의 60년대에 깊이 박혀 있다."*라고 말한다(적어도 언어학 연구 대부분에 관한 한 이건 틀린 얘기다).

언어학자들이 '모두 사이좋게 지내자'라는 1960년대식의 흐리멍덩한 부류가 아니라면 그들은 실제 어떤 식으로 생각할까? 리버먼은 언어학을 경제학에 비유하여 적절히 설명한다. 두 분야 모두 스펙트럼의 한쪽 끝에는 데이터 위주로 연구를 하는 유형이 있다. 흔히 '퀀트(quant)'*라 불리는 이들은 컴퓨터를 사용해 끝없이 수치를 처리하면서 문외한은 도통 이해할 수 없는 난해한 공식들로 가득 찬 논문을 쓴다. 두 분야 모두 스펙트럼의 반대편 끝에는 이론가들이 있다. 경제학에서 이론가란 경제가 왜 이러저러하게 돌아가는지를(전문용어를 꽤 쓰기는 해도) 정연하게 설명하는 사람을 가리키는데, 이들은 세세한 계량적 데이터에는 거의 의존하지 않는다. 이론언어학자들도 마찬가지다. 그들은 인간 언

---

* 저자의 이 '지적 뿌리' 인용은 정확하지 않다. 『하퍼스』 기고문의 해당 부분을 보면 다음과 같다. "그들은 교조적인 실증주의자들로서, 오귀스트 콩트와 페르디낭 드 소쉬르의 업적에 지적 뿌리를 두고 있으며, 이데올로기적 뿌리는 미국의 60년대에 깊이 박혀 있다."
* 미국에서 주로 쓰이는 '퀀트'는 본디 금융업계 용어인 'quantitative analyst'의 준말로, 컴퓨터와 수학적 모델을 이용하여 증권·상품·통화 등의 동향을 분석하고 예측하는 사람을 뜻하나, 다른 분야에서도 계량적 기법 위주로 일하는 사람을 이렇게 부르곤 한다.

어의 핵심부가, 특히 통사론과 관련하여, 어떻게 작동하는지를 밝혀내기 위해 노력하며, 논문도 대개 그런 연구를 갖고 쓴다.* 이 분야의 논의 중 많은 부분은 1950년대 이후 언어학을 혁신한 노엄 촘스키에 관한 것들이다. 오늘날까지도 많은 논쟁이 촘스키를 찬성하는 진영과 반대하는 진영 간의 열정적인 대립 아래 진행되고 있다.

그러나 촘스키의 언어학은 그의 정치적 견해에 연원을 둔 게 아니다. 수십 년 동안 그는 좌파 비평가로서 동남아시아, 라틴아메리카, 중동에 대한 미국의 정책을 혹독하게 비판해왔다. 그렇다고 해서 그가 언어학 연구 저술에서도 반(反)권위주의적으로 너그럽고 자유롭지 않을까 기대한다면 실망할 수밖에 없을 것이다. 촘스키 논문의 전형적인 문장은 포스트식민주의 이론가 에드워드 사이드나 포스트모던한 비평가 미셸 푸코의 글과는 전혀 다르다. 다음을 보라.

(64)

(a) this book is too interesting to put down without having finished. (이 책은 대단히 흥미로워서 끝까지 읽지 않고는 내려놓을 수가 없다.)

(b) this book is too interesting [O [PRO to put t down without PRO having finished e]]

The structure (64b) is an instance of (57) with $\alpha = O$; that is, t is the trace of the empty operator O moved to COMP in the syn-

---

* 언어적 지식(인식)의 모델 구축을 주된 과제로 하는 이론언어학은 통사론 외에도 음운론, 형태론, 의미론 등을 많이 다룬다.

tax, and *e* is the parasitic gap licensed by the variable *t*. If there were no such operator *O*, the structure would be barred for the reasons already discussed: *e* would be an NP-trace A-bound by *this book*(structurally analogous to (59b), in which α locally A-binds *t* and *e*), rather than being assigned the status of a parasitic gap, as it is.[4]

구조 (64b)는 (57)에서 $\alpha = O$인 경우의 예다. 즉, 이 구문에서 *t*는 보문자(補文子)로 이동한 공(空) 운용소 *O*의 흔적이고, *e*는 변항 *t*에 의해 인가된 기생공백(寄生空白)이다. 그런 운용소 *O*가 없다면 이 구문은 앞서 논의한 이유들 때문에 금지될 것이다. 즉, *e*가 지금처럼 기생공백의 지위를 얻지 못하고, '이 책'에 의해 A-결속된 NP(명사구)-흔적이 될 터이다(이는 구조상 (59b)와 유사한데, 거기서는 α가 국소적으로 *t*와 *e*를 A-결속으로 묶는다).

나는 이게 무슨 소린지 모르지만, 몇몇 언어학자가 자기들도 모른다고 하니 위안이 된다. 캠퍼스에서 벗어나기를 바라는 언어학도들에게 이런 내용은 대학원 졸업 후 비이론적인 분야에 자리 잡고 나면 어쩔 수 없이 잊게 되는 것들 중 하나다.

리버먼은 뉴저지에 있는 저명한 연구개발 기관 벨연구소에 들어가 경력의 첫발을 내디딘 응용음성학자로, 학계의 울타리 바깥에 한쪽 발을 딛고 있는 사람이다. 리버먼에 의하면 언젠가 촘스키가 그에게 말하기를, 세상 모든 언어의 기술(記述) 문법*들을 알았다고 해봤자 아무런 소

---

* 특정한 시기 한 언어의 상태를 있는 그대로 기술하는 문법을 기술문법이라고 한다.

용이 없다고(그러느니 MIT 캠퍼스에 난 모든 풀잎의 위치를 조사하는 게 나으리라고) 했다는 것이다. 리버먼 같은 데이터쟁이에게 그렇게 엄청난 원초적 정보들은 생각만 해도 군침이 돌 것이다.

그러나 이론 전문이든 데이터 처리 전문이든 간에 언어학자라면 누구나 언어가 어떻게 작동하는지에 대한 나름의 견해를 로스, 파울러, 트러스 같은 사람들만큼이나 뚜렷이 지니고 있다. 그리고 자신이 보기에 명백히 틀린 말을 다른 사람들이 해댈 때 느끼는 좌절감도 저들과 전혀 다를 바 없다. 왜 리버먼은 그토록 많은 시간을 들여, 여자가 하루에 2만 단어를 말하는 데 비해 남자는 7,000 단어만 말한다는 루앤 브리젠다인의 '사실'이 근거 없음을 밝혀냈을까? 그건 사실을 올바로 파악하는 일이 중요하기 때문인 동시에, 브리젠다인이 주장한 '사실'이 사회적으로 중요한 영향을 미칠 수 있는 이론, 즉 여자의 뇌는 남자의 뇌와 상당히 다르다는 이론을 뒷받침하는 데 이용되었기 때문이다. 리버먼은 여자의 뇌가 다를 수 있다는 데에 반대하는 게 아니다. 자신의 분야에서 나온 가짜 정보가 그런 견해를 입증하는 데 사용되는 것을 반대할 뿐이다. 재미있는 사실들이란 게 진짜 사실일 경우에만 재미있을 수 있다면, 중요한 사실들도 진짜 사실일 때에만 중요할 수 있다.

윌리엄 존스와 '콜럼버스의 순간'

월리스의 생각과는 달리 언어학은 1960년대에 뿌리를 둔 게 아니다. 그보다 한참 이전으로 거슬러 올라간다. 언어학이 뭔지를 알아보고 싶을 때는 이 학문의 가장 잘 알려진 하위 분야의 하나인 역사언어학부터 들여다보는 게 좋을 듯하다. 언어학에서 가장 경이로운 지적 업적들 중 몇몇은 역사언어학자들이 이뤄낸 것이다. 그중에는 수천 년 동안 누구도 말하지 않았고 글로 쓰인 적은 애초부터 없는 언어들을 재구성한 일도 포함된다.

　고대 그리스인과 로마인은 언어에 대해 많이 생각했고, 그를 통해 주로 수사학, 논리학, 시학을 발전시켰다. 그러나 자신들의 언어가 어떻게 생겨났는지에 대해서는 거의 연구하지 않았다. 한편 인도인들은 아마 세계의 다른 어떤 문화에서보다도 더 자기네 언어(산스크리트어)를 소중하고 진지하게 다루었는데, 이는 그들 종교의 신성한 문서들이 엄밀한 형식을 갖추어야만 신에게 다가갈 수 있다고 믿었기 때문이다. 오늘날의 파키스탄에 해당하는 곳에서 학자 파니니는 거의 4,000개의 규칙으로 이루어진 산스크리트어 문법을 정리했고,* 이는 지금까지 책으로 나온 어느 언어의 문법보다도 광범위한데, 놀랍게도 그 시기가 기원전 4~5세기였다.

　파니니와 고전 시대 이후 언어에 대한 사고는 대체로 내리막길에 들었다. 아랍인들은 자기네의 언어를 유용하고 흥미로운 방식으로 연구했지만 밖으로는 거의 눈을 돌리지 않았다. (그들은 고전적 규칙들을 정리하여 성문화한 당대의 성공적인 규범주의자들이라 할 수 있는데, 뒤에서 살펴보겠지만 이는 아랍어 '양층언어 상황'의 근원 중 하나가 되었다.) 한편 기독교인들은 성경의 바벨탑 이야기가 글자 그대로 사실이라 믿고서 인간 언어의 원형을 찾으려 했다. 어떤 이들은 히브리어가 그것이라고 생각했고, 다른 이들은 세계의 언어들을 몇 무리로 분류하고 여기에 노아의 세 아들 이름을 붙이기도 했다. 16세기 네덜란드의 요하네스 고로피우스 베카누스라는 학자는 자신의 언어인 플라망어가 세계 최

---

* 현재의 파키스탄 서북부 페샤와르(당시의 간다라 지역) 출신인 파니니(생몰년 불명)의 이 문법서는 흔히 『파니니 문전(文典)』으로 불린다.

초의 언어라고 생각했다.* (리버먼을 비롯한 '랭귀지로그'의 블로거들은 언어에 관한 엄청 잘못된 정보를 가지고 거들먹거린 사람에게 수여하는 상을 제정하고는 베카누스의 이름을 따서 '베키상'이라 명명했다. 1회 수상자는 브리젠다인이었다.)

그러나 현대 역사언어학이 성립하여 역량을 발휘하기 시작한 것은 고전 시대 이후 거의 2,000년이 지나서였다. 거기에는 섬터 요새의 순간이 아니라 신천지를 열어젖힌 크리스토퍼 콜럼버스의 순간 같은 계기가 있었다. 법률가인 윌리엄 존스는 18세기 후반에 인도의 캘커타(지금의 콜카타)에서 영국의 식민지 공무원으로 근무했다. 아마추어 언어학자이기도 했던 그는 런던에 돌아와 한 차례의 강연을 했는데,* 이 강연 이후 엄청나게 많은 사람이 존스처럼 언어 연구를 하기 위해 해외로 나가기도 했다. 그는 강연에서 자신이 유럽의 고전 언어들을 연구한 뒤 인도에서 산스크리트어를 공부하다 놀라운 사실을 발견했다고 말했다.

산스크리트어는 무척이나 오래된 언어임에도 경이로운 구조를 갖추고 있습니다. 그리스어보다 완벽하고 라틴어보다 풍부하며 두 언어 모두보다 세련되었으면서도, 동사 어근에서나 문법 형태에서나 도저히 우연의 소산이라고 볼 수 없을 만큼 두 언어와 유사합니다. 얼마나 비슷한지, 어느 문헌학자라도 세 언어를 다 검토해보면 그것들이 어떤 공통의 근원에

---

* 플라망어는 네덜란드어에서 파생된 언어다. 정확히 말해서 고로피우스 베카누스가 최초의(에덴동산의) 언어라고 한 것은 스헬데강과 뫼즈강 사이의 지역에서 쓰는 브라반트어였는데, 그 근거가 재미있다. 인류의 가장 오래된 언어라면 가장 단순해야 하며 그런 언어에는 짧은 단어들의 비율이 가장 높을 텐데, 브라반트어가 바로 그렇다는 것이었다.
* 강연 일자는 1786년 2월 2일이다.

서 나왔다고 믿지 않을 수 없습니다. 이젠 아마 존재하지 않을 하나의 언어에서 말이지요. 이 정도로 강력하진 않지만 비슷한 이유에서 고트어와 켈트어 역시, 비록 아주 다른 특질이 섞여 있긴 해도, 산스크리트어와 기원이 동일하다고 추정할 수 있으며, 이 어족에는 친애하는 페르시아어* 또한 포함시킬 수 있지 않을까 합니다.[5]

언어는 쇠퇴하지 않았는지 몰라도, 존스를 돌아보건대 요즘 영국 공무원의 수준은 분명 옛날만 못하지 싶다. 이 법률가 겸 아마추어 언어학자는 방금 현대 언어학의 탄생에 가장 큰 한 걸음을 보탠 것이다. 그리스어와 라틴어의 'pater(아버지)'는 산스크리트어의 'pitar'와 너무 비슷하고 'mater(어머니)' 역시 산스크리트어의 'matar'와 너무나 비슷했다. 게다가 그처럼 일치하는 사례가 워낙 많아 존스는 그걸 결코 우연으로 돌릴 수 없었다.

콜럼버스의 아메리카 발견에서처럼 존스 또한 거기에 가장 먼저 도달한 사람은 아니었을 것이다. 예를 들어 그 이전에도 라틴어, 그리스어, 페르시아어 간의 유사성에 주목한 사람들이 있었다. 그러나 세상을 바꾼 것은 존스의 공개적인 발표였다. 그 후 이어진 연구들에 따라 힌디어, 펀자브어, 카슈미르어를 비롯한 북부 인도어들, 페르시아어, 캅카스와 중앙아시아 지역의 몇몇 언어들, 그리고 거의 모든 유럽 언어들이 한 가족이라는 사실이 드러났다. (유럽의 언어 중 바스크어, 핀란드어,

---

* 청소년기에 이미 그리스어, 라틴어, 페르시아어, 아랍어, 히브리어에다 기초적인 중국어까지 익혔던 존스는 페르시아어에 대한 애착이 강했는지 'Yunis Uksfardi(Jones from Oxford)'라는 페르시아어 필명까지 만들었다(그는 옥스퍼드대 출신이다).

132

헝가리어, 에스토니아어 등 극소수만이 그 어족에 포함되지 않았다.)
새로 발견된 이 엄청난 대가족에는 공통의 조상이 있어야 했다. 그 후
오랫동안 정성을 들여 복원한 이 언어에는 인도·유럽조어(祖語, Proto-
Indo-European)*라는 이름이 붙었다.

존스의 발견과 위의 인용문은 토머스 제퍼슨의 독립선언서 첫머리가
미국의 어린 학생들에게 익숙한 것만큼이나 언어학자들 사이에 잘 알려
져 있다. 인도·유럽어족의 발견은 언어와 그 역사에 대한 폭발적 관심
을 불러일으켰다. 이때 성립된 현대 언어학의 초기 학자들은 현대의 언
어들이 어떻게 출현했는지를 과학적으로 조사하기 시작했다.

존스의 강연이 언어학의 주춧돌을 놓았다면, 그 초기 입법자 중에는
언어학의 제임스 매디슨*이라 해도 좋을 야코프 그림이 있었다. 연구
과정에서 그는 현대 언어과학의 도구 중 하나를 발전시키기 시작했다.
바로 언어 변화의 법칙들이었다. 그림은 언어가 사용자의 태만함 속에
서 아무렇게나 변하는 게 아니라 '체계적으로' 변한다는 사실을 입증했
다. 그는 현대 독일어 단어들을 그 조상인 고트어 및 그리스어 단어들과
맞춰보는 과정에서 한 언어의 어떤 소리들이 다른 언어의 연관된 소리
들에 거의 언제나 대응한다는 것을 발견했다. 그리스어의 어떤 단어에
p가 들어 있으면 게르만어파 언어들의 해당 단어에는 대개 f가 있었다.
예컨대 그리스어 'pous(발)'는 독일어에서 'Fuss'가 됐다. 게르만어
파의 다른 언어들에도 이 p-f 변화가 있어서, 고트어의 '발'은 'fotus'

이며, 아이슬란드어는 'fótur', 덴마크어 'fod', 스웨덴어 'fot', 그리고 영어는 물론 'foot' 다. 한편 라틴어(ped-)를 비롯한 다른 언어들에서는 p 소리가 그대로 유지되고 있었다. 오늘날 'pedestrian(보행자)'과 'podiatry(족부의학)'에서 그 흔적을 볼 수 있는데, 각기 라틴어와 그리스어에서 영어로 건너온 단어들이다.

그림은 다른 체계적 변화들—예를 들면 그리스어의 b가 고대 게르만어에서 p로 변하고 다시 현대 독일어에서 f로 변한 것—도 다수 발견하여 오늘날 언어학자들이 '그림의 법칙'이라 부르는 것으로 한데 묶었다. 그 후 다른 학자들이 세부적인 면을 보완하며 원래의 법칙을 정교하게 다듬는 한편, 이 작업을 다른 인도·유럽어들로 확대하여 그림이 발견한 것만큼이나 체계적인 변화들을 찾아냈다. 새로운 연구에는 독일과 덴마크의 학자들이 특히 열정적으로 뛰어들었다.

방대한 인도·유럽어족의 존재가 발견되고, 이어 언어가 시간 속에서 체계적으로 변화한다는 사실을 알게 됨에 따라 언어를 보는 눈은 예전과 달라질 수밖에 없었다. 린들리 머리와 로버트 로스의 책들이 권위적인 규칙들("두 개의 부정어는 서로를 무효화한다.")을 선언하는 것만으로 수백만 부가 나가고 있을 때 존스와 그림, 그들의 동료 및 추종자들은 수십 개 언어들의 수천 년 역사를 꼼꼼히 훑고 있었다. 그들은 음성학적, 문법적 변화의 규칙들을 밝혀냈고, 그 과정에서 규칙성뿐 아니라 엄청난 다양성도 발견했다. 초기 언어학자들이 발견한 법칙들 덕분에 그들은 글로 적힌 적조차 없는 인도·유럽조어 자체의 단어들과 어간(語幹)들까지 어느 정도 복원할 수 있었다. 아우구스트 슐라이허*라는 독일 학자는 그가 인도·유럽조어라고 주장하는 것으로 짧은 우화를 쓰기도 했다. 물론 그 언어는 단일한 표준을 지닌 언어가 아니라 방언들의 묶음이었을 가능성이 크기 때문에 엄밀하게 알아내기가 불가능하고, 그래서 슐라이허의 우화에 쓰인 언어의 정확성에는 의문이 남지만 그 시도의 대담함에는 흥미를 느끼지 않을 수 없다. † (연구가 발전함에 따라 다른 학자들이 그의 우화를 새로운 지식에 맞춰 손질해왔다.) 오늘날에도 역사언어학자들은 고고학자 및 역사가들과 힘을 합해 인도·유럽조어가 언제 어디서 생겨났는지를 파악하고자 노력하고 있다. 어떤 학자들은 터키를 그 근원지로 상정하고, 다른 학자들은 러시아 남부를 주장한다.

지극히 일시적이고 우연적인

그러나 서로 어떤 이견을 보이든 간에 모든 역사언어학자는 존스의 연설과 그림의 법칙, 그리고 이후의 놀라운 지적 성과들에 대해 잘 알고 있다. 아일랜드어, 프랑스어, 힌디어, 아르메니아어가 공통의 조어(祖語)에서 발생했다는 사실은 일반인에겐 신기할지 몰라도 역사언어

---

* 슐라이허(1821~68)는 대표 저서인 『인도·유럽어족 비교문법 개요』에서 인도·유럽조어의 재구성을 시도했다. '슐라이허의 우화'는 그 노력의 일부다.

† 〔지은이 주〕 슐라이허가 쓴 우화는 이렇다. "Avis, jasmin varnā na ā ast, dadarka akvams, tam, vāgham garum vaghantam, tam, bhāram magham, tam, manum āku bharantam. Avis akvabhjams ā vavakat: kard aghnutai mai vidanti manum akvams agantam. Akvāsas ā vavakant: krudhi avai, kard aghnutai vividvant-svas: manus patis varnām avisāms karnauti svabhjam gharmam vastram avibhjams ka varnā na asti. Tat kukruvants avis agram ā bhugat." 이를 번역하면 다음과 같다. "〔언덕에서〕 털이 하나도 없는 양이 말들을 보았다. 말 한 마리는 무거운 짐마차를 끌고 있었고, 한 마리는 큰 짐을 나르고 있었으며, 또 한 마리는 사람을 태우고 빨리 가고 있었다. 양이 말들에게 말했다. '인간이 말을 부리는 걸 보니 가슴이 아프구나.' 그러자 말들이 말했다. '이봐, 양아. 오히려 우리 가슴이 아픈걸. 주인인 인간이 양의 털로 자기 옷을 따뜻하게 만들어 입고, 그래서 양에겐 털이 하나도 없는 걸 보면 말이야.' 이 말을 듣고 양은 들판으로 달아났다."

학자들에겐 기초적인 지식일 따름이다. 현대의 언어학도는 대학원 과정 첫 해에 그런 이야기들을 머릿속에 단단히 집어넣은 뒤로는 어디서 언제 무슨 말을 대하든 간에—그게 영어든 신할라어든—그것을 '언어'라고 불리는 보편적이고 끊임없이 변하는 현상이 특정 시공간에서 드러내는 하나의 구체적 모습으로 보지 않을 수 없게 된다. 언어에 대한 잔소리꾼은 'whom'의 오용과 점진적 소멸을 교육과 사회가 타락하고 실패했다는 증거로 보는 반면에 대부분의 언어학자는, 자신이 글을 쓸 때는 필시 'whom'을 제대로 쓸 테지만, 이 대명사가 'who'로 대체되는 현상을 영어에서 격어미가 점차 사라지는 과정의 한 단계일 따름이라고 본다. 『베오울프』 시대에 영어의 명사는 라틴어 명사들처럼 문장 내에서 그것이 맡은 역할을 보여주는 어미들을 갖고 있었다. 그러나 셰익스피어가 활동할 즈음에는 거의 모든 어미가 사라졌고, 'whom'의 죽음도 언어학자에겐 그 같은 흐름의 한 귀결일 뿐이다.

언어의 역사와 변화가 전문인 언어학자 존 맥워터*는 언어를 라바램프*에 비유한다. 대부분의 언어학자들과 마찬가지로 그 역시 진득거리는 라바 덩어리들, 즉 언어의 단어들과 규칙들이 가만히 머물러 있지 않는다고 해서 얼굴을 붉히는 일은 납득이 가지 않는다. (물론 이해가 되는 측면이 분명 있기는 하다. 많은 사람들은 규범주의적인 분노를 발산하고 나면 기분이 좋아지니까 말이다. 문제는 언어학적으로 납득이 안 된다는 점이다.)

---

* 이 책 앞에 추천의 말을 쓴 미국 컬럼비아대 교수다.
* 조명 기구의 하나. 전구가 발열하면 그 위 유리 용기 속 투명 액체에 담긴 색깔 있는 왁스가 오르내리면서 재미있는 모양을 만드는데, 그게 용암(lava)의 흐름 같다고 해서 '라바램프'라는 이름이 붙었다.

그렇다고 해서 언어학자들이 예컨대 학생들에게 표준적인 문법 규칙을 가르치지 말자든지 하는 것은 아니다. 그러나 오래고 오랜 세월에 걸친 언어의 역사와 변화에 대해 그들만큼 많이 알면 확실히 언어를 전체적인 시야에서 볼 수 있게 된다. 즉, 일반적인 잔소리꾼이 빨간 펜을 휘두를 때 근거로 삼는 어떤 '규칙'도 언어학자의 눈에는 지극히도 일시적이고 우연적인 것으로 보인다. 10여 개의 언어 또는 수천 년의 역사를 연구하다 보면 그리 되게 마련이다. 언어의 변화를 마지못해 인정하는 잔소리꾼들이 그런 관점까지 조금이나마 받아들이면 좋을 성싶다.

규칙을 둘러싼 온갖 언설들

오랫동안 '문헌학(philology)'이라 불렸던 역사비교언어학은 현대 언어학의 가장 먼저 생긴, 그리고 아마 가장 잘 알려진, 하위 분야다. 약 1세기 동안(대체로 19세기와 일치한다) 역사비교언어학은 언어학의 거의 전부였다. 위대한 스위스 언어학자 페르디낭 드 소쉬르*가 처음 세상에 알려진 것도 이런 역사 연구를 통해서였다. 소쉬르는 인도·유럽조어에 그가 '소낭트[嗚音]적으로 더불어 기능하는 것(sonant coefficients)'라고 부른(뒤에 후두음으로 알려진) 자음들이 있었다는 가설을 세웠다.* 목구멍 안쪽에서 조음되는 이 소리들(마찰된 거친 'h', 성문聲門으로 기류를 빠르게 폐쇄하는 소리 같은 자음들)이 분명히 존재했

---

* 근대 구조주의 언어학의 시조인 소쉬르(1857~1913)의 독창성은 언어 현상을 전체적 체계 속에서 고찰한 데에 있다. 대표 저서는 사후에 제자들이 강의 노트를 바탕으로 편집하여 1916년 출간한 『일반언어학 강의』다.
* 소쉬르에 따르면 인도·유럽조어의 음운 체계에서 일찍 사라진, 음가를 알 수 없는 이 신비로운 음운은 소멸하면서 인접한 모음을 장음으로 만들기도 하고 당초 모음이 없던 곳에선 모음으로 변화하여 나타나기도 했다는 것이다.

으리라는 추정이었다. 그렇지 않고서는 후세의 인도·유럽 언어들에서 나타난 모음 변이형들을 설명할 방도가 없었다. 물론 인도·유럽공통조어는 글로 쓰인 적이 없기 때문에 직접적 증거는 전무했다. 그러나 몇십 년 후 히타이트 문서들이 발견되어 소쉬르가 옳았음이 입증되었다. 거기에 후두음들이 나타나 있었던 것이다.

하지만 소쉬르는 언어학의 '구조주의'를 낳은 그의 이론적 업적으로 더 유명하다. 그는 언어의 체계인 랑그(langue)와 그 외적 표현인 파롤(parole)이 동전의 양면과 같다고 했다.* 랑그와 파롤은 분리할 수 없는데, 이는 종이를 앞면만 자르고 뒷면은 그냥 놔둘 수 없는 것과 마찬가지다. 그때까지 언어학자들은 개개의 단어, 소리, 문법 사항과 이들의 역사에 초점을 맞추고 있었다. 소쉬르는 언어학자들로 하여금 그 모든 조각들이 어떻게 서로의 조건에 따라 조화롭게 결합하는지, 즉 하나의 구조를 이루는지에 대해 생각하도록 일깨웠다. 소쉬르의 연구는 이후 여러 학자의 일련의 이론들과 반세기의 진보를 거쳐 노엄 촘스키에 이르렀다.

촘스키 이전에 우리의 뇌와 혀가 어떻게 협력하는지에 관해 탁월한 이론들을 내놓은 것은 언어학자들이 아니라 심리학자들이었다. 당시 지배적인 학파는 심리학자인(그러나 언어에는 전문가가 아닌) B. F. 스키너*의

---

* 랑그는 한 언어의 기저를 이루는 규칙들과 패턴들의 총체, 바꾸어 말하면 각 개인의 머릿속에 저장된 사회 관습적인 언어의 체계를 이른다. 파롤은 특정한 개인에 의하여 특정한 장소에서 실제로 발화되는 언어를 가리킨다.
* 스키너(1904~90)는 심리학은 의식이 아니라 외적으로 나타나는 행동을 탐구해야 한다는 J. B. 왓슨의 행동주의 심리학을 이어받아 발전시켰다. 그는 20세기 중반부터 하버드대 교수로 재직하면서 30여 년간 큰 영향을 미쳤으며, 자신이 고안한 다양한 장치로 실험용 동물들이 복잡한 행동이나 아주 유별난 행동을 하도록 훈련시키기도 했다.

‘행동주의’ 학파였다. 인간 언어는 그가 다른 동물들에서 관찰한 자극반응 현상의 정교한 형태에 불과하다고 그는 상정했다. 실험동물들은 보상과 처벌에 의해 행동을 학습했다. 쥐는 먹이를 얻기 위해 지렛대를 누르는 행동을 배웠을 뿐 아니라, 보상만 적절하면 차차 더 복잡한 과제들도 학습할 수 있었다.

스키너는 인간이라는 동물도 자극에 반응한다고 보았다. 그는 1959년에 낸 책 『언어 행동*Verbal Behavior*』에서, 어린아이는 어머니의 칭찬에 반응하여 그 칭찬을 이끌어낼 말들을 하는 법을 점차 학습한다고 했다. 언어는 쥐로 하여금 지렛대를 누르게 만드는 것과 똑같은 과정의 고급 버전이었다. 책에서 그는 또 이렇게 말했다.

행동은 역학적 작용을 통해 환경을 변화시키고, 그 행동의 속성 또는 규모와 산출된 결과 사이의 관계는 단순할 경우가 많다. 사람이 어느 물체 쪽으로 걸어가면 그는 보통 그것에 더 가까워진다. 그 물체에 손을 뻗으면 대체로 물리적 접촉이 일어난다. 그걸 잡고 들어 올리거나, 밀거나 당기면 물체는 대개 힘이 가해진 방향으로 위치가 바뀐다. 이 모든 일은 단순한 기하학적, 역학적 원리들에 따른 것이다.

그러나 많은 경우에 사람은 간접적으로만 환경에 작용을 가한다. …… 목마른 사람은 식수대에 직접 가는 대신 그냥 ‘물 한 잔을 요청’ 할 수도 있다. 즉, 특정한 소리의 패턴을 만들어내는 행동을 통해 누군가로 하여금 물 한 잔을 가져오게끔 유도할 수 있다. …… 그런 간접적 행동이 낳는 결과는, 직접적인 역학적 작용만큼이나 물리적이고 불가피하지만 설명하기는 분명 더 어려운 일련의 사건들에 의해 매개된다.[6*]

스키너는 인간이 쥐와 다를 바 없다고 내놓고 말하진 않았지만, 이전의 연구를 인간에까지 확대 적용하려 한다는 것은 명백했다. 이 책에서 그는 "〔자신의 연구〕 결과들은 종(種)의 제약에서 놀라우리만큼 자유롭다."라고 했으니 말이다.

촘스키는 이 이론을 전혀 받아들이지 않았고, 스키너의 책을 호되게 공격하는 서평을 썼다. 이 일격은 골리앗의 이마에 적중한 다윗의 돌멩이처럼 행동주의적 언어관을 단숨에 거꾸러뜨렸다. (1959년에 촘스키 자신은 아직 골리앗이 되기 전이었다.) 촘스키는 자극에 대한 언어적 반응들 중에는 예측이 가능한 것도 있지만 결코 그렇지 않은 것도 있다고 지적했다.

스키너에게 자극통제의 전형적인 예는 어떤 음악에 대한 반응으로 "모차르트"라는 말이 나오고 어떤 그림에 대한 반응으로 "네덜란드풍"이라는 말이 나오는 경우일 것이다. 그는 이런 반응들이 물리적 대상이나 사건의 "극히 미묘한 속성들의 통제 아래 있다."(108쪽) 라고 주장한다. 그런데 우리가 "네덜란드풍"이라고 말하는 대신에 "벽지와 안 어울려"나 "난네가 추상화를 좋아하는 줄 알았는데", 또는 "저건 처음 보네", "기울어졌어", "너무 낮게 걸렸군", "아름다워", "소름 끼쳐", "지난여름에 갔던

---

* 스키너 인용문을 이해하기 쉽도록 "유도할 수 있던" 다음의 생략된 내용을 옮기면 다음과 같다. "그 부탁하는 소리 자체를 물리학적으로 설명하는 일은 쉽지만, 물 한 잔이 그걸 청한 사람에게 오기까지는 부탁을 듣는 이의 행동을 포함한 일련의 복잡한 사건을 거쳐야 한다. 최종적인 결과, 즉 물을 건네받는 일은 당초에 '물을 청한' 행동의 형태와 기하학적으로든 역학적으로든 아무런 실질적 관계가 없다. 사실 그런 유의 〔언어〕 행동의 특징이 바로 물리적 세계에 대해 무력하다는 점이다. 〔성경에 나오는〕 여리고의 성벽을 함성으로 무너뜨리거나 태양에게 멈추라고, 파도에게 잠잠해지라고 명령할 수는 없는 일이다. 욕설로는 뼈를 부러뜨릴 수 없다."

캠핑 여행 기억나?" 등 그림을 볼 때 떠오른 다른 어떤 생각을 말했다면 어떡하겠는가.[7]

스키너는 자극과 반응이 연결되어 있다는 증거로 '반응 강도'를 제시한다. 쥐가 지렛대를 반복적으로 절박하게 누른다면 이는 행동과 보상 간의 긴밀한 연관을 나타내는 것이다. 이 개념을 언어에까지 확장하려고 시도하면서 스키너는 "우리가 누군가의 비장의 그림을 보고 "아름다워!" 라고 외친다면 그림 주인은 그 반응의 속도와 열기에 주목하지 않을 수 없을 것이다."라고 썼다. 촘스키는 천연덕스럽게 답한다. "과연 이 경우에 그림 주인을 감동시키는 방법이 크고 높은 목소리로 지체 없이, 그리고 되풀이해서 아름답다고 소리 지르는 것인지는 그렇게 분명하다고 할 수 없다." 맞다, 전혀 분명하지 않다.

촘스키가 이런 식의 천연덕스럽고 서늘한 재치로 행동주의를 격파하고, 또한 1957년에 『통사 구조 *Syntactic Structures*』*라는 혁명적인 책을 발표한 뒤로 언어학자들은 그의 영향 아래 언어들의 '문법'을 구성해내는 과제에 착수했다. 이는 아이들의 언어 습관을 고치기 위해 그들의 머릿속에 쑤셔넣어야 하는 문법책 같은 걸 쓰는 일이 아니었다. 촘스키의 정의에 따르면 여기서 '문법'이란 한 언어에서 타당하다고 간주되는 모든 문장을 만들어낼 수 있고 그렇지 못한 문장은 만들어내지 않는 규칙들의 묶음이다. 촘스키가 『통사 구조』에 쓴 것처럼, "Colorless green ideas sleep furiously(색깔 없는 초록의 생각들이 맹렬하게 잔다)." 라는 말은 무의미하지만 문법에 맞는다. 문장의 모든 부분이 각기 형용

---

* 이 책은 1966년에 『변형-생성문법의 이론』(범한서적)이란 제목으로 이승환·이혜숙이 공역해 출간했으나 지금은 절판됐다.

사, 명사, 동사, 부사의 역할을 하면서 서로 잘 맞물려 있다. "Tired young children sleep marvelously.(지친 어린아이들은 놀라우리만큼 잘 잔다.)"도 정확하게 동일한 형식을 갖고 있다. 그에 반해 "Furiously sleep ideas green colorless"는 무의미한 동시에 비문법적이라고 촘스키는 지적했다. 그리고 "The child seems sleeping.(아이는 자는 것 같다.)"은 의미는 통하지만 비문법적이다.* 구성 부분들이 서로 들어맞지 않기 때문이다. 여기서 결정적으로 중요한 점은, 정상적인 영어 사용자라면 사실상 누구나 위의 세 진술에 대해 똑같은 판단을 내리리라는 것이다. 문법이 맞는 문장이라도 거짓일 수 있고, 서투르게 쓰였을 수 있고, 비논리적일 수 있다. 반대로, 비문법적으로 배열된 단어들이라도 진실일 수 있고, 아름다울 수 있고, 강력할 수 있다. 문법은 수사학, 논리학, 문장 기법, 또는 문체와는 다른 어떤 것이다.

1950년대 후반 촘스키의 논문들과 저서가 나온 이래 언어학자들의 주된 노력은 사람들이 정확히 어떤 규칙들을 사용하고 인간의 머릿속에서 그 규칙들이 어떻게 작동하는지를 발견하는 데 기울여졌다. 이는 방대하고 집중적인 프로젝트였다. 하지만 언어학 외부의 사람들에겐 그런 사정이 거의 알려지지 않았다. 작가 데이비드 포스터 월리스가 앞서 언급한 『하퍼스』 기고문에서 기술주의를 희화화한 부분을 보자.

오늘날 사회주의와 페미니즘, 소수집단, 동성애, 환경주의 등의 운동가들이 정치적 논쟁에서 자기네의 주장을 펴는 데 사용하는 언어 자체에 기술주의적 믿음이 배어 있다. 전통적인 영어는 '특권층인 와스프

---

* "The child seems to be sleeping."이 올바른 문장으로 간주된다.

(WASP)* 남성들'이 고안하여 영속시키고 있는 것이며, 그래서 본질적으로 자본주의적이고, 성차별적이자 인종차별적이며, 외국인을 혐오하고, 동성애를 혐오하고, 엘리트주의적이고, 한마디로 말해서 불공평하다는 믿음이 바로 그것이다.[8]

이 같은 생각, 즉 기술주의자인 언어학자들은 규칙을 없애버리고 싶어 하는데 그 이유는 규칙이란 게 "본질적으로 자본주의적이고, 성차별적이자 인종차별적이며, 외국인을 혐오하고, 동성애를 혐오하고, 엘리트주의적이고, 한마디로 말해서 불공평"하기 때문이라는 얘기를 제프 풀럼* 같은 사람이 들으면 이게 무슨 소린가 하고 놀랄 것이다. 촘스키 이후 인간의 머릿속에서 언어가 과연 어떻게 작동하는지를 알아내기 위해 노력해온 많은 언어학자 중 하나인 그는 에든버러대학교의 영문법 전문 교수로서 결코 "지배 권력을 타도하자구, 친구들"이라고 외치는 히피가 아니다. 그와는 전혀 다른, 아주 보기 드문 부류다. 성미 고약하고 열 받은 기술주의자인 것이다.

언어에 대해 야단을 떠는 것은 대개 잔소리꾼들의 몫이다. 하지만 마크 리버먼과 함께 랭귀지로그에 글을 올리는 제프 풀럼 또한 허튼소리들에 진절머리가 난 사람이다. 누군가의 주장이 어리석다고 생각하면

---

* WASP는 'White Anglo-Saxon Protestant(앵글로·색슨계 백인 신교도)'의 약자다. 애초에는 미국 지배 엘리트의 주류인 북동부의 상류계층 사람들(대개 초기 이민자의 자손)에게 적용하면서 쓰기 시작했으나 이제는 사회의 소수집단 어디에도 속하지 않은 백인들을 지칭하는 포괄적인 말로도 흔히 사용된다. 엄밀히 말하면 이른바 와스프의 상당수는 앵글로·색슨계가 아니다.
* 영어 전문가인 제프리 K. 풀럼(1945~)은 현재 영국 에든버러대의 일반언어학 교수다.

그는 학자의 위엄을 내팽개치고 심지어 '19금' 류의 표현도 서슴지 않으며 비판한다. 풀럼의 전형적인 포스팅 중 하나를 보면 편집교열 분야의 몇몇 쉽볼렛들을 거론하면서 작살을 내는데, 예를 들면 'have to'와 'need to', 또는 동사 'note'와 'notice'는 서로 뜻이 전혀 다르니까 혼동해서는 안 된다는 주장 따위다.* 그 포스팅의 끝부분에서 그는 이렇게 말한다.

> 위에서 언급한 것들은 이론의 여지가 없다. 쉽게 확인할 수 있는, 영어에 관한 분명한 사실들인 것이다. 이제 교열자들에게 애당초 틀리지도 않은 이런 말들을 쓸데없이 수정하느라 그 많은 시간을 허비하지 말라고 해야 할 때가 되었다. 빌어먹을, 내 목에 핏대가 서는 게 느껴진다. 잠깐 나가서 뭐든 걷어차고 들어와야겠다.[9]

"영어에 관한 분명한 사실들"이라니? 월리스의 희화화에 따르면 표준영어의 규칙은 인종차별적이고 동성애차별적(기타 등등)인 억압의 수단이라는 게 기술주의자들의 생각일 텐데, 그런 기술주의자가 어째서 언어의 '분명한 사실들'을 들먹이는 걸까? '기술주의'라는 게 본디 원어민의 어법은 어떤 것이든 다 괜찮다는 것 아닌가? 화자가 다름 아닌 원어민이니까 말이다.

그건 "전혀 터무니없는" 생각이라고 풀럼은 말한다. 당연히 영어엔

---

* 'have to'와 'need to'의 구별을 설명하는 방식도 다양한데 그중 하나를 보면, 선택의 여지가 없이 해야 하는(또는 그래야 올바른) 행동에 대해서는 'have to'를, 어떤 목적을 이루거나 결과를 낳기 위해 필요한 행동에 대해서는 'need to'를 써야 한다는 것이다(여기에 'must'까지 넣어서 용법을 구분하기도 한다). 한편 동사 'note'는 '(무엇인가를) 주목하다, 알아채다' 같은 의미를 'notice'와 공유한다.

규칙이 있으며, 사실 그 자신도 호주의 통사론 전문가 로드니 허들스턴과 함께 쓴 1,860쪽짜리 『케임브리지 영어문법 *The Cambridge Grammar of the English Language*』에서 영어의 규칙들을 정리한 바 있다. 풀럼 같은 기술주의자들 역시 사람들이 언어의 규칙을 잘못 사용하는 수가 있으며, 그럴 경우 소통이 잘 안 되거나 그냥 바보 같아 보이게 마련임을 잘 안다.

그러나 언어학자들이 생각하는 규칙의 개념은 월리스 같은 문법 불평꾼들이 생각하는 것과 아주 다르다. 언어학자는 사람들이 매일 쏟아내는 엄청난 양의 말들 중 일부를 관찰하고 글로 적힌 천문학적인 수의(요즘은 컴퓨터로 편리하게 검색할 수 있는) 단어들을 분석하여 이런저런 규칙을 이끌어낸다. 언어학자는 원어민이 눈치 채지 않게 그들을 지켜보거나 그들의 일상 대화를 기록하기도 하고, 어떤 말이 그들에게 문법에 맞는 것으로 들리는지를 물어보기도 하며, 교육받은 사람들이 글을 어떻게 쓰는지를 관찰하기도 한다. 어떤 문장이 해당 언어의 대다수 화자들에게 올바르게 구성됐다는 느낌을 주면 그 문장은 올바르게 구성된 것이다.

그렇다고 해서 변이형을, 예컨대 방언이나 지역에 따른 차이 등을 배제하지는 않는다. 표준 미국영어에서는 "His team is in trouble."이 문법에 맞지만 영국에서는 "His team are in trouble."이 맞는 것으로 간주된다. 이에 더해 언어학자들은 흑인 영어에서는 "His team in trouble."도 문법적으로 올바르다고 할 것이다. 아주 잘 이해되고, 무엇보다도 그렇게 말했을 때 흑인 영어의 원어민들이 눈 하나 깜짝 않고 자연스럽게 받아들이기 때문이다. 그러나 "The team am in trouble."은 아무리 알아들을 수 있다 해도 영어의 어떤 방언에서든 비문법적이다. 기술주의자들은 특정 언어의 규칙을 해당 원어민들에게서 이끌어내지만 그렇다고 무엇이든 다 인정한다는 얘기는 절대 아니다. 문법 규칙이라면 그 언어(또는 방언)의 대다수 사용자가 올바르다고 받아들일 문장들을 만들어내야 한다. 풀럼과 허들스턴의『케임브리지 영어문법』에 담긴 거의 2,000쪽에 달하는 규칙들은 현대 표준 영어에 초점을 맞추고 있지만, 흑인 영어나 셰익스피어 시대 잉글랜드 남동부의 영어에 대해서도 같은 방식으로 문법을 집대성할 수 있을 테다.

풀럼은『글쓰기의 기본』을 특히 신랄하게 비난한다. "문법에 대한 잘못된 충고와 문체에 관한 진부한 말들이 뒤범벅된 윌리엄 스트렁크의 작은 책을 E. B. 화이트가 역겹고 위선적으로 수정한 것"이라고 하더니, 다른 곳에서는 간단하게 "허튼소리로 가득한 진저리 나는 작은 잡기장"이라고 부른다. 그리고 E. B. 화이트가 동화『스튜어트 리틀 *Stuart Little*』의 둘째 문단에서 'which'를 제한적 관계사절에 사용함으로써『기본』에서 자신이 금지한 일을 저질렀다는 사실을 지적한다. 하지만 자칭 언어의 수호자들에게 그런 것을 지적해봤자 아무 소용이 없음을 풀럼은 인정한다. 규범주의자들에게 방금 그들 스스로가 자신의 규칙을 위반했다고 말하면 그건 실수였으며 다음엔 그런 일이 없으리라고 다짐하고 말 뿐이다. 그 규칙은 수십 명의 탁월한 작가들도 지키지 않은 거라고 지적하면 그들은 "누구나 때때로 실수를 하게 마련"이라는 말로 빠져나간다. 규칙 자체가 가짜일 수 있다고는 상상조차 하지 않는다.

이 그릇된 믿음은 "무엇이든 올바르다."라는 역시 근거 없는 믿음과 정반대되는 것으로, 풀럼은 이를 "뭐라 해도 소용없다."라는 말로 요약한다. 존엄한 규칙들은 그들만의 어떤 절대적 차원에 존재하고, 경험적 증거가 아무리 많아도(이를테면, 모두가 인정하는 탁월한 작가들이 쓰고 전문적으로 편집된 작품들에서 무수한 반대 사례를 찾을 수 있다 해도) 요지부동이다. 풀럼이 보기에, 뛰어난 작가들이 글을 쓸 때 어떤 규칙을 자주, 자연스럽게 위반하고, 다른 모든 사람이 그들의 용례를 좇아 말을 하고, 그럼에도 전혀 혼란이 발생하지 않으면 그 규칙은 부당하고 만인의 시간을 낭비시키는 것일 따름이다. 이는 언어학자 태반의 생각이기도 하다. 그래서 『케임브리지 영어문법』에선 증거에 의거하지 않는 규범주의란 "개인적 취향을 일반화하는 것"일 뿐이라고 못을 박는다.

현대의 기술주의 통사론 학자는 자신의 규칙들을 정식화할 때 어떤 양태를 보일까? 이 규칙들은 논리와, 원어민이 받아들일 만한 것에 대한 그의 직관, 그리고 당초 글로 쓰였거나 말을 글로 옮긴 방대한 언어 자료에서 뽑아낸 사례들의 혼합체일 것이다. 언어학자는 데이터와 자신의 판단을 함께 사용하여 (둘 다 필요한데, 이는 사람들이 말하거나 글을 쓰면서 실수를 범할 수 있기 때문이다. 그러나 언어학자의 직관 또한 틀릴 수 있다) 규칙들을 추출해내려고 노력한다.

가령 당신이 누군가의 방문을 두드리고 안에 있는 사람이 'Who is it?'이라고 물었을 때, 잔소리꾼들이 올바르다고 하는 대답은 "It's I."다. 그들의 생각은 다음과 같다. 'It'은 주격 대명사다. 그리고 'is'는 본디 그것의 앞뒤를 동일하게 만들기 때문에 이 문장에서도 첫 부분과 마지막 부분이 문법적으로 일치해야 한다. 따라서, 'It'이 주어이므로 보어도 'me'가 아니라 주격 대명사 'I'여야 한다. 목적격인 'me'는 동사와 전치사 등의 목적어로나 쓰이니까.

규범주의의 순수한 형태를 보여준다고 할까, 이 규칙은 그저 지켜야 하는 것이다. 격식상의 차이나 문법적인 맥락에 따라 달리 적용해서는 안 된다. 이는 아마 (언어학 전문용어를 쓰자면) 'predicate(술어)'와

'predicand(술어의 서술 대상, 보통 주어)'의 격이 일치하는 라틴어 문법을 따른 것 같다. 그러나 보편논리로 볼 때 꼭 그래야 할 필요는 없다. 프랑스어에서는 이 경우 주격 대명사들을 쓰지 않는다. '나'의 주격은 'je'이지만, 영어의 "It is I"를 번역하면 "C'est je"가 아니라 "C'est moi"가 된다(moi=me). 영어의 사촌 격인 스칸디나비아 언어들도 거의 마찬가지다. 덴마크어로 "It is I"는 "Det er mig."다(mig=me).

풀럼과 공저자 허들스턴이 책에도 썼듯이, 영어에서 'I'를 비롯한 인칭대명사들은 위와 같은 유의 문장에서 주격 형태(I, he, she, they)와 목적격 형태(me, him, her, them)를 오갈 수 있다. 아래의 예를 보라.

a. It is *I* who love you.
  (널 사랑하는 사람은 나다.)

b. It's *me* who loves you.

c. It is *I* she loves.
  (그녀가 사랑하는 사람은 나다.)

d. It's *me* she loves.

e. Yes, it is *she*!
  (그래, 그녀로구나!)

f. Yes, it's *her*.

g. This is *he*.
  (이게/이 사람이 그 남자다.)

h. This is *him*.

i. The only one who
  objected was *I*.
  (유일하게 반대한 사람은 나였다.)

j. The only one who
  objected was *me*.

k. This one here is *I*
  at the age of twelve.
  (이게 열두 살 적의 나다.)

l. This one here is *me*
  at the age of twelve.

풀럼과 허들스턴에게 (a)와 (b)의 차이는 격식 대 비격식 언어사용역 (register)*의 차이일 뿐이다. (a)는 격식을 차린 표현이지만 많은 경우에 이상하게 들릴 테고, (b)는 중립적이거나 비격식이다. 규칙은 규칙이니 반드시 지켜야 한다고 고집할 사람들이라면 (c) 또한 고수해야겠지만, 21세기 초에 이런 표현은 너무 답답하다 할까 고풍스러운 나머지 우스꽝스럽게 들린다. 화자가 오래된 사진을 보여주는 장면을 연상시키는 (k)에서 규범주의 규칙은 고루할 뿐 아니라 대부분의 화자가 받아들이기 어려운 문장을 낳았다. 이런 식으로 말하는 사람은 적어도 파티에 자주 초대받지는 못할 듯하다. 친구들이 이상한 녀석으로 치부할 테니 말이다. 이처럼 '규칙'을 따르는 문장을 대다수의 사람이 말하려 하지 않고 다른 사람이 그렇게 말하는 것에도 거부반응을 보인다면 그 규칙은 (기술주의자들의) 정의상 규칙이 아니거나 수정이 필요하다.

잔소리꾼들은 몇 가지 반론을 떠올릴지 모른다. 그 하나는 규칙이란 그야말로 표준적이고 분명해야 한다는 주장이다. 변이를 허용하면 아이들은 규칙을 배우지 못할 터이다. 그러나 지금 얘기하고 있는 사례에서 기술주의자의 답변은 변이를 허용해도 규칙은 존재한다는 것이다. 즉, 대부분의 경우에 주격과 대격(對格, 직접목적격) 어느 쪽을 써도 되며, 양자는 격식의 정도에서 차이가 난다는 게 그 규칙이다. 한편 일관성은 철저해야 하므로 양자택일을 용납해선 안 된다는 반론이 나오면, 언어

---

* 'register'는 '언어사용역(言語使用域, register)', '어역(語域)', 혹은 '상황 변이어'로 번역하며, 발화의 사회적 환경이나 목적에 따라 선택하여 사용하는 특정 유형(변이형)의 언어를 가리킨다. 격식을 차려야 할 상황에서는 일상에서보다 표준적인 문법과 어휘, 발음 등을 더 철저히 따르는 게 그 흔한 예다. 또한, 어떤 주제에 관한 논의에서 배경 지식이나 가정을 공유하는 사람들 사이에서 나타나는 언어의 상황적 변이(예컨대 전문적 어휘의 사용)도 이에 속한다.

학자는 곧바로 영어에 숱하게 존재하는 선택 가능한 변이형들을 지적할 터이다. 'It's'와 'It is'가 그런 예다. 어떤 규칙도 'It is'를 축약해야 한다거나 그냥 놔둬야 한다고 요구하지 않는다. 둘 다 사용할 수 있으며 각기 다른 필요에 부응하는데, 그 필요란 대개 격식을 얼마나 차리느냐의 문제다.

전통적인 잔소리꾼과 대비되는 언어학자의 사고방식에 관하여 한 가지를 더 얘기해둘 필요가 있다. 잔소리꾼을 자임하는 사람들은 글말(문자언어)이 이른바 논리성, 명료함, 우아함, 문체에서 입말(구어)보다 월등하다고 생각한다. 입말은 실수가 훨씬 많고, 시작만 해놓곤 제대로 이어지지 못하는 수가 많으며, 시간과 장소, 피로도, 음주 따위의 영향을 크게 받는다는 점 등에서 상대적으로 열등하고 타락한 것으로 보인다.

언어학자들의 초점은 이와 거의 정반대 방향에 있다. 보통의 건강한 모든 성인은 말을 할 줄 알고, 입말은 수십만 년까진 아니어도 수만 년 동안 존재해왔다. 이에 비하면 글은 새내기일 따름이다. 입말의 기능은 날 때부터 두뇌에 내장된 것으로 보이는데, 성장기에 정보를 입력해주기만 하면 성인의 경이로운 언어 산출 기계로 발전한다. 반면 글쓰기는 근대에 들어 일반화된 인위적인 기술로, 말을 배운 아이들이 나이를 좀 더 먹은 후에 여러 해 동안 공부해야 하며, 이는 (잔소리꾼들이 잘 알듯이) 종종 참담한 결과를 낳기도 한다. 사회언어학자들은* 사람들이 글을 어떻게 쓰느냐보다 다양한 환경에서 말을 어떻게 하느냐에 대해 더

---

* 사회언어학(sociolinguistics)은 사회적 요인들이 언어에 어떤 영향을 주고 변이를 일으키는지를 기술적(記述的)으로 연구하는 학문이다. 언어 변이를 일으키는 사회적 요인에는 사회계층, 연령, 성별, 직업, 문화적 규범, 사람들의 기대와 언어 사용의 맥락 따위가 있다. 이와 연관해 언어가 사회에 미치는 영향을 연구하기도 하나, 이는 주로 언어사회학의 몫이다.

많이 연구한다. 세계 곳곳에서 현지 연구를 하는 비교언어학자들은 해당 언어를 익히느라 많은 시간을 보내는데, 매혹적으로 풍요로울 뿐 아니라 대개는 엄청나게 복잡한 언어임에도 문자가 전혀 없는 경우가 많다.

그렇다고 언어학자들이 문자언어에 관심이 없다는 말은 아니다. 야코프 그림 같은 역사언어학자들은 당연히 오래된 문서에 의존했다. 풀럼 같은 통사론 학자들 또한 수많은 글들을 열심히 들여다보면서 희귀하거나 이론적으로 의미 있는 통사 형태들을 찾고 그 빈도를 조사한다. 그러나 글로 쓰인 것만이 '진정한' 언어이고 입말은 '가짜' 라는 건 언어학자들이 보기엔 얼토당토않은 생각이다. 모든 사람이 말을 하지만, 모든 사람이 글을 읽지는 않는다. 전 세계의 6,000개 언어 중 몇 백 개만이 글로 적힌다. 그리고 전 세계를 통틀어 정기적으로 글을 쓰는 사람은 아주 소수다. 문자를 사용하는 세계에서도 평균적인 사람은 말은 유창하지만 글쓰기는 어지간히 서툰 게 사실이다.

규범주의와 기술주의의 간극을 메울 수 있을까? 그러지 못할 이유가 전혀 없다. 예를 들어 풀럼과 허들스턴은 그들의 『케임브리지 영어문법』이 오로지 기술주의에만 입각해 있다고 분명히 선언하면서도, 용법에 관한 조언을 구하는 사람은 괜찮은 글쓰기 안내서를 찾아보는 게 좋으리라고 덧붙인다(『글쓰기의 기본』만은 안 된다). 언어학자들은 그 같은 조언을 자신의 일로 여기지 않을 뿐이다. 데이비드 포스터 월리스는 언어학자들이 기술주의를 통한 과학적 정확성의 실현이라는 허세를 부린다고 조롱하면서, 그건 사람들이 어떻게 행동해야 하는지를 얘기하지 않고 사람들의 행동을 묘사만 하는 윤리 교과서와 다를 바 없다고 말했다. 그러나 언어학은 윤리학이 아니며, 인문학 또한 아니다. 그보다는 경제학이나 정치학과 더 가까운데, 그것은 이들 학문처럼 언어학의 연구 방법도 매우 이론적인 것부터 철저히 계량적인 것까지 다양하기 때문이다.

그리고 언어에 대한 잔소리꾼들이 툭하면 내놓는 불평, 즉 기술주의자들은 규칙을 믿지 않는다는 말(또는 기술주의자들이 규칙을 억압적인 백인 남성 자본가들의 창조물처럼 생각한다는 말)은 위에서 보았듯이 너무나 터무니없는 것이어서, 언어학자들은 자기네가 하는 일이 무엇인지를 더 잘 홍보하지 못한 데 대해 스스로를 탓할 수밖에 없다. 50년 동안이나 문법 규칙을 발견하는 일에 몰두해온 촘스키 역시, 정치적 좌파로서는 논쟁을 결코 마다앉으면서도 언어에 대한 보수적인 오해와 맞붙음으로써 자신의 정치학과 언어학을 아우르는 책은 쓴 바가 없다.

언어에는 규칙이 없다는 생각도 언어학계에 존재하기는 하지만 대부분의 학자가 거부하는 특이한 소수 의견에 불과하다. 서섹스대학교의 제프리 샘프슨*은 「문법성 없는 문법」이라는 제목의 논문에서 바로 그런 주장을 제기하면서 다음과 같이 말했다. "나는 '비문법적인' 또는 '부적격한' 단어열(單語列)이라는 개념은 망상이라고 생각한다."[10] 풀럼은 그와 정반대의 입장, 즉 거의 모든 단어열이 비문법적이라는 입장으로 대응했다. 10개의 평범한 영어 단어들을 이리저리 결합하면 362만 8,800개의 단어열이 만들어지는데($10 \times 9 \times 8 \times 7 \times 6 \times 5 \times 4 \times 3 \times 2 \times 1$), 거의 전부가 영어 사용자에게 문장으로 인정받지 못한다. 이렇게 볼 때, 문법적인 문장을 만들어낸다는 것은 정말 기적 같은 일이다.

현대의 통사론 학자들 사이에는 이 밖에도 큰 이견들이 여럿 존재한

---

* 컴퓨터를 이용한 자연언어 처리를 연구한 제프리 샘프슨(1944~)은 사람이 언어 능력을 타고난다는 촘스키나 핑커의 주장을 반박한 논문들로 유명하다.

다. 초기의 촘스키는 우리의 뇌가 이른바 '변형(transformation)'이라는 과정을 통해 의미에 기반을 둔 구조('심층구조')를 화자가 사용하는 단어들의 실제 배열 형태('표층구조')로 바꾼다는 가설을 발전시켰다. 후에 그는 변형문법(transformational grammar)*을 포기했지만 다른 언어학자들은 그 이론의 맥락 속에서 연구를 계속하고 있다.

통사론 연구자, 즉 세상 언어의 문법들을 구축하고자 하는 학자들은 촘스키를 지지하는 이들과 반대하는 이들로 나뉠 뿐 아니라 그의 예전 연구를 따르는 부류와 새로운 '최소주의 이론(minimalist program)'을 지지하는 부류로도 나뉜다. 촘스키의 새 이론은 규칙의 수를 대폭 줄이는 한편, '회귀성(recursion)'이라는 것이 인간 언어를 고래의 노래나 벌의 춤 등 다른 형태의 언어들로부터 구별해주는 유일한 고유 자질이라는 주장까지 제시한다. 회귀성이란 한 종류의 통사단위 안에 같은 종류의 통사단위를 끼워 넣을 수 있는 특성을 말한다. 예를 들면, 'the cat'은 명사구이고 'the cat in the hat'은 명사구들('the hat'과 'the cat')을 품고 있는 명사구다. 한데, 과거에 촘스키의 이론은 어떤 식으로든 그것에 반응을 보이지 않은 언어학자가 없었다고 할 만큼 지배적이고 '고전적'인 패러다임이었으나, 오늘날 이 거인의 최소주의는 보다 작고 논쟁적인 이론적 진영으로만 존재한다. 촘스키와 마찬가지로 '선천주의자'(문법의 어떤 요소들은 우리의 뇌에 날 때부터 내장되어 있다고 믿는 사람)*인 스티븐 핑커 등과 논쟁을 벌이면서 말이다.

---

* 변형문법에선 예컨대 "Pat loves Chris."와 "Chris is loved by Pat."이 각기 능동태와 수동태 문장으로서 단어 배열 순서 등 겉으로는 다르게 보이지만, 심층에서의 의미적 상호 관련성은 매우 긴밀하다고(즉 공통의 심층구조를 지닌다고) 본다. "George saw Mary."와 그에 대응하는 의문문 "Whom(or who) did George see?" 및 "Who saw Mary?"의 관계도 마찬가지다.

이 모든 점을 고려할 때, 기술주의자들이 규칙이라는 걸 믿지 않는다는 생각은 버려야 마땅하다. 다만 기술주의자는 자신이 해야 할 일이 규칙의 선포가 아니라 규칙의 발견이라고 본다. 어떤 학자들은 (풀럼처럼) 현실 속에서 증거를 찾는다. 다른 학자들은 (촘스키처럼) 자신의 논점을 설명하기 위해 인위적인 예문을 만든다. 그러나 어느 쪽도 의자에 가만 앉아서 "바로 이런 거야, 그렇고말고. 이 규칙을 모르면 바보지."라고 말하지는 않는다. 우리가 언어학을 경제학, 정치학 같은 사회과학과 유비했음을 잊지 말자. 정치학자나 경제학자가 "민주당에 투표하라."라거나 "누진과세는 불공평하다."라고 말할 때 그는 학술 활동을 하고 있는 게 아니다. 그에겐 당연히 그런 말을 할 권리가 있지만, 동료학자들의 평가를 거쳐 학술지에 싣는 논문에서가 아니라 신문에 실리는 논평에서나 할 말이다. 언어학자도 자신의 일을 이와 비슷하게 본다. "그건 짜증스럽고 부정확한 표현이다."라는 식의 평가를 내리는 것은 그들이 추구하는 바가 아니다. 그보다는 "이것은 격식을 차리지 않는 표현이어서 대개의 용법서에선 권장하지 않는다."가 그들의 방식에 가깝다. 풀럼이 언어학자 중에서도 남다른 부분은 여기에다 한마디를 덧붙인다는 점이다. "하지만 용법서들에게 엿이나 먹으라고 얼마든지 말해도 괜찮다."라고.

심리언어학과 눈동자 따라가기

아무튼 언어학의 다양한 하위분야 중에서 통사론은 보다 이론적인 쪽에 속한다. 앞서 언급했듯이 많은 통사론자들은 이런저런 구문의 실제

---

* '선천주의(innatism)'는 '생득(生得)주의'라고도 한다.

154

사례를 건지기 위해 하루 종일 많은 양의 텍스트들을 뒤적이곤 한다. 언어학에는 이보다 훨씬 경험적인 하위 분야들도 있는데, 그 중 두 분야가 잔소리꾼과 언어학자 간의 논쟁과 관련이 있다.

첫째는 심리언어학이다. 이 분야는 행동주의에 반대한 촘스키의 혁명을 거치면서 발전했다. 많은 언어 구조들이 선천적인 것이라고 촘스키가 상정했을 때 심리언어학자들은 뇌의 언어 처리 방식을 이해하기 위해 노력을 배가했다. 그들이 어떤 노력들을 했는지는 대부분 이 책의 관심을 벗어나지만, 그들의 방법은 그렇지 않다. 심리언어학은 규범주의의 여러 개념들을 평가할 시금석을 제공하기 때문이다.
예를 들어, 스트렁크와 화이트의『글쓰기의 기본』은 아래와 같이 말한다.

대명사 'this'는 선행하는 문장이나 절의 내용 전체를 가리킬 경우 종종 제 임무를 다하지 못하며, 따라서 그것이 포함된 말의 의미가 모호해질 수 있다.

Visiting dignitaries watched yesterday as ground was broken for the new high-energy physics laboratory with a blowout safety wall. This is the first visible evidence of the university's plans for modernization and expansion. (방폭 안전벽을 갖춘 새로운 고에너지 물리학 실험실 건설 공사가 어제 고위 당국자를 비롯한 내빈들이 지켜보는 가운데 첫 삽을 떴다. 이는 이 대학교가 추진하고 있는 현대화 및 확장 계획을 처음으로 가시화하는 사업이다.)

위의 예문에서 'This'는 대체 무엇이 'first visible evidence'인지를 즉시 밝혀주지 못한다.

『글쓰기의 기본』이 늘 그렇듯이, 여기서 'this'가 정말로 자신의 임무를 다하지 못한다는 증거는 제시되지 않는다. 인용된 문장은 이해하기 어렵다고 그냥 믿으라는 것이다. 그나마 이 항목에선 스트렁크와 화이트가 독자에게 이래라저래라 명령만 내지르지 않고 독자 자신이 쓰는 글을 읽을 사람들이 그걸 얼마나 이해할지를 생각해보라고 말하고 있다. 하지만 'this'에 관한 그들의 주의를 뒷받침하는 증거는 어디에도 없다. 독자들은 스트렁크와 화이트의 말을 그냥 받아들여야 한다는 얘기다.

그런데 공교롭게도 이런 유의 것들은 종종 실험실에서 검증이 가능하다. 요즘의 연구자가 이용할 수 있는 간단한 방법 하나는, 실험 대상자가 글을 읽어나가는 동안 눈동자의 움직임을 정밀하게 추적하는 것이다. 애매하거나 불확실한 구절에 이르면 실험 대상자는 읽어나가기를 잠시 멈추게 마련이다. (실험자는 피험자에게 나중에 그 글에 대해 질문을 하겠다고 미리 말해둠으로써 내용을 이해하려는 그의 노력을 부추기기도 한다.) 스트렁크와 화이트가 위에서 나쁜 예로 제시한 것과 같은 'this'에서 피험자의 눈동자가 멈춘다면, 이는 그 의미가 실제로 애매하거나 미심쩍다는 뜻일 수 있다. (그렇다고 해서 '문법'이 틀렸다는 건 아니다. 그건 문장이 앞뒤가 맞지 않을 때 하는 말이다. 문법에 맞추어 쓴 문장이라도 이해하기가 어려워 읽는 사람이 몇 번씩이나 멈춰야 하는 경우가 아주 흔하다. 애매함이나 미심쩍음 같은 문제를 피해야 글이 더 좋아진다는 뜻일 뿐이다.) 그러잖아도 바로 그 같은 실험이 진행되고 있다. 영국 에식스대학교와 글래스고대학교의 '대용어 지시대상 찾기와 과소특정화(Anaphora Resolution and Underspecification)' 연구 계획이 그것이다(문제의 문장들이 컴퓨터로 분석될 수 있는지도 연구 주제의 하나다). 요컨대, 특정한 문장 구조가 과연 용인되는 것인지를 알고자 할 때 스트렁크와 화이트는 '선언'하고 언어학자들은 '연구' 하는 것이다.

때로는 언어학자들의 연구가 규범주의자들에게 위안을 주기도 한다. 성이 규정되지 않은 단수 대명사들은 기술주의자들과의 오랜 싸움의 불씨였다. "Everyone has finished their dinner.(모두가 저녁 식사를 마쳤다.)" 같은 문장에 잔소리꾼들은 고개를 절레절레 흔든다. 앞에 나온 'everyone'을 받는 말로 복수 대명사 'they'를 사용하고 있는데, 'everyone'은 문법적으로 단수가 아닌가. (의미상으로는 복수라 해도 우리는 "everyone are"가 아니라 "everyone is"라고 한다.) 언어학자들은 영어의 글말에서 'they'를 무성 '단수' 대명사로 쓰는 것은 킹 제임스 성경이 나온 시대로까지 거슬러 올라간다고 말한다. "[And so] they set forward, **every one** after **their** families, according to the house of **their** fathers(각기 가족과 종족을 따라 진행하였더라)"(「민수기」 2장 34절).[11] 그리고 말할 필요도 없이, 아주 근본주의적인 잔소리꾼을 제외하고는 사실상 모든 사람이 일상적 대화에서 'they'를 쓴다. 미국의 4인조 록밴드인 제인스 어딕션은 "Everybody has their own opinion(누구나 자신의 견해가 있어)"*이라고 노래했다. 펑크록의 영향을 받은 노래에서 "Everybody has his own opinion"이라고 하면 우스꽝스럽게 들릴 테고, "Everybody has his or her opinion"이라고 하

---

* 「Mountain Song」(1988) 가사의 한 구절이다. 제인스 어딕션(Jane's Addiction) 은 올터너티브 록 계열의 그룹이다.

면 규범주의적으로나 정치적으로는 올바르겠지만 백치 같아 보일 터이
다. 스트렁크와 화이트는 예상할 수 있듯이 그냥 'his' 를 쓰라고 권한
다. 양성을 대표하는 말인 데다, 대안인 'his and her' 는 영 모양새 없
는 표현 방식이라는 얘기다.

마침맞게도, 위에서 언급한 '대용어 지시대상 찾기와 과소특정화' 연
구에서 이와 관련된 자료가 나와 있다. 두 집단에게 거의 똑같은 글을
주고 읽도록 했다. 한 집단에게 준 것은 특이한 점이 전혀 없는 다음의
구절이다.

Mr Jones was looking for the station. He saw some people on
the other side of the road, so he crossed over and asked them
politely where the station was. It was in a different part of
town. (존스 씨는 역을 찾고 있었다. 길 건너편에 몇 사람이 있는 것을
보고 그는 길을 건너가 역이 어디에 있느냐고 정중하게 물었다. 역은 시
내의 다른 지역에 있었다.)

다른 집단은 아래의 글을 읽었다(강조는 지은이).

Mr Jones was looking for the station. He saw **some people** on
the other side of the road, so he crossed over and asked **her**
politely where the station was. It was in a different part of
town.

첫째 집단과 비교했을 때 둘째 집단의 사람들은 'her' 가 가리키는 바를

파악하고 눈동자가 다음 부분으로 움직이기까지 평균 10분의 1초가 더
걸렸다.

또 다른 실험 대상자들에게는 다음의 글이 주어졌다.

Mr Jones was looking for the station. He saw **someone** on the
other side of the road, so he crossed over and asked **them**
politely where the station was. It was in a different part of
town.

이 경우, 실험 대상자들은 첫째 집단과 비교해 'them' 이라는 단어에
약 20분의 1초를 더 머물렀다. 그들은 'them' 을 발견하자마자 잠깐 멈
추고 그것의 복수 선행사가 어디에 있는지를 찾은 것으로 보인다. 그러
나 곧 다음으로 이동했고, 문제의 단어에서 머문 시간은 바로 앞 집단이
진짜 이상한 표현〔 'some people' 을 'her' 로 받은 것—옮긴이〕에 들인 시
간의 절반밖에 안 됐다.

요점을 되짚어보자. 무언가가 비논리적이거나 혼란스럽다는 규범주
의자의 주장은 검증이 가능하다. 검증 결과 어떤 경우엔 잔소리꾼들이
틀렸음이 판명되지만, 다른 경우엔 그들이 옳았음이 입증될 수도 있다.
데이비드 포스터 월리스는 언어를 과학적으로 연구한다는 건 "믿기 어
려울 만큼 순진한 실증주의"라고 생각했다. 애석하게도 그는 자신이 언
급하는 것들에 대해 제대로 알아본 적이 없는 듯했다. 그와 달리 언어학
자들은 비록 모든 화자의 언어에 관해 모든 것을 알 수는 없어도 분명 상
당히 많은 것을 알아낼 수 있다.

'r' 발음에 얽힌 사회역학

현실 세계의 데이터에 별로 신경을 쓰지 않는 노엄 촘스키가 세계 최고의 언어학자라 해도, 그가 언어학 전체를 대표하는 것은 아니다. 언어학 스펙트럼의 반대쪽 끝에는 언어가 일상에서 실제로 어떻게 사용되는지를 꾸준히 연구하는 사람들이 있다. 그들 중 특히 사회언어학자들은 이 책의 주제와 가장 밀접한 관계가 있다. 촘스키가 언어를 추상적으로 연구하는 것과 달리 사회언어학자들은 거리에서, 그리고 현실 세계의 온갖 분야에서 언어가 어떻게 사용되는지를 연구한다.

뉴욕 특유의 말씨*가 짜증난다고 생각하는가? 브루클린에서 사는 남부 사람인 내게 뉴욕 말씨는 솔직히 말해 종종 귀에 거슬린다. 최고의 사회언어학자로 꼽히는 윌리엄 라보브*는 흥미로운 사실을 발견했다. 뉴욕 사람들 역시 자기네 말씨를 좋아하지 않는다는 것이다.[12]

또는 적어도 좋아하지 않는 듯이 행동한다. 우리가 뉴욕 말씨라고 하는 것은 사실 노동자계급의 말씨다(그리고 일반적인 믿음과 달리 브루클린이든 브롱크스든, 뉴욕의 다른 어느 행정구든 사람들의 말씨는 크게 다르지 않다). 한때 고급스러운 뉴욕 말씨도 있었지만("We have

---

* 한국사회언어학회에서 펴낸 『사회언어학사전』(소통, 2012)에 의하면 사회언어학적 의미의 '말씨(accent)'는 화자의 개별적 발음, 성조, 억양 등 발음상의 특질을 가리키는 말이다. "말씨는 말에서 느껴지는 감정 따위의 독특한 인상을 의미하기도 하고 방언이나 언어의 차이로 나타나는 말의 특징적 어투를 지칭하기도 한다. 또한 말씨는 억양을 포함한 발음의 관점에서 화자들의 지역성, 사회적 신분, 민족성 등을 구별해주는 기능도 한다. …… 말씨는 특정 화자에게 사회적, 지역적, 민족적 성격을 부여하는 특별한 발음상 특징들의 총체를 뜻한다."
* 사회언어학의 정립자 중 하나인 펜실베이니아대 교수 윌리엄 라보브(1927~)는 언어 변이 연구방법론을 창안한 것으로 특히 유명하다. 1966년 저서 『뉴욕 시에서의 영어의 사회적 계층화』는 사회방언 연구의 권위서다.

nothing to feahhh[fear] but feahhh itself.[우리가 두려워해야 할 것은 두려움 그 자체뿐이다.]"라고 말하던 프랭클린 루스벨트를 생각해보라), 오늘날엔 좀처럼 듣기 어렵다.

뉴욕 노동자계급 말씨의 특징을 몇 가지만 보면 모음 뒤의 *r*을 발음하지 않는 것, 'third'에서와 같은 *th* 음을 *t*로, 'then' 같은 *th*는 *d*로 대체하는 것 등이다. 전에 내가 뉴욕 사람에게 어느 술집의 위치를 물은 적이 있는데, 내가 들은 답을 그 희한한 발음대로 적으면 "toity-toid and toid[thirty-third and third]"*였다.

(이를 하층계급의 말투라고 단언만 하고 말기보다) 라보브는 그 같은 발음이 얼마나 위세*를 지니는지(혹은 못 지니는지)를 검증하기 위해 1966년 박사학위 논문을 준비할 때 뉴욕 시에 있는 세 백화점, 삭스와 메이시스, 에스클라인을 찾아갔다. 이들의 수준은 순서대로 각기 상중하에 속했다. 라보브는 각 백화점의 4층에 있는 매장을 하나씩 알아둔 뒤 종업원들에게 그 매장이 어디 있느냐고 묻고는 "4층(fourth floor)"이라고 말해주는 대답을 몰래 녹음했다.

---

* 뉴욕의 큰길들은 바둑판의 줄 모양으로 가로세로로 뚫려 있는데, 남북을 종단하는 길들을 Avenue(대개 '路/大路/街' 중 하나로 번역), 동서를 횡단하는 것들은 Street(대개 '街'로 번역)라고 부른다. 그래서 "Thirty-third [Street] and Third [Avenue]"라고 하면 33번가와 3번 대로가 교차하는 곳 일대를 뜻한다.

* 『사회언어학사전』의 '위세(prestige)' 개념 설명은 다음과 같다. "어떤 방언 혹은 언어형에 대한 언어공동체 구성원들의 긍정적 평가를 가리키는 용어이다. 예컨대 위세를 지닌 발음은 일정한 언어공동체에서 긍정적인 평가를 받는 발음으로서, 흔히 지배적 사회계층 화자들의 발음을 지칭한다. …… 그러나 위세에 대한 설명은 한 언어공동체 내의 서로 다른 집단들이 어떤 것이 위세를 지닌 형태인가에 대해 견해를 달리할 수 있다는 점에서 문제가 될 수 있다." 언어학자 제임스 슬레드는 표준 영어를 "정치적, 사회적으로 세력과 영향력을 지닌 사람들이 사용하는 영어"라고 말한 바 있다.

결과는 그의 예측과 정확히 맞아떨어졌다. 사회경제적 사다리를 내려감에 따라 종업원들의 말씨는 점점 더 '뉴욕다워' 졌다. 셋 중 가장 급이 낮은 에스클라인에서 종업원들이 'fourth' 와 'floor' 의 r을 발음하지 않는 비율은 90%를 상회했다(참고로 말하면, 'fourth' 보다 'floor' 에서 r 발음의 생략이 조금 더 많았다.) 메이시스 종업원들은 73%가 'floor' 의 r 발음을 생략했고, 삭스에선 그 비율이 70%였다.

또 하나 주목할 만한 결과는, 라보브가 대답을 제대로 듣지 못한 척하고 다시 말해 달라고 청했을 때 종업원들이 보여준 태도였다. 그럴 경우 종업원들은 보다 신중하게 대답했는데, 흥미롭게도 하층계급의 발음을 피해 r을 살리는 비율이 훨씬 높아졌다. 라보브의 다른 연구는 격식을 차리지 않는 일상 언어에서 r이 거의 언제나 생략된다는 사실을 보여주었다. 그러나 실험 대상자들이 큰 소리로 목록을 읽을 때는 r 발음의 비율이 급증했다. 그가 자신의 말에 얼마나 주의를 기울이고 있느냐에 따라—예컨대 관찰 받지 않는 가운데 빠르게 잠깐 말하는가, 신중하게 말하는가, 글을 읽고 있는가에 따라—큰 차이가 나는데, 이런 측면에 착안한 언어학자들은 여러 가지 독창적인 실험을 고안해 온갖 미묘한 사실들을 알아내곤 한다.

라보브의 연구 결과들은 r 생략이 나태함 때문임을 보여주는 걸까? 라보브의 뉴요커들은 말을 되풀이하거나 글을 소리 내어 읽을 때는 r을 덜 빼먹는 경향을 보였다. 그렇다고 r을 발음하는 게 '신중' 하거나 '교양' 있고, 그래서 올바른 것인 반면에 r의 누락은 '무식' 하거나 '나태' 하다는 뜻은 아니다. 사회의 역학은 그보다 훨씬 흥미롭다. 조사를 해보면 뉴요커들은 r 생략이 바람직하지 못하다고 평가하곤 한다. 스스로가 생략하면서도 말이다. 그리고 라보브의 흥미로운 발견에 따르면, 공식적인 상황에서는(예컨대 무언가를 큰 소리로 읽을 때) 중하위층(lower middle classes) 사람들이 중상위층(upper middle classes) 보다도 r을 더욱 신중하게 발음한다는 것이다. 사회적으로 취약하지만 나름의 희망을 안고 사는 이 사람들은 곤혹스러운 자리에서 자신이 실제보다 더 낮은 계층으로 보이지 않으려고 '과잉수정'*을 하는 듯하다고 라보브는 추측했다.

그렇다면 사람들은 왜 r을 생략할까? 라보브는 그것이 '숨겨진 위세(covert prestige)', 즉 노동자계급의 연대와 자부심을 드러내는 하나의 방식이라고 생각한다. 상류층이나 잔소리꾼들만 자신의 언어에 신경을 쓰는 게 아니다. 어느 집단의 구성원이든(교수나 현학자뿐 아니라 스포츠 아나운서, 래퍼, 건설노동자들도) 말하는 방식을 통해 자신이 누구이며 어떤 사람들과 결부되고 싶은지를 남들에게 알린다. 사회적 지위를 상승시켜야 한다는 압박에도 불구하고 r 생략을 고집하는 뉴요커들의 성향은 출세가 삶의 전부는 아니라는 사실을 보여준다. 뉴욕의 노동자계급(그리고 다른 많은 사람들)은 사회적 야망과 출신 계급과의 연대 사이에 끼여 있는 것이다.

두 언어를 오가는 까닭은

대부분의 사람들은 언어가 체계적으로 규범화되어 있고, 복잡하거나 까다롭지 않으며, 순수하다고 상상한다. 규칙은 문법책에 적혀 있고,

---

* 과잉수정(hypercorrection)이란 자신이 하는 말들을 스스로 생각하는 바 이상적인 어법에 근접시키려고 노력하는 가운데 "발음, 형태, 용법 등이 올바름에도 불구하고 잘못되었다거나 부적절하다고 판단해서 정정하는 것"을 뜻한다(『사회언어학사전』).

단어의 뜻은 사전에 수록돼 있고, 모든 말소리에는 정확한 발음이 정해져 있다고 말이다. 물론 언어학자들은 그렇게 생각하지 않는다. 그리고 사회언어학자들은 이들 규칙이나 의미, 발음 따위가 라보브의 *r*에서 보듯이 사회적으로—즉 지역, 계급, 성, 사회 상황을 비롯한 많은 요인들에 의해—변이를 보이는 방식들을 알아내고자 노력한다.

방언학은 사회언어학의 큰 부분을 차지한다. 대부분의 언어에는 뚜렷하고 안정적인 하위 변이형들이 있다. (무엇이 '방언'이고 무엇이 독립적인 '언어'인가 하는 것 자체부터 언어학적으로는 명확하지 않으며, 대개 정치적으로 구분된다. 이는 뒤의 장들에서 보다 분명해질 것이다.) 순수한 언어의 수호자들은 방언을 완전히 거부하진 않을지 몰라도 흔히 무시하기 때문에, 방언이 어떻게 사용되는지를 기술하는 일은 사회언어학자들의 몫으로 남곤 한다.

예상할 수 있듯이 사회언어학자들은 예컨대 남부 영어라든지 케이전* 프랑스어, 스위스 독일어, 다마스쿠스 아랍어 같은 비표준 변이형들을 설명할 때는 엉성하다든지 나태하다든지 하는 말을 하지 않는다. 안정적인 문법과 발음을 지닌 방언 또는 언어로 간주하는 것이다. 그 문법과 발음은 표준 글말(이는 문자 기록이 많다는 이점이 있다)만큼 안정적이진 않아도 일관성이 매우 높다. 라보브는 "대학교 밖에서 공업화학자로 10년 남짓 일하면서 나는 일상 세계가 다루기 힘들긴 해도 일관성 있게

---

* '케이전(Cajun)'은 루이지애나 주 일대에 정착한 프랑스계 사람들과 그들의 언어를 가리키는 말이다. 케이전 말은 프랑스어 아카디아(Acadia) 방언을 기반으로 하고 인디언 말과 스페인어, 영어 단어들이 섞여 있다. 아카디아란 캐나다 동남부 노바스코샤 주와 뉴브런즈윅 주를 일컫는데, 이곳에 살던 프랑스계 주민은 18세기 아메리칸 인디언과의 전쟁 중 영국 국왕에 대한 충성 표명을 거부한 탓에 강제 추방되어 루이지애나 지역으로 이주했다.

그러하다는 걸 확신하게 되었다."라고 말했다.[13] 다른 사람들이 혼란을 본 곳에서 그는 질서를 보았다.

사회언어학자들이 언어의 '코드 전환(code-switching)'이라고 부르는 현상을 보자. 이는 말하는 도중에 두 개의 다른 언어나 방언 사이를 오가는 걸 말한다. 예를 들어 뉴욕 지하철에서 나는 라보브가 제시한 아래의 예와 비슷한 말들을 종종 듣는다.

Por eso cada, you know it's nothing to be proud of, porque yo no estoy proud of it, as a matter of fact I hate it, pero viene Vierne y Sabado yo estoy, tu me ve hacia mi, sola with a, aqui solita, a veces que Frankie me deja, you know a stick or something, y yo aqui solita, queces Judy no sabe y yo estoy haci, viendo television, but I rather, y cuando estoy con gente yo me ······ borracha porque me siento mas, happy, mas free, you know, pero si yo estoy con mucha gente yo no estoy, you know, high, more or less, I couldn't get along with anybody.[14]

언뜻 보면 뒤범벅 같아도 실은 나름대로 체계적이며 흥미롭다. 언어 코드의 전환에 관한 연구들은 거기에 내재한 규칙성을 보여준다. 예를 들면, 어떤 사람은 문장에서 문장으로 넘어갈 때만 코드를 바꾼다. 또 어떤 사람은 문장 안에서 사실상 아무 때나 코드를 바꾼다(위의 예문). 후자가 더 무질서해 보이지만, 사실은 두 언어를 다 잘 하고 자신의 이중 문화 정체성을 보다 긍정적으로 여기는 사람들 사이에서 그런 화법이 매우 흔한 것으로 나타났다.

연구들이 입증한 바에 따르면 한 언어에서 다른 언어로의 전환은 가령 스트레스가 많았던 일을 얘기하는 경우와 같이 감정적인 순간에 이루어질 때가 많다고 한다.[15] 위에 예시한 어느 뉴요커의 말에서 스페인어는 연대 의식을 보여주는 수단인 듯하다(자신과 상대방이 모두 아는 사람들에 관해서는 스페인어로 말하고 있다). 그러나 화자는 스페인어로 한참 말하다가 'happy'와 'free'에서는 영어로 전환한다(그 부분을 영어만으로 하면 "I feel more happy, more free, you know"다). 아마 영어 단어 'happy'와 'free'는 미국인의 특징적 소망을 담은 말들인 만큼 거기 실린 느낌이 스페인어의 해당 단어인 'feliz/contenta' 및 'libre'의 내포와는 좀 다르기 때문일지 모른다. 지구상에서 미국 말고 다른 어떤 나라가 "행복 추구"의 권리를 건국을 선언하는 문서에 명기했는가?*

위층의 말과 아래층의 말

위와 비슷하게 번잡하거나 마구잡이 같아 보이는 다른 언어 현상들도 실은 연대를 추구하는 예측 가능하고 체계적인 방법인 경우가 많다. 한 예로, 많은 미국인이 마치 죄라도 고백하듯이 내게 털어놓는 행동이 하나 있다. 뭔가 하면, 가령 스코틀랜드나 아일랜드 같은 곳을 여행할 때, 얼마 지나지 않아 그곳의 말씨를—때로는 그 리듬과 어휘까지도—어설프게 흉내 내게 된다는 것이다. 이러는 사람의 대부분은 자신이 유난히도 카멜레온 같다고 생각하면서, 말씨까지 바꿔가며 현지인처럼 말하려 드는 스스로가 비굴하고 바보 같아 보인다고 했다. 사실 이런 일은 언어

---

* 미국 독립선언서는 창조주가 부여한 몇 개의 양도할 수 없는 권리의 대표적인 예로 '생명과 자유와 행복 추구'의 권리를 들고 있다.

와 관련된 다른 많은 현상들이 그렇듯이 전 세계에서 발견되는 것으로, 사회언어학자들은 여기에 '조정(accommodation)' 이라는 이름을 붙였다. 생각해보라. 목소리가 특별히 조용한 사람과 이야기할 때는 내 목소리도 덩달아 조용해지지 않겠는가. 시속 150km쯤으로 얘기하는 사람과 마주하면 십중팔구 내 말의 속도도 올라갈 테다. 대화 상대자와의 연대를 보이고자 하는 욕구가 이 같은 속도나 성량의 변화를 유발한다. 여행자의 말씨 바꾸기도 마찬가지다. 말하는 투나 어휘의 선택 또한 상대방에게 다가가는 방법이 된다. 학생들을 가르치는 사람으로서 나는 그들과 대화할 때면 내 어투가 평소보다 구어적이 되고 느슨해진다는 사실을 깨달았다. 일시적으로나마 그들 집단에 합류한 듯이 느끼기를 원하는 것이다.

그러나 조정이라는 동전에는 반대쪽 면이 있다. 의도적인 거리 두기가 그것이다. 학생들을 호되게 꾸짖거나 실망을 표할 때 나는 일부러 더 공식적이고 딱딱한 태도를 보인다. 내가 교수이고 그들과는 사제 관계에 있으므로 내 말에 귀를 기울여야 한다는 점을 학생들에게 환기하고 싶기 때문이다. 투덜거리는 직원에게 사장이 목청을 높일 때에도 이런 종류의 거리 두기를 볼 수 있다. 여기엔 '우리는 같지 않다' 는 메시지가 담겨 있다. 나는 소리를 칠 수 있고 너는 조용히 해야 한다는 얘기다.*

이와 같은 언어 선택들이 정체성 및 정치와 어떻게 어우러져 있는지는 언어학자들이 '양층언어 상황(diglossia)' *이라고 부르는 것에서 특히

---

* 위와 같은 조정의 두 형식 혹은 측면을 각기 수렴(convergence, 상대방과 가깝게 보이려는 것)과 분기(divergence, 상대방과의 차이를 더 두드러지게 나타내는 것)라고 한다.
* '양층어 상황' , 혹은 그냥 '다이글로시아/디글로시아' 라고도 한다.

분명해진다. 전형적인 양층언어 상황에서는 같은 언어의 두 변이형이 한 사회에 나란히 존재하는데, 아이티의 표준 프랑스어와 아이티 크리올 프랑스어가 그런 예다.* 두 변이형에는 각기 역할이 정해져 있다. 하나는 '상층의', 즉 위세 있는 말이고, 다른 하나는 '하층의', 구어체의 말이다. 상황에 어울리지 않는 쪽의 말을 사용하면 사회적으로 부적절하다고 간주된다. BBC 저녁 뉴스에서 심한 스코틀랜드 사투리를 쓴 것에 비할 수 있을까. 두 변이형의 역할은 확연히 다르다.

아이들은 하위의 변이형 즉 하층어를 모어(母語)로 배운다. 양층언어 문화에서 하층어는 가정과 가족, 거리와 시장의 언어이며 우정과 연대의 언어다. 이에 반해 상층어를 제1 언어로 쓰는 사람은 거의 또는 전혀 없다. 상위의 변이형 즉 상층어는 학교에서 배워야 하고, 공식적인 연설이나 강연, 고등교육, 텔레비전 방송, 설교, 종교 전례, 그리고 글에 쓰인다. (하층어는 표준 표기 체계가 아예 없는 경우도 많다.)

양층언어의 사례로는 스위스 독일어와 표준 독일어, 구어체 아랍어(지역적으로 여러 모습을 띤다)와 고전/표준 아랍어, 아이티 크리올어와 표준 프랑스어, 그리고 그리스어의 두 변이형 디모티키(dhimotiki, '민중의'라는 뜻)와 카타레부사(katharévousa, '순수한'이란 뜻) 등이 있다.[16] 여기서 명심해야 할 점은 '하층어'들이 사회적으로 낮을 따름이지 언어적으로도 낮지는 않다는 것이다. 그것들은 밑바닥의 황폐한 은어 같은 게 아니라 고도의 규칙성을 지닌 언어들이어서, 언어학자들은 가

---

* 아이티 크리올어는 18세기 프랑스어에 바탕을 두고 몇몇 아프리카어와 아랍어, 스페인어, 영어, 아라와크어 등이 혼합된 언어다. 크리올어(Creole)란 "영어, 프랑스어, 스페인어, 포르투갈어 등의 유럽어가 노예로 잡혀온 아프리카인들이나 태평양섬 주민 등이 사용하는 토속어와의 접촉을 통해 형성된 현지 모국어"를 지칭한다(『사회언어학사전』).

령 아랍어의 현대 팔레스타인 방언의 문법을 정리할 수 있고, 실제로 그리한다. 그러나 일반적인 양층언어 상황에서는 대부분의 사람들이 하층어는 '진짜' 언어가 아니라고 생각한다. 그들이 진짜 언어로 간주하는 것은 상층어인데, 아이들은 학교에 들어간 뒤 이를 외국어처럼 배워야한다. 이전엔 그 말을 사용해본 적이 없기 때문이다.

하층어에 대한 태도는 다양하다. 스위스에서는 표준 독일어를 알아야 경제활동에 제대로 참여하고, 각종 글을 읽고, 텔레비전을 즐기고, 이웃 독일과 오스트리아를 포함한 큰 국제무대의 문화를 접할 수 있다. 이웃한 저 두 나라의 독일어 사용자는 9,000만 명으로 스위스의 독일어 사용자 400만 명과는 비교도 안 된다. 그러나 스위스 독일어, 즉 독일어의 스위스 방언은 자부심의 상징으로서 스위스와 이웃 나라들을 구분해준다. 신문의 개인 광고들은 종종 스위스 독일어로 게재된다(현지인들은 이 언어를 'Schwyzerdütsch〔슈비처뒤치〕', 혹은 이것이 지방별로 미세하게 변형된 이름으로 부른다). 스위스 독일어는 지방에 따라 다시 조금씩 달라지며, 이들 방언은 해당 지역이나 도시에 대한 충성을 나타낸다. 다시 말해 스위스 사람들은 양층언어 상황을 별 갈등 없이 받아들이고 있으며, 스위스 독일어가 저급함과는 무관하다는 것은 두말할 필요도 없다.

아이티의 경우, 표준 프랑스어와 이제는 고도의 규칙성을 갖춘 그들 자신의 프랑스어(아이티 크리올어)의 관계에 대해 아이티 사람들이 느끼는 감정은 약간 더 복잡하다. 정치와 경제에서 권력에 접근하려면 반드시 표준 프랑스어를 알아야 한다. 그러나 프랑스어는 옛 식민국의 언어이기도 하므로, 아이티 사람들은 소수를 빼고는 크리올어를 자랑스럽게 여긴다. (상류층의 일부는 크리올을 모른다고 부인하지만, 그럼에도

유창하게 구사하는 것을 들을 수 있다.) 크리올어를 써야 아이티 사람
이라고 할 수 있다.

　그리스에서 하층어인 디모티키(민중 그리스어)와 상층어인 카타레부
사(고전 그리스어에 가깝다)의 관계는 더욱 명백하게 정치적이다. 20
세기에 국민들이 디모티키의 여러 형태들을 모어로 쓰는 상황에서 정치
인들은 하층어인 이 말에 공식적 지위를 부여하고 그 사용을 확산시키
기 위해 노력했다. 그러나 보수 세력은 맹렬히 반발했고, 특히 1921년
성경을 디모티키로 번역하자 폭동까지 일어났다. 1967년 군사 쿠데타
로 그리스를 손에 넣은 대령들은 민중 그리스어의 공식적 확산을 중단
시켰다.

　이후 민주주의가 회복되면서 디모티키도 복권됐다('dhimotiki', 영
어로 'demotic'은 '민중, 서민'을 뜻하는 'demos'와 어근이 같다).
한때 고대 그리스어와 현대 그리스어의 실용주의적 타협의 산물로 여겨
졌던 카타레부사는* 이제 독재 정치와 결부되기 시작했다. 승리는 기본
적으로 디모티키 즉 민중 그리스어에 돌아갔다. 그리스인인 내 제자 마
리아는 그 변화를 직접 체험했다. 마리아의 할머니는 딸인 어머니에게
카타레부사로 적힌 그리스 신화를 읽어줬었다. 그러나 어머니는 마리아
를 기를 때 그 책의 내용을 즉석에서 디모티키로 옮겨 얘기해주었다. 대
부분의 젊은 그리스인들처럼 마리아도 카타레부사로 쓴 글을 읽기는 하
지만 말로는 할 줄 모른다.

---

* 카타레부사는 19세기에 지역 방언에서 외국어의 요소들을 정화하고, 고대 그리스
어의 어근과 민중 구어의 굴절어미를 많이 이용하여 그리스어의 형태론을 체계화하
려는 노력의 결과로 태어났다. 20세기까지 정치, 공문서, 학문과 문학, 뉴스 방송 따
위 공식적이거나 격식을 차려야 할 일에 주로 사용됐고 일상어로는 거의 안 쓰였다.

그러나 민중어의 승리에도 불구하고 언어에 관한 그리스인들의 불안은 해소되지 않고 있다. 그리스어가 쇠퇴하고 있다는 게 사람들의 일반적인 견해다. 마리아는 카타레부사를 사용하지 않으면서도 '하층어'의 화자들이 '상층어'를 언급할 때 흔히 쓰는 말들로 그것을 묘사한다. 더 복잡하고 표현이 풍부하며 아름답다는 것이다. 그녀의 표현으로 카타레부사는 "복잡한 수학 문제와 화사한 색채를 구사하는 화필의 만남" 같은 것이다. (상층어가 '복잡하다'고 하는 것은 하층어들에선 단어의 어미들이 세월에 부식되어 많이 사라졌기 때문이다.) 그와 동시에 마리아는 자신의 언어인 디모티키와 관련해 민주적인 견해를 갖고 있어서, 많은 그리스인에게 주중 가장 중요한 시간인 교회 미사 때 카타레부사만을 사용하는 현실에 좌절감을 표한다. 본디 신약성경은 카타레부사와 가까운 고대 그리스어로 쓰인 것인 만큼, 그리스인들이 미사에서 그 언어를 고수하고 싶어하는 것도 이해할 만하다. 그러나 이 때문에 많은 신도들은 성직자가 그들에게 하는 강론 등의 말을 거의 알아듣지 못한다.

결국 민중어가 승리했지만,* 그리스에서는 아직도 정치적 불안이 언어에 대한 태도와 맞물리는 경향이 있다. 그리스는 1981년 다수 언어를 사용하는, 훗날 유럽연합(EU)으로 확대된 유럽경제공동체(EEC)에 가입했으나 무역과 원조, 통합에 따른 번영을 다른 많은 회원국들만큼 이루어내지 못했고, 경제적으로 그들에 뒤처진 상태다. 이런 상황에서, 민중 그리스어에 섞여들곤 하는 카타레부사의 낱말들과 어구들은 그리스가 주변 지역에 군림했던 영광의 시대를 상기시키게 마련이다.[17] 그 언어를 버리지 않았다면 그리스가 여전히 무시 못할 나라로 남아 있었

---

* 민중 그리스어는 1976년에 카타레부사를 제치고 그리스의 공식 언어가 되었다.

으리라고 생각하는 사람들이 앞으로도 항상 존재할 테다.

아랍어라는 다층언어 혹은 타산지석

그리스어에 그 같은 향수가 서려 있다면 아랍어에선 그 강도가 세 배쯤 된다. 7세기에 이슬람교가 출현한 후로 아랍어는 고향인 아라비아 반도를 힘차게 벗어나 메마른 초원의 불길처럼 북으로, 동으로, 서로 번져나갔다. 예언자 무함마드가 광대한 지역을 이슬람교로 개종시킴에 따라, 대천사 지브릴이 그에게 직접 일러주었다는 쿠란의 언어도 함께 퍼져 나간 것이다. 쿠란에 적힌 말들은 한마디 한마디가 더할 바 없이 신성해서, 아랍어를 배워 직접 읽는 것만이 이슬람교에 접근하는 유일한 방법이었다. 오늘날 아랍연맹의 회원국은 스물두 나라이며, 그 인구를 다 합치면 (모두가 아랍어 사용자는 아니지만) 3억이 넘는다.

그러나 잔소리꾼들은 아랍어의 사례를 일종의 경고로 받아들이는 게 좋을 듯하다. 쿠란(그리고 무함마드의 언행을 기록한 '하디스〔ḥadīth〕') 에 대한 숭배는 아랍어의 특정 형태를 신성시하고 동결하는 효과를 낳았다. 유럽이 암흑시대에 머물러 있는 동안 중세 아랍의 문법학자들은 그 언어의 속성들을 세세히 연구했다. 시문학은 물론 이야기 문학도 꽃을 피웠다. 아랍어는 과학의 언어였고, 그런 이유로 'alkali(알칼리), alcohol(알코올), algebra(대수학)' 등 많은 단어들이 아랍어에서 건너왔다.

그러나 지구상의 다른 모든 언어와 마찬가지로 아랍어 역시—위세 있는 표준적 문자언어가 존재함에도—화자들의 입에서 끊임없이 변해갔다. 그뿐이 아니다. 모로코에서 이라크에 이르기까지, 현대와 비교한다면 러시아를 제외한 어떤 나라보다도 넓은 영토로 퍼져 나갔기에, 아랍

172

어는 단일한 줄기로서가 아니라 여러 줄기로 나뉘어서 변화를 겪었다. 오늘날 아랍 세계는 양층언어 상황을 넘어 '다층언어적(polyglossic)'인, 다시 말해서 놀라우리만큼 다양한 아랍어들이 존재하는 상황이다. 아랍인들은 대부분 인정하기를 싫어하지만, 오늘날 아랍어 구어는 고전 아랍어의 '방언'이 아니다. 고전어와는 다른, 각양각색의 변이형들을 지닌 언어가 되었다. 언어학자들은 이 구어를 북아프리카(마그레브) 아랍어, 이집트 아랍어, 페르시아 만 아랍어, 레반트 아랍어, 이라크 아랍어 등으로 분류하는데,* 그 각각에는 다시 여러 개의 하위 방언이 있다.

'푸스하(fusha)'라고도 불리는 고전 아랍어는 구어와 비슷할 경우도 있다. 특히 어휘가 다소 고급한 것일 때 더욱 그렇다.

고전 아랍어: Hiyya mu'allima fii jaami' at Dimashq.

시리아 구어: Hiyye m'allme b' jaami' at Dimashq.

(그녀는 다마스쿠스대학교 교수다.)

그러나 다른 경우에는, 심지어 간단한 문장들에서도, 아랍어가 1,300년 동안 얼마나 멀리 왔는지가 명백히 드러난다.

고전 아랍어: Ra'aytu ar-rajul ma'a ibnihi.

                           Yathhabaani ila as-suq al'aan.

---

* 마그레브(Maghreb)는 모로코, 알제리, 튀니지, 리비아를 포함하는 아프리카 서북부 지역을 가리키는 말이며, 레반트(Levant)는 터키와 이집트 사이에 있는 동지중해 연안 지역을 통틀어 이르기도 하나 좁게는 시리아와 레바논 일대를 가리킨다.

팔레스타인 구어:　　　　　　Shuft az-zalame ma᾽ walado.

　　　　　　　　　　　　　Biruhu ᾽a as-su᾽ halla᾽.

(나는 그 남자가 아들과 함께 있는 것을 보았다. 그들은 지금 시장에 가

고 있다.)

남아프리카에서 영어를 모르는 두 명의 이집트 젊은이를 만나 난생 처

음으로 본격적인 아랍어 대화를 나눌 때, 나는 푸스하밖에는 할 줄 몰랐

다(현대 아랍어 구어를 배우기 전이었다). 그들도 같은 푸스하로 응하

려고 노력했다. 그러나 양쪽 모두에게 어설픈 대화였다. 그들의 말에는

전형적인 이집트 발음들(예컨대 새롭다는 말인 ᾽jadiid᾽ 를 ᾽gadiid᾽ 라

고 한다) 뿐 아니라, 그들의 방언에서는 옳지만 푸스하로는 ᾽틀린᾽ 것들

(᾽munadhama᾽ 즉 조직을 ᾽munazama᾽ 라고 하는 것 따위)도 많이

끼어들었다. 나 역시 몇몇 단어가 금방 생각나지 않아 애를 먹긴 했어

도, 그 밖의 면에서는 나의 푸스하가 그들보다 나았다. (그러나 사회

언어학자가 그 광경을 보았다면 나의 전반적인 아랍어 수행평가 점수

는 많이 깎였을 것이다. 푸스하는 호텔 바에서의 늦은 밤 술자리에는

지극히 부적절하기 때문이다. 내 어투는 교수의 강의처럼 들렸을 게

틀림없다.)

　뿐만 아니라 한 지역의 ᾽아랍어᾽ 사용자들이 다른 지역 사람들과 이야

기할 때에도 심각한 어려움이 있을 수 있다. 모로코 사람과 레바논 사람

이 각자의 방언으로 대화를 한다면 서로의 말을 섬세하고 자신 있게 이

해하기가 쉽지 않을 것이다. 그러니 무슨 문제가 생겨서 그와 관련된 어

려운 기술적 주제(예를 들어 공학이나 컴퓨터과학)에 대해 의논할 필요

가 있을 경우, 그들은 푸스하에만 의존치 않고 종종 영어나 프랑스어를

섞어가며 이야기할 것이다. 한편 모로코 사람과 레바논 사람이 둘 다 배움이 짧은 농촌 출신이라면 대화는 거의 불가능할 것이다.

이것은 아랍인들과 얘기하기에 좀 거북살스러운 주제다. 그들은 자기네가 실제로 같은 언어를 사용하고 있으며, 많은 사람들이 "제대로 된 아랍어"를 하지 못하는 것은 유감스러운 일이라고 애써 강조하곤 한다. 고전 아랍어를 모국어로 사용하는 사람이 없으며, 자신들이 골치 아픈 상황에 처해 있고 이를 정리할 어떤 원칙도 사실상 없다는 사실을 그들은 받아들이지 않는다. 정치적 뿌리를 지닌 이 같은 부정에는 중요한 함의들이 서려 있다. 많은 아랍인은 그들의 언어가 서로 다르다는 사실을 알고 있지만, 그럼에도 하나의 '아랍 민족'이라는 강한 동질감을 갖고 있다. 푸스하 아랍어에 숙달하는 것은 여전히 사회적 성공을 향한 관문이며, 이에는 푸스하를 읽고 쓰는 능력 외에도 아랍 고전에 대한 지식이 포함된다.

그와 동시에 현대 아랍어 구어들은 정치적으로 이용되기도 했다. 라보브가 제시한 하층계급의 '숨겨진 위세'를 생각해보라. 빌 클린턴이 미국 남부의 군중 앞에서 남부 말씨를 가동했듯이, 1952년 이집트혁명을 이끌었고 1956년부터 1970년까지 혁명정부의 총리와 대통령을 역임한 가말 압델 나세르도 국민에게 연설할 때 이집트 구어를 혼용했다. 그러나 이집트와 시리아가 합병하여 세운 단명했던 아랍연합공화국의 대통령으로 재직하면서 시리아 수도 다마스쿠스에서 연설할 때는 이집트 구어를 절대 쓰지 않고 푸스하만 사용했다. 그는 시리아 구어를 잘하지 못했을 뿐 아니라, 범아랍주의의 전성기였던 만큼 시리아 사람들에게 자신이 이집트인이 아니라 아랍인으로 비치기를 원했던 것이다.

무엇을 얼마나 바꿀 것인가

푸스하를 교육의 언어로 고수하는 정책은 반발을 불러일으키고 있다. 펜실베이니아대의 언어자료컨소시엄에서 마크 리버먼과 함께 연구하고 있는 튀니지 사람 모하메드 마무리는, 아이들에게 외국어나 마찬가지인 푸스하를 가르치는 정책이 글을 읽고 쓰는 능력의 발달은 물론 다른 학습도 저해하고, 아이들에게 문자문화에 대한 심리적 거리감을 심어준다고 주장한다. 아랍연맹 국가들의 문맹률은 40%이고, 여성의 경우 50%에 이른다.[18] 글을 읽을 줄 아는 사람들조차 접하는 내용과 단절된 느낌을 받을 수 있다. 마무리는 튀니지의 16세 보통 소년인 할레드의 생각들을 다음과 같이 전한다.

할레드는 과학 전공을 택했는데, 그가 듣는 대부분의 과목은 프랑스어로 강의한다. 과학 수업은 전부 프랑스어로 진행된다. 중학교 첫 해부터 이렇게 공부했다. 초등학교에선 모든 수업이 푸스하로 진행됐다. 할레드는 푸스하를 좋아하지 않고, 그게 없었으면 좋겠다고 생각한다. 친구들과 얘기할 때는 주로 아르비〔튀니지 구어〕를 쓰고 프랑스어를 약간씩 섞는다. 대화를 푸스하로 하는 사람은 아무도 없다. 그 말은 너무 이상하고 부자연스럽게 들린다. 할레드가 푸스하로 듣는 수업은 역사, 종교, 사회 같은 교양과목들뿐인데, 모두 지루하다. 선생님들은 너무 고리타분하고, 유머 감각이라곤 찾아볼 수 없다.

할레드는 〔사우디아라비아에서 자란 사촌〕 수루르가 〔페르시아 만〕 아랍어로 이야기할 때는 그녀의 말을 대부분 이해하지만, 수루르는 그의 아르비 구어를 알아듣지 못한다. 그래서 수루르에게 말을 하려면 푸스하나 프랑스어로 해야 한다. 그녀는 프랑스어를 할레드만큼 잘하지 못하기

때문에 결국 그들은 두 언어를 섞어서 대화하게 됐다.[19]

아랍인들이 늘 듣는 말이 뭔가 하면, 그들이 태어난 이후 써온 말은 '진짜' 언어가 아니며 진짜 언어는 학교에서 배우는 것으로, 그건 재미를 느끼거나 창의력을 발휘할 대상이 아니라는 얘기다. 문자언어로부터의 이 같은 소외가 문자에 의존하는 저널리즘과 정치 운동, 그 밖의 민주주의 건설 활동들의 발전에 얼마나 나쁜 영향을 미칠지는 불을 보듯 환하다. 그러나 마무리는 이런 상황을 바로잡는 개혁을 밀어붙이기에 충분한 정치적 영향력을 지닌 사람이 아랍 세계 어느 곳에도 없다고 개탄한다.

고려해볼 만한 한 가지 방안으로 푸스하의 문법을 단순화하는 동시에 (격어미들은 어렵기로 악명 높을 뿐 아니라 대부분 불필요하다), 여러 구어에서 공통적으로 쓰이는 단어들을 받아들이는 것이 있다. 그런 '중간 아랍어'는 쿠란에서 유래한 서먹하고 초연한 종래의 푸스하보다는 오늘날의 살아 있는 언어들에 더 가까울 테다. 그 같은 아랍어는 이미 임시적인 형태들로 존재하는데, 비근한 예가 격식에 얽매이지 않는 온라인 글쓰기의 언어다. 이는 이치에 맞는 현상인 것이, 온라인 글쓰기는 흔히 즉흥적이고 자발적인 거여서 구어적 표현이 제격인데, 그래도 글로 써야 하므로 유일한 표준 문자언어인 푸스하에 의존하기 때문이다. 중간 아랍어를 체계화하면 유용하면서 조금은 인위적인 언어가 탄생할 것이다. 물론 인위적으로 만들어진 대부분의 언어는 ─에스페란토*처럼 순전한 인공언어에서부터 노르웨이 민족주의를 담을 말로 여러 방언을 버무려 만들어낸 '새 노르웨이어(Nynorsk)'*에 이르기까지─성과가 썩 좋지 않았다. 인위적인 언어들은 문자언어로 채택될 수 있으며 정치적인 이유에서 지지하는 사람들이 항상 있게 마련이지만, 누구도 자기의 언어로 생각하지 않는다는 점이 문제다. 아무튼 현재로서는 아랍어를 그 정도로까지 바꿀 가능성은 매우 낮다. 아랍어를 그 뿌리에서 떼어놓는다는 것은 현대 아랍인들을 그들의 소중한 종교적, 군사적, 문화적 역사로부터 떼어놓음을 의미하는데, 현대 아랍 세계에는 이 같은 과거의 영광들을 대신할 만한 어떤 일관된 비전도 아직 출현하지 않았기 때문이다.

표준도 변이도 소중히 음미한다

지금까지 사회언어학에서 다루는 주제들을 몇 가지만 살펴보았다. 소쉬르의 체계를 따라 언어를 연구하는 '더 순수한' 학자들에게 사회언어학자들은 여러 학문 분야를 넘나들며 잡다한 데이터들을 다루는 '학제적 방랑자'로 보일지도 모른다. 거꾸로 사회언어학자들은 밖에 나가서 사람들이 어떻게 말하는지 귀를 기울이는 대신 도서관에 앉아 예문들을 지어내는 것을 현실 세계와 영 동떨어진 일로 본다. 마치 당(糖) 발효의 화학작용을 기술하는 일이 그런 발효를 거쳐 숙성한 와인을 맛보는 일

---

* 에스페란토(Esperanto)는 폴란드의 안과 의사인 루트비크 자멘호프(1859~1917)가 만들어 1887년에 공표한 인공 국제어다. 주로 인도·유럽어족에 속한 여러 언어를 참조하면서 그것들이 지닌 철자와 문법, 조어법상의 불규칙성을 배제하고 창안해 낸 것으로, 28개의 자모가 있다. 현재 여행, 의사소통, 문화 교류, 편지, 언어 교육 등 많은 곳에 사용되고 있다.
* 노르웨이에는 두 개의 공용어가 있다. 보크몰(bokmål, '책말'이라는 뜻)과 뉘노르스크(nynorsk, '새 노르웨이어')가 그것이다. 국민 다수가 사용하는 보크몰은 덴마크어의 영향을 받은 기존의 문자언어에 점진적으로 노르웨이적 요소를 가미해 나가자는 온건한 언어개혁 운동의 산물이며, 뉘노르스크는 덴마크어의 영향이 적고 고대 북유럽어의 영향이 짙게 남아 있는 지방 방언들을 바탕으로 만든 새로운 문자언어다.

과는 거리가 멀듯이 말이다.

이론가든 현장 연구자든 언어학자들이 지닌 공통점은 탄탄하고 검증 가능한 이론을 뒷받침할 수 있는 사실들을 찾는다는 것이다. 언어학자들은 자본주의나 가부장제, 식민주의 같은 패러다임의 전복을 업으로 삼지 않는다. 물론 많은 언어학자가 정치적으로 좌파이지만, 따지고 보면 학자들 대다수가 그렇다. 일부 언어학자들의 연구에는 명백히 정치적인 내용이 담기기도 하며, 특히 사회언어학자들은 계급, 사회적 계층 이동, 권력, 그리고 이런 요소들과 언어의 상호작용 따위의 주제를 많이 다룬다.

그러나 같은 맥락에서, 사회적 사실들의 탐구자인 그들은 한 언어에서 위세가 큰 변이형(가령 표준 영어나 푸스하 아랍어) 역시 사회적 가치를 지닌다는 사실을 발견한다. 사람들은 이런 상층어가 문학적 유산을 담은 언어이며 사회를 결속하는 구실을 하기 때문에 그것을 소중히 여긴다. 궁극적으로 대부분의 사람들은 어떤 공동체와 전통에 소속되기를 원한다고 볼 수 있는데, 표준적 문자언어는 그 둘을 모두 제공하는 것이다.

하지만 그러한 표준으로부터의 변이는 말 그대로 단지 변이일 따름이다. 스위스 독일어나 흑인 영어를 말하면서 자라면 어떻단 말인가. 스위스 독일어가 '망가진 독일어'가 아니듯이 흑인 영어도 절대 '망가진 영어'가 아니다. 그리고 빌 라보브가 *r* 생략 실험에서 발견한 바와 같이, 때로 사람들은 자신이 말하는 방식이 위세 있는 표준어를 벗어난 것이라는 사실을 알면서도 그 방식을 강하게 고수한다. 노동자 계층들도 자기네의 공동체 의식을 중시하기 때문이다. 언어의 변이는 삶의 피할 수 없는 현실의 일부이며, 언어를 진정 사랑하는 사람이라면 그 매혹적인 다양성을 음미하면서 연구해야 할 대상이지, 획일적이고 인습적인—역사나 논리, 아름다움과는 거리가 멀고 권력과 지위, 통제 따위와 직결돼 있는—잔소리질을 통해 근절을 시도할 대상이 결코 아니다.

4

어떤 언어는 다른 언어보다 더 평등한가?*
―어느 언어든 거의 모든 것을 표현할 수 있다

"내 언어의 한계는 내 세계의 한계를 의미한다."

―루트비히 비트겐슈타인(오스트리아 출신 영국 철학자)

지난 2008년 인터넷에서 잠시 센세이션을 일으킨 비디오가 있다. 한 흑인 기자가 마이크를 들고 카메라를 향해 천천히 걸어오면서 전형적인 방송 보도 말투로 진지하게 말한다.

크리스 우즈가 죽은 그 목요일 저녁, 이곳 오거스타 고등학교에서는 과연 무슨 일이 벌어졌던 걸까요?

---

* 이 제목은 조지 오웰의 『동물농장』에서 독재자(돼지)인 나폴레옹에 의해 수정된 동물 7계명의 마지막 것, "모든 동물은 평등하다. 그러나 어떤 동물들은 다른 동물들보다 더 평등하다."를 빗댄 표현이다. 이 계명은 본디 "모든 동물은 평등하다." 였다.

여기까지 말하더니 그는 갑자기 인상을 찡그리고 몸을 구부리며 180도 빙글 돌더니 침을 뱉었다. 벌레 하나가 입안으로 날아든 것이다. 뒤이어 그의 입에서 나온 몇 마디는 표준 영어가 아니었고, 말투도 완전히 변했다.

The fuck is that? Shit! …… I'm dyin' in this fuckin' country-ass fucked-up town. Shit flyin' in my mouth. Da fuck! I can't see, pollen …… les' get da fuck out this country motherfucker.*(빌어먹을 이게 뭐지? 염병할! …… 이 빌어먹을 엿 같은 촌구석에서 정말 돌아버리겠네. 뭣 같은 게 다 입안으로 들어오구. 우라질. 앞이 안 보여, 꽃가룬가 …… 빨리 이 망할 놈의 촌구석을 벗어나자구.)

나는 이 비디오를 아마 50번은 봤을 텐데, 볼 때마다 웃음이 나온다. 내가 이 이야기를 얼마나 자주 인용했는지 한 친구는 이 책 제목을 『염병할 게 입안으로』로 붙이라고 했다.

하지만 나는 유튜브 비디오에 붙은 제목 '게토* 리포터'가 마음에 들지 않는다. 그 아래 달린 댓글들을 보면 알 수 있다.

◆ 정말 진진. 첨엔 지가 뭔 프로라고 목소리를 깔더니 결국 본색을 드러냈어!

---

* 기자의 입에 날아든 벌레는 메뚜기 종류였다니 놀랄 만도 하다. 그의 바뀐 말투는 높은 톤의 남부 억양이며, 꽃가루를 언급한 것은 그에게 꽃가루 알레르기가 있기 때문이라고 한다. 이 장면은 뉴스엔 나가지 않았다.
* 게토(ghetto)란 (흔히 소수 민족들이 모여 사는) 빈민가를 말한다. 본디는 세계 곳곳에 있던 유대인 강제 거주 지구를 가리키는 말이었다.

◆ 백인처럼 말하다가 벌레가 입에 들어가니까 게토 말이 확 나오는 게 일품!

◆ 빌어먹을 깜둥이, 입에 벌레가 들어오니 컥컥퉤퉤 소리 지르는 게 정말 웃긴다! ㅎㅎㅋㅋ

꼭 인종차별주의자가 아니더라도 방송 표준어가 한 순간에 (매우) 반사적인 흑인 영어로 바뀌는 모습이 재미있을 수 있다. 서로 어울리지 않는 것들의 병렬이 코미디의 주요 기법 아닌가. 그러나 댓글들에서 드러나는 것은 많은 사람이 이 비디오에서 웃기는 부조화 이상의 무엇을 보았다는 사실이다. 그들이 보기에 저 흑인 기자는 교양의 너울을 한 꺼풀 뒤집어쓰고 있었지만 그게 워낙 얄팍한 탓에 갑작스런 상황이 발생하자 곧바로 벗겨지면서 그 안에 숨겨졌던 난폭한 '게토' 본성이 드러난 것이다.

내 눈에는 다른 것이 보였다. 나의 아내는 덴마크 출신이지만 내가 늘 놀랄 만큼 영어가 유창하기 그지없다. 평상시에 그녀가 하는 말의 98%는 영어다. 그러나 침대 모서리에 발가락을 찧는 순간 아내는 항상 같은 말을 내뱉는다. "For Satan[포르 세이탄]!"이라는 덴마크어 욕이다. 겉보기에 영어와 비슷하다 해서 착각하지 말기 바란다. 덴마크어 'for'는 영어의 'for'와 의미가 같고 'Satan'도 영어와 철자가 동일하지만, "For Satan!"은 영어의 "The devil!(제기랄/설마!)"을 좀 더 멋진 말로 하는 게 아니다. 덴마크어의 아주 거친 욕설 중 하나로, 영어 사용자들이 발가락을 된통 찧었을 때 흔히 내뱉는 "Shit!"이나 "Fuck!"과 엇비슷한 수준의 금기어다.

사실 '게토 리포터'의 행동은 발가락을 찧었을 때 내 아내가 보이는 반응과 다를 바 없다. 고약한 일을 급격하게 당하면 사람들은 즉각 자신의 모국어로—또는 비디오의 기자처럼 자신의 방언으로—돌아간다. 그기자, 아이제이어 케리는 알팍한 교양의 너울을 쓴 '게토 사람'이 아니다. 루이지애나 주의 수도 배턴루지 출신의 흑인 영어 사용자로, 방송기자 생활을 하면서 공식 표준 영어를 익혔고 언론상도 여러 번 받은 저널리스트다. 이 벌레 사건이 말해주는 것은 그가 교양 없는 사람이라는 사실이 아니라 두 가지 방언의 사용자라는 사실이다. 케리가 리포트를 녹화하다 쉬는 시간에 노닥거리는 장면을 담은 몇 편의 다른 동영상이 '순회 취재 기자의 에티켓 수업(Roving Reporter Etiquette Lessons)'이라는 시리즈 제목을 달고 유튜브에 올라와 있다. 그것들을 보면 흑인 영어와 표준 영어를 능숙하게 오가는 그의 능력을 알 수 있다. 이 가운데 한 동영상에서 그는 리포트 녹화를 프로답게 마무리하고는 몇 초 동안 말이 없다가 근처에서 요란하게 짖어대고 있는 개에게 흑인 영어 말투로 "I'm gon' kick yo' ass.(너 혼쭐내줄 거야.)"라고 으르댄다. 어떤 언어학자도 이런 광경을 보고 눈살을 찌푸리지 않는다. 앞 장에 나온 '코드 전환'을 돌이켜보라. 놀라운 일이나 감정적인 문제에 갑자기 맞닥뜨리면 사람들은 거의 언제나 그들의 제1 언어(모어)나 제1 방언으로 전환하는데, 이는 그런 경우 욕이 튀어나오는 것만큼이나 자연스러운 일이다.

그러나 나의 아내가 덴마크어로 하는 행동과 그 리포터가 '흑인 영어' 인지 뭔지로 하는 행동을 동일시하는 것은 많은 잔소리꾼들의 심기를 건드릴 터이다. 덴마크어는 철학자 키르케고르와 물리학자 닐스 보어의 언어가 아닌가. 한데 저 기자가 욕지거리하는 걸 들으면 잔소리꾼들은 흑인 폭력배와 흑인 청소년 교육의 위기 따위만을 떠올리게 된다는 얘기다. 다시 말해, 흑인 영어가 하나의 표준 방언이며 문법 규칙과 음운 규칙을 갖춘 토박이말로서 덴마크어와 대등하다는 것은 그들에겐 정신 나간 소리로 들린다.

그러나 흑인 영어가 '진짜' 영어의 망가진 형태가 아니라는 것을 언어학자들은 오래전부터 알고 있었다. 흑인 영어는 문법 따위엔 관심 없는 화자들이 만들어내고 있는 게 아니다. 거기에는 분명 문법이 있다. 촘스키적인 의미, 즉 용인될 수 있는 문장들을 생산하는 일련의 규칙이라는 의미에서의 문법 말이다. 그 규칙들을 위반하면 이상하게 들린다. 예컨대 흑인 영어에서 'be' 동사는 현재 시제일 때 많은 경우 생략되어야 한다. "She my sister."에서 'is'가 빠진 게 그런 예다. 이 동사를 문장 안에 넣는다면 그건 표준 영어엔 존재조차 하지 않는 유형의 문법적 구분을 지키기 위해서다(이는 언어학자들이 '상〔相, aspect〕'*이라 부르는 것의 하나다). 즉, "He sick."은 그가 지금 아프다는 뜻인 데 비해, "He be sick."은 그가 늘 또는 자주 아프다는 뜻이다. 흑인 영어의 다른 문법적 자질로는 이중부정("Ain't nobody gonna do that.〔아무도 그걸 하지 않을 거야.〕")과 조동사 'do'의 빈번한 사용("I done told you a thousand times.〔너한테 수도 없이 얘기했잖아.〕") 따위가 있다. 음성적 자질에는 동사 접미사 '-ing'를 '-in'으로 발음하는 것이 포함된다(위의 동영상에서 케리가 한 말 "shit flyin' in my mouth").

이중 어떤 것들은 다른 여러 언어에서도 흔히 보이는 특징이다. 다른 유럽 언어들의 이중부정은 앞에서 이미 얘기한 바 있다. 접미사 '-ing'

---

* 상(相)이란 어떤 문장이 표현하려는 사건의 정황이 지닌 내적인 시간 구조를 나타내는 동사 형태를 말한다. 한 사건의 시작과 끝을 포함하여 사건 전체를 나타내는 단순상, 전체 과정의 일부분을 떼어내 동작의 미완성, 일부성을 나타내는 진행상, 사건이 완료되어 결과와 영향력, 상태만 남았음을 나타내는 완료상 등이 있다. 영어의 분사(현재분사, 과거분사)는 상을 만드는 재료라 할 수 있다.

를 '-in'으로 발음하는 것은 과거 영국 상류계급의 습관이었다. 그리고 'do'는 표준 영어에서도 특유의 기능을 한다.[1] 의문문을 만들 때 필연적인 이유도 없이 조동사 'do'를 덧붙여 "You have a car?" 대신 "Do you have a car?"라고 하지 않는가.* 흑인 영어는 이 같은 'do 지원(do-support)'을 조금 더 확장했을 뿐이다.

흑인 영어에 대해 얘기할 때 또 한 가지 고려할 점은 많은 미국 흑인들이 흑인 영어를 배운 적이 없거나 배웠더라도 피하며, 따라서 이 방언을 쓰지 않는다는 것이다. 콘돌리자 라이스*를 생각해보라. 그러나 다른 많은 이들은 흑인 영어와 표준 영어를 함께 사용하면서 가족이나 흑인 친구들 사이에서는 전자로, 직장의 백인 동료들 사이에서는 후자로 능숙하게 코드를 전환한다. 그리고 언어 코드 전환은 흑인 영어 아니면 표준 영어라는 흑백논리(말장난처럼 된 걸 양해해 달라)만을 따르지 않으며, 흑인 영어의 특징들 중 일부만을 지닌 중간 단계의 변이형들이 존재한다. 화자는 한 대화에서 이런 여러 말씨를 번갈아 사용할 수 있다. 이것을 보고 사람들은 흑인들이 때로는 '신중하게', 때로는 '나태하게' 말한다고 단정하려 드는 것이다.

미국인은 또한 자기네 방언들에 대한 지식이 빈약하다. 유럽 사람들은 일반적으로 자기 나라 말의 여러 '버전'—이를테면 시칠리아 이탈리아어, 저지(低地) 독일어, 노르웨이어의 두 표준어(보크몰과 뉘노르스크) 등—에 대해 잘 안다. 그리고 이런 방언을 사용하는 사람들은 대체

---

* 다른 조동사가 없는 평서문을 부정문을 만들 때 'do not'을 쓰는 것도 'do 지원'에 포함된다. "I like you."가 "I don't like you."로 되듯이.
* 스탠퍼드대 정치학 교수였던 콘돌리자 라이스(1954~)는 부시 정부에서 국가안보 보좌관과 국무장관을 지냈다(2005~9). 남부 앨라배마 주 출신의 흑인 여성인 라이스는 표준 영어를 쓴다.

로 그 말을 자랑스럽게 여긴다. 그들은 고지 독일어나 피렌체 이탈리아어를 사실상의 표준어로 인정하며, 일부는 자기네 말이 고급 방언의 화자들에게 '사투리', '속어', '은어' 따위로 불리며 조롱당하는 것 때문에 열등감을 느끼는 게 사실이다. 그러나 대다수는 자신이 사용하는 비표준 변이형이 저급하다거나 나태하다고는 꿈에도 생각지 않는다. 자존심 있는 시칠리아계 미국인이라면 그 누구도 자기 할머니의 말이 '게토 이탈리아어'라고 인정하지 않을 것이다. 다르긴 해도 절대 '게토'가 아니다. 많은 유대계 미국인들은 이디시어를 자랑스럽게 여기고, 그 말이 '게토 독일어'로 불리는 걸 용납하지 않을 테다. 그리고 아래의 시구가 '게토 영어'라고 생각하는 미국인도 거의 없지 않을까 싶다.

But, Mousie, thou art no thy lane,

In proving foresight may be vain :

The best-laid schemes o' mice an' men

Gang aft a-gley,

An' lea'e us nought but grief an' pain,

하지만 생쥐야, 앞날을 예측해봤자 소용없는 건

너만이 아니란다.

생쥐와 인간이 아무리 계획을 잘 짜도

일이 제멋대로 어그러져

고대했던 기쁨은 고사하고

슬픔과 고통만 맛보는 일이 허다하잖니.

이 구절이 포함된 시「생쥐에게」의 저자는 잘 알려졌다시피 로버트 번스,* 스코틀랜드 영어로 시를 써서 사랑을 듬뿍 받아온 시인이다. 스코틀랜드 혈통의 많은 미국인들은 번스의 생일인 1월 25일이면 그를 기리며 술을 한 잔씩 든다. 방언으로 된 그의 시는 수백 년간 영국인 지배자들에게 무시당해온 민족이 명예를 되찾는 데 일조했다. 이처럼 자신들의 비표준 방언을 자랑스럽게 감싸 안는 집단은 스코틀랜드인 외에도 무수하게 많다.

그러나 이른바 '에보닉스(Ebonics)'에 관한 논쟁은 많은 미국인이 영어의 방언 중 특히 흑인 영어를 얼마나 못마땅하게 여길 수 있는지를 보여주었다. 1996년 말에 캘리포니아 주 오클랜드 시의 교육위원회는 흑인 학생 대부분의 '제1 언어(primary language, 모어)'를 공식적으로 인정하고 학습 보조 언어로 사용할 것을 결정하면서 그 언어를 '에보닉스'라고 불렀다. 이전엔 거의 들어보지 못한 용어였다(1970년대에 만들어진 말이나 주목받지 못했다.)* 하지만 오클랜드 교육위의 결정이 나온 뒤 몇 주 안에 온 나라가 그 이름을 이야깃거리로 삼고 웃어댔다.

오클랜드 결정의 취지 자체는 옳았다. 교육위원회는 방언학에 대한 막연한 이해를 바탕으로, 흑인 아이들의 언어적 배경은 다르며 그 사실을 인정해야 그들의 표준 영어 학습을 촉진할 수 있다는 논리를 제시하

---

* 스코틀랜드의 국민시인으로 꼽히는 번스(1759~96)는 모순에 찬 당시의 사회와 문명을 비판하는 시, 스코틀랜드 사람들의 소박한 모습을 기리는 시들을 많이 썼다. 시를 스코트어와 스코틀랜드 영어(이 두 명칭이 혼용되기도 하나 엄격히 따지면 서로 구별된다), 영어 등을 오가며 작품 활동을 했다.
* 'ebony(흑단)'와 'phonics(음향학, 음성학)'를 조합한 '에보닉스(Ebonics)'라는 용어는 1973년 사회심리학자이며 흑인인 로버트 윌리엄스가 만들었다. 이 같은 조어의 의도는 아프리카계 미국인들의 말이 노예무역의 언어적 결과물임을 나타내는 동시에 부정적 내포를 지닌 종래의 '비표준 니그로 영어' 같은 표현을 대체한다는 것이었다.

며 그 같은 결정을 내렸다.

그러나 교육위는 결정의 내용과 마케팅 양쪽에서 모두 큰 실수를 저질렀다. 최악의 실수는 '에보닉스'라는 용어 자체로, 패러디하기에 그보다 좋을 수 없는 어리석은 이름이었다. 또한 교육위원회는 흑인 영어를 하나의 '언어'라고 지칭하지 말았어야 했다. '방언'과 '언어'를 명확히 나누어 정의할 수는 없지만, 언어학자라면 거의 모두가 에보닉스를 영어의 한 방언이나 변이형으로 부를 터이다. '언어'라는 지칭은 '에보닉스'와 표준 영어의 차이를 실제보다 훨씬 과장하는 것이었다. 세 번째 실수는 정치적인 동시에 언어학적인 실수로, 위원회가 자부심 강한 아프리카중심주의적(흑인중심주의적) 전통에 손을 내밀면서 어설프게도 에보닉스가 활용해온 원천 중에는 과거 서아프리카 언어들의 형태도 포함되어 있다는 주장을 제시한 것이다. 이는 논란의 여지가 많고 틀렸을 가능성이 큰 주장이며, 어쨌거나 그 상황에서 전혀 불필요한 언급이었다.

어쩌면 위원회의 그런 결정 자체가 필요 없는 일이었을지 모른다. 일부 언어학자들은 오클랜드 교육위가 흑인 아동의 학업 성취도가 낮은 까닭을 별스럽고 부분적으론 허구인 '외래 언어의 배경'을 들먹이며 설명하기보다 참담한 상태의 도심 학교들을 전반적으로 개선하는 정책에 초점을 맞추었으면 좋았으리라고 주장했다. 이런 요지의 글을 쓴 사람들은 흑인 영어를 타당한 변이형으로 보지 않으려는 정치적 입장이 아니라 증거에 기초한 주장을 펼치고 있었다. 당시 버클리대에서 가르치던 흑인 언어학자 존 맥워터는 에보닉스류의 교수법이 성공하지 못했음을 보여주는 연구들을 인용했다. 다른 학자들은 그의 생각에 동의하지 않았다. 미국언어학회(Linguistic Society of America, LSA)는 스웨덴에서 비표준어를 쓰는 아이들에게 표준 스웨덴어를 가르칠 때 아이들의 비표준어를 출발점으로 인정한 방법들이 효과가 입증됐다는 점을 지적했다. 다른 곳에서도 비슷한 접근법들이 효과를 보였다고 한다. 이에 따라 미국언어학회는 오클랜드 교육위원회의 취지가 크게 보아 "언어학적으로, 그리고 교육학적으로 옳다."고 했다. 여기서 요점은, 언어학자들은 설사 자신의 성향이 정치적으로 진보 쪽이고 에보닉스 식의 접근법에 우호적이라 하더라도 이 문제를 데이터를 수집하여 연구해야 할 대상으로 보지 마치 신학의 근본 원리들을 적용하듯이 에보닉스는 잘못일 수밖에 없다느니 뭐니 하는 식으로 생각하지는 않는다는 사실이다.

그렇다고 사람들이 언어학자들의 말에 귀를 기울였다는 얘기는 아니다. 『뉴욕타임스』는 에보닉스를 비판하는 몇 편의 사설과 칼럼을 실으면서도 오클랜드 시 교육위의 정책에 찬성하는 언어학자들의 기고 몇 편은 채택을 거부했다.[2] 현실 세계에서의 논의는 데이터에 기초한 언어학적 방법과의 단절만을 보여준 게 아니었다. 사람들 대부분은 에보닉스 운운이 무슨 얘기인지를 아예 몰랐다. 한마디로 말해 오클랜드의 제안은 흑인 아이들에게 그들의 흑인 영어를 표준 영어로 전환 또는 번역하는 법을 가르치겠다는 것이었다. 그러나 이 같은 핵심 취지는 일반 대중에게 전혀 알려지지 못했다. 바쁘게 살아가는 보통의 뉴스 독자에게 꽂혀든 것은 다음과 같은 큼직하고 선명한 기사 제목들이었다.[3]

　―오클랜드 학교들에서 '에보닉스' 허용 (『시카고트리뷴』)
　―학교에서 흑인 영어 인정 (『필라델피아인콰이어러』)
　―오클랜드 학교들, 흑인 영어 가르치기로 (『마이애미헤럴드』)

'허용', '인정', 그리고 특히 '가르치다' 같은 표현은 독자들에게 그릇된 인상을 주었고, 아니나 다를까 곧바로 수천의 재담꾼들이 이를 우스 갯거리로 삼기 시작했다. 흑인 아이들이 진짜 영어로 공부하기엔 너무 멍청하다고 판단되었기 때문에 대수학이라든지 문학 등을 전부 에보닉 스로 배우게 되리라는 식으로 말이다. 당시 루이지애나 주의 툴레인대학교에 다니던 나는 학교의 유머 잡지 편집부의 일원이었는데, 거기에 우리가 썼던 아래의 글이 전형적인 예다.

조지 〔버나드〕 쇼의 고집 센 일라이자처럼 미국의 흑인 청소년들은 올바른 소통의 가치를 배워야 한다. 가난에서 벗어나게 해줄 최선의 수단이 거기에 있기 때문이다. 피그말리온의 교훈을 오늘날에 적용하는 작품, 이를테면 뮤지컬 코미디 「마이 페어 시스타, 시스타」* 같은 걸 만들면 도움이 될 수도 있다. 여기서 꽃 파는 아가씨 모이샤 둘리틀은 "Just step off, Henry Higgins. Just step off(저리 꺼져, 헨리 히긴스, 꺼지라고)."와 같이 말하는 자신의 태도를 참회하고, 젊은 숙녀들은 "The rain in Spain be fallin mainly in the hood,* nigga.(스페인에서 비는 주로 우리 동네에 내려, 깜둥아.)"*라고 말하면 안 된다고 배운다.

이 문제에 관해 뭔가 그럴듯한 말을 하고 싶어했던 다른 많은 사람들처럼 우리 역시 "미국의 흑인 청소년들에게 올바른 소통의 가치를 가르치는 일"이 바로 오클랜드 시가 추진하던 것이었음을 깨닫지 못했다('올

---

* '가상의 제목 어구인 'My Fair Sista Sista'는 버나드 쇼의 『피그말리온』을 뮤지컬로 만든 『마이 페어 레이디』 제목을 패러디한 것이다. 'sista'는 'sister'의 흑인 영어식 발음 및 표기로, 흔히 여성을 친근하게 부르는 말로 쓴다.
* 'hood'는 흑인들의 속어에서 'neighborhood(동네, 거주 지역)'의 준말로, 특히 도심 지역의 빈민가를 뜻할 때가 많다.

바른 소통'이라는 표현을 보다 가치중립적인 '표준 영어로 하는 소통'
같은 말로 바꿔야겠지만).

오클랜드 시가 해결하고자 했던 문제는 그 본질상 오늘날 아랍어 사용
자들 사이에서 볼 수 있는 문제와 동일하다. 이들의 자녀는 학교에 들어
가면 자기가 그때까지 매일 말해온 언어가 저급하고 무가치하며, 그래
서 당장 '진짜' 언어를 배우기 시작해야 한다는 얘기를 듣는다. 이 아이
들에게 공부의 동기를 부여하고 읽기에 대한 친근감을 고취하는 데 그
런 얘기들이 어떤 영향을 미칠지는 너무나 뻔해서 추측할 필요조차 없
다(물론 추측으로도 정확한 답이 나온다). 그런 교육은 문자문화는 자
기와 상관없다고 여기는 냉담한 독자들을 양산하게 마련이다.[4]

흑인 소설가 제임스 볼드윈*은(짐작하겠듯이 표준 영어로 글을 썼다)
1979년의 어느 글에서 이 문제에 대해 다음과 같이 말했다.

아이는 그를 경멸하는 사람에게서 교육을 받을 수 없으며, 그런 기만을
당할 여유가 없다. 아이들로 하여금 사실상 자신의 경험은 물론이고 자
신의 삶을 구성해온 모든 것을 부정하라고, 그리고 더 이상 흑인으로 존

---

* 『마이 페어 레이디』에서 언어학자 히긴스는 일라이자의 강한 런던 토박이(특히
노동자계급의) 말씨 중 철자 *ai*를 〔ai〕로 발음하는 것을 표준 발음 〔ei〕로 교정하기
위해 "The rain in Spain stays mainly in the plain."을 거듭 말하게 한다. 이를 패
러디한 위의 인용문은 흑인 영어의 특징(be, fallin, nigga)을 잘 드러내며, 본디는
모음 *ai*의 발음에 맞춰져 있던 초점이 'fallin'이 들어가면서 *-in*으로 옮겨졌다(rain,
spain, fallin). 여주인공 이름도 'Eliza'에서 흑인 식의 'Moiesha'로 바뀌어 있다.
'nigga'는 'nigger'처럼 흑인을 지칭하는 경멸적 표현이지만, 흑인들끼리는 긍정
적 호칭으로 사용하기도 한다.
* 볼드윈(1924~87)은 현대 미국의 대표적 흑인 작가 중 하나로, 인종과 종교 문제를
다룬 소설 『또 하나의 나라』와 사회비평 에세이 『다음번에는 불』 등이 유명하다.

192

재할 수 없지만 아이 스스로도 잘 알다시피 절대 백인이 될 수도 없는 망
각의 구렁으로 들어가라고 요구하는 사람에게 교육을 받을 수는 없다.[5]

볼드윈의 전망은 지금 보기에 지나치게 암울할지 모르나, 그 핵심적 진
실은 여전히 유효하다. 미국에서 흑인들은 항상 가장 핍박받는 소수집
단이었다. 동시에 그들은 미국에서 성공하려면 교육을 받아야 한다는
말을 늘 들어왔다. 에보닉스 운동은 흑인 아이들에게 성공의 필수 수단
인 표준 영어를 전해주고자 했다. 그들의 흑인 영어는 틀린 게 아니라
단지 다를 뿐이지만, 학문의 세계에서는 그것 말고 표준 영어를 써야 한
다고 설득하면서. 그러나 에보닉스에 대한 격렬한 반응이 입증한 것은
'하얀' 영어를 배우는 것만으로는 충분치 않다는 사실이었다. 보수적인
교사들의 관점에서 흑인 영어는 흑인 아이들을 수치스럽게 만들어서 버
리도록 해야 할 대상이었다.

기적은 언어를 가리지 않아

에보닉스 논쟁을 통해 언어학자들은 자기네의 이론이 일반 대중에게
잘못 또는 적어도 불완전하게 전달되었음을 깨달았다. 그중 몇 가지는
에보닉스 사건에서 더 큰 역할을 했어야 마땅했다. 언어는 어떤 변이형
이든 간에 대단히 규칙적이라는 신조가 그 한 예다. 언어학자들은 지금
까지 규칙 없는 언어를 발견하지 못했다. 화자들은 적절하다고 여겨지
는 규칙들을 늘 만들어내기 때문이다. 이런 현상은 두 사람이 만났는데
공통의 언어가 없을 때 일시적으로 발생할 수도 있다. 그러나 임시변통
의 언어가 꽤 오래 존속하여 아이들까지 배우게 되면, 그 언어는 규격화
되어 예측이 가능해진다. 언어학의 전문용어로 임시변통의 '피진어

(pidgin)'*가 규칙성 큰 '크리올어(creole)'가 되는 것이다.

언어학자 대부분이 공유하는 또 하나의 신조는 모든 언어가 근본적으로 평등하다는 것이다. 사실상 모든 언어는, 그리고 에보닉스를 포함한 어떤 방언이든, 거의 모든 생각을 표현할 능력이 있다. 물론 원자를 구성하는 입자들이나 수소염화불화탄소 따위에 관해 이야기하려면 전문적 어휘가 필요할 테다. 하지만 이는 그리 문제가 되지 않는다. 대부분의 언어는 새로운 단어를 어렵잖게 받아들인다. 요컨대, 아무리 정교한 생각이라도 능히 표현할 수 있는 위대한 언어의 구조적 자질들을 모든 언어가 갖추고 있다는 얘기다.

이를 대중에게 이해시키는 일은 언어학자들이 안고 있는 가장 힘들고 장기적인 과제임에 틀림없다. 사람들은 자신의 언어와 막중한 관계를 맺고 있으며, 그 언어의 표현력, 논리성, 혹은 아름다움이 비할 데 없이 빼어나다고 믿는 수가 많다. 아울러 자기가 알지 못하는 다른 언어들은 결함이 많다는 그릇된 믿음에 자주 빠져든다.

왜 언어학자들은 거의 모든 언어가 무엇이든 해낼 수 있다고 생각하는 반면 린 트러스 같은 세상의 잔소리꾼들에겐 온전치 못한 말들만 사방에 널린 걸까? 주된 이유는 언어학자와 잔소리꾼의 초점이 서로 다르다는 데에 있다. 잔소리꾼은 주로 글말에 초점을 맞추고는, 대다수의 사람이 자기네 언어의 형식문법을 익히지 못하거나 고급 어휘를 잘 구사하

---

* 피진어란 "하나의 공통된 언어가 사용되지 않고 있는 다중언어 사용 상황에서 둘 또는 그 이상의 집단 구성원들에 의해 통용어(lingua franca)로 사용되는 언어를 말한다. 피진어는 대개 식민지 지역 또는 무역이나 노동이 관련된 상황에서 외부인들과 현지인들 사이의 의사소통 문제를 해결하기 위해 생성된다."(『사회언어학 사전』) 특히 영어, 포르투갈어, 네덜란드어 등의 제한된 어휘들이 토착 언어의 문법 체계 및 어휘와 결합해 단순한 형태의 혼성어를 이룬 경우가 많다.

지 못하는 현상을 본다. (2장에서 보았듯이 그들은 또한 아무 근거도 없이 새로운 규칙을 만들어낸 다음, 기본적인 머리가 있는 사람이라면 그 정도는 쉽게 익혀야 한다고 주장한다.) 한편 언어학자는 입말에 초점을 맞춘다. 그리고 어린아이나 교육을 못 받은 이들, 사람들이 아주 못마땅해하는 언어나 방언의 사용자들까지도 다양한 상황에서 놀라운 수의(무한하다고 해도 좋을) 새로운 발화들을 만들어내면서 자신이 뜻하는 바를 완벽히 이해시키는 현상을 본다. 언어 쇠퇴론자와 잔소리꾼들에게 사람들은 거의가 바보 천치다. 그러나 언어학자들에게는, 믿을 수 없으리만큼 복잡한 언어 규칙에 통달하는 것은 누구에게나 지극히 범상한 일이어서, 그게 얼마나 큰 기적인지를 대부분의 사람이 잊어버린다 해도 놀랍지 않다. 어느 언어에서든 말이다.

니카라과 수화 ― 언어의 탄생을 보다

모든 언어가 기본적으로 평등하다는 믿음은 언어가 인간의 선천적 현상이라는 믿음과 같지는 않지만 서로 잘 어우러진다. 언어학자 전부가 이 '선천성(innateness)' 명제를 받아들이는 건 결코 아니나, 가장 저명한 학자 몇몇을 포함해 많은 이들이 동의하고 있다. 노엄 촘스키는 학계 정상으로의 도약을 예비하던 무렵, 사람의 뇌 안에 전문화된 부위로서 '언어 기관'*이 틀림없이 존재한다고 상정하고, 그 기관은 어떤 언어가 주어지든 그 규칙을 습득할 태세를 갖추고 정보가 입력되기만을 기다리고 있다고 했다. 이것이 가능한 까닭은 모든 인간 언어는 ― 중국어나 스페인어처럼 어학원 같은 데서 가르치는 이름난 언어들뿐 아니라 아리어

---

* 촘스키는 이를 '언어획득(습득)장치(language acquisition device, LAD)' 라고 부른다.

에서 자이페어에 이르기까지* 전부가―어떤 다른 종류의 언어〔가령 고래의 음악이나 벌의 춤 따위―옮긴이〕에보다 서로 간에 훨씬 더 비슷하기 때문이다. 촘스키는 인간 언어의 이러한 자질들을 '보편문법(universal grammar)'이라 부르면서 그것들을 찾아 나섰다.

이 문제는 아직도 큰 논쟁거리로 남아 있다. 그러나 '니카라과 수화(手話)'의 이야기 같은 증거를 보면서 언어학자들은 인간에게 (부끄러울 정도로 부족하기는커녕) 대단히 뛰어난 언어 능력이 있다는, 그들 거의 모두가 공유하는 믿음을 재확인한다.

가난한 나라들이 대개 그렇듯이 니카라과에도 청각장애 아동들을 위한 제대로 된 지원 체계가 없었다. 그들은 여기저기 산재한 작은 학교들에 다니면서 각자 알아서 커나가도록 방치되었다. 부유한 나라의 청각장애아들은 서로 만나 공동체를 이룸으로써 구성원 모두가 혹은 대부분이 청각장애인이며 수화를 통해 서로 소통하는 일종의 가족 집단들을 만들어내는 게 보통이었지만, 니카라과의 아이들은 그럴 형편이 못됐다. 사실 수화 자체가 아예 없었고, 따라서 소리를 듣지 못하는 니카라과인들에겐 언어가 없는 상태였다.

그러다 1977년 수도 마나과에 당시 독재자 아나스타시오 소모사*의 아내 호프 포르토카레로의 개인적 관심 사업으로 어느 정도 규모가 있는 장애아동(청각장애아 포함) 학교가 처음 세워졌다. 교사들은 청각장애 학생들에게 스페인어 독순법(입술 읽기)과 발성법을 가르치는 방식

---

* 아리어(Aari)는 에티오피아 일부 지역에서 28만여 명이 토박이말로 쓰며(2007년 기준), 자이페어(Zyphe)는 버마와 인도에서 약 2만 명이 사용한다. 세계의 언어 목록을 영자로 정리하면 철자상 두 언어가 맨 앞과 맨 끝에 오게 된다.
* 니카라과는 1936년부터 산디니스타 민족해방전선의 혁명이 성공한 1979년까지 소모사 가문 3부자의 세습 지배 아래 있었다.

196

으로 그들의 언어생활을 정상화하려 했다. 그래서 수화는 쓰지 말도록 했으나 교실 밖에서는 서로 몸짓을 주고받는 게 허락됐다.* 1979년 산디니스타 민족해방전선의 혁명 시기에 학교가 잠시 쉬게 되었지만 산디니스타의 좌파 정권이 들어선 뒤 다시 문을 열었다.

언어를 한창 습득하는 나이(대략 사춘기 이전 10년간)에 있던 이 학교의 청각장애아들은 처음엔 임시방편의 손짓과 몸짓들을 만들어 교실 밖에서 의사소통을 했다.* 그러나 몇 년 사이에 그 제스처들은 현저하게 발전했다. 학생들은 서로 동작을 맞추기 시작했고, 표준적인 수화 동작들이 생겨났다. 이 수화는 한동안 초보적 수준에 머물렀으나 새로 입학한 다음 세대 어린 학생들은 이를 자신들의 제1 언어로 습득했다. 니카라과 수화(Nicaraguan Sign Language, NSL)가 피진어에서 크리올어로 변모한 것이었다. NSL은 이제 완전히 체계적인 규칙을 갖추어 다른 어떤 입말에도 뒤지지 않는 표현 능력을 구비하고, 이 수화를 다음 세대에 전달할 원어민 집단도 거느리게 되었다. 이 현상에 매료된 언어학자들은 역사상 처음으로 한 언어가 그야말로 무(無)에서 탄생하는 것을 지켜보는 행운을 누릴 수 있었다. 최근의 한 연구는 수화에서 '공간배열 조절' 같은 혁신적인 자질들을 만들어내는 것은 아직 언어 습득이 가장 활발한 시기에 있는 아이들이라는 사실을 밝혀냈다.[6] (공간배열 조절이란 예컨대 이어지는 동사들이 동일한 주어를 지닌다는 점을 나타내기 위해 해당 수화 동작들을 특별한 위치—이를테면 화자의 왼쪽—에서 하

---

* 수화를 배제하고 기껏해야 손가락으로 알파벳 모양을 만드는 지문자(指文字) 정도만을 보조로 사용한 이 교육 방식은 별 효과를 내지 못했다.
* 이 과정에서는 그때까지 각자 집에서 사용해온 기초적인 가정 수화체계들이 한 역할을 했다고 한다.

는 것 따위를 말한다.) 이처럼 아이들이 뛰어난 혁신자라면(그들은 NSL을 배워 진정한 언어로 만들고 그걸 정교하게 다듬고 있지 않은가), '선천성'이 설사 존재하지 않는다 해도 인간 두뇌의 언어 능력은 참으로 비상하다고 할 수 있다.

영어는 가장 빈곤한 말일까

니카라과 수화는 인간의 언어 역량을 드러내는 훌륭하고 독특한 증거였다. 그러나 언어학자들에겐 사실 전적으로 놀랍기만 한 사건은 아니었다. 현대에 들어서만도 새로운 언어들이 많이 생겨났기 때문이다. 사라마카어(포르투갈어와 영어가 혼합된 말로 남아메리카의 수리남에서 사용)나 톡피신어(영어 혼합어로 남태평양에 있는 파푸아뉴기니의 공용어 중 하나이자 가장 널리 쓰이는 언어) 같은 '통상적인' 크리올어들이 그런 예다. '피진어'에서 유래했다는 점 때문에 망가진 언어로 생각하기 쉽지만, 이 크리올어들은 대단히 정교한 문법을 갖추고 있다. 앞에서 보았듯이 "He sick."과 "He be sick."으로 상(相)을 구분하는 흑인 영어처럼, 많은 크리올어에는 영어에 없는 미세한 구분들이 존재한다.

이러한 생각과 대립되는 가설을 짚어보자. 우리는 한 언어가 다른 언어보다 더 '낫다'는 것을, 즉 더 정교하고 표현이 풍부하며 보다 논리적이라는 걸 어떻게 알 수 있는가? 뒤집어 말하자면, 한 언어가 다른 언어보다 더 조잡하고 더 투박하다는 것을 말이다.

잔소리꾼들은 언어 변화를 헐뜯기 일쑤인데, 이는 기존의 의미 구분이 침식되기 때문이다. 요즘 'imply(암시하다, 함축하다)'를 써야 할 자리에 툭하면 'infer(추론하다)'를 사용하는데, 그러면 'infer'라는 동사가 해온 멋진 역할은 어떤 단어가 해내겠는가. 마땅한 동의어를 찾기 어려우니 말이다. 'awesome, terrific, fantastic'도 예전엔 각기 'awe(경외), terror(공포), fantasy(공상)'와 의미가 분명히 연결되어 있었지만, 언젠가부터 'really good'의 막연한 동의어로 희석되어 버렸고.

이에 대해 언어학자들은 몇 가지 답을 내놓는다. 우선, 새로운 단어가 출현해서 공백을 메우곤 한다(이제는 'awe-inspiring〔경외심을 불러일으키는〕'이 'awesome'의 옛 자리를 넘겨받았다). 다음으로, 문맥과 덧붙이는 말들이 애매한 단어나 어구의 의미를 또렷하게 만들어준다("I don't mean 'ha-ha' funny but 'weird' funny.〔내가 말한 'funny'는 '우습다'가 아니라 '이상하다'는 뜻이야.〕"). 잔소리꾼들은 그건 불필요하며 언어의 질을 낮추는 일이라고 반박한다. 문맥과 추가 단어의 도움을 받아야 섬세한 구분이 가능하다면 그건 빈곤한 언어라는 얘기다.

우리가 앞 장에서 만난, 현대 언어학에 맞서는 보수주의자 마크 핼펀은 단어의 의미가 변하거나 옛 단어가 제2의 의미를 획득하면 언어가 자꾸 모호해지는데 그건 위험한 일이라고 본다. "내가 'Fire!'라고 소리칠 때 듣는 사람의 입장에서는 그 뜻이 '불이야, 빨리 나가!'인지 '방아쇠를 당겨!'인지를 즉시 아는 일이 상당히 중요하다."라는 것이다.[7] 현실 세계에선 이처럼 의미가 모호한 상황을 상상하기가 사실상 불가능하다는 점은 그냥 넘어가자.† 그의 말처럼 '좋은' 언어란 개개의 단어가 충분한 의미를 담고 있어서 다른 단어나 문법, 문맥의 도움이 필요치 않

---

† 〔지은이 주〕 좋다, 한번 상상해보자. 관객이 붐비는 극장에 마피아 두목과 부하 하나가 와 있다. 두목이 부하에게 표적을 쏘라고 지시한다. "Fire"라고. 한데 그 외침에 놀란 관객들이 불이 난 줄 알고 우르르 몰려나가는 바람에 두 악당은 깔려 죽고, 정작 죽을 뻔했던 표적은 기적처럼 살아난다.

은 언어일까? 만약 그렇다면 그의 모국어이자 나의 모국어이기도 한 영
어는 세계 최악의 언어에 속할 것이다.

예는 얼마든지 있다. 영어의 동사는 현재 시제에서 어미·어형의 변
화가 거의 없다. 3인칭 단수일 때 끝에 *s*를 붙이는 정도가 고작이다(I
speak, you speak, he speaks). 아랍어에서는 현재 시제 동사가 무
려 11개의 형태를 지닌다(그중 둘은 각기 두 가지 역할을 한다).

aktubu	"I write"
taktubu	"you〔남성 단수〕write"
taktubiina	"you〔여성 단수〕write"
yaktubu	"he writes"
taktubu	"she writes"
taktubaani	"you two write"
yaktubaani	"they two write"
taktubaani	"they two〔여성〕write"
naktubu	"we write"
taktubuuna	"you〔남성 복수〕write"
taktubna	"you〔여성 복수〕write"
yaktubuuna	"they〔남성〕write"
yaktubna	"they〔여성〕write"

활용어미가 풍부한 언어들에서 흔히 그렇듯 대명사는 불필요하다. 동사
의 어미만으로도 의미가 "he writes"인지 "they write"인지를 나타낼
수 있기 때문이다. "Yaktubu(He writes)."는 하나의 완전한 문장이

다. 이와 달리 영어에서는 대명사의 지원이 필요하다. 하지만 그렇다고 영어가 정말 빈곤하며 모호하다고 할 수 있을까? 핼펀을 포함하여 "모호하면 안 돼!"라고 외치는 투사들은 아랍어 동사에 비해 영어의 동사가 조잡하고 열등하다고 과연 인정할까?

대명사를 놓고 봐도 영어는 빈약하다. 아랍어에는 'they'에 해당하는 말이 둘이어서 그 집단이 남성이거나 혼성인지('hum'을 쓴다), 아니면 모두 여성인지('hunna'라고 한다)를 바로 알 수 있다. 이에 더해 두 사람일 경우(huma)와 셋 이상일 경우(hum/hunna)를 구분한다. 그러나 콰이오어에 비하면 아랍어도 빈약하다. 솔로몬제도의 일부 지역에서 쓰는 콰이오어는 단수, 쌍수(雙數), 복수를 구분하는 데 그치지 않고 단수, 쌍수, 소복수(영어로 'a few'라고 할 만한 숫자), 복수('many'에 해당)로까지 구분한다.* 그리고 '너와 나'를 뜻하는 '우리'와 '너를 빼고 나 그리고 나와 함께 있는 사람들'을 가리키는 '우리'를 구분한다.[8] 영어에는 이 편리한 구분법이 없어서 어색한 상황이 자주 발생한다.

잘나가는 아이: 저기, 우리 영화 보러 갈 거야.

눈치 없는 같은 반 아이: 좋았어, 얼른 웃옷 갖고 올게!

잘나가는 아이: (신음 소리)

그러나 무슨 조화인지 우리 영어 사용자들은 콰이오어의 15개에 비해

---

* '쌍수(dual)'란 두 개 또는 한 쌍의 것을 세 개 이상의 복수와 구별하여 이르는 문법 용어다. 예컨대 두 손, 두 발, 부모 등을 나타낼 때 쓴다. '소복수(paucal)'란 둘은 넘지만 많다고 할 수는 없는 수를 이른다. 대략 3에서 10 이내를 이른다고도 한다.

절반도 안 되는 7개의 대명사로도 그럭저럭 꾸려나간다.

　동사와 대명사처럼 격(格)도 영어에선 찬밥 신세다. ‘he’와 ‘him’ 따위는 구분이 되지만 일반 명사들은 격을 나타내는 아무런 표지(標識)도 없고, 특히 ‘whom’을 제대로 쓸 줄 아는 사람은 모두 사라진 듯하다. 영어는 『베오울프』 시대에 존재했던 격표지 체계를 잃어버리고 말았다. 격표지는 꽤 유용할 수 있다. 어순의 융통성을 허락하기 때문인데, 이는 특히 강조할 때 편리하다. 러시아어 문장을 하나 보자.

Starogo muzhshchinu ubyla molodaja zhenschchina.

(Old)　　(man)　　　　(killed)(young)(woman)

이 문장의 뜻은 “노인이 젊은 여자를 죽였다.”가 아니라 반대로 “노인을 죽인 사람은 젊은 여자였다.”이다. 노인과 젊은 여자에 각기 붙은 격표지가 누가 누구를 죽였는지를 말해주며, 그 덕에 듣는 사람의 주의가 집중되는 위치인 문미에 놀라운 정보인 살인자의 정체를 놓을 수 있었다. 그러나 강대국 러시아는 이웃의 작은 나라를 부러워해야 한다. 러시아어의 격은 6가지인 데 반해 에스토니아어는 14가지나 된다.[9] 그 덕분에 영어의 ‘like the book’, ‘with the book’, ‘onto the book’, ‘out of the book’ 같은 어구들을 각기 한 단어로 표현할 수 있다.

　영어는 다른 여러 면에서도 극히 단순해 보인다. 영어에는 문법상의 성(性)이 없다. 아프리카의 스와힐리어에는 12개의 성이 있다. 앞에서 보았듯이 투유카어에는 ‘증거성’이 있어서 화자는 평서문의 동사에 적절한 접미사를 붙여 자기가 말하는 것이 사실임을 어떻게 아는지를 나타내게 되어 있다. 영어엔 그런 게 없다.

반면 영어에는 다른 많은 언어에 없는 자질들이 있다. 흑인 영어는 단순현재 시제 문장에서 보통 'be' 동사를 생략한다는 점에서 러시아어와 같다.

He my brother.   On moi brat.

영어에는 정관사와 부정관사가 모두 있으며('a/an'과 'the'), 이는 세계 언어의 약 20%만이 지닌 특징이다.[10] 영어는 현재 시제에서 "I speak", "I am speaking", "I do speak"를 구분하나, 다른 대부분의 언어는 이런 구분이 없다. (영어 배우는 사람을 아무나 붙잡고 물어보라. 이걸 익히는 일이 얼마나 성가신지.) 그리고 철자법(맞춤법)은 문법의 복잡성과는 관계가 없지만, 영어의 철자(spelling)는 세상에서 가장 어렵다.*

영어는 '분석어'다.* 접미사를 사용하던 고대 영어에서 어순과 보조사(전치사 따위)를 이용해 의미를 전달하는 쪽으로 이동했다는 뜻이다. 이는 좋으니 나쁘니 그저 그러니 하고* 평가할 일이 아니다. 단지 변화

---

* 영어는 철자와 발음이 일치하지 않는 것으로 유명하다.
* 분석어(analytic language, 분석적 언어)란 대부분의 형태소가 어형변화 없이, 즉 '굴절'을 하지 않고 특별한 문법적 낱말이나 불변화사(부사, 전치사, 접속사, 관사 따위)를 이용해 문장 안의 통사적 관계를 나타내는 언어를 말한다. 따라서 낱말의 위치, 어순이 중요하다. 중국어, 베트남어 등도 이에 속한다. 대체로 '고립어 (isolating language)'와 같은 의미로 쓰인다.
* 미국 작가 랜스데일(Joe R. Lansdale)의 단편소설집 제목인 'The Good, the Bad, and the Indifferent'를 원용한 표현인 듯하다. 이 제목 자체도 이탈리아 감독 세르지오 레오네의 영화 제목 'The Good, the Bad and the Ugly'를 패러디한 것이다.

일 따름이다. 중국어와 거의 모든 크리올어처럼 영어보다 한층 분석적인 언어들도 있다. 한편 '종합어'*들은 주격과 대격(직접목적격)을 구분하는 것 등의 평범한 어미에서부터 증거성 같은 색다른 어미에 이르기까지 다양한 어미들에 크게 의존한다.

그러나 언어의 복잡성과 관련한 이 모든 이야기는 문제의 핵심이 아니다. 이 언어는 이러저러한 것을 미세하게 구분하기 위해 어미를 이용하는 데 비해 저 언어는 문맥이나 보조사에 의존한다는 식으로 언어들 간의 차이에 집착하면 나무를 보느라(그것들이 분명 흥미롭기는 해도) 숲을 보지 못하게 된다. 모든 언어는 저마다 거의 모든 일을 해낼 수 있다. 비록 잔소리꾼들의 바람과 달리 문법적 어미가 시간의 흐름에 따라 변하거나 사라지더라도, 단어들이 특유의 구체적 의미를 잃고 보다 일반적인 의미를 얻게 되더라도, 또는 어떤 말의 명백한 오용이 널리 퍼지는 바람에 결국 아무도 그 말의 원뜻을 모르게 되더라도 말이다. 『베오울프』에 그득했던 명사 격어미들은 더 이상 쓰이지 않지만, 그렇다고 영어 화자들이 혼란을 겪는 일은 없다. 앞으로 'whom'을 잃어버린다 해도 다를 바 없을 테다. 스페인어와 프랑스어 역시 라틴어 격어미들을 잃어버렸으나 아무 문제가 없다. 아랍어 구어들도 마찬가지여서, 쿠란에 나오는 어미들 중 극히 일부만 갖고도 잘만 지내고 있다. 이런 유의 일은 모든 언어에서 발생하지만, **지금까지 어떤 언어도 그것 때문에 이해도와 명료성이 떨어진 적이 없다.** 언어에서 그런 일은 결코 일어나지 않는 것

---

* 종합어(synthetic language, 종합적 언어)란 문장 안에서 구문 관계가 굴절(시제·인칭·성·수·법·태·격의 차이를 나타내기 위해 단어의 형태를 변화시키는 것)이나 교착(형태소나 낱말 등이 결합해 단어를 형성하는 것)에 의해 표현되는 언어를 이른다.

이다.

사피어·워프 가설과 보로디츠키

하지만 언어에 세심한 주의를 기울인다는 것은 곧 사실과 논리에 세심한 주의를 기울인다는 얘기가 아닐까? 이 점에서는 잔소리꾼들의 지적에도 주목해야 할 일리가 있다. 학생들을 가르쳐온 사람으로서 확언하건대, 불분명하고 애매한 생각은 그 표현 또한 신통찮게 마련이며, 말해야 할 생생하고 흥미로운 무엇을 지닌 학생들은 글로든 말로든 그걸 적절히 표현하게 마련이다.

그러나 생각과 논리와 언어의 관계는 많은 잔소리꾼들이 생각하는 대로만 가는 것은 아니다. 이 문제를 다루기 위해서는 유명한(관점에 따라선 '악명 높은') 사피어·워프의 언어 이론을 살펴봐야 한다.

간단히 소개하자면 에드워드 사피어*는 아메리칸 인디언의 언어를 연구한 미국의 언어학자였고, 벤저민 리 워프*는 직업적 언어학자는 아니었으나 사피어의 이론을 확장하고 대중화했다. 다음은 자주 인용되는 사피어의 글이다.

인간은 객관적 세계에서만 사는 것이 아니고 보통 생각하는 바 사회적

---

* 독일 태생의 미국 언어학자이자 인류학자인 사피어(1884~1939)는 북아메리카 인디언의 언어 연구로 유명하며, 문화와 언어의 상관관계를 연구하는 민족언어학의 기틀을 닦았다.
* 워프(1897~1941)의 직업은 내내 화재 예방 전문의 화학공업 기술자였으나 언어학을 독학해 아마추어 언어학자로서 이름을 얻고 예일대 교수였던 사피어 밑에서 더 공부한 뒤 사고 및 인식과 언어와의 상관관계에 대한 사피어·워프 가설을 제창했다.

활동의 세계에서만 사는 것도 아니다. 그의 삶은 자신의 사회에서 표현 수단이 된 특정 언어에 의해서도 크게 좌우된다. 사람이 언어를 사용하지 않고도 현실에 근본적으로 적응할 수 있으며 언어는 단지 의사소통이나 성찰에서의 이러저러한 문제들을 해결하는 부수적 수단이라고 생각하는 것은 환상일 따름이다. 사실인즉 '현실 세계'는 상당한 정도 해당 집단의 언어 습관을 기반으로 하여 무의식적으로 구축된다. …… 우리가 대체로 지금과 같은 방식으로 보고, 듣고, 그 밖의 경험을 하는 것은 우리 공동체의 언어 습관이 〔경험의 해석에 특정한 경향을 부여하는—옮긴이〕 어떤 선택들을 전제로 하고 있기 때문이다.[11]

워프는 사피어의 이러한 견해를 확대하여, 개인의 현실 접근 자체가 그가 사용하는 언어에 의해 조건 지어진다고 했다. 이런 주장으로 워프가 워낙 유명해졌기 때문에 사피어 · 워프 가설은 종종 '워프 가설(whorfianism)'*로만 불리기도 한다. 사실 사피어의 다른 글들을 보면 그가 워프만큼 극으로 치닫지는 않았으리라는 걸 알 수 있다. 워프가 내놓은 유명한 주장 한 가지를 보면, 미국 남서부의 호피족 인디언의 말에는 인도 · 유럽어족에 공통으로 존재하는 시간에 대한 분절적이고 선형적인 단어들이 없다고 한다. 그 결과 호피족은 시간을 서양인들처럼 생각하지 않았다는 것이다.*

이는 호소력 있는 생각으로, 이 책 전체에 거듭 등장하는 두 가지의 대중적인 믿음에 힘을 실어준다. 언어는 엄청나게 강력한 것이라는 생

---

* 이 책에서는 맥락에 따라 편의상 '워프주의'로도 옮겼다.
* 호피어에는 예컨대 '사흘'이라든지 '5년' 따위로 시간의 마디를 나누는 말이 없으며, 시간을 쪼개어 말할 수 없는 하나의 과정으로 본다는 식이다.

각과, 언어들은 이질적이라 할 정도로 서로 다르다는 생각이 그것이다 (바꾸어 말하면, 언어들은 각기 다른 무서운 힘을 갖고 있으며, 어떤 언어들은 다른 언어보다 더 강력하다는 믿음이다). 언어들이 사고 자체를 좌우할 만큼 강력한 동시에 서로 크게 다르다면, 각 언어를 사용하는 인간 집단 간의 차이도 겉으로 보기보다 훨씬 클 게 분명하다.

워프 가설의 가장 큰 문제는 적어도 그걸 강하게 해석한 것은 사실이 아니라는 데 있다. 워프는 자신의 글들에서 호피어를 단 한 문장도 예시하지 않았다. 호피어에 대한 자세한 연구는 수십 년이 지난 1970~80년대에야 이루어졌는데, 이에 따르면 사실 호피족은 서양 언어에 있는 것과 비슷한 시간 관련 단어들을 사용하며, 단지 그 형태가 다를 뿐이라고 한다. 다른 연구에서는 호피족이 시간에 대해 서양인과 똑같이 생각할 줄 안다는 사실이 확인됐다. 오늘날의 워프 옹호자들은 그의 주장이 추종자들에 의해 과장되었다고 지적한다. 젊어서 세상을 뜬 탓에 연구의 많은 부분을 완성하지 못해 오해의 소지를 많이 남겼다는 얘기다.

워프 개인에게 공평하든 불공평하든 간에 그의 이론은 오늘날 많은 언어학자들 사이에서 잘못된 생각의 본보기로 꼽힌다. 강한 형태의 워프 가설이 틀렸음을 드러내는 일은 어렵지 않다. 지칭하는 단어가 없는 어떤 개념을 생각하는 것은 아주 쉽기 때문이다. 바로 이런 발상에 바탕을 둔 것이 시사 잡지 『애틀랜틱』의 「Word Fugitives(도망친 단어를 잡아라)」 칼럼이었다. 가벼운 읽을거리로 책 뒤쪽에 싣는 이 난은 대개 독자들이 보내오는, 흔히 볼 수 있지만 마땅한 명칭은 없는 문제나 상황들을 소개하고는 그걸 지칭할 새로운 단어를 만들어 달라고 독자들에게 요청했다. 2008년 12월호 칼럼의 일부분을 보자.

다른 사람이 식기세척기에 재어 넣은 그릇들을 다시 배열하고 싶은 '억누를 수 없는 충동'을 뜻하는 단어. 엄청 많은 독자들이 그걸 'obsessive compulsive dishorder(강박접시장애)'라고 이름 붙여 왔다. 그에 못잖은 수의 독자들은 같은 증세를 가리키는 다른 말로 다음의 것들을 보내왔다. redishtribution(접시 재분배), dishorderly conduct(접시 질서 행위), redishtricting(접시 재구획), dishrespect(접시 존중), dish jockeying(디시자키 일).*

만일 강한 형태의 워프 가설이 옳다면 어떤 사물이나 상황을 가리키는 이름이 없는 상태에서 사람들이 어떻게 위의 예에서처럼 그걸 명료하게 설명할 수 있겠는가? 어떻게 타당한 새 단어가 생겨날 수 있겠는가? 무엇인가를 매우 빈번히 언급할 필요가 있으면 당연히 우리는 그것의 이름을 만들어 편리하게 부르려는 생각을 할 테고, 그렇게 언어와 생각은 뚜렷이 서로 연결되어 있다. 여기서 생각이 단어에 선행한다는 것은 명백하지 않은가?

그러나 워프 가설의 보다 약한 형태들은 사실일 수 있다. 한 언어에 존재하는 어떤 특성들은 화자들이 무엇을 생각하고 무엇은 생각할 수 없는지를 제한하거나 강하게 규정하지는 않더라도 화자들로 하여금 이런저런 쪽으로 '기울게' 만들지도 모른다. 스탠퍼드대학교의 레라 보로디츠키*는 워프의 가설에 대한 많은 언어학자의 경멸에 개의치 않고 이

---

* 이들은 각기 'obsessive-compulsive disorder(강박신경증, 강박장애), redistribution(재분배), disorderly conduct(치안 문란 행위), redistricting(선거구나 행정구역의 재구획), disrespect(무례), disc jockeying(디스크자키 일)'을 이용한 말장난이다.

주제를 연구했다. 그녀가 내놓은 주장 중에는, 영어 화자들이 시간을 수평선으로 생각하는 데 비해 표준(북방) 중국어 화자들은 수직선으로 생각한다는 것이 있다. 영어에서는 지난달을 'last month'라고 하는데 중국인들은 '샹거위에(上个月, up month)' 즉 '윗달'이라고 한다.* 그리고 영어 화자와 중국어 화자에게 그의 앞의 한 공간적 위치를 가리키면서 "여기가 오늘이라고 합시다. 그러면 어제는 어디고 내일은 어디라고 하겠습니까?"라고 묻는 실험을 해보니, 영어 화자들은 거의 전부가 그 점을 기준으로 하여 수평적으로 멀고 가까운 곳을 가리켰는데, 중국어 화자는 상당수가 수직적으로 그 점의 아래나 위를 가리켰다고 한다.

이는 워프 가설의 강한 해석을 뒷받침하는 사례일까, 아니면 은유 방식의 흥미로운 차이일 따름일까? 시간은 공간이 아니다. 그래서 위의 실험에서처럼 동작으로 시간을 묘사하기 위해 공간적 은유를 사용해야 할 경우, 말에서의 해당 단어가 시간을 위아래에 빗댄 것이라면(윗달〔上个月〕, 아랫달〔下个月〕) 우리는 그걸 동작으로 옮길 때도 자연스럽게 수직적으로 위아래를 가리키게 된다. 마찬가지로 말에서의 수평적 은유는 수평적인 동작으로 표현된다. 다른 언어를 쓰는 사람들 사이의 흥미로운 차이를 주장하려면 이보다는 좀 더 확실한 증거를 찾을 필요가 있다.

영어와 보다 가까운 언어들을 분석할 때 보로디츠키는 좀 더 구체적이 된다. 독일어와 스페인어는 둘 다 모든 명사에 문법상의 성을 부여한다(독일어에는 남성, 여성, 중성이 있고 스페인어는 남성과 여성만 있

---

* 언어학자 보로디츠키(1976~)는 벨라루스 출신으로 언어학과 심리학, 신경과학, 인류학 등을 두루 원용하는 '언어와 인지' 연구를 많이 하고 있다.
* '다음달'은 샤거위에(下个月)로 이를테면 '아랫달'이다.

다). 이런 성은 대부분 별 기준 없이 임의적으로 붙여졌다. 그러나 표면적으로는 보통 말하는 성별과 관계가 있어 보이기 때문에 마크 트웨인은 다음과 같은 재미있는 말을 했다. "독일에선 젊은 아가씨는 섹스를 하지 않는데 순무는 한다(in Germany, a young lady has no sex, but a turnip has)."* (독일어 'Mädchen〔소녀·처녀〕'은 문법적으로 중성이고 'Steckrübe〔순무의 일종〕'는 여성이다.) 많은 언어에서 심지어 생물들조차 문법상의 성이 자연의 성과 늘 일치하지는 않는다.

　문법상의 성이 임의적이라 해도 보로디츠키는 그것이 사람들의 사고에 영향을 미칠 수 있음을 발견했다. 그녀는 스페인어에선 남성명사이나 독일어에선 여성명사인 단어들과 그 반대인 단어들을 수집하여 실험을 했다. 예컨대 독일어 '열쇠(der Schlüssel)'는 남성명사다. 독일 사람들에게 열쇠를 묘사해보라고 하니 '단단하다, 무겁다, 금속이다, 유용하다' 같은 단어들을 많이 선택했다. 반면에 '열쇠(la llave)'가 여성명사인 스페인 사람들은 '금빛이다, 조그맣다, 사랑스럽다, 복잡하다' 따위의 말을 더 많이 사용했다. 이런 차이는 독일 사람들이 거칠기 때문이 아니다. 강에 놓는 '다리(die Brücke)' 같은 여성명사에 대해서는 독일 사람들도 '아름답다, 우아하다, 평화롭다' 등으로 묘사했다. 반대로 '다리(el puente)'가 남성명사인 스페인 사람들은 '강하다, 견고하다, 우뚝하다' 유의 단어를 흔히 썼다. 더욱 흥미로운 것은, 독일과 스페인 사람들을 대상으로 한 이 실험이 영어로 진행되었다는 사실이다. 자국어를 통해 일단 열쇠가 남성성과 연관되고 나면 이 선입견이 외국어를 사용할 때에도 독일인의 머릿속에서 견지된 것이다. 보로디츠키는 또한

---

* 숙어 'have sex'에 이중의 의미('성을 지니다'와 '성관계를 갖다')를 주어 말장난을 한 것이다.

독일 화가들이 죽음을 남자의 모습으로 그리는 경향이 있음을 밝혀냈다. 독일어로 죽음은 남성명사(der Tod)이니 뭐 놀랄 일은 아니다. 반면에 러시아 화가들은 그들의 언어가 그러듯이 죽음을 여성으로 그린다.[12]

보로디츠키의 연구 결과 중 아마 가장 호기심을 자극할 부분은, 오스트레일리아의 원주민 부족 중 하나인 타요레족의 쿠크타요레어에는 '왼쪽, 오른쪽, 앞, 뒤'를 뜻하는 단어, 즉 화자를 기준으로 위치를 가리키는 말이 없다는 것이다. 이들은 위치를 말할 때 고정된 기본 방위들만 사용한다. 그래서 "네 남서쪽 다리에 개미가 있어."라거나 "잔을 북북동으로 조금 옮겨."와 같이 얘기한다. 인사를 할 때는 "안녕하세요?" 대신, "어디 가세요?"라고 묻고 상대는 "남쪽으로 중간 정도의 거리를 가."라는 식으로 대답한다. 이 부족이 언제 어디서든 분명한 방향감각을 유지하는 데 대해 보로디츠키는 경이감을 표한다. 그녀가 스탠퍼드 대나 매사추세츠공대(MIT)의 교수들이 그득 모인 자리에서 그들에게 눈을 감고 남서쪽을 가리켜보라고 했을 때, 방향을 올바로 잡은 사람은 몇 안 됐다. 타요레족이라면 평범한 다섯 살짜리 아이에게도 아주 쉬운 일인데 말이다. 이는 그들이 삶의 조건(지리나 생활 방식 등등) 때문에 방향을 항상 알고 있어야 한다는 논리로만은 설명되지 않는다. 보로디츠키에 따르면 그들과 가까이 살고 생활 여건도 거의 같되 언어에 이 같은 특징이 없는 부족들은 언제 어디서든 방향을 훤히 아는 능력도 없다고 한다.

이 연구들로 보로디츠키는 신(新)워프주의의 진영에 속하게 됐다. 서로 다른 언어들은 각기 다른 방식으로 사람들의 사고를 단련한다고 그녀는 확신한다. 그리고 노엄 촘스키, 스티븐 핑커 같은 학자들이 상세히 설명하여 널리 알려진 견해, 즉 인간 언어는 근본적으로 단일한 현상이어서 표면상으론 흥미롭게 다양하지만 그 근저에는 보편적 특질들이 존재한다는 생각을 거부한다.

그러나 신워프주의자들은 언어가 우리의 지각과 생각을 지배한다기보다는 방향을 잡아준다고 주장한다. 중국어를 비롯한 일부 언어에는 영어의 'brother'에 해당하는 단어가 없고 'older brother(형)'와 'younger brother(동생)'에 상응하는 말만 있다.* 이런 언어를 사용하는 사람들은 확실히 출생 순서에 더 신경을 쓰게 마련이다. 그렇다고 이같은 특질이 없는 언어의 사용자들은 출생 순서에 무심하다는 얘기는 결코 아니다.

그리고 언어들의 평등으로 말하자면 보로디츠키는 '더 낮거나 더 못한' 언어 같은 건 결코 존재하지 않는다는 보편주의자들의 견해에 적극 동의한다. '복잡성'을 재는 대부분의 기준에서 영어는 단순하다. 그러나 영어에 엄청 정교한 문법이 없는 탓에 그 화자들이 복잡하고 섬세하게 생각할 줄을 모른다고 주장할 이는 적어도 영어의 옹호자들 가운데는 거의 없을 테다. 워프의 가설과 언어의 보편적 특성에 대한 학계의 논쟁은 언어학자뿐 아니라 종종 심리학자와 철학자들도 참여한 가운데 앞으로도 계속될 전망이다.[13]

오웰도 진부한 유혹에 빠지고

워프의 말이 정확히 무슨 뜻이었는지, 보로디츠키의 연구 결과 같은 것들이 워프의 어떤 주장에 대한 그들의 오래된 경멸감을 바꿀 이유가 되는지 등을 놓고 언어학자들이 격렬한 학문적 논쟁을 펼치고 있는 사

---

* 중국어의 경우, 형은 '哥哥〔거거〕', 동생은 '弟弟〔디디〕'다. 이를 아우르는 '兄弟〔시옹디〕'라는 단어가 있지만 여기에도 순서의 의미가 들어가 있다.

이에, 학계 밖의 사람들 다수 혹은 거의 전부는 워프의 이름조차 들어보지 못했으면서도 일정한 형태의 워프주의를 별 생각 없이 받아들여왔다.

학계 바깥의 통속적 워프주의에는 두 형태가 있는데, 둘 다 잘못 안 것이고 둘 다 정치적이다. 첫째 유형은 안타깝게도, 20세기 영문학의 최고 작가 중 하나인 조지 오웰*에게서 가장 잘 드러난다.

본명이 에릭 블레어인 오웰은 자신을 '민주적 사회주의자(democratic Socialist)'라고 했다(그는 글에서 'Socialist'를 항상 대문자로 시작했다). 그는 좌파로서 스페인 내전* 때 공화파 진영에 자원하여 싸우기도 했지만 단호한 반소련, 반공산주의자로서, 자기 작품의 가장 유명한 등장인물 빅브라더(Big Brother)를 스탈린을 본떠 만들기도 했다. 좌우를 막론하고 그는 모든 유형의 전체주의를 증오했다.

오웰은 1948년에 출간한 『1984년』의 말미에 전체주의 국가 오세아니아에서 고안한, 이념적 선전이 짙게 가미된 언어인 '신어(Newspeak)'에 관한 부록을 덧붙였다. 신어는 점차 영어(Oldspeak, 구어)를 대체할 언어이며, 어휘와 표현력이 해가 갈수록 줄어드는 유일한 언어라고 설명된다.* 모든 개념의 유의성은 긍정가(價)와 부정가로 양분되고, '자

---

* 우리에겐 『동물농장』과 『1984년』으로 가장 잘 알려진 조지 오웰(1903~50)은 20세기 영어권의 중요한 작가이자 비평가, 정치평론가다. 영국 식민지였던 인도에서 태어나 본국에서 엘리트 교육을 받은 뒤 한때 식민지 버마(미얀마)에서 경찰로 일하기도 했으나 그만두고 돌아와 부르주아적 삶을 거부하고 문학적·정치적 반항아로 변신했다. 본명은 에릭 블레어이며, 필명 '오웰'은 영국 동남부에 있는 강 이름을 따온 것이다.
* 스페인 내전(1936~39, 에스파냐 내란)은 스페인 제2공화국의 인민전선 정부(사회주의노동자당, 좌파 공화파, 스페인 공산당 등으로 구성)에 대항해 프란시스코 프랑코 장군(1892~1975)이 이끄는 파시스트들이 군사반란을 일으킴으로써 벌어졌다. 이때 오웰을 포함해 각국에서 모여든 지원자들로 '국제여단'이 구성돼 인민전선을 지원했으나 결국 프랑코가 승리했고, 그는 이후 30여 년간 스페인을 지배했다.

유' 나 '반란' 같은 개념은 결국 어휘 목록에서 완전히 사라질 것이다.

이것은 통속적 워프주의의 한 형태다. 오웰의 신어 구상에서는 어떤 것을 부를 이름이 없으면 그것을 생각하지도 못한다. 이 점은 아래의 글에 분명히 나타나 있다.

> 신어의 목적은 영사[영국 사회주의] 신봉자들에게 부합하는 세계관과 사고 습성에 대한 표현 수단을 마련해주고, 영사 이외의 다른 모든 사상을 가지지 못하게 하는 데 있다. 신어가 일단 채택되어 전적으로 통용되고 구어(舊語)가 잊히게 되면 이단적 사상 — 즉 영사의 원칙에 어긋나는 사상 — 은 적어도 사고가 언어에 의존하는 한 생각조차 할 수 없는 것이다. …… 신어를 유일한 언어로 삼고 자란 사람은, 가령 장기에 대해 전혀 들어보지 못한 사람이 포(包)나 상(象)에 딸린 이차적인 의미를 모르듯이, 한때는 '동등한(equal)' 이라는 단어에 '정치적으로 평등한' 이라는 이차적 뜻이 있었다는 사실을 모를 것이고 '자유로운(free)' 이라는 단어에 '정신적으로 자유로운' 이라는 뜻이 옛날에는 있었다는 사실을 모를 것이다. 뭐라고 이름 부를 수 없고, 따라서 상상할 수도 없기 때문에 저지르는 것이 불가능해질 많은 죄나 잘못이 있게 될 것이다.*

인용문 중 "적어도 사고가 언어에 의존하는 한"이라는 어구에서 오웰은 논증해야 할 결론을 전제로 삼는 오류를 범했다. 생각은 언어에 의존하

---

* 신어는 사고의 영역을 넓히기 위해서가 아니라 줄이기 위해 창안되었기 때문이다.
* 번역문은 김기혁이 옮긴 『1984』(문학동네, 2009)를 따르되 일부 자구를 수정했다. 장기짝 비유는 원문에선 체스 피스(서양장기의 말)의 비유였다.

지 않는다. 설사 레라 보로디츠키의 추측이 차후의 연구들로 입증된다 할지라도, 언어와 사고의 관계는 오웰이 제시한 것("사고가 언어에 의존")과 같은 일방통행이 아니라 훨씬 미묘하고 흥미로운 방식의 상호작용일 수밖에 없다.

그리고, 사이언스픽션을 가지고 너무 심각하게 얘기하는 건지는 모르겠으나, 설령 오세아니아가 바람직하지 않은 단어들을 하루아침에 전면 금지한다 해도 그것들은 결코 영원히 사라지지 않을 테며, 재발명될 게 거의 확실하다. 니카라과의 청각장애 아이들만 봐도, 언어가 전무한 상태에서 필요한 언어를 만들어내지 않았는가. 그리고 뒤쪽에서 얘기하겠지만, 현대 히브리어를 재창조한 사람들은 성경과 탈무드*에 기록된 제한된 어휘를 가지고 '전화'에서 '음핵'에 이르기까지 모든 것을 표현할 수 있는 오늘의 언어를 만들어냈다. 언어란 워낙 필수적인 것인 데다 그 자체의 내적 논리에 의해 추동되기 때문에 아무리 강력한 국가라도 '바람직하지 않은' 말들을 영원히 추방하기란 불가능하다. 우리는 그런 단어들이 필요하고, 만약 없다면 곧바로 만들어낼 것이다. 상황에 따라서는 다시, 그리고 또다시.

사실 오웰의 워프주의는 『1984년』이전에 더 진지한 형태로 드러난 적이 있다. 1946년의 유명한 소론「정치와 영어」에서였다. 이 글의 뒷부분에서 오웰은 인상적인 글쓰기 규칙 여섯 가지를 제시하는데, 스트렁크와 화이트라 해도 자랑스러웠을 만한 것이다. 그리고 글쓰기를 익

---

* 탈무드는 유대교의 율법과 도덕 등에 대한 수천 명 랍비(율법학자)들의 구전과 해설을 집대성한 책으로, 인간 생활 전반의 문제들을 다루고 있어 유대인 정신문화의 중요한 원천이 되어왔다. 팔레스타인 혹은 이스라엘 탈무드와 바빌로니아 탈무드가 있는데 보통 후자를 이른다.

히는 사람이 마음에 새겨두면 문장의 질이 대부분 좋아질 규칙들임에
틀림없다.

(1) 익히 보아온 은유, 직유, 그 밖의 비유적 표현은 절대 사용하지
말라.
(2) 짧은 단어를 쓸 수 있을 때는 절대 긴 단어를 쓰지 말라.
(3) 빼도 지장이 없는 단어가 있으면 반드시 빼버려라.
(4) 능동태를 쓸 수 있는 경우엔 결코 수동태를 쓰지 말라.
(5) 외국어로 된 어구나 과학 용어, 전문용어는 그에 대응하는 일상어가
있다면 절대 쓰지 말라.
(6) 너무 황당한 표현을 하게 되느니 차라리 이 규칙들을 어겨라.

오웰에게 이 같은 글쓰기는 정치적인 함의를 지니고 있었다. 같은 해에
발표한 글 「나는 왜 쓰는가」에서 오웰은 그를 좋은 작가로 만든 특성 중
하나를 (아주 정확히) 묘사했다. 바로 "불쾌한 사실을 직시하는 힘"이
었다. 그에게 이 능력은 활기차고 명료한 글쓰기와 긴밀한 관계가 있다.
나태한 글쓰기, 가령 완곡어법이나 진부한 표현, 죽은 은유 따위는 모두
나태한 사고를 낳는다. 그리고 나태한 사고는 글을 쓰는 이들과 읽는 이
들을 정치적 조작의 쉬운 먹잇감으로 만든다. "저항하는 주민들을 사살
하다"를 그냥 "평정하다"로 대체하는 것 같은 완곡어법의 남용에 주의
하지 않는 사람들은 빅브라더의 행위를 도와주고 있는 셈이다. 작가가
게으름에 빠져서 자신을 둘러싼 세계를 매일 새롭게 보고 그것을 신선
하고 인상적인 언어로 그려내고자 노력하지 않는다면 투쟁의 무기를 일
방적으로 내던지는 꼴이 된다.

216

사고가 날카롭고 명석했던 오웰이었지만, 언어의 상태에 대해 불평하는 많은 사람들이 걸려든 덫을 그 역시 피하지 못했다. 「정치와 영어」는 이렇게 시작한다. "이 문제를 조금이라도 염려하는 사람이라면 대부분 인정할 것이다. 영어라는 언어가 위중한 상태에 놓여 있음을." 영어에 관해 생각하는 많은 사람이 영어가 "위중한 상태에" 놓여 있다고 본다는 말은 옳았다. 그러나 언어를 위해선 다행스러운 일이라 할까, 불쾌한 사실을 직시하는 데 누구보다 탁월하다는 오웰도 여기서는 사실을 기술하는 대신 예의 오래되고 온 세상에 퍼진 습관, 쇠퇴론에 빠지고 말았다.

우리는 조너선 스위프트가 일찍이 1712년에 영어의 쇠퇴가 거의 말기 단계에 들었다고 생각했음을 보았다. 파울러 형제는 오웰이 세 살배기였던 1906년에 출간한 『킹스 잉글리시』에서 모호한 비유적 표현, 외국풍의 어법, 전문용어나 전문용어의 과용 등을 개탄했다. 헨리 파울러는 젊은 오웰이 버마(미얀마)에서 대영제국의 경찰관으로 근무하고 있던 1926년에 펴낸 『현대영어용법사전』에서 상당 부분 같은 불평을 되풀이했다. 오늘날 린 트러스도 동일한 말을 한다. 그러니 오웰이 「정치와 영어」를 쓴 1946년에 영어는 그의 말과 달리 별로 "위중한 상태"에 있지 않았다고 해야 할 터이다. 1712년, 1906년, 1926년의 영어가, 그리고 오늘날의 영어가 위중한 상태가 아니라면 말이다.

언어 쇠퇴론이라는 진부한 유혹에 빠진 것도 모자라 오웰은 개념적 오류까지 범했다. 그는 워프에 대해선 들어본 적이 없었을지 모르지만, 언어가 사고에 앞선다는 생각을 어디선가 접하고 받아들이게 된 모양이다. 물론 그는 글을 쓰는 사람들이 "의미가 단어를 택하도록 해야지, 그 반대가 되도록 해서는 안 된다."라고 말하기는 했다. 그러나 「정치와 영어」의 다른 부분에서는 "생각이 언어를 타락시킨다면, 언어 또한 생각을 타락시킬 수 있다."라고 썼다. 마치 영어의 황폐해진 상태가—그게 무슨 뜻이든 간에—사람들을 더 어리석게 만들고 있다는 듯이.

다시 한 번 강조하건대, 언어는—그 문법, 발음, 어휘, 그리고 어법을 포함해서—사람들의 사고 내용엔 큰 책임이 없다. 오웰의 시대에 사람들이 정치적으로 허튼소리들을 숱하게 쏟아내고 있었다면 그건 영어나 다른 언어들이 타락해서가 아니라 당시의 세계 정치 상황이 워낙 사나웠기 때문이다. 그게 아니라면 예컨대 세계 유수의 문자언어 전통을 지닌 두 나라에서 어떻게 히틀러와 스탈린 같은 사람들이 정권을 장악했겠는가? 한편, 영어가 그토록 타락했다면 영국과 미국은 어떻게 추축국*을 쓰러뜨릴 불굴의 의지를 발휘할 수 있었겠는가? 파시즘과 공산주의의 예리한 관찰자였던 오웰은 독일이나 러시아가 독재자의 손에 힘없이 넘어간 게 독일어나 러시아어의 상태 탓이 아니었음을 알았어야 했다. 진짜 이유는 가난과 굴욕이었다. 두 나라의 국민들은 분노와 두려움에 사로잡힌 나머지 그들을 부추기는 헛소리를 믿은 것이지, 언어 자체가 나약해져서가 아니었던 것이다. 오웰은 뛰어난 작가였으니만큼 언어가 세상에서 가장 중요하다고 생각했더라도 큰 흠이 되진 않는다. 그러나 사람들이 때때로 무슨 이유에서든 잘못된 길로 이끌려가곤 하는 것과 언어와는 아무런 상관이 없다.

언어정치에서의 속임수를 보여주는 요즘 사례를 살펴보자. 다음 문장

---

* 추축국(Axis powers, Axis nations)이란 제2차 세계대전 때 동맹을 맺은 일본, 독일, 이탈리아, 그리고 그들과 함께 영국, 프랑스 등의 연합국과 대립한 나라들을 이른다. 이 용어는 1936년에 이탈리아 지도자 무솔리니가 "유럽의 국제 관계는 로마와 베를린을 연결하는 선을 추축으로 하여 변화할 것"이라고 말한 데서 유래했다.

의 문제는 언어에 있는가?

The British Government has learned that Saddam Hussein recently sought significant quantities of uranium from Africa. (영국 정부는 사담 후세인이 최근 아프리카에서 유의량의 우라늄을 구하려 했음을 알게 되었습니다.)

이 유명한 열여섯 단어는 오웰의 규칙 어느 것도 위반하지 않았고, 명료한 영어라 하겠다. 오웰이라면 '유의량(有意量)'*보다는 좀 더 직설적인 말을 택했을지 모르지만, 대체로 에두르지 않은 표현들이다. 전 세계의 많은 사람이 이 말을 믿었다. 조지 W. 부시 미국 대통령이 2003년 초 국정연설에서 이라크와의 전쟁을 불사하겠다고 역설하면서 내놓은 이 진술의 문제는 그것이 의도적으로 사람들을 오도했다는 데 있다. 'learned(알게 되었다)'라는 동사를 사용함으로써 후세인이 아프리카에서 우라늄을 구하려 했음을 영국 정부가 확신하는 것으로 들리게 했으니 말이다. 실은 영국의 정보기관들은 이 내용에 대해, 첩보라는 게 본디 그렇듯이 확신까지는 못하는 상태에서 의심만 하고 있었다. 부시의 연설을 들은 사람들은 그 말을 믿었는데, 그건 그들이 동사 'learned'가 내포하는 바를 몰라서가 아니었다. 그들은 이라크와의 전쟁을 원했고, 부시가 좋은 정보를 물어오리라고 믿었다. 그리고 부시를 간절히 믿고 싶어한 사람들 중엔 말이나 글에서 현수수식어(懸垂修飾語, dangling

---

* 핵물질 관련 용어로 쓸 때의 'significant quantity(SQ, 유의량)'는 단순한 '상당량'이라기보다 핵폭발장치 제조에 쓰일 수 있는 만큼의(그래서 그 제조 가능성을 배제할 수 없는) 대략적인 양을 뜻한다.

modifier)*를 절대 만들지 않을 만큼 똑똑한 사람들이 많았다. 정치적으로 쉽게 믿고 잘 속아 넘어가는 문제는 그 연유가 무엇이든 간에 기본적으로 언어의 문제가 아니다.

그러나 사람들은 정치적 논쟁에서 열세에 몰릴 경우 언어 자체를 탓하게 되기가 아주 쉽다. 이는 좌파나 우파 어느 한쪽에 국한되지 않는다. 버클리 소재 캘리포니아대학교의 좌파 언어학자 조지 레이코프*도 그같은 예다. 그는 민주당이 프레임* 설정에서 공화당에게 뒤졌기 때문에 많은 정치적 싸움에서 패했다고 생각한다. 공화당은 정치적, 사회적 사안에 대해 자신들이 선호하는 용어를 붙여서는 그것을 유권자들이 되뇌게(그래서 내면화하게) 함으로써 승리를 거둬왔다는 얘기다. 레이코프는 민주당이 '세금' 개념을 국가 구성원으로서 납부하는 '회비(membership dues)' 개념으로 전환하는 등의 프레임 재구성을 해야 한다고 설득하는 운동을 필마단기로 펼쳐왔지만 아직 뜻을 이루지 못했다.

---

* 현수수식어란 주절의 주어와 연결되어야 할 준동사구(분사 · 부정사 · 동명사구)나 생략절의 의미상 주어가 주절의 주어와 다를 때(그래서 공중에 떠버린 형국이 될 때) 이러한 준동사구나 생략절을 가리키는 말이다. 앞에 나왔던 현수분사도 이에 속한다. 예컨대 "Walking down Main Street, the trees were beautiful."(현수분사구)이나 "On leaving the stadium, it began to rain."(현수동명사구) 혹은 "To succeed in life, his hard work is necessary."(현수부정사구)와 "When seven years old, my grandmother gave me a silver ring."(현수생략절) 따위다.
* 미국의 인지언어학자인 레이코프(1941~)는 인간의 사고와 정치적, 사회적 행동에 은유(隱喩)가 미치는 결정적 영향에 관한 연구로 특히 유명하다. 『코끼리는 생각하지 마』, 『프레임 전쟁』 등 여러 저서가 번역돼 있다.
* 레이코프의 설명에 의하면 '프레임(frame)'이란 "우리가 세상을 바라보는 방식을 형성하는 정신적 구조물이다. …… 프레임을 재구성한다는 것은 대중이 세상을 보는 방식을 바꾸는 것이다. …… 프레임은 언어로 작동되기 때문에, 새로운 프레임을 위해서는 새로운 언어가 요구된다. 다르게 생각하려면 우선 다르게 말해야 한다."(『코끼리는 생각하지 마』에서)

한편 우파에서는 언어 잔소리꾼이며 오웰의 열성 팬인 마크 핼펀이 좌파에서 기인한다고 생각되는 문화적 부패를 멈추고자 자기류의 깐깐함을 널리 고취하고 있다. 다음과 같은 논리에서다.

단순한 어법 위반까지 세심히 챙기다 보면 언어 전반에 대해서도 보다 민감해지는데, 이는 부정직하고 편향된 언어를 간파하고 거부하기를 배우는 일에서 큰 걸음을 내딛는 것이다.[14]

이 말은 부분적으로 옳지만, 핼펀이 생각하는 식으로는 아니다. 물론 사람들이 언어에 민감해지면 부정직한 언어를 간파하고 거부할 가능성이 커진다. 그러나 이는 언어가 사람들을 더 영리하게 만드는 어떤 신비한 힘을 지녔기 때문이 아니다. 과학에 민감해지는 것도 부정직한 언어를 간파하고 거부하기를 배우는 데 큰 도움이 된다. 역사에 민감한 것 역시 그렇고, 정치철학, 논리학, 경제학, 심지어 수학에 민감해지는 것도 그 같은 방향으로 성큼 내딛는 걸음들이다. 이들은 모두 '식견'이며, 식견은 깨어 있는 비판적 시민을 만들기 때문이다. 이 점과 관련하여 언어에는 그 어떤 마술적인 힘도 없다. 앞에서 언급한 'infer'와 'imply'의 차이를 안다고 해서 우라늄의 원자량이나 니제르 공화국의 수도를 아는 것보다 비판적이고 의식 있는 시민이 될 가능성이 더 커지는 건 아니다. 어떤 부문에서든 똑똑한 사람은 대체로 그리 쉽게 속아 넘어가지 않는다.

핼펀은 미국인(그리고 대부분의 다른 국민들)이 잘못된 일들에 너무 신경 쓰며 산다고 했는데, 옳은 말이다. 누구든 책을 더 많이 읽고 체중 감량을 소재로 한 텔레비전 프로그램 '감량의 달인(The Biggest Loser)'

을 덜 보는 건 좋은 일이 아니겠는가. 그러나 그는 동시에 전통적인 문법 규칙과 용법의 쉽볼렛들에 신경을 쓰면 마치 부적을 쓴 듯이 거짓을 막아내는 힘이 생기리라는 식의 유사 워프주의적 생각을 갖고 있는데, 이는 옳지 않다. 덮어놓고 규칙을 암기하는 것은 독단적 사고의 위험에 맞서는 정신의 특징인 융통성과 경험주의, 예리한 직관 등과 오히려 정반대로 가는 길이다. 핼펀은 괜찮은 생각("언어 사용에 유의하자" 등)에서 출발했으나 결국은 그것들을 어리석은 정치적 목표에 종속시킨 많은 사람의 행렬에 가담하고 있다. 규범주의의 규칙을 익혀라, 그러잖으면 테러리스트와 공산주의자 들이 승리하리라던 사람들의 행렬에.

위인들의 언어는 품위가 다른가

오웰은 한 언어 안에서의 정치적 워프주의를 보여주는 사례로서, 올바른 영어를 말하고 쓰면 정치적 통찰력도 좋아진다는 것이 그 요지다. 이와 연관된 현상으로 언어들 및 방언들 간의 워프주의가 있다. 우리는 앞에서 흑인 영어는 수준 높은 생각의 수단이 될 수 없다고 일축하는 시각을 보았다. 이런 유의 견해는 전 세계 어디서나 볼 수 있다. 오늘날 대부분의 사람은 다른 언어들의 표현력을 대놓고 무시하지 않을 만큼은 예의를 지키는 게 보통이다. 그러나 또 한편으로는 어느 한 언어가—거의 예외 없이, 자신들이 쓰는 위세 있는 변이형이—여타의 것들보다 '더 평등하다고' 보는 습관에 아직 젖어 있다.*

언어민족주의 하면 바로 떠올리게 되는 프랑스 사람들도 이 같은 민족주의적 워프주의를 보이는 것으로 유명하다. 2007년 일군의 정치인과

---

* 언어에서의 '위세(prestige)' 개념에 대해서는 3장 본문과 옮긴이 주를, '더 평등하다'는 말의 의미에 대해서는 이 장 맨 앞의 옮긴이 주를 참조.

시민운동가들은 프랑스어를 유럽연합(EU)의 유일한 법률 언어로 정해야 한다는 터무니없는 캠페인을 벌였다. 물론 이 시도는 성공하지 못했다. 유럽연합은 출범 때부터 모든 회원국의 공용어에 EU 공식 언어가 될 권리를 부여했다.† 언어들의 공식적 평등에는 합리적인 근거가 있다. 예컨대 핀란드어가 유럽연합의 공식 언어가 아니라면 핀란드인들이 "우리의 EU"라는 소속감을 가질 수 있겠는가? 23개의 공식 언어가 나란히 쓰이는 상황은 거추장스럽지만 정치적으로 불가피하다.

그렇다면 프랑스 사람들은 어떻게 해서 자기네 말을 유일한 법률 언어로 삼자는 가당찮은 생각을 하게 됐을까? 이번에도 범인은 통속적 워프주의다. 이 캠페인의 주도자 중 하나이며 2009년 사망할 때까지 아카데미프랑세즈의 '종신 서기'였던 모리스 드뤼옹*은(2000년에 은퇴했으나 아카데미 회원은 종신직이다) 당연히 "모든 언어는 평등하다."라고 의례적인 말을 하고는 곧이어 완전히 모순되는 얘기를 늘어놓았다.

이탈리아어는 노래의 언어이고 독일어는 철학에, 영어는 시에 적합하다. 프랑스어는 정확성에서 가장 뛰어나다. 엄밀하기 때문이다. 그래서 법률적 목적에 가장 안전한 언어다. …… 몽테스키외의 언어는 타의 추종을 불허한다.

---

† [지은이 주] 아일랜드는 유럽연합이 발족하고 한참 지난 뒤 새삼 아일랜드어도 EU의 공식 언어 중 하나가 되어야 한다고 주장했다[이 책 앞부분에 나오듯이 아일랜드어는 자국 내에서도 제1 언어로 사용하는 사람이 극소수다. 그래도 그 요구가 받아들여져 2007년 EU 공식 언어가 되었다.—옮긴이]. 보다 분별 있는 사례로, 룩셈부르크는 그들의 거의 알려지지 않은 제3 공용어인 룩셈부르크어(현지 이름은 레체부어여슈어)를 EU의 공식 언어로 삼자고 요구하지 않았다.
* 저명한 역사소설가이자 정치가로 문화부 장관을 지낸 드뤼옹(1918~2009)은 1966년 아카데미프랑세즈 회원이 되었다.

특이하게도 프랑스인들의 이 캠페인에는 루마니아와 불가리아의 전임 수상들과 폴란드의 전 외무부장관을 포함한 유럽 여러 나라의 저명인사들도 동참했다. 이런저런 목적에 특정 언어가 우월하다는 믿음은 항상은 아니지만 대부분의 경우 자기네의 언어에 국한되어 있는데 말이다.

다 자란 어른이 이런 얘기들을 심각하게 받아들일까 싶지만, 실제론 많은 사람이 그리한다. 특히 철학에는 독일어가 적합하다는 말은 나 역시 진지한 미국인들에게서 들은 적이 있다. 한데 시에는 영어가 좋다는 생각을 드뤼옹은 어디서 주웠는지 모르겠다. 프랑스와 독일에도 위대한 시인들이 많지 않은가. 어쩌면 저의가 깔린 교묘한 말일 법도 하다. 시에 적합한 언어라는 말은 그 언어가 예쁘긴 해도 그리 진지하지는 않다는 뜻일 수도 있으니.

예언은 스스로 현실이 된다

2008년 프랑스 국민의회(프랑스 국회의 주축인 하원을 이른다)는 헌법에 다음의 짧은 조항을 추가하는 것을 고려했다. "지역언어들도 프랑스의 유산을 구성하는 일부분이다." 이는 무해할 뿐 아니라 명백히 옳은 말임에도 격렬한 반응을 불러일으켰다. 프랑스어가 프랑스 민족정신의 정화(精華)로 거의 신화적인 지위를 점하고 있기 때문이다. 이 제안의 반대자 중 하나인 장클로드 모네레는 다음과 같은 논리를 폈다.

모든 언어가 똑같은 품위를 지닌 것은 아니다. 나처럼 언어학자이고 모든 언어들이 다원주의적으로 함께 존속할 필요성을 확신하는 사람이라 해도 위대한 문화적 언어와 척박한 방언을 동일한 수준에 놓을 수는 없다. 오크어에 루소 같은 인물이 있었으며, 바스크어에 토크빌이, 최근의

한 영화*를 빗대자면 슈티어[피카르디어]에 발자크가, 브르타뉴어에
스탕달이, 그리고 카탈루냐어에 몽테스키외 같은 인물이 있었는가?[15]

"척박한 언어"라니, 지역언어들의 존속을 지지한다고 주장하는 사람치
고는 심한 표현이다. 하긴 모네레는 카탈루냐어, 바스크어 등등이 루소
나 토크빌 급의 위인을 배출하지 못했으므로 '품위'가 떨어지는 게 자명
하지 않으냐고 여기는 듯했다.

그건 이 언어들이 정말 능력이 안 돼서일까? 절대 그렇지 않다. 프랑
스어에 토크빌 같은 사상가들이 있고 영어에 밀턴 같은 시인들이, 독일
어에 괴테 같은 문호들이 있는 건 프랑스어, 독일어, 영어가 '큰' 언어
이기 때문임은 부인할 수 없는 사실이다. 모두 세계에서 가장 강력한 국
가들의 주된 언어가 아닌가. 그리고 영어, 프랑스어, 독일어가 오늘날
의 모습을 갖게 된 것은 대체로 보아 역사적 우연의 결과다. 마르틴 루
터*가 함부르크 출신이었다면 성경을 번역할 때 저지 독일어
(Niederdeutsch, 독일 북부의 평원 지대에서 사용하는 말로 네덜란드어
에 가깝다) 류로 옮겼을 테고, 그랬다면 고지 독일어(Hochdeutsch, 현재
의 표준어) 대신 저지 독일어가 실러에서 비트겐슈타인까지 모든 이가
사용한 명망 높은 언어가 되었을 테다. 잉글랜드 남동부 방언이 표준 영
어가 되고 일드프랑스*의 방언이 표준 프랑스어가 된 과정에도 역시 우
연이 작용했다고 할 수 있다. 이 말들의 패권은 정치적인 것이지 언어

---

* 2000년대 후반 프랑스에서 2,000만 명 넘는 관객을 동원해 흥행 신기록을 세운 코
미디 영화「슈티의 땅에 오신 걸 환영합니다(Bienvenue chez les Ch'tis)」를 말한다.
* 가톨릭 신부였던 루터(1483~1546)는 로마 교황청의 면죄부 강제 판매에 분격하
여 1517년 95개 조의 반박문을 발표하면서 종교개혁의 계기를 마련했고, 이후 성경
을 독일어로 완역했다.

자체의 우열에 근거한 게 아니다.

그러나 모네레의 말에도 새겨볼 점은 있다. 한 언어가 표준어가 되고 나면 자기실현적 예언과 같은 과정이 시작된다. 그 나라의 위세 있는 언어로서 표준어는 교육과 학문의 도구가 된다. 그리고 표준어로 된 저작이 양산되는데, 이유는 간단하다. 설사 몽테스키외나 루소의 제1 언어가 바스크어였다 해도 그들이 도통 야심이 없거나, 성마른 반골이거나, 강성의 지역 민족주의자가 아니라면 굳이 표준어 아닌 바스크어로 글을 쓰지 않았으리라는 점이다. 바스크어 지역 밖에서는 아무도 그들의 글을 읽지 않았을 테니까. 따라서 모네레의 지적은 옳지만 하나 마나 한 말이다. 그가 언급한 위대한 저자들이 표준 프랑스어로 글을 쓴 건 지극히 당연하다는 얘기다. 이 사실은 표준 프랑스어 자체의 특질들에 대해서는 아무것도 말해주지 않으며, 단지 바스크어로 쓴 위대한 소설을 읽을 수 있고 읽으려 드는 사람이 얼마 되지 않는다는 사실만을 환기시켜 줄 따름이다.

그런데 이 같은 자기실현적 예언은 언어의 평등에 관한 우리의 관념을 혼란에 빠뜨리게 된다. 일단 특정 언어로 많은 양의 문헌이 생겨나면 차츰 문어체가 형성된다. 사전 편찬자들은 사전을 엮으면서 희귀한 단어들과 문체상 쓸모 있는 동의어들을 두루 살려놓는다. 그래서 위세 있는 언어에는 글 쓰는 사람이 길어다 쓸 자원이 더 많아질 수 있다. 바로 이 점을 가지고 찬미자들은 그 언어가 다른 어떤 언어보다도 우수하다고 생각하게 된다. 특히 어휘의 융통성과 세련미가 그들의 마음을 사로잡

---

* '프랑스의 섬'이라는 뜻을 지닌 일드프랑스(Île-de-France)는 프랑스 본토의 22개 레지옹(région, 지방행정 구역) 중 하나로, 대략 파리의 대도시권에 해당한다. 중세에는 강들로 어느 정도 둘러싸인 지역을 종종 '섬'으로 부르고는 했다.

는다.

어휘가 풍부해야 '세련된' 언어로 간주하는 이 관점을 많은 사람이 공유한다. 그렇게 보자면 언어는 단지 낱말들의 창고이며, 사전이 두꺼울수록 좋은 언어가 된다. 이런 믿음을 지닌 유형의 사람은 대개 어원 따지기라든가 골동품 같은 말들—자연스러운 대화에서는 아무도 쓰지 않는 희귀한 단어들—의 수집을 즐긴다. 어느 누가 일상에서 'I have a fear of the number thirteen.(난 13이란 숫자에 두려움이 있어.)"이라고 말하는 대신 'I have triskaidekaphobia(난 13 공포증이 있어)."라고 하겠는가? 여기서 맨 먼저 눈에 띄는 목적은 화자의 어휘 과시다. 이것 봐, 나 정말 단어를 많이 알잖아, 하는 식이다. 그러나 한 꺼풀을 들추고 보면 어휘의 보고(寶庫) 자체에 대한 자부심이 꿈틀거리고 있다. 우리 언어에 멋지고 희귀한 단어가 얼마나 많은지 알겠어?

언어를 '낱말들의 창고'로 보는 사고는 여러 가지로 사람들을 오도한다. 어떤 언어들은 영어보다 단어가 많아 보이는데, 이는 영어에서 둘 이상의 단어로 표현하는 말을 툭하면 한 단어로 묶어서 쓰기 때문이다. 독일어가 특히 그렇다. 마크 트웨인이 「끔찍한 독일 말」이라는 글에도 썼듯이, 독일어를 배우는 외국인들은 'Unabhängigkeitserklärungen(독립선언들〔발음: 운아프헹이히카이츠에어클레룽엔〕)'이나 'Waffenstillstandsunterhandlungen(정전협상〔발음: 바펜슈틸슈탄즈운터한틀룽엔〕)' 따위 단어들 때문에 이를 갈곤(혹은 웃음을 터뜨리곤) 한다. 그러나 영어에서 구(句)로 표현하는 걸 독일어에선 기다랗게 이어 붙여 만든 단어로 표현한다고 해서(영어의 구와 독일어의 합성어는 문법적으로 똑같은 기능을 한다) 독일어 어휘가 더 풍부하다고 할 수는 없다. 적어도 참된 의미에서는 말이다. 그저 독일인이 영어 사용자보다 스페이스

바를 덜 누른다는 정도로 생각하면 그만이다. 터키어와 이누이트어*를 포함한 '교착어'*의 경우, 수많은 유의미한 조각들(언어학자들의 용어로 '형태소')을 이어 붙일 수 있기 때문에 낱말의 양이 거의 무한해진다. 그렇다고 터키어나 이누이트어가 영어보다 풍요롭다고 할 수는 없다.

하지만 어휘가 상대적으로 넉넉한 언어들이 있는 건 사실이다. 이는 대개 두 경우 중 하나를 의미한다. 첫째, 역사적으로 다른 언어들과 많이 접촉한 언어가 외국어의 단어들을 받아들이고 자신의 어휘 또한 유지한 경우다(이게 가장 바람직한 상황이다). 그 결과 동의어들이 많아져서 편리하게 쓰이곤 한다. 노르만족과 바이킹*이 잉글랜드를 침공하고 정복한 뒤 영어에 추가된 낱말 무리들을 보라. 그 덕분에 우리는 같은 의미인 'kingly(앵글로·색슨어)'와 'royal(프랑스어)', 'regal(라틴어)'을 모두 지니게 됐다. 작가들은 특히 (여유롭게 단어를 고를 수 있으므로) 동의어, 유의어가 덜 풍부한 언어에서는 경험하기 어려운 문체상의 융통성을 즐길 수 있다.

둘째는 기술적인 말들이 더해져서 어휘가 늘어난 경우다. 유럽 언어

---

* '이누이트'는 알래스카 주, 그린란드, 캐나다 일부 등에 사는 에스키모를 말한다. 에스키모란 북극 지방 중에서 스칸디나비아를 제외한, 러시아의 동쪽 지방에 사는 민족들을 일컬으며 유픽족과 이누이트족으로 나뉜다.
* 교착어(膠着語, Agglutinative language)란 언어를 형태론적 관점에서 분류한 유형 중 하나로, 실질적 의미를 가진 단어 또는 어간에 문법적 기능을 가진 요소가 차례로 결합함으로써 문장 속에서의 문법적 역할이나 관계의 차이를 나타내는 언어다. 터키어, 한국어, 일본어 따위가 여기에 속한다.
* 8세기에서 11세기 사이에 활약한 바이킹은 스칸디나비아와 덴마크 등지에 거주하던 사람들로, 유럽과 북아메리카 북동쪽 해안 등으로 널리 진출해 활동을 벌였다. 흔히 전사나 해적으로만 알려져 있지만 평화적인 정착과 무역도 했다.

들과 가령 뉴기니 일대에 고립적으로 분포하는 언어들을 비교하면 확연히 차이가 난다. 현대 과학은 대체로 유럽과 북미에서 발전해왔기 때문에 화학, 물리학 등등의 어휘는 유럽 언어들, 특히 영어에서 만들어지는 경향이 있다(물론 영어도 라틴어나 그리스어를 활용하여 그런 용어를 만들곤 해왔다).

이 또한 사실이면서도 별 의미가 없는 얘기다. 물론 영어는 기술적인 전문용어들이 그득한 반면 쿠크타요레어는 그렇지 못하다. 그러나 이를 영어의 장점이자 쿠크타요레어의 단점으로 꼽을 수는 없다. 이 사실은 그저 영어를 사용하는 과학자들이 많은 성공을 거두었으며 오스트레일리아 원주민 사이엔 노벨상 수상자가 귀하다는 점만을 말해줄 뿐이다.

또한 당장 과학적 어휘가 부족하다고 언어가 위축될 필요도 없다. 자국어를 가령 대학 교육과 연구에 사용할 수 있는 상태로 끌어올리고자 한다면 필요한 단어들을 만들어내 부족분을 벌충하면 그만이다. 거기엔 두 가지 방법이 있다. 유럽 언어의 단어를 빌려와 자기네 음성체계에 맞게 변형할 수도 있고(아랍어의 예로 물리학 즉 'physics'를 뜻하는 'fiziya'), 자국어 어근을 바탕으로 새 말을 만들 수도 있다(생명을 뜻하는 아랍어 'hayaa'와 생물학을 가리키는 'ahyia'). 때로는 두 방식이 모두 쓰인다. 아랍어에서 컴퓨터를 가리키는 '공식' 단어는 토착 어근에서 파생된 'hasoub'이다. 그러나 아랍인 대부분은 그냥 'kombyuter'라고 말하고 글로도 종종 그리 적는다. 이처럼 외국어를 차용하기도 하고 고유어로 새 단어를 지어내기도 하면서 인위적으로 스스로를 풍부하게 만드는 데 성공한 언어들이 숱하며, 널리 알려진 예로 헝가리어, 히브리어, 터키어를 들 수 있다. 이는 시간과 전문성을 요하는 과정이지만 대부분의 언어에서 그리 어렵잖게 해낼 수 있다.

성공이 먼저인가 단순함이 먼저인가

그러므로 한 언어를 평가하는 진정한 기준은 화자들이 그것으로 하늘 아래 어떤 기술적 문제라도 논의할 수 있느냐가 아니다. 어차피 대부분의 사람은 어느 언어로든 우주론이나 소립자물리학의 미세한 사항들을 논의할 능력이 없다. 그러니 특정 언어나 방언이 열등하다고 선언하기 전에 먼저 물어야 할 것은 그 말로 인간 사고의 모든 범위를 표현할 수 있느냐다. 다시 말해서 해당 언어의 낱말들을 담은 사전의 두께를 보지 말고, 필요한 단어들이 이미 있거나 다른 언어에서 빌려오거나 새로 만들거나 간에 그 언어가 전방위적 표현의 요구에 부응할 수 있는 구조를 지녔는지를 보라는 얘기다.

문법으로 눈을 돌리면, 어떤 언어들에는 영어 사용자들은 좀체 생각지 못할 구분들을 가능케 하는 수많은 접사(接辭)가 있음을 알게 된다. 그러나 앞에서 보았듯이 단어의 굴절 즉 어형변화가 별로 없는 언어들도—말을 '부주의하게' 사용하면 중요한 구분들을 지키는 능력이 언어에서 사라질 수 있다는 잔소리꾼들의 불평에도 불구하고—그에 못지않게 정교하거나 유연하다.

영어도 그런 언어의 하나다. 나름대로 복잡한 측면들이 있기는 하지만, 영어는 같은 게르만어파에 속한 사촌 격의 언어들 대부분에 비해 단순하다고 할 수 있다. 그럼에도 지구상에서 가장 성공한 언어다. 표준 중국어도 마찬가지다. 중국의 문자가 터무니없이 복잡하긴 해도 그건 역사가 빚어낸 특이성이고, 현대 구어는 사실 중국어의 다른 '방언'(실제로는 사투리라기보다 별도의 '언어'로, 6장에서 이에 관한 논쟁을 다룬다)들보다 훨씬 단순하다. 어미, 성조의 수, 말소리의 가짓수, 그 밖의 여러 측면에서 표준 중국어는 그것이 속한 어군의 언어들 중 가장 단순하고, 20세기 초 중화민국 시절에 대체된 고전 중국어*보다 단순하다. 그런데도 이 언어는 지구상의 다른 어느 말보다 많은 사람이 사용할 뿐 아니라 정치와 경제에서 강대국으로 떠오르고 있는 나라의 공용어로 자리 잡는 등 큰 성공을 거두었다.

하기는 존 맥워터의 주장에 따르면 성공한 언어들은 그 성공 때문에 단순화되는 경향이 있다고 한다. 더 정확히 말하자면 영어나 중국의 관화(官話, 표준 중국어의 토대), 아랍어 같은 언어들은 그 오랜 역사에서 수많은 사람들이 '제2 언어'로 배우면서 차츰 어형변화들이 사라지고 '분석적'* 구조로 바뀌었다는 것이다. 스와힐리어의 열두 가지 성이나 에스토니아어의 열다섯 가지 격 같은 것들은 성인이 되어 제2 언어를 습득하려는 사람에게 엄청난 부담이 된다. 언어는 단순하고 융통성이 크기 때문에 널리 확산되는 게 아니다(어떤 사람들이 영어가 바로 그렇다고 생각하지만). 인과관계는 그 반대다. 언어는 널리 보급되면서 부득불 더 단순해지고 융통성이 커지게 된다. 영어도 접촉의 역사를 거치면서, 즉 앵글로 · 색슨족이 켈트인 및 바이킹과, 그리고 노르만족의 프랑스어와 접촉하면서 단순해졌다(잔소리꾼들은 '지나치게 단순해졌다'고 할 것이다). 이런 변화 양상은 다른 언어들에서도 마찬가지인 듯해 보인다. 수천 개의 언어를 통계적으로 분석한 연구에 따르면 많은 사람이 사용하는 언어는 상대적으로 문법이 단순하며, 특히 접두사와 접미사 등속이 적다고 한다(이는 영어와 라틴어의 차이이기도 하다). 언어는 성

---

* 1911년 중국의 신해혁명으로 청나라가 무너지고 중화민국이 수립된 이후 글말에서 종래의 고전적인 문언문(文言文)이 민간에서 사용되어온 일상어투의 백화문(白話文)으로 대체된 것을 가리킨다.
* 이 장 앞쪽의 '분석어'에 대한 옮긴이 주를 참조.

장하고 확산되면서 이런저런 지스러기들을 털어내는 것이다.[16]

　이 장에서 보았듯이 언어에 대한 잔소리와 민족주의는, 비록 서로 손을 잡는 수가 많기는 해도, 잘 맞지 않는 쌍이다. 어느 한 언어나 변이형이 다른 것보다 전반적으로 우월하다는 선언은 적어도 진지하게는 할 수 없는 말이다. 우리가 할 수 있는 말이라고는, 어떤 언어들은 정교하게 다듬어져서—이를테면 문법 형식을 잘 갖추고 어휘가 넉넉해서—특정한 종류의 문학적, 과학적 저술을 하기에 더 편하다는 식의 평가 정도다. 다른 언어들도 이 같은 일에 적합해지도록 손보는 게 가능하다. 그러나 우리가 종종 보듯이 언어들은 성공을 거두는 과정에서 단순해지곤 한다. 사용자가 많으면 규칙에 변화가 발생하기도 쉽기 때문이다. 잔소리꾼들이야 눈살을 찌푸리겠지만, 꼭 필요하지 않고 짐만 되는 문법 사항들을 털어내는 것은 한 언어가 장기적으로 퍼져나가려면 불가피한 일일지 모른다. 성공에는 치러야 할 대가가 있는 법이다.

5

환영합니다, 이제 이곳 말을 하시오

—언어와 민족주의

우리는 이탈리아를 창조했다. 이제 이탈리아 사람을 만들어낼 차례다.

—마시모 다젤리오(이탈리아 정치가)

당신이 서기 1200년경으로 시간을 거슬러 올라 이베리아 반도의 해안 지대로 날아갈 수 있다면, (아랍어를 쓰는 무슬림들이 아직 지배하던 남쪽 일부 지역에 내려앉지 않는다는 가정 아래) 속(俗)라틴어*의 후손인 로맨스어 사용자들을 만나게 될 것이다. 그리고 혹 당신이 5세기 초에 성 히에로니무스*가 번역한 라틴어판 성경을 공부한 적이 있다면, 그곳 사람들이 사용하는 단어들 중 상당수를 알아들을 수 있을 것이다.

---

* 속(俗)라틴어(vulgar Latin, 본디 라틴어 명칭은 'sermo vulgaris')는 '민중 라틴어, 통속 라틴어'라고도 하며 문어체인 고전 라틴어와 구별되는 비표준 라틴어 구어의 통칭이다. 주로 로마제국과 그 속령의 중산층에서 사용하던 언어로, 고전 라틴어에서 파생되었지만 지역별로 다양하게 변화하면서 대략 서기 7세기 전후에 프랑스어, 스페인어, 이탈리아어 등으로 뚜렷이 나뉘었다.

이제 당신이 현지어를 웬만큼 익혔다고 치자. 그러고 나서 내륙 쪽으로 들어가 다음 소도시의 주민들을 만나면, 거의 같은 언어를 듣게 될 것이다. 하지만 동시에 몇 가지 차이도 발견할 테다. 가령 해안 지역의 주민들은 *th*로 발음하던 부분이 여기서는 모두 *s*로 발음된다거나, *eh* 소리가 모두 *ei*로 바뀐다거나 하는 식으로 말이다. 다음 마을, 그 다음 도시로 여정이 진행될수록 이런 유의 변화 또한 축적될 것이다.

따라서 가까운 곳의 사람들끼리는 서로 말을 알아듣겠지만, 멀리 떨어진 두 지역의 사람들은 그렇지 못할 것이다. 이렇게 여행을 하다보면 어느 시점엔 중세 스페인어에 상당히 가까운 말을 사용하는 사람들을 만나게 되고, 더 깊이 들어가면 고(古)프랑스어와 비슷한 말을 만나게 될 수 있다. 그런 식으로 이탈리아 반도를 따라 내려가고 이어서 시칠리아로 건너갈 때까지도 언어의 단절적 변화는 없을 터이다. 강을 건너거나 높은 산을 넘었을 경우 차이가 조금 더 커지는 정도랄까.[1]

요컨대 그 시대에는 무엇이 현지 발음이고 무엇이 방언이며 무엇이 별개의 언어인지가 도통 분명치 않았다는 얘기다. 국기가 펄럭이고 제복을 입은 세관 직원이 있는 명확한 국경 따위는 없었으니, 스페인어는 여기까지고 이제부터는 프랑스어 지역이라고 구분할 일도 없었다. 사람들은 그저 자기가 듣고 배운 대로, 주변 사람들과 비슷하게 말을 했다. 오늘날의 지도 중엔 이런저런 언어의 사용자들이 어디에 사는지를 나타내는 것들이 있다. 이를테면 프랑스어 사용자는 빨간색으로, 독일어 사용자는 파란색으로 표시하는 식이다. 그러나 중세 유럽의 지도를 놓고 이처럼

---

* 성 히에로니무스(347경~420경)는 고대 로마 교회의 성직자이자 신학자로 기독교 신학의 주춧돌을 놓은 지도자 중 하나다. 성경을 라틴어로 번역한 것으로 잘 알려져 있다.

화자들을 색깔 있는 점으로 표시한다면 점들이 많이 겹치면서 아주 어수선해질 것이다. 방금 얘기한 온전한 '빨간색'은 없고, 그 대신 갈색을 띤 붉은 색에서부터 주홍색과 진분홍에 이르는 붉은 계통의 색조들이 오늘날의 이탈리아, 스페인, 포르투갈, 프랑스 지역에서 쓰이던 여러 로맨스어 방언들을 나타낼 터이다. '파란색'도 마찬가지여서 나중에 네덜란드가 될 지역에서는 녹색을 띠고, 독일의 바이에른 주*가 들어설 지역에서는 자줏빛을 띨 것이다. 언어학자들은 '로맨스어 연속체'나 '슬라브어 연속체' 같은 말로 이 같은 초기 상태를 묘사한다.* 우리가 오늘날 생각하는 바와 같은 '언어들', 즉 각각의 사전과 문법서들에 똑떨어지게 정리돼 있는 그런 말들은 존재하지 않았다. 모든 말이 방언이었다.

그 어수선한 연속체가 어떻게 해서 뚜렷한 경계들로 나뉘게 됐을까? 점들이 뒤섞여 모호한 색조를 이루고 그 색의 주조가 지역에 따라 점차 달라지던 것이, 어찌하여 빨간 점들은 전부 여기에 파란 점들은 전부 저기에, 마치 점들을 색깔별로 단단한 용기들에 나누어 넣은 듯이 모이게 됐을까? 우리의 생각이 무슨 연고로 "모든 말이 방언이다."에서 "올바른 프랑스어(또는 영어나 독일어)는 단 하나다."라는 쪽으로 바뀌었을까?

---

* 독일의 16개 주 중 하나로 동남부에 있는 바이에른은 맥주 산지로도 유명하다. 주도는 뮌헨이다.

* 이는 바로 앞 중세 언어 여행 이야기의 핵심인 '방언 연속체(dialect continuum)' 개념에 바탕을 둔 용어들이다. 방언 연속체란, "인접한 지역 간 또는 다른 사회계층 간의 언어적 차이가 그리 크지 않아서 상호 의사소통이 가능한 지리적 또는 사회적 방언의 연쇄(dialect chain)를 말한다."(『사회언어학사전』) 앞에서 가상의 여행자가 경험하듯이, 일정한 방향으로 계속 간다면 방언 간의 차이가 누적돼 방언 연속체의 반대편 끝에 있는 사람들과는, 중간에 있는 사람들이 통역으로 나서지 않는 한, 의사소통이 불가능해질 수도 있다.

한마디로, 민족국가(nation-state)*가 출현했기 때문이다. 좀 더 구체적으로 말하면, 민족국가 건설의 물결이 몰아쳤다. 오늘날 볼 수 있는 언어에 대한 다양한 태도는 결국 민족국가가 건설된 방법과 시기로 거슬러 올라가 설명할 수 있다.

미국인들은 'nation'을 'country'의 동의어로 생각하는 경향이 있다. 그러나 정치학자나 역사가, 그리고 많은 유럽인들은 대체로 이 말을 훨씬 더 구체적인 현상, 즉 자신들만의 나라가 있든 없든 간에 서로 하나라고 느끼는 사람들의 집단, 즉 민족을 가리키는 데 쓴다. 민족은 대체로 몇 가지 점을 공유한다. 이에는 역사를 공유해왔다는 의식, 종교, 문화적 관습, 어느 정도의 지리적 연속성, 그리고 당연히 언어가 포함된다. 이 모두가 힘을 발휘하지만, 가장 강력한 두 요소는 일반적으로 종교와 언어다. 같은 신앙, 같은 말을 지닌 사람들은 자기네를 한 민족으로 여기는 경향이 있다.

'민족주의(nationalism)'는 유럽의 민족들이 스스로를 인식하게 되면서 생겨난 정치적 이상이다. 간단히 말하면, 모든 민족이 저마다 국가를 가져야 하며 각각의 국가는 단 하나의 민족으로 이루어져야 한다는 생각이다. 17세기와 18세기부터 민족주의적 사고가 성장하는 가운데, 오랫동안 흐릿했던 언어의 경계가 민족주의자들을 불편하게 했다. 국가를 세울 정도로 강한 민족을 형성하기 위해서는 명확한 공동체 의식 아래 굳게 결집할 필요가 있었다. 소수집단의 방언을 사용하거나 표준어에 동화하기를 거부하는 것은 곤란했다.

---

* 민족국가는 '국민국가'라고도 한다. 국민들의 민족 구성이 갈수록 다양해짐에 따라 일부에서는 국민국가를 민족국가와 조금 다른, 민족을 배제한 개념으로 쓰기도 한다. 이 경우 민족국가는 하나의 민족이 주체가 되는 국가를 말하게 된다.

국가가 민족주의에 앞서다: 유럽의 첫 강국들

유럽의 첫 민족국가들은 아래로부터의 민족주의에 힘입어 출현한 것이 아니었다. 중세의 왕들과 영주들이 넓은 영토를 정복하는 과정을 통해 그 나라들은 건설되었다. 봉건제도란 (아주 단순화해서 보자면) 왕이 영주들 위에 서고, 영주가 지방 소영주들 위에 서고, 소영주의 토지에서 농민들이 일을 하는 피라미드 구조였다. 농노는 영주에게 노동을 바치고 보호를 받았다. 봉신(封臣)—피라미드의 상하 관계에서 아래쪽에 있는 신하—들은 자신의 주군 즉 왕이나 영주에게서 봉토를 받는 대가로 군역을 제공하고 세금을 바쳤다. 큰 전쟁을 해야 할 때면 영주들이 왕을 위해 군대를 모집하고 이끌었다. 모든 사람이 저마다 위치가 있었고, 지배계층은 자기들이 받을 돈이나 물품 또는 군역이 제대로 올라오는 한 아랫것들이 하나의 언어를 쓰든 말든 별로 신경을 쓰지 않았다.

이 시대에 세 개의 큰 국가가 각기 다른 과정을 거쳐 출현했다. 잉글랜드와 스페인, 프랑스가 그들이다. 잉글랜드는 게르만어파의 앵글로·색슨어를 사용하는 나라였다. 한데 바이킹들이 자주 침입해 와서는 잉글랜드 북부에 정착민을 (그리고 언어적 유산을) 남기기도 했다. 그러다 잉글랜드를 훗날과 같이 만드는 계기가 된 침공이 일어났다. 바로 1066년의 노르만 정복이었다.* 이후 여러 세기 동안 잉글랜드에선 프랑스어를 쓰는 외국인이 게르만어를 쓰는 국민을 통치했다. 초기의 노르만 왕들은

---

* 노르만 정복(Norman Conquest)이란 노르망디 공작 윌리엄(프랑스어로는 '기욤')이 앵글로색슨계 잉글랜드 왕 해럴드 2세의 즉위에 이의를 제기하며 전쟁을 일으켜 잉글랜드를 정복하고 노르만 왕조를 세운 사건이다. 노르만족은 북방 게르만족에 속하며, 덴마크와 스칸디나비아 지방에서 프랑스 북부로 진출한 바이킹과 그들의 후예다.

영어를 전혀 하지 않았다. 영어는 약 3세기가 흐른 뒤에야 궁정에서 승리하여 왕들이 백성의 언어를 자신의 것으로 받아들이게 됐다. 물론 영어는 이미 프랑스어에서 큰 영향을 받은 상태였다.

스페인은 기원후 711년에 시작된 무어인*의 침공으로 거의 완전히 정복당했다. 지금의 스페인 영토 중 북쪽 변두리만이 기독교인의 수중에 남아 있었다. 그러나 기독교 세력은 수세기에 걸쳐 느리지만 꾸준하게 무어인들을 밀어냈고, 마침내 1492년 그라나다를 함락해 영토 탈환을 완료했다. 새로운 스페인의 중심은 이베리아 반도의 왕국들 중 가장 컸던 카스티야였으며, 이 나라의 이사벨과 이웃 아라곤의 페르난도, 두 왕위 계승권자가 결혼함으로써 양국은 사실상 하나가 되었다(이 부부는 '가톨릭 군주들'이라고 불리며 역사 이야기에 자주 등장해왔다).* 이슬람의 이베리아 지배가 막바지에 들고 통일된 스페인이 대두하던 시기에 로맨스어의 카스티야 방언은 점차 '스페인어'로 정립되어 갔다.

이와 비슷하게 프랑스의 영토와 언어도 하나의 중심지로부터 방사상으로 퍼져나갔다. '프랑스의 섬'이란 뜻의 일드프랑스, 즉 파리와 주변 지역이 그 중심지였다. 파리에 자리 잡은 왕들은 몇몇 지역은 직접 다스리고 다른 지역들은 공작, 백작을 비롯한 여러 작위의 귀족들을 통해 간접적으로 통치했다. 그러나 후자의 영지들이 점차 전쟁이나 상속을 통해

---

* 무어인(Moors)이라는 말은 시대에 따라 지칭 대상이 조금씩 다른데, 대개는 중세 때 이베리아 반도와 북서 아프리카, 시칠리아 등지에 살았던 무슬림들을 가리킨다, 그들은 아랍인이거나 베르베르족의 후손들이었다. 그러나 이 용어에 인종학적 의미는 없다.
* 두 사람 다 1469년 결혼한 지 여러 해 뒤에 자기 나라의 왕이 된다. 본디 '가톨릭 군주'라는 명칭은 이들만을 가리키는 게 아니라, 국가 정책과 개인 생활에서 가톨릭 교리를 잘 지킨 군주에게 교황이 부여해온 것이다.

통합되면서 프랑스 국가가 탄생했다. 오늘날의 프랑스어는 프랑스 땅에서 쓰이던 여러 로맨스어 방언 중 하나였다. 그게 수도 지역의 방언이었다는 점 외에는 특별할 게 없었다.

이 모든 국가 건설 과업에는 군대가 필요했고, 군대를 유지하기 위해서는 세금을 거둬야 했다. 과세를 하려면 토지와 인구 정보를 담은 기록이 필요했는데, 그 기록의 수단이 수도의 언어였다. 영국의 경우, 이 과정에서 기록 관리의 표준 언어로 떠오른 것이 런던의 '공문서 영어(Chancery English)'로, 부분적으로는 후기중세 영어와 동일하다. 오늘날 많은 스페인어 사용자들이 자기네 말을 '에스파뇰(español)' 즉 에스파냐어(스페인어)라 부르지 않고 '카스테야노(Castellano)' 즉 카스티야어라고 부르는 것도 '스페인어'라는 게 스페인의 여러 오래된 언어들 중 하나일 뿐임을 새삼 깨닫게 한다. 그리고 수백 년 동안 일드프랑스의 방언 '프랑시앵어(Francien)'는 서로 어깨를 겨루던 여러 방언 중 첫째가는 말에 지나지 않았다. '오일어(langues d'oïl)'에 속하는 프랑시앵어는 북부 지방의 다른 오일어들과 경쟁을 벌였다(이 이름은 'yes'를 뜻하는 그들의 단어 'oïl'에서 나왔다).* 한편 오일어에 왕성하게 도전한 언어가 남부 지방의 '오크어(langues d'oc)'다('옥시타니아어'라고도 하는데, 여기선 'yes'를 뜻하는 단어가 'oc'다). 중세 남부 프랑스의 음유시인들은 오크어인 프로방스말로 노래했다.*

이들 각 언어가 나라 전체에서 통용되기까지는 수백 년이 걸렸다. 이

---

* 오일어는 표준 프랑스어 및 그와 가까운 토착어들을 포함하는 방언 연속체로, 현재 프랑스 북반부, 벨기에 남부, 채널 제도 등에서 쓰인다.
* 오크어는 프랑스의 루아르 강 남부에서 사용된다. '프로방스어'라는 명칭은 흔히 오크어 전체를 지칭하는 말로 쓰여왔지만, 지금은 대개 오크어 중 프로방스 지방에서 사용하는 방언을 가리킨다.

는 본질적으로 내부적 문화 정복의 과정이었다. 스페인은 1492년 이후 정치적으로는 통일되어 있었으나 언어에서는 그렇지 못한 상태에 머물러 있었다. 방대한 신성로마제국*의 황제 카를 5세이기도 했던 스페인 국왕 카를로스 1세는 다음과 같이 큰소리쳤다고 한다(사실이 아닌 듯도 하지만). "나는 신께는 스페인어로 말하고, 여자들에겐 이탈리아어로, 남자들에겐 프랑스어로, 내 말에게는 독일어로 말한다." 뭐 그리 놀랄 얘기는 아니다. 신성로마제국의 영토가 오늘날의 네덜란드, 이탈리아, 독일, 루마니아, 체코, 헝가리, 오스트리아 등의 전부 혹은 일부를 포함하고 있었기 때문이다. 이베리아 반도에서는 언어가 다른 포르투갈이 잠시 통합됐다가 다시 떨어져 나갔다. 당대의 풍조는 민족국가가 아니라 제국이었다. 스페인 내에서도 비록 대부분의 지역은 그 후 몇 세기를 거치며 카스티아어를 중심으로 뭉치게 됐지만 갈리시아, 카탈루냐, 바스크 지방은 계속 갈리시아어와 카탈루냐어, 바스크어를 고수했다.

파리 지역에 기반을 둔 국왕들 역시 여러 세기 걸려서야 근대 프랑스에 대한 지배를 확립할 수 있었다. 그 뒤인 1789년 프랑스혁명 때까지도 소수의 국민들만이 표준 프랑스어를 사용하고 있었음이 당시의 한 인구조사에서 드러났다. 남부에는 프로방스어/오크어, 바스크어와 카탈루냐어가, 동부엔 알자스어, 북부엔 피카르디어, 서부에는 켈트어파의 브르타뉴어가 존속했다. 혁명가들에게 이는 그냥 두고 볼 수 없는 문제였다. 혁명을 열렬히 지지했던 특이한 가톨릭 주교 앙리 그레구아르*는 그토록

---

* 고대 로마제국을 계승했다고 자처한 신성로마제국(800/962~1806, 공식 기점에 대해서는 이견이 있다)은 중세에서 근대 초까지 이어진, 독일 지역을 중심으로 한 중부유럽 나라들의 정치 연방체이다. 초기에는 중앙집권적이었으니 이후 여러 제후들에 의해 분할된 상태로 유지됐다. 1806년 프랑스의 나폴레옹에 의해 해체됐다.

많은 프랑스인이 '타락한 방언'을 쓴다는 사실에 경악했다. 그는 「방언을 근절하고 프랑스어 사용을 보편화할 필요성과 그 수단에 대한 보고서」라는 글에서 "이 조야한 사투리들은 이성의 유년기와 편견의 노년기를 영속화한다."라고 썼다.

근대 영국은 잉글랜드와 스코틀랜드를 합친 1707년 연합법에 의해 형태를 갖추게 됐지만,* 표준 영어 이외의 언어들은 강한 생명력을 그대로 유지했다. 스코틀랜드는 지방색이 강한 스코틀랜드식 영어인 스코트어가 가장 우세했다(예컨대 번스의 시구 "gang aft a-gley"*). 하일랜드 지방과 스코틀랜드 제도들에서는 게일어—아일랜드어나 프랑스의 브르타뉴어, 맨 섬의 맹크스어, 잉글랜드의 콘월어처럼 켈트어파에 속하는 언어—가 끈질기게 존속했다. 1755년의 영국 인구조사에서는 스코틀랜드 인구의 4분의 1에 해당하는 30만 명이 게일어를 유일한 언어로 사용한다고 했다. 아일랜드에서 영어는 19세기 중반에야 다수의 언어가 되었는데, 이는 영국인 지주들의 착취와 감자마름병으로 인한 대기근과 이민으로 아일랜드어 사용 주민이 격감했기 때문이었다. 기근이 발생하기 몇 년 전인 1841년의 인구조사 통계를 보면 총 인구 800만 명 중 400만이 아일랜드어 사용자였다.[2] 그리고 마지막으로 웨일스어가 있다. 웨일스

---

* 성직자로서 혁명 지도층에 가담했던 그레구아르(1750~1831)는 보통선거와 노예 해방 운동의 열렬한 지지자였으며 프랑스 학사원, 국립공예원 등의 창립 회원이기도 했다. 여기서 언급된 혁명 직후의 인구조사에는 그레구아르도 간여했다고 한다.
* 이 법에 의해 '그레이트브리튼〔연합〕왕국(〔United〕Kingdom of Great Britain)'이 성립되었다. 이후 영국의 정식 국명은 국가 구성 지역의 변화에 따라 'United Kingdom of Great Britain and Ireland'에 이어 'United Kingdom of Great Britain and Northern Ireland'로 바뀐다.
* 표준 영어로 옮기면 "often go awry"다. 4장에서 본 로버트 번스의 시 「생쥐에게」의 한 구절("일이 제멋대로 어그러져")이다.

는 잉글랜드의 왕 에드워드 1세가 웨일스에서 태어난 열일곱 살짜리 아들, 훗날의 에드워드 2세를 '웨일스 공(Prince of Wales)'* 즉 웨일스의 군주로 봉한 1301년 이후 잉글랜드에 통합되었지만, 그 언어는 사라지지 않았다. 특히 잉글랜드의 심장부에서 멀리 떨어진 해안 지대와 산악 지대에서 세력이 강했다. 어디서나 흔히 그렇듯이, 지리적 방벽이야말로 작은 언어의 가장 좋은 친구였다.

그리하여 근대가 동틀 무렵에는 언어민족주의의 두 요소 중 아직 하나만이 준비되어 있었다. 유럽의 어느 대국에도 내적인 동질성은 없었다. 통치자들 자신에게도 그런 관념은 낯설었을 테다. 그러나 표준어들은, 비록 대체로 수도의 지배계층에 국한되긴 했어도, 이미 대두해 있었다. 영어, 프랑스어, 스페인어는 공통적으로 아주 중요한 자산들을 갖고 있었다. 그 하나는 문학이었다. 문학은 언어의 위세를 담고 키우는 수단으로, 세르반테스, 라신, 밀턴 같은 작가들은 각기 스페인어를 스페인어로, 프랑스어를 프랑스어로, 영어를 영어로 만드는 데 큰 몫을 했다.* 또 하나의 자산은 언어를 보살피는 사람이나 기구의 존재였다. 스페인과 프랑스는 언어를 위한 공식적 학술 기구를 만드는 길을 밟아서 1635년 아카데미프랑세즈가, 1713년 스페인 왕립학술원*이 탄생했다. 반면 영어의 수호자들은 비공식적, 개인적으로 활동했다. 사전 편찬자 새뮤얼

---

* 'Prince of Wales'의 'Prince'는 '군주, 대공, 공작'을 의미한다. 웨일스어로는 'Tywysog Cymru'이며, 이는 12~13세기 이후 웨일스에서 가장 강력한 지배자를 지칭하는 말이었다(당시 웨일스는 여러 소국으로 나뉘어 있었다).
* 스페인 작가 미겔 데 세르반테스(1547~1616)의 『돈키호테』는 최초의 근대소설이라는 평가를 받으며, 프랑스의 장 라신(1639~99)은 몰리에르, 코르네유와 함께 17세기 프랑스의 3대 극작가 중 하나다. 영국 시인 존 밀턴(1608~74)은 기독교적 이상주의와 청교도적인 세계관을 담은 대서사시 『실낙원』으로 유명하다.

존슨, 문법가 로버트 로스 등이 그런 예다.

그러나 무엇보다 중요한 자산은 이 나라들이 강대국이었다는 사실일 것이다. 스페인은 16세기에 아메리카와 아프리카, 아시아 등으로 진출해 광대한 영토를 정복했다. 프랑스는 17세기에, 특히 동쪽의 경쟁자들이 초토화된 30년 전쟁(1618~1648)* 이후 유럽 대륙의 지배적 국가로 부상했다. 영국은 18세기부터 눈부시게 융성하면서 식민지 개척자와 상인, 선원 들이 해가 지지 않는 제국을 건설했다.

유럽에서 우수한 언어와 문명을 지닌 나라가 스페인과 프랑스, 영국만은 아니었다. 그러나 그 언어와 문명을 정치적으로 강인하고 지속성 있는 국가와 결합한 것은 그들뿐이었다. 동쪽에서 러시아가 떠오르는 중이었지만 덩치와 잠재력에 걸맞은 행보를 보이지 못하고 있었다. 스웨덴은 30년 전쟁 이후 쇠퇴의 길에 들어섰다. 네덜란드는 전 세계에서 식민지를 획득하면서 잠시 융성했으나, 제국을 장기적으로 유지할 경제력과 군사력이 부족했다. 포르투갈도 비슷한 처지였다.

민족들이 스스로의 국가를 추구하기 시작하다

유럽은 어떻게 하여 인종과 문화가 혼합된 큰 나라(본질상 내부적 제

---

* 아카데미프랑세즈를 본떠 설립한 스페인 왕립학술원(Real Academia Español)은 스페인어의 규정을 총괄하는 기관으로 사전과 문법서도 펴낸다.
* 30년 전쟁은 17세기 전반에 신성로마제국의 중심부였던 독일 등 중부 유럽을 주된 전장으로 하여 거의 모든 유럽 국가들이 벌인 일련의 전쟁을 이른다. 당초에는 로마 가톨릭 교회 세력과 개신교 세력 간 종교전쟁의 성격이 있었으나 점차 각국의 정치·경제적 이해관계가 얽히면서 강대국 간, 주요 왕조 간의 대결과 동맹이 복잡하게 전개되었다.

국)들의 시대에서 단일 언어를 사용하는 민족국가의 시대로 나아갔을까? 저명한 철학자이자 사회인류학자인 어니스트 겔너*는 '산업화'라는 하나의 단어를 축으로 한 민족주의 이론을 제시했다. 1983년에 그는 다음과 같이 썼다.

자연을 마주하는 최전방에서 자연물들에 인간의 육체적 힘을 직접 가하며 일하는 사람들의 비율이 꾸준히 줄고 있다. 대부분의 직업은, 꼭 '사람을 다루는' 일이 따르지 않는다 해도, 버튼이나 스위치 혹은 레버 등 '이해'가 필요하며 그 일을 하려는 모든 사람이 알아들을 어떤 표준적 언어로 설명될 수 있는 것들의 조작을 수반한다.*

농경사회에서는 사실 군사 지도자, 관료, 성직자 같은 소수의 엘리트 집단만 표준어를 알면 그만이었다. 이들은 종교, 궁정 또는 군대의 지도자로서 상층 언어(이를테면 라틴어나 고전 아랍어)를 익히게 마련이었고, 그 같은 숙달을 통해 일반 대중으로부터 편안한(흔히 대대로 상속되는) 거리를 유지했다. 반면 모두가 이용할 수 있는 '교육제도'는 아직 없었다. 일반 민중들은 토지에 붙박여 살았고, 지리적으로 서로 분리된 채 기록 없는 구어만을 사용했다. 대부분의 사람은 부모나 마을 공동체로부터 자신의 생업—거의 언제나 농업—을 배웠다.

산업화는 이 모든 것을 바꿔놓았다. 이제 사람들은 새로운 기술을 더

---

* 체코 출신 영국 학자인 겔너(1925~95)는 산업화와 사회 근대화, 민족주의 등의 주제에 많은 관심을 기울였다.
* 겔너의 저서 『민족과 민족주의 *Nations and Nationalism*』 3장에 나오는 문구다. 이 바로 앞쪽에는 산업사회의 일은 대체로 물질 그 자체보다는 의미를 다룬다는 말이 나온다.(이 책의 한국어판은 최한우 역으로 2009년 KUIS Press에서 펴냈다.)

빨리 습득할 줄 알아야 했다. 경제가 이전처럼 물자만 생산하면 되는 게 아니라 끊임없이 성장하면서 기술적으로 자꾸 정교해져야 했기 때문이다. 한 가지 일을 여러 해 동안 배우는 것으로는 안 통하게 됐다. 누구나 우선 '일반적' 기능을 습득해야 했다. 그러면 경제의 어떤 분야로 옮겨가든 약간의 추가 교육만 받으면 새로 일자리를 잡고 기술 혁신에 부응할 수 있을 것이었다. 일반적 기능에 대한 이 같은 수요를 충족시키려면 표준화되고 중앙집권적인 근대 교육제도를 대중에게까지 확대 적용할 필요가 있었다. 그런 교육은 좋은 것일 뿐 아니라 '유용한' 것이라고 겔너는 지적했다. 현대의 국민들은 (국제연합의 '세계인권선언' 등에서 규정했듯이) 자유로운 표현의 '권리'와 교육을 받을 '권리'를 모두 갖고 있음에도 독재 국가에선 대개 후자만 존중하고 전자는 존중하지 않는다. 폭압적인 정부라도 교육에는 소홀하지 않다. 경제적으로 불가피하기 때문이다.[3]

산업화로 인해 민족주의가 필요해졌다는 겔너의 이론은 지나치게 깔끔해서 피상적일 수도 있다. 무엇보다 일반 민중이 얼마나 서슴없이, 그리고 기꺼이 민족주의의 물결에 합류했는지를 그 이론은 고려하지 않았다. 하지만 일단 민족주의의 기운이 무르익자 산업화와 과학기술이 새롭게 떠오르는 민족적 정체성들과 폭발적으로 결합했다는 점에는 의심의 여지가 없다. 산업혁명의 고향인 영국은 본국인 브리튼 제도의 모든 지역에서 영어의 지배를 확립하는 동시에 영국 문화를 미국과 인도 같은 머나먼 땅에까지 전파하여 대단한 성공을 거두었다. 프랑스는 혁명 이후 보편주의적 사고를 지닌 잘 훈련된 군대들을 유럽 전역에 풀어놓아, 합리주의와 민족주의, 진보를 추구하면 압제에 짓눌려 동면하고 있는 '민족들'이 해방되고 단결할 수 있다는 생각을 퍼뜨렸다. 그러는 동안 스페인은 상대적으로 쇠락의 길을 걷고 있었다. (그럼에도 카스티야 스페인어는 자국뿐 아니라 남아메리카와 중앙아메리카의 대부분 지역 그리고 북아메리카의 많은 지역을 계속 지배했다. 반면에 스페인의 지역언어들은 사용되기는 해도 국가의 보살핌은 받지 못하는 채 변두리에서 쇠약해져갔다. 뒤에서 보겠지만, 갈수록 집요해진 카스티야어 강요는 갈등을 촉발했고, 그 갈등은 지금도 가라앉지 않고 있다.)

말을 만든 사람, 국가를 만든 사람

한편 유럽의 두 위대한 문화 공동체는 19세기에 들어서도 단일 국가를 이루지 못하고 있었다. 독일인들과 이탈리아인들이었다. 독일인은 수십 개의 국가로 나뉘어 살고 있었다. 기원후 800년에 교황이 샤를마뉴*에게 로마 황제라는 칭호를 줌에 따라 탄생한 신성로마제국은 오랜 세월을 휘청거리다가 끝내 1806년 나폴레옹에게 떠밀려 무덤 속으로 곤두박질했다. 서쪽 지역에서 제국을 계승한 것은 대체로 잡다한 자유도시들과 공국들이었고* 주목할 만한 왕국은 바이에른과 프로이센 둘뿐이었다. 빈을 근거지로 하여 동쪽 지역을 차지한 오스트리아제국에는 아주 많은 언어가 혼재했다. 이 나라의 주축은 독일인이었지만 이탈리아인, 헝가리인, 체코인, 슬로바키아인, 폴란드인, 루마니아인, 다양한 남슬라브

---

* 샤를마뉴(742경~814)는 카롤링거 왕조 프랑크 왕국의 국왕으로, 서부와 중부 유럽의 대부분을 정복하고 교황 레오 3세에게서 (서)로마 황제 칭호를 받았다(제국 이름에 '신성'이 들어간 것은 훗날인 962년이다). 카를 대제, 카롤루스 대제라고도 한다.
* 여기서 자유도시란 신성로마제국의 도시 형태 중 하나인 자유제국도시, 즉 지방 영주나 교회의 통제를 받지 않고 황제에게 직속됐던 자치 도시를 말한다. 공국(公國)이란 군주가 왕이 아니라 왕족, 공작 혹은 그보다도 낮은 작위의 귀족인 작은 나라다.

족, 우크라이나인, 유대인이 뒤섞여 있었다.

단일한 독일 국가가 없다는 것은 '한 민족, 한 국가' 원칙에 어긋났다. 사실 독일인들이 모두 '독일어'를 했다곤 해도 지방에 따라 말이 많이 달라 서로 부분적으로밖엔 알아듣지 못했다. 그러나 그들은 하나의 문어를 공유했으며, 이 글말은 독일인들이 애독하는 마르틴 루터의 성경 번역본(1534년)이 나온 뒤 체계가 잡히게 된 '고지 독일어'에 크게 의존했다. 루터는 프로테스탄트 정신에 충실하게 민중의 언어를 추구하여, 주변에서 늘 듣는 말들과 최대한 가깝게 번역하려고 노력했다. 이 독일어본 성경이 세상에 나오자 가톨릭 신자로 루터의 반대자였던 요한 코클라이우스*는 다음과 같이 불평했다.

심지어 재단사와 제화공, 아니 글도 제대로 못 읽는 여자들과 무지렁이들까지도 그것〔루터의 성경〕을 진리의 샘으로 여기면서 게걸스럽게 들여다보았다. 어떤 사람들은 그 책을 아예 외우면서 가슴에 품고 다니기도 했다. 몇 달 안 지나서 그런 자들은 아주 학식 있는 사람이 된 양 신앙과 복음서에 대해 가톨릭 평신도들뿐 아니라 나중엔 사제, 수사, 신학박사들과도 논쟁을 벌이면서 전혀 부끄러워하지 않았다.[4]

루터의 번역본은 1611년의 킹 제임스 성경보다 훨씬 먼저 나왔지만, 현대의 영어 사용자가 킹 제임스 성경을 읽을 때보다 쉽게 현대 독일인에게 읽힌다. 루터의 고향 아이슬레벤이 위치한 중동부 독일은 그의 언어에 미친 영향을 통해, 오늘날 우리가 독일어라 부르는 표준어로 발전할

---

* 코클라이우스(1470~1552) 혹은 코흘로이스는 독일의 인문주의자이자 논쟁가다. 루터의 신학 이론에 대한 비판으로 유명하며, 루터 전기도 썼다.

언어에 본디의 제 몫보다 훨씬 크게 기여하게 됐다. 영어, 프랑스어, 스페인어가 국가 주도의 창조 과정을 거친 것과 대조적으로, 독일어의 무게 중심은 나중에 독일의 수도가 된 베를린이 아니었다.[5] 통일된 '상층어'가 국가보다 먼저 존재했다.

루터의 도움을 받아 태어난 이 독일어는 한 민족이라는 의식으로 가톨릭교도와 신교도까지도 한데 묶을 수 있었던 독일적 정체성의 형성에 결정적 역할을 했다. 이 같은 언어의 통일성은 그 뒤 독일 지역이 수십 개의 국가들로 나뉘어 있은 수백 년 동안 강한 구심력으로 작용했으며, 서쪽에서 침공해온 군대를 따라 민족주의가 들어왔을 때 독일인들이 이를 받아들일 준비가 되어 있은 것도 그 덕분이었다.

1789년 프랑스의 대혁명 이후 처음엔 혁명군이, 나중엔 나폴레옹의 군대가 여러 차례 독일 땅을 침입했다. 프랑스군은 패퇴했지만 프랑스혁명의 핵심적인 생각, 즉 한 민족의 모든 구성원이 단일한 정치적 조직체로 결합해야 한다는 근대 민족국가 개념을 남겨두고 갔다. 이 생각은 반세기 동안 독일인들 사이에 스며들고 퍼져나갔지만, 오래된 분열과 무력함이 쉽게 극복되지 않는 가운데 1848년엔 군주제에 반대하는 민족주의 혁명의 시도들이 잇달아 실패하기도 했다.

결국 독일인들은 아래로부터 분출된 공화주의의 물결로는 통일을 이루지 못했다. 그 대신 프로이센의 능수능란한 총리 오토 폰 비스마르크*가 덴마크, 오스트리아, 프랑스 등과 일련의 전쟁을 일으킴으로써 위로부터의 방식으로 대다수 독일인을 결집시켰고, 1871년 프로이센의 주도하

---

* '철혈재상'이라는 별명을 지닌 비스마르크(1815~98)는 프로이센 왕 빌헬름 1세의 총리로서 1871년 독일 통일을 이룬 뒤 1890년까지 줄곧 제국의 총리를 지내면서 유럽 외교 무대를 주도했다.

에 오스트리아를 제외한 독일인의 국가들 대부분이 역사상 처음 독일이라는 이름의 나라로 통일되었다. 신성로마제국을 이은 '제2 제국'이었다. 프로이센 왕 빌헬름 1세는 독일 황제가 되었다. 새 국가는 늦게나마 해외 식민지 제국을 건설하는 일에 곧바로 착수해, 아프리카와 여타 지역에서 프랑스 및 영국과 경쟁하면서 독일이 '마땅히 차지해야 할' 몫을 확보하려 했다.

이탈리아도 비슷하게 단기 집중적인 민족국가화 과정을 겪었다. 독일처럼 이탈리아도 나폴레옹의 1815년 패퇴 이후 수많은 국가들로 조각조각 나뉘어 있었다. 또한 독일이 그랬듯 이탈리아 역시 적어도 사회 상층부에서는 같은 언어를 쓰고 있었다. 피렌체 출신인 단테와 보카치오, 페트라르카의 저작들이 사실상 문어의 표준 구실을 했다.* 아카데미프랑세즈보다 50년이나 앞서 설립된 어문학 기구인 크루스카학회의 연구 작업도 큰 몫을 했다.* 이탈리아판 '프로이센인'은 개화된 피에몬테 지방 사람들로, 이 북부 이탈리아인들이 반도의 국가들을 차례차례 정복하여 이탈리아로 합병했다. 독일과 달리 이탈리아엔 신구 기독교 간의 분열이 거의 없었다는 점 또한 도움이 되었다.

그러나 이탈리아는 독일 지역보다 지리적으로 더 다양하고, 더 농업적이었으며, 더 가난했다. 게다가 독일은 수백 년 동안 유럽 최고의 사상가

---

* 『신곡』의 시인이며 '이탈리아어의 아버지'로 불리는 단테 알리기에리(1265경~1321), 『칸초니에레』의 시인 프란체스코 페트라르카(1304~74), 『데카메론』의 작가 조반니 보카치오(1313~75)는 이탈리아 말과 문학의 '세 근원'으로 불린다.
* 크루스카학회(Accademia della Crusca)는 1583년 이탈리아 르네상스기의 문어이자 훗날 이탈리아 표준어의 토대가 된 토스카나어를 순화할 목적으로 피렌체에 설립되었다. '크루스카(crusca)'는 곡식을 찧어 벗겨낸 겨를 이르는 말로, 이 학회의 일이 키질하는 것과 같음을 암시한다.

와 작가를 많이 배출한 곳이 아닌가. 이탈리아인들이 스스로를 하나의 민족으로 의식하려면 독일보다 먼 길을 가야 했다. 교육에서도 표준어의 대중화를 독일만큼 하지 못했다. 그런 가운데 19세기 초의 작가 알레산드로 만초니는 이탈리아의 언어를 표준화하려는 의도 아래 피렌체 지역의 방언으로 『약혼자들』이라는 민족주의 소설을 쓰기도 했다.* 한 추산에 의하면 1860년대에 사르데냐 왕국에 의해 이탈리아가 통일되었을 때, 신생 '이탈리아 국민' 중 집에서 이탈리아어라 할 만한 말을 쓰는 사람은 고작 2~3%였다고 한다.[6] 어떤 방언들은 서로 다른 정도가 현대 이탈리아어와 스페인어의 차이만큼이나 됐다는 것이다. 통일을 지지한 정치가 마시모 다젤리오가, 이 장 맨 앞에 인용되었듯이, 이탈리아엔 아직 국민이랄 게 없다고 탄식한 것도 놀랄 일이 아니었다. †

작게는 희극으로 크게는 참극으로

유럽의 지도에 큰 나라가 둘이나 새로 생겨나자 다른 민족들도 생각이 많아졌다. 프랑스의 민족주의적 시민군과 독일 국가의 성공은 이른바 '후발 민족주의'의 단계를 열었다.

오스트리아제국의 많은 비독일계 민족들이 아우성치기 시작했다. 이웃한 언어들과는 공통점이 전혀 없는 핀·우그리아어파*의 언어를 쓰는 헝가리인, 역사적으로 신·구교도의 갈등을 겪어왔음에도 자신들을 같

---

* 만초니(1785~1873)의 『약혼자들』은 이탈리아 통일운동('부흥 즉 다시 일어선다'는 뜻의 '리소르지멘토[Risorgimento]'라고 한다)을 상징하는 작품으로, 이탈리아어 문장의 교본이자 문학적으로도 뛰어난 작품으로 꼽힌다.

† [지은이 주] 요즘에도 예컨대 나폴리 마피아를 다룬 2008년 영화 「고모라」처럼 배우들이 지역 방언을 쓴 영화는 표준 이탈리아어로 자막을 넣어야 모든 국민이 이해할 수 있다.

은 언어로 묶인 한 민족으로 여기는 체코인, 위용을 떨쳤던 조국이 프로이센, 러시아, 오스트리아에 의해 단계적으로 분할되어 결국 나라 없는 상태로 남은 폴란드인, 북쪽의 오스트리아라는 망치와 남쪽의 터키라는 모루 사이에서 (내부적으로 종교가 가톨릭과 정교회, 이슬람으로 3분됐음에도 불구하고) 독자적 정체성을 키운 남슬라브족*이 그들이었다. 서유럽의 거의 모든 지역에는 안정된 국가들이 이미 들어서 있었다. 그러나 동유럽에서는 옛 제국들이 누더기처럼 해어지는 가운데 새로이 자의식이 생긴 민족들이 각기의 나라를 세우려 듦에 따라 과거의 국경들이 빠르게 바뀌기 시작했다. 이런 민족들의 대부분은 언어를 정체성의 주된 기준으로 삼았다.

하지만 새로운 민족주의들의 경우, '언어'는 사실 민감하고 까다로운 주제였다. 동유럽 언어들 중엔 문자로 널리 기록되지 않은 게 많았다. 서유럽 사람들에겐 강력한 국가가 수세기 동안 북돋아온 표준어가 있었지만, 동유럽 사람들은 흩어져 있는 자료들을 찾아내어 황급히 표준어를 창조해야 했다. 언어민족주의자들은 민간 설화를 수집하는 한편 언어 학회들을 조직하고 밤늦게까지 토론을 벌였다. 어느 지방의 발음을 표준으로 삼아야 하는가? '외래어'이므로 피해야 하는 단어들은 무엇인가? 전문용어들은 영어나 프랑스어, 독일어 같은 데서 빌려와야 하는가, 혹은 우리말로 지어내야 하는가?

인위적인 언어계획*이 종종 그렇듯이, 이 노력들도 때로 우스꽝스러

---

* 우랄어족에 속하는 핀·우그리아어파의 언어로는 헝가리어, 핀란드어, 에스토니아어 등이 있다.
* 남슬라브족은 불가리아, 세르비아, 몬테네그로, 크로아티아, 보스니아 헤르체고비나, 슬로베니아에 살고 있는 슬라브 민족을 이른다.

운 결과를 낳곤 했다.[7] 현대 에스토니아어의 아버지로 불리는 요하네스 아비크*는 난데없고 엉뚱한 단어들을 많이 만들어냈는데, 이중 40개가 살아남아 지금까지 사용된다. 언어 순수주의의 또 다른 사례로, 한 과잉 열정의 체코인은 '서양고추냉이'를 뜻하는 체코어 'křen'이 독일어의 'Kren'에서 왔다고 생각하고는 그걸 대체할 단어를 만들어냈다.[8] 'Kren'이 당초 체코어에서 빌려간 말이라는 사실을 알지 못했던 것이다. (아이러니하게도 그가 대체어라고 지어낸 'mořska řetkev'는 '고추냉이'를 뜻하는 독일어 'Meerrettich'를 'Meer〔바다〕'와 'Rettich〔무〕' 둘로 쪼개어 번역한 것이었다. 이 단어는 살아남지 못했다.) 두 경우 모두 동기는 한 가지, 자기네 말이 이웃 나라들의 말과 뚜렷이 구별되게 하겠다는 것이었다. 민족과 나라에 값하는 언어를 만들면 그 민족과 나라 자체도 더 존중받지 않겠느냐는 생각에서 말이다.

이 모든 언어민족주의는 오늘날의 관점에서 적어도 공감 정도는 받을 만하다. 어느 민족이든 자기네 언어가 위엄과 신망이 있기를 바라는 게 당연하다면, 작은 민족들의 경우 그 욕구는 여러 세기에 걸친 억압으로 인해 더욱 간절해졌을 터이다. 오랫동안 무시당해왔던 유럽의 많은 약소민족들이 소리 높여 요구한 바는 그들보다 크고 자리가 잘 잡힌 이웃들과 상머리에 나란히 앉게 해달라는 것일 따름이었다. 그러나 프랑스혁명으로 시작되고 독일과 이탈리아의 건국으로 힘을 얻은 뒤 동유럽 사람들

---

* 언어계획(language planning)이란 한 사회(언어공동체)에서 언어(들)의 기능이나 구조, 학습 방식 등을 변화시키기 위해 정부 혹은 민간 기구에서 장기간 지속하는 의식적인 노력이다.
* 문헌학자였던 아비크(1880~1973)는 에스토니아어를 개혁하면서 '창조적 조어법'을 통해 4,000개 이상의 새 단어를 만들었으며, 사투리는 물론 핀란드어 등 외국어도 적극 활용하여 어휘를 풍부하게 했다. 그의 개혁은 독일어와 비슷했던 어순까지 바꿀 정도로 철저했다고 한다.

의 각성을 촉발한 민족주의의 요란한 잔치는 새로운 세기에 들면서 끝내 역사상 유례가 없는 유혈 사태로 이어지게 됐다.

1914년 6월 28일, 남슬라브 민족주의자 가브릴로 프린치프*가 보스니아의 사라예보에서 오스트리아·헝가리제국의 황태자 프란츠 페르디난트 대공을 암살했다. 프린치프와 그의 동료들이 바란 것은 세르비아가 주도하고 오스트리아의 지배를 받지 않는 남슬라브 연방의 결성이었다. 오스트리아와 세르비아의 관계가 험악해지자 안 그래도 힘을 과시하고 싶어하던 동맹국 독일은 오스트리아를 지원하고 나섰다. 러시아는 같은 슬라브족인 세르비아의 편에 섰고, 프랑스는 동맹국 러시아 편에 섰다. 영국도 프랑스와 동맹을 맺은 상태였기 때문에, 즉시 거의 전 유럽이 전쟁에 휘말리게 됐다. 제1차 세계대전은 수백 년래 가장 잔인한 전쟁이었으며, 본격적으로 기계화된 역사상 첫 전쟁이었다. 앞길이 유망했던 수백만의 유럽 젊은이들이 목숨을 잃었다. 미합중국과 오스만제국, 그 밖의 여러 나라도 싸움에 말려들었다.

독일은 전쟁에서 패배했고, 그것은 다음 전쟁의 불씨로 남았다. 상승세를 타던 이 신생 강대국은 전후의 베르사유조약에 따라 동쪽과 서쪽의 넓은 영토를 잃었다. 쪼그라든 국경선의 바깥에 수많은 독일인이 좌초된 배처럼 남겨졌다. 전후 바이마르공화국을 약화시킨 여러 요인 중에서도 특히 이 굴욕이 1933년 히틀러의 집권을 용이하게 해주었다. 전쟁을 향한 히틀러의 두 번의 큰 걸음―1938년 오스트리아를 합병한 것, 같은 해에 주민 대다수가 독일인인 지역 수데텐란트를 체코슬로바키아로부터 넘겨받은 것―은 따지고 보면 민족국가 개념의 논리적 연장선 위에 있었

---

* 프린치프(1894~1918)는 오스트리아에 합병된 보스니아의 세르비아계 민족주의자로 '젊은 보스니아'라는 혁명운동 단체의 일원이었다.

다. 모든 독일인이 한 나라에서 살아야 한다는 얘기였으니 말이다. 게다가 역설적으로 '민족자결주의' 는 잘 알려졌다시피 제1차 세계대전 말 우드로 윌슨 미국 대통령이 발표한 자유주의적 14개 조 평화원칙의 골간을 이루는 이념이었다.

그 밖의 유럽 나라들의 여러 미수복지*도 아주 많은 사람들에게 불만의 원인이 됐고, 결국 제1차 세계대전이 끝난 지 겨우 21년 뒤에 유럽은 다시 전화에 휩싸였다. 자신들의 종속적인 지위에 분개하고 있던 슬로바키아인들과 크로아티아인들은 제2차 세계대전이 일어나자 각기 체코슬로바키아와 유고슬라비아에서 떨어져 나와 파시즘 세력에 가담했다. 헝가리도 마찬가지였다. 제1차 세계대전이 끝난 후 오스트리아·헝가리제국에서 분리되면서 영토가 3분의 1로 줄어 수백만의 헝가리어 사용자가 다른 나라들에 살게 됐기 때문이다. 소비에트연방 서부 지역의 반항적인 소수민족들 또한 파시즘 대열에 열렬히 참여했다. 제1차 세계대전은 사람들의 바람과 달리 "모든 전쟁에 종지부를 찍을 전쟁"*이 되지 못했다. 유럽인들로 하여금 또다시 민족주의적인 대결과 한풀이에 나설 빌미를 만들어줬을 따름이다. 미진하게 마무리된 이 전쟁에서 부상을 입은 두 하사관, 독일의 히틀러와 이탈리아의 무솔리니가 다음 세계대전의 선동자가 될 터였다.

두 번의 세계대전이 언어 순수주의와 언어 정체성 때문에 일어났다고 말한다면 지나친 단순화가 될 것이다. 그러나 근대 민족주의가 풀어놓은

---

* 같은 민족이 살고 있는 땅인데 과거에 타민족에게 빼앗겨서 아직 되찾지 못한 곳을 '미수복지(미회수지)' 라고 한다.
* 제1차 세계대전 당시부터 작가 H. G. 웰스와 윌슨 미 대통령 등 많은 사람이 이 전쟁을 "the war to end all wars" 혹은 "the war to end war"라고 이상주의적 희망을 담은 말로 지칭했다.

힘들이 두 전쟁을 유발한 것은 사실이며, 그 민족주의들의 핵심에서 언어는 다른 어떤 요소보다도 큰 자리를 차지했다. 민족주의가 가장 왕성하던 시대에—여기엔 두 세계대전이 배태되던 시기부터 진행된 시기까지가 모두 포함되는데—종교는 누가 누구와 싸울지를 예측하는 데 거의 도움이 되지 않았다. 두 대전의 양 진영 모두에 가톨릭 국가, 신교 국가들이 섞여 있었다. (게다가 민족적 특징이 아주 뚜렷한 헝가리인, 체코인, 심지어 독일인들도 신구교로 나뉘어 있었다.) 새로 형성된 민족들은 언어가 자기들과 가장 가까운 사람들을 동족으로 보았다. 그리고 자기네가 타민족에 의해 억압받거나 분리되거나 굴욕을 당했으며 붐비는 유럽 땅에서 충분한 영토를 얻지 못했다고 느낀 민족들이 반세기 동안을 서로 물고 뜯으며 처절한 싸움을 벌였다. 가능한 최선의 국가란 같은 민족은 빠짐없이 모아놓고 다른 민족은 일체 받아들이지 않는 나라라는 이념 아래서 말이다.

이스라엘의 히브리어인가 히브리어의 이스라엘인가

유럽이 민족주의의 대가가 무엇인지를 고통스럽게 배우고 있을 때 유럽에서 가장 심하게 핍박받은 민족 중 하나가 그와 정반대의 교훈을 체득하고 있었다는 사실은 역사의 아이러니가 아닐 수 없다. 그 교훈이란 종족민족주의에 기초한 국가는 인간 성취의 한 정점이며, 어떤 대가를 치르고라도 이뤄내야 한다는 것이었다.* 민족주의의 승리와 고통을, 히

---

* 종족민족주의는 일반 민족주의보다 '민족'을 규정하는 기준이 더 본질주의적이어서, 공통의 언어 및 문화와 함께 종교와 혈통 등을 중시한다.

브리어의 경이로운 부활에도 힘입은 1948년 현대 이스라엘의 탄생보다 더 뼈저린 역설로 보여준 사례는 찾기 어렵다.

로마인들의 손에 예루살렘과 제2성전*이 파괴된 후 북아프리카와 중동, 유럽 전역으로 흩어져 나간 유대인들은 세계에서 가장 잘 알려진 나라 없는 민족이었다. 대부분 이슬람이 지배하는 중동의 나라들에서 유대인은 비록 2등 국민이었지만 그런대로 관대한 대우를 받으며 지냈다(오늘날의 상황에 비추면 역설적이라 하겠다). 그러나 유럽의 유대인들은 극심한 고초를 겪었다. 반유대주의의 가장 오래된 유형은 유대인이 그리스도를 살해했다는 생각에 바탕을 두고 있었다. 유대인들은 전문적인 직업을 가지거나 토지를 소유할 수 없었음은 물론이고, 기독교를 믿는 보통 사람이 누리는 단순한 권리들마저 박탈당했다.

그러나 민족주의 시대에 들어 유대인들은 그리스도 살해자로보다는 그냥 사람들이 좋아하지 않는 소수민족으로 취급받게 되었다. 중유럽에서 유대인은 현지의 언어와 국가에 동화하는 가운데 음악, 과학, 철학을 비롯한 여러 학문 분야를 통해 유럽 문화에 엄청나게 기여하면서 번성했다. 많은 유대인이 이디시어를 포기하고 자기가 사는 나라의 충실한 시민이 되고자 노력했다. 그러나 그들은 여전히 의심과 경멸의 대상이었다. 유대인 정착지 중 가장 동쪽의 지역들, 특히 러시아에서는 '포그롬'*이라 불린 맹렬한 반유대주의 폭동이 그렇잖아도 가난과 고립에 찌들어 있던 동화되지 않은 유대인의 마을을 피로 물들이곤 했다.

---

* 제2성전은 예루살렘의 성전산(山)에 솔로몬 왕이 세웠다는 첫 성전이 기원전 586년 바빌로니아의 왕 네부카드네자르(느부갓네살) 2세에 의해 파괴된 후 기원전 516년에 새로 세워진 것으로, 기원전 70년 로마군에 의해 다시 파괴됐다.
* 러시아어인 '포그롬(pogrom)'은 특정한 인종, 민족 또는 종교 집단을 대상으로 집과 일터, 종교 시설 등을 파괴하고 때로는 살인이나 학살까지 하는 폭동을 가리킨다.

19세기 말경에 오스트리아·헝가리제국의 유대인인 테오도어 헤르츨*은 드디어 해답을 찾았다고 생각했다. 그는 「유대 국가(Der Judenstaat)」라는 소책자를 통해 나라 없는 자기 민족을 위한 해법을 제시했다. "한 민족이 지닌 정당한 필요들을 충족할 수 있을 만한 크기의 땅 한 부분에 대한 주권을 우리에게 달라. 이후의 일은 우리 스스로 대처해 나갈 것이다."

시오니즘은 처음엔 소수의 경향에 머물렀지만 점차 유럽 유대인 일각에서 호응을 얻어나갔다. 1897년 스위스 바젤에서 창립된 세계시온주의자기구에서는 유대 국가를 건설한다면 어디가 좋을지를 논의했고, 잠시나마 영국령 동아프리카를 후보지로 고려하기도 했다.* 그러나 시온주의자들의 갈망의 초점은 선조들의 땅이었던 팔레스타인이었다. 당시 팔레스타인은 오스만제국*에 속한 낙후된 지역으로, 그들이 보기엔 인구가 희박한 땅이었다. 시온주의자들은 유대민족기금을 만들어 돈을 모으는 한편 팔레스타인의 토지 매입 허가를 얻기 위해 오스만 당국에 로비활동을 벌이기 시작했다. 그리고 유럽 유대인들에게 팔레스타인으로 이주해서 그 땅을 떠나지 않고 대대로 살아온 유대인들의 공동체 '구(舊)

---

* 헝가리 출신의 기자이자 작가였던 헤르츨(Theodor Herzl, 1860~1904)은 시오니즘, 즉 팔레스타인에 유대인 국가를 세우려는 민족주의 운동을 주도한 인물로, 1897년 창립된 세계시온주의자기구의 초대 의장을 지냈다. 구약성경에 나오는 지명인 '시온'은 고대 예루살렘 지역으로 다윗이 왕국의 수도를 건설한 곳이다.
* 헤르츨은 「유대 국가」에서 남아메리카의 아르헨티나도 후보지로 언급했다.
* 오스만제국(영어로는 Ottoman Empire)은 1299년 터키계 오스만 가문이 소아시아 아나톨리아 지방에 수립한 국가로 출발해 1453년 동로마(비잔틴)제국을 멸망시키고 이스탄불로 수도를 옮겨 서쪽은 모로코까지, 동쪽은 아제르바이잔, 북쪽은 우크라이나, 남쪽은 예멘에 이르는 광대한 영역을 지배한 제국이다. 18세기 이후 쇠퇴하다가 마지막 남은 영토에서 국민 혁명이 일어나 1923년 멸망하고 터키공화국이 건국됐다.

이슈브'*에 합류하라고 부추겼다.

그와 동시에 놀라운 문화적 대사업이 시작되었다. 히브리어를 살아 있는 언어로 되세우는 일이었다. 히브리어가 사멸한 것은 아니었다. 모어(母語)로 쓰는 사람은 없었으나 유대인들은 전 세계로 분산된 가운데도 여전히 진지한 글을 쓸 때면 히브리어를 사용했다. 히브리어로 된 문학 작품도 조금 있었다. 희곡들, 수필들, 그리고 19세기에 소설도 하나 출간되었다. 그러나 히브리어를 일상에서 자연스럽게 사용하는 사람은 없었다.

히브리어의 부활을 염원한 사람들 중 한 부류는 '마스킬림'*이라 불리던, 유럽 사회에 잘 동화된 유대인들이었다. 그들에게 히브리어는 학문과 위신을 의미했고, 이는 이디시어의 고립성과 편협한 촌스러움에 대비되었다. 그러나 히브리어에 대한 관심의 다른 물줄기는 반대쪽으로 흘러, 유럽 사회에의 통합이 아니라 유대 민족주의를 함양하는 젖줄이 되었다. 그 열기에 사로잡힌 사람 중 하나가 러시아제국 서부 지역에 살던 엘리에제르 페를만이었다. 이 젊은 유대인은 일찍이 유례가 없었던 과업을 자임했다. 고대의 언어로 하여금 현대 민족주의에 봉사토록 하는 일이었다.

페를만이 민족의 신성한 언어를 사랑하게 된 것은 종교를 통해서가 아

---

* '정착지'라는 뜻의 이슈브(yishuv)라는 용어는 1880년대부터 이스라엘 건국 때까지 쓰였으며, 그 인구는 1880년대엔 2만 5,000명 정도, 건국 무렵엔 70만 명 정도였다고 한다. 1880년대 초 시오니즘 운동으로 팔레스타인 이민이 활발해지기 전의 이슈브를 '구 이슈브', 그 이후의 것을 '신 이슈브'로 구별하기도 한다.
* 히브리어 'maskilim'은 'maskil'(14세기 이후 학자나 깨우친 사람에게 붙인 호칭)의 복수형이다. 18~19세기 유럽 유대인들 사이의 계몽 및 교육 운동인 '하스칼라'의 지도자와 종사자들에 대한 존칭으로 쓰였다.

니었다. 10대 때 잠깐을 빼고는 신앙심이 깊지 않았다. 그보다 예시바*
의 교장 선생님이 보여준 세속 작품 『로빈슨 크루소』의 히브리어 번역본
을 무척 재미있게 읽은 일이 계기가 됐다. 그런 히브리어 책을 더 보고
싶었던 페를만은 이 언어를 되살려 예시바에서뿐 아니라 부엌에서, 시장
에서, 거리에서도 쓰이도록 하겠다는 생각에 사로잡혔다. 히브리어는
연구나 기도를 할 때뿐 아니라 사랑할 때도 싸울 때도 쓰는 언어가 되어
야 했다.

　페를만은 유럽의 민족주의에 고무되었다. 자서전에서 그는 오스만제
국에서 벗어나려는 불가리아인들의 투쟁에 점점 더 매료되었던 일을 이
야기하고 있다.

　그러던 어느 날, 밤늦게까지 몇 시간 동안 문서들을 읽고 불가리아 민족
과 그들에게 찾아올 해방에 관한 생각에 잠겨 있을 때, 갑자기 한 줄기
번개가 눈앞을 스쳐가는 듯했다. 그 순간 내 생각은 발칸반도의 〔불가리
아 땅에 있는〕 시프카 고개에서 에레츠 이스라엘 즉 옛 이스라엘 땅의 요
르단 강 여울로 훌쩍 날아갔다. 놀랍게도 내 안에서 외치는 목소리가 들
렸다. "조상들의 땅 위에 이스라엘과 그 언어를 복구하는 일!"이라는.[9]

그 언어에 대한 페를만의 열정이 얼마나 강했던지 그의 시오니즘에서 언
어와 국가 중 어느 쪽이 우선인지조차 불분명했다. 그는 유대 국가를 위
해 복무할 언어를 원하는 것 못지않게 히브리어 자체를 위해 유대 국가

---

* 유대인의 교육기관인 예시바(yeshiva)의 일차적 기능은 토라와 탈무드 등을 통한
종교 교육이나, 보통 교육도 곁들인다. 미국, 이스라엘 등 지역에 따라 초등학교에서
고등학교, 성인용 학교까지 여러 수준의 교육기관에 예시바라는 명칭이 붙는다.

를 원하는 듯했다. 페를만은 1881년 팔레스타인으로 이주한 뒤 곧 유대 전통에 따라 부친의 이름 예후다를 자신의 성으로 삼아 엘리에제르 벤 예후다('예후다의 아들 엘리에제르'라는 의미)로 개명했다. 바젤회의로 시오니즘 운동이 공식적으로 개시된 1897년보다 한참 전이었다.

그러나 히브리어 부활에 대해 논란이 없었던 것은 결코 아니었다. 시오니즘 운동을 이끌던 헤르츨은 그의 「유대 국가」에서 히브리어에 대해 한마디도 하지 않았고, 오히려 독일어가 훗날 시오니즘 국가의 언어가 될 수 있다고 생각하는 듯했다. 그는 "히브리어로 기차표를 끊을 수 있을 만큼 그 언어를 아는 사람이 우리 중에 과연 있는가?"라며 아주 현실적인 입장을 보였다. 이디시어는 라인 강 유역 유대인 정착지들에서 중세 때부터 쓰이다가 동유럽으로 퍼져 나간 독일어의 한 방언으로, 전 세계 유대인 대다수가 사용하는 언어였다. 시오니즘 운동 내부에서 이디시어는 열성적 지지자들을 확보하고 있었다.

게다가 많은 정통파 유대인들은 벤 예후다의 히브리어 부활 계획을 불경하기 짝이 없다고 보았다. 성스러운 히브리어를 시장에서의 흥정질 같은 데 사용하는 것은 신성모독 아닌가. 그건 이디시어, 아랍어나 독일어 따위나 할 일이지 신이 내려주신 율법의 언어가 할 일이 아니었다.

그러나 벤 예후다는 포기하지 않았다. 그는 큰아들 이타마르가 다른 어떤 언어도 접하지 못하게 했다. 아이가 히브리어만 들을 수 있도록, 병약한 첫 아내 데보라를 위해 하인을 두는 것조차 거부했다. 이타마르의 회고에 따르면, 어느 날 아버지 벤 예후다가 집에 왔을 때 데보라가 아들에게 러시아 자장가를 불러주는 것을 보고는 불같이 화를 냈다고 한다(데보라는 히브리어가 서툴렀다).[10] 히브리어밖에 몰랐던 이타마르는 예루살렘 중심가에서 자신의 개에게 히브리어로 말했다는 이유로 두들겨 맞기도 했다. (나중에 이타마르의 동생들은 그토록 혹독하게 다른 언어를 차단당하지 않고도 히브리어를 완전히 습득했다.) 전통적 관념을 지닌 현지 유대인 지도층은 히브리어를 생활 언어로 되살리려는 벤 예후다의 노력에 극도로 분노해서, 데보라가 죽었을 때 유대인 공동묘지에 매장하는 것조차 허용하지 않았다. 그의 가족을 온전한 유대인으로 간주하지 않은 것이다. 벤 예후다 자신도 교회에서 파문당했다. 그러나 그는 굴하지 않았다. 데보라의 동생과 결혼하고, 교사가 되었으며, 팔레스타인에 들어서기 시작한 학교들에서 히브리어로만 가르치도록 동료 교사들을 설득하는 일에도 매진했다.

해야 할 일은 엄청나게 많았다. 대부분의 언어에서 평균적인 성인이 필요로 하고 실제로 알고 있는 단어는 2만 개 이상인 데 비해 히브리어 성경에 쓰인 단어는 8,000개에 불과했다. 헤르츨이 얘기한 '기차표'에 해당하는 단어는 당연히 없었고, 그 밖에도 현대 사회에서 필요한 많은 단어가 존재하지 않았다. 그 공백을 메우기 위해 벤 예후다는 각고의 노력을 기울여, 전통적인 히브리 어근에서 현대에 맞는 단어들을 파생시키는 등의 방식으로 새로운 사전을 만들어갔다.

벤 예후다와 함께 히브리어를 연구한 동료 교사들도 저마다 능력껏 기여하며 새로운 낱말의 원천들이 되어주었다. 그들은 또한 히브리어 마케팅에 나서, 팔레스타인으로 들어오는 시온주의자들에게 무력함과 민족 이산을 상징하는 이디시어를 버리고 히브리어를 쓰라고 설득했다. 팔레스타인 유대인들이 히브리어를 배워서 쓰려고 노력한 이유 가운데 시오니즘의 이면에 놓인 정치적 동기의 비중이 컸음은 두말할 나위가 없다. 그러나 히브리어 확산에 도움이 된 또 다른 요인은 유럽에서 이주해온 사람들 다수에게 공통의 제1 언어가 없었다는 사실이었다. 그들에게 히브리어는 '링구아 프랑카'*가 되었다. 여기엔 젊은 세대가 특히 중요했다. 20세기의 첫 10년 사이에, 단지 히브리어 '를' 공부하는 걸 넘어 히브리어 '로' 공부를 한 최초의 세대가 학교를 졸업하고, 결혼을 하고, 아이들을 낳기 시작했다. 그 아이들은 히브리어의 전위가 되었다. 요람에서부터 이 고대 언어를 배워 항상 사용하면서 말이다. 벤 예후다가 도착한 지 불과 40년 만인 1922년, 국제연맹의 위임을 받아 이 지역을 통치하고 있던 영국은 히브리어를 팔레스타인 유대인의 공용어로 인정했다.

이스라엘 건국이 종교적이고 메시아적인 꿈의 실현이 아니라 유럽식의 세속적인 민족주의 프로젝트였다는 사실은 초기 시온주의자들 이야기에서도 확인할 수 있다. 벤 예후다는 팔레스타인에서 공식 주민 등록을 할 때 자신이 '유대 민족'이지만 종교는 '무교'라고 적었다. 무교까진 아니라 해도 초기 시온주의자의 태반은 성서 속의 유대 조상들과 선지자들보다 사회주의에 고취되어 있었다. 유대인이라면 당연히 종교를 공유하는 것으로 되어 있었지만, 그것만으론 부족한 게 분명했다. 벤 예후다의 노력, 헤르츨의 최종적 지원, 그리고 이스라엘이라는 프로젝트의 성공은 사람들이 종교, 역사, 전통을 공유해도 한 민족이 아닐 수 있음을 보여주었다. 단일한 공통 언어가 없이는 안 되었던 것이다.

이스라엘에서 이디시어는 초(超)정통파 유대교인들 사이에서 말고는 쪼그라들게 됐다. 팔레스타인 유대인 사회를 주도하는 정당이었던 노동당의 한 시오니즘 그룹은 당의 정기간행물을 이디시어로도 펴내고자 했

---

* 링구아 프랑카(lingua franca, 통용어)란 모어가 다른 사람들이 서로 의사를 소통하기 위해 사용하는 제3의 언어(때로는 관련 집단 중 하나의 모어)를 통칭하는 말이다. 보조언어, 타협언어라고 할 링구아 프랑카의 예로는 외교 무대의 영어와 프랑스어, 아프리카 동부 지역에서의 스와힐리어, 인도의 힌디어·영어 등을 들 수 있다.

으나 히브리어만을 고집하는 분파의 공세에 밀려 표결에서 졌고, 1907년부터 히브리어는 노동당의 유일한 언어가 되었다.[11] 제2차 세계대전이 끝난 1945년 이후 유럽에서 이디시어 사용자들이 꽤 많이 유입되었음에도, 1948년 건국 때까지 팔레스타인에서 이디시어를 쓰는 사람의 비율은 꾸준히 하락했다. 이디시어를 쓰던 유대인 대부분은 이미 히틀러에게 목숨을 잃은 터였다. 한 세기 전 히브리어를 이스라엘의 언어로 선택한 결정과 이후 히브리어의 놀라운 성공으로 인해 이디시어는 오래잖아 무덤으로 들어갈 운명에 처해 있다.

히브리어는 삶의 모든 부문으로 확산되었다. '음핵'을 뜻하는 말로 벤 야후다가 지어낸 뒤 완전히 자리 잡은 'dagdegan'('간질이다'의 어근에서 만들어낸 말) 같은 신조어를 히브리어 사용에 반대하는 초정통파 사람들이 어떻게 생각할지는 불을 보듯 훤하다. 그리고 현대 히브리어는 벤 예후다 개인이 이뤄낸 것의 수준과 범위를 훨씬 넘어섰다. 물론 사람들은 그에게 가장 큰 공을 돌리지만, 그의 걸출한 사전에 수록된 낱말들 중 상당수가 현재 사용되지 않는다. 히브리어는 꾸준히 성장하는 가운데 여느 언어들과 똑같은 길을 밟았다. 안정적으로 자리 잡는 한편으로 매일 수백만 사용자의 입을 거치며 변해온 것이다. 원어민이 전혀 없이 출발했음에도 오늘날 히브리어는 특징적 말씨를 갖게 되었는데, 이는 많은 초기 정착민이 쓰던 러시아어에서 유래한 것으로 보는 이들도 있다.[12] 초기 이스라엘인이 대개 유럽 출신이었기 때문에 히브리어 문법은 형태상으로 셈어에서 멀어져 유럽 말들 쪽으로 가까워졌다.[13] 히브리어는 외국어에서 단어들을 빌려오기도 했다. 예컨대 전화를 가리키는 말로 'telefon'이 벤 예후다의 'sach-rachok'를 대체했다. 언어를 섞어 튀기 낱말을 만들기도 한다.[14] 영어에다 러시아어 접미사를 붙인 'jobnik'가 그런 예로, 군인이지만 민간인과 비슷한 일을 하는 사람을 가리킨다. 히브리어에는 심지어 (이 책을 여기까지 읽은 독자라면 놀라지 않겠지만) 쇠퇴론을 외치는 잔소리꾼들까지 있다. 미국 출신의 이스라엘 작가이자 언론인인 힐렐 할킨은 "벤 예후다가 요즘 사용되는 통속적 히브리어를 들었다면 몹시 실망했을 것"이라고 말했다.[15] 또, 셈학자*인 에드워드 울렌도르프는 동사 형태의 변화와 관련해 다음과 같이 빈정댔다.

> 현대 히브리어의 괴상한 형태들, 가령 〔동사〕'makkir' 대신에 쓰는 문법적으로 말이 안 되는 'mekir'나 그 비슷한 끔찍한 단어들은 일찍이 벤 예후다의 히브리어에서는 찾아볼 수 없었는데, 그나마 다행한 일이라면 이런 흉물들을 받아들이고 말지 아니면 폐기하려고 노력할지 선택하는 일이 〔벤 야후다가 아니라〕 현대 히브리어의 건강 상태를 보살피고 있는 요즘 사람들의 몫이라는 점이다.[16]

태어난 지 겨우 100년밖에 안 됐는데 벌써 젊은 아이들 때문에 망가지고 있다니, 지극히 정상적인 언어가 아닌가.

이스라엘의 건국에 대해 논란이 없진 않았다고 말한다면 너무 절제된 표현일 것이다. 20세기 전반에 유대인만큼 혹독한 고통을 겪은 민족은 없었다. 한데 제2차 세계대전이 사람들에게 민족주의가 얼마나 위험한지를 일깨워주고 있던 바로 그 시점에 유대인들은 생존을 위해 민족주의에 의존하지 않을 수 없다고 결정했다. 그리하여 이스라엘은 그들이 본뜬 다른 나라들처럼 민족주의적인 국가임을 드러내는 요소들을 많이 갖

---

* 셈학자(semitist, semiticist)란 유대인을 포함한 셈족의 언어와 문화, 역사 등을 연구하는 사람이다.

추게 되었다.

우선 이스라엘엔 준(準) 공식적인 종교가 있었다. 유대교가 헌법상 적시된 요건은 아니지만, 세계 어느 곳에서든 유대교인이 이스라엘로 오면 자동적으로 시민권을 받을 수 있다. 또한 이스라엘에는 신성시되는 반(牛) 공식적 역사, 즉 이산과 박해와 생존의, 그리고 거의 기적과 같은 부활의 역사가 있었다. (이스라엘의 저명한 역사가들이 그들 나라의 건국과 그것이 1948년 이전 팔레스타인의 다수 민족이었던 아랍인들에게 강요한 파멸적 희생을 비판적으로 재평가한 것은 수십 년이 지나서였다.) 다음으로 유대인 국민을 위한 단일 언어가 원기 왕성하게 성장하고 있었다. 새 국가의 3대 총리로 1963년부터 69년까지 재임한 레비 에슈콜은 한 세기 전만 해도 유대인의 주된 언어였던 이디시어를 쓴 마지막 저명인사였다. 히브리어가 마침내 승리했다.

비록 일부 언어들이 종교 전례용으로서 인위적으로 유지돼왔고 웨일스어와 아일랜드어의 예에서처럼 소규모의 부흥을 통해 언어가 살아남는 데 성공한 적도 있지만, 히브리어의 재창조에 비길 만한 일은 역사에 일찍이 없었다. 언어의 다양성을 좋아하는 사람들은 이 이야기에서 힘을 얻을 터이다. 오지랖 넓은 전문가들의 공식적인 언어계획은 대개 잘못된 것이라고 (내가 다음 장에서 그러겠듯이) 주장하는 사람이라도 이 눈부신 성공만큼은 인정해야 한다. 히브리어는 힘을 앞세운 정부가 국민에게 강요하고 통제한 것은 아니었지만, 그 부활과 성장은 먼저 헌신적인 엘리트들에 의해 시작된 뒤 대중에게 전파되었음이 분명하니까.

그러나 하나의 땅에 모인 단일 민족의 단일 언어와 단일 종교가 이스라엘 유대인들에게 평화와 안전을 가져다주지는 못했다. 오히려 또 다른 불안과 좌절을 불러왔을 뿐이다. 히브리어의 부활에 감탄하는 사람이라

해도 이 같은 상황을 보며 깨닫는 게 있을 법하다. 그것은 근육질 민족주의와 문화적 기획의 결합은 지혜롭다기보다는 위험스러운 일이라는 사실이다.

하나의 깃발, 하나의 조국, 하나의 언어

적어도 이스라엘은 언어민족주의가 낳을 수 있는 가장 흔하고 가장 어리석은 실수는 저지르지 않았다. 히브리어를 이스라엘의 유일한 공용어로 만들지 않은 것이다. 아랍어도 그 지위를 공유하고 있다. 인구의 20%쯤 되는 아랍계 팔레스타인 사람들은 학교에서 아랍어로 공부하고 히브리어 또한 배운다. 물론 이 나라의 중심이 유대인임을 상징하는 정책들을 이스라엘 정부가 추진하지 않을 리는 없어서, 일례로 도로 표지판에 예루살렘을 아랍 문자로 표기할 때도 음역인 '우르샬림'으로 한다. (아랍인들은 본디 이 도시를 '알 쿠즈' *라 부른다. 나는 예루살렘의 표지판에서 아랍 문자 '우르샬림'이 훼손된 걸 본 적이 있다. 표지판 훼손은 세계 어디서든 언어에 대한 불만을 분출하는 주요 수단이다. 이스라엘의 유대인은 그들대로 아랍어로 된 표지판을 훼손하곤 한다.)

그러나 대체로 이스라엘은 실용주의적으로 아랍어 사용 주민들과 타협해왔다. 아랍인들은 국회인 크네세트 의원 선거운동과 국회에서의 토론을 아랍어로 한다. 2008년의 한 법안은 아랍어를 '제2 언어'로 격하해 영어(널리 쓰인다) 및 러시아어(1991년 이후 구소련에서 유대인들

---

* '알 쿠즈(al-Quds)'는 '성스러운 곳'을 뜻한다.

이 많이 오면서 중요성이 점차 커졌다)와 대등하게 취급하자고 제안했다.[17] 그러나 이 법안은 통과되지 않아 아랍어는 여전히 히브리어와 함께 공용어의 지위를 누리고 있다. 대부분의 이스라엘 유대인은 아랍어를 제대로 익히지 못하고 말지만, 아무튼 원칙적으론 고등학교에서 아랍어 기초를 배우게 돼 있다.

유감스럽게도, 이스라엘이 지금까지 아랍어에 대해 보여준 실용주의적 태도를 세상의 모든 민족주의자들이 공유하지는 않는다. 전형적인 국수주의자들은 자기네 언어를 강요할 뿐 아니라 다른 언어를 억압하게 마련인데, 현대사에는 그런 예가 안타까울 정도로 넘쳐난다. 신성로마제국 황제 카를 5세(스페인의 카를로스 1세)가 신에겐 스페인어로, 여자들에겐 이탈리아어로, 남자들에겐 프랑스어로, 말에겐 독일어로 말한다고 자랑했다면, 그의 먼 후계자 격인 스페인의 독재자 프란시스코 프랑코는 이렇게 말했음직하다. "나는 신에게 스페인어로 말하고, 여자들에게도 스페인어로, 남자들에게도 스페인어로, 나의 말에게도 스페인어로 말한다." 프랑코는 1936년부터 3년간 계속된 끔찍한 내전을 일으켜 권력을 잡은 뒤, 여러 언어가 공존해온 스페인에서 오랜 역사를 끊어버리려고 애썼다.

아이러니하게도 프랑코 자신은 스페인 북서부 갈리시아 지방 출신이었다. 갈레고(Galego) 즉 갈리시아어는 포르투갈어와 매우 가깝다. 두 언어의 화자들은 서로 쉽게 알아듣지만, 스페인어 화자는 어느 쪽과도 소통하기가 어렵다. 프랑코는 갈리시아어를 했으나 그 말을 포르투갈어로 간주해 공식석상에서는 절대 사용하지 않았다. 그는 소수집단 출신이면서도 독재 권력을 잡자 소수집단들을 박해한 점에서 코르시카 사람 나폴레옹, 그루지야(조지아)* 사람 스탈린과 같은 유였다.

갈리시아는 스페인의 주요 소수민족이 사는 세 지역 가운데 민족주의가 가장 약한 곳이다. 스페인 동쪽 끝에 있는 카탈루냐 지방 사람들은 오래전부터 더 많은 자치권을 요구하고 나아가 독립까지 추구하곤 했다. 카탈루냐는 한때 아라곤 왕국과 연결된, 정치적으로 강력한 독자성을 지닌 공국이었다. 카탈루냐어는 훌륭한 문학 작품들을 많이 낳았고, 아라곤과 카탈루냐 연합왕국 아래에서 이 언어는 지중해의 발레아레스 제도로, 사르데냐 섬과 이탈리아 본토의 일부 지역으로, 심지어 멀리 그리스까지 퍼져나갔다. 그러다 18세기 초 스페인 왕위계승 전쟁*에서 카탈루냐가 손잡은 쪽이 패배한 뒤 카탈루냐어는 마드리드의 국왕에 의해 정부 업무에서의 사용이 금지되는 등 쇠퇴의 길에 접어들었다. 19세기에 '레나셴사(Renaixença)'라고 불린 언어와 문화의 부흥운동이 일어나면서 잠자던 카탈루냐 민족주의가 다시 고개를 들기 시작했다. 민족주의가 종종 그렇듯 카탈루냐 민족주의도 경제력의 뒷받침을 받았다. 카탈루냐는 스페인의 심장부인 카스티야보다 전통적으로 더 부유하고 산업화된 지역이었던 것이다.

통일 후의 스페인에서 불쑥불쑥 돌출해온 셋째 집단은 스페인 민족주의의 입장에서는 가장 골치 아픈 대상이다. 바로 바스크족으로, 그들은 지구상에서 알려진 어떤 언어와도 연고가 없는 말을 사용한다. 이 같은

---

* 1991년 소련 해체 직전에 독립한 그루지야공화국은 2010년 자기네 국명을 러시아어식인 '그루지야'로 부르지 말고 영어식 '조지아(Georgia)'로 불러달라고 다른 나라들에 요청했다. 조지아 사람들은 자국을 '사카르트벨로'라고 한다.
* 스페인 왕위계승 전쟁(1701~14)은 합스부르크 가문 출신의 마지막 스페인 왕 카를로스 2세가 후사 없이 죽은 뒤 일어난 전쟁으로, 영국과 프로이센, 오스트리아를 비롯한 유럽의 열강들이 힘을 합쳐 프랑스가 스페인 왕위를 계승하려는 것을 막음으로써 유럽의 힘의 균형을 바꾸어놓았다.

외톨이 언어는 세계적으로도 희귀하고 유럽에서는 유일무이하다. (헝가리어와 핀란드어, 에스토니아어도 이웃한 언어들과 무관하지만, 그들끼리는 서로 연결되어 있다.) 바스크어와 이웃 언어들 사이의 거리가 얼마나 먼지는 평범한 어구 아무 거나 골라서 비교해보면 바로 드러난다. 가령 '맥주 둘'이라고 할 때 스페인어로는 'dos cervezas', 갈리시아어로 'duas cervexas', 카탈루냐어로는 'dues serveses'로 모두 비슷한데, 바스크어로는 'bi garagardo'다. 바스크인은 8세기에 이슬람이 침략해왔을 때 자기네가 스페인 북부의 산악 지방에서 버티면서 그들을 가장 성공적으로 막아냈다고 자랑스럽게 주장한다. 현대 스페인에서도 바스크인들은 자부심을 가지고 자신들의 특수성을 과시할 만하다. 카탈루냐처럼 바스크 자치지방(국경 너머 프랑스 영토에 있는 바스크인은 물론 여기에 포함되지 않는다)도 스페인의 다른 지역들보다 부유하기 때문이다.

중앙집권을 원하는 사람의 입장에서 도도한 소수민족집단보다 유일하게 더 나쁜 건 도도하면서 성공까지 한 소수민족집단이다. 그리고 프랑코는 중앙집권주의자였다. 이탈리아와 독일의 민족주의적 파시즘의 영향을 받고 그들에게서 도움도 받은 프랑코는 스페인의 '통합'을 통해 힘을 강화하려 했다. 이를 위해 그는 특히 집권 초기에 소수언어들을 탄압했다.[18] 카스티야 스페인어를 제외한 어떤 언어도 공식적으로 사용하거나 공립학교에서 가르치는 것을 금했다. 소수민족의 언어로 된 영화도 금지했으며, 그런 언어로 지은 아이 이름은 등록조차 받지 않아 부모들은 예컨대 카탈루냐어 이름 '조르디(Jordi)'를 적어도 서류상으론 그에 상응하는 카스티야어 이름 '호르헤(Jorge)'로 바꿔야 했다. 상점 간판을 소수민족 언어로 내걸면 무거운 벌금을 매겼다. 정부의 지침인즉 바스크인, 카탈루냐인, 갈리시아인 할 것 없이 모두 "기독교인의 말", 즉 카스티아어를 쓰라는 것이었다. 술집을 비롯한 모든 시설들에서는 "이곳에서는 제국의 언어만 사용함"이라는 주의 사항을 게시해야 했다. 프랑코 체제의 대표적 구호는 "하나의 깃발, 하나의 조국, 하나의 언어(Una bandera, una patria, una lengua)"였다. 나치 독일의 구호 "하나의 민족, 하나의 제국, 하나의 지도자(Ein Volk, ein Reich, ein Führer)"와의 유사성은 결코 우연이 아니었다.

프랑코의 군국주의적 통합 정책이 소수집단의 민족주의자들을 위험한 처지에 몰아넣었음은 물론이다. 카탈루냐의 지도자들은 국외로 도피해 유럽의 다른 곳에서 망명정부 수립을 선언했다. 다수의 바스크 민족주의자들은 미국행을 택했다. 그러나 조국에 남은 사람들은 싸울 준비를 했다. 프랑스의 바스크 지역들까지 포함하는 바스크 국가를 세우기 위해 투쟁하는 테러 단체 ETA(Euskadi Ta Askatasuna, 바스크 조국과 자유)는 프랑코가 사망하기 16년 전인 1959년에 창설되었다. 프랑코 정권은 언어에 대한 가장 혹독한 규제들을 점차 완화하면서 시집이나 희곡의 발간, 제한된 라디오 방송을 허용했다. 그래 봤자 위험하지 않은 소수의 문화 민족주의자들이나 관심을 갖지 않겠느냐는 생각에서였다. 그러나 소수민족들이 이 정도에 만족할 리 없었다. 특히 ETA는 프랑코 정권의 손발 노릇을 하는 경찰과 관료들에 대한 암살 공작에 더욱 박차를 가했다. 터키의 케말 아타튀르크처럼 프랑코도 그토록 혐오하던 소수언어들을 말살하지 못했을 뿐 아니라, 오히려 그 사용자들에게 저항의 구심점으로 삼을 지속적 불만, 완벽한 상징적 쟁점만을 제공한 셈이 됐다. 1975년 프랑코가 사망하자 바스크와 카탈루냐 지방에서는 더없는 경사로서 공공연히 환호하며 반겼다.

프랑코 사후 스페인에서는 민주주의가 조심스럽게 복구됐다. 갈리시아, 카탈루냐, 그리고 바스크 지역은 새 헌법에서 '비대칭적'인 자치권을 획득했다. 안달루시아나 에스트레마두라 같은 다른 자치지방*들에는 없는 특권들을 부여받은 것이다. 지역언어들은 법률에 의해 정당성을 인정받은 동시에 국가의 보호 대상으로 규정되어 교육을 비롯한 몇몇 언어 사용 분야에서 지원을 받게 됐다. 이와 함께 상당한 경제적 지방분권화도 진행되었다. 현재 바스크, 카탈루냐, 갈리시아는 다른 지방들에 비해 독자적 경제 정책을 수립할 권한을 더 많이 갖고 있다.

하지만 독립운동은 계속 활발하게 벌어지고 있다. 갈리시아는 스페인 내에서 제한적인 자치권을 누리는 상황에 대체로 만족한다. 그러나 카탈루냐와 바스크는 투쟁을 멈추지 않고 있다. 스페인에 충성하느냐 독립하느냐가 아니라 스페인에 남되 자치권을 더 얻어내느냐 혹은 아예 독립하느냐를 놓고 이견을 보이면서 말이다. 바스크인들은 해외에 외교대표부를 두고서 자기네 지역을 스페인과 "자유롭게 연합한" 국가로 만들기 위해 노력해왔다. 한편 카탈루냐는 소수민족의 지위를 보다 노련하게 활용하고 있다. 마드리드의 국회에서 소수 의석만을 지닌 카탈루냐의 정당은 우파나 좌파의 큰 전국 정당들과 그때그때 손잡아 연립정부 구성이 가능한 다수파를 만들어주는 킹메이커 노릇을 종종 해왔다. 그리고 그런 위치를 이용해 중앙정부로부터 점점 더 많은 문화적, 경제적 권리를 뺏어냈다. 마드리드의 중앙정부는 또 그들대로 모든 지방이 스페인이라는 통일적 국가의 필수불가결한 구성 요소라는 종래의 입장을 고수하고 있다.

---

* 스페인에는 일부 자치지방이 따로 있는 게 아니다. 전국이 17개의 자치지방(comunidad autónoma, 직역하면 '자치공동체')으로 나뉘며 그 아래에 모두 50개의 주(provincia)가 있다. 이들 지역의 '자치'는 제한적이다.

1978년에 국민투표로 확정된 새 헌법은 스페인 영토의 불가침성을 못박았고, 따라서 이들 지방의 민족적 열망은 위헌적인 것이 되었다. 새 헌법안이 카탈루냐와 바스크 지방에선 과반수의 찬성을 얻지 못했으므로 그들 자신은 위헌성을 인정하지 않는 셈이지만.

언어 쪽 상황을 보면 긴장 속의 안정이 주조를 이룬다. 바르셀로나에 가면 카탈루냐어 천지다. 관광 천국이라 할 도시임에도 사실상 모든 간판과 표지들이 더 널리 쓰이는 스페인어가 아니라 카탈루냐어로 돼 있다 (스페인어는 아래쪽에 표기되는데 그나마 없는 경우도 많다). 그러나 눈을 감고 소리만 들으면 이런 인상은 역전된다. 시 중심 지역에서는 카탈루냐어보다 스페인어가 훨씬 많이 들리는 것이다. 이는 프랑코 독재 시절의 직접적인 유산이다. 두 세대가 카탈루냐어로 교육을 받지 못한 탓에 카탈루냐어는 거리와 공적인 삶에서 밀려나 가정을 비롯한 사적 영역의 언어가 되었다. 그러나 카탈루냐의 심장부에서 스페인어가 우세한 또 다른 이유는 스페인의 다른 지역에서 부유한 바르셀로나로 '내국 이민' 들이 꾀어들기 때문이다. 이주자들 자신은 물론 카탈루냐어를 하지 않는다. 그러나 그들의 자녀는 학교에서 (스페인어도 배우기는 하되) 카탈루냐어에 푹 잠기게 된다. 이는 예전의 역할이 역전되는 아이러니를 낳았다. 이젠 스페인어 사용자들이 카탈루냐인들의 '불관용' 을 주장하는 것이다.

바르셀로나에 있는 카탈루냐학연구소의 언어학 부문 책임자인 주안 마르티 이 카스텔은 햇볕에 그을린 피부에 귀밑머리가 하얀 신사로, 예정된 30분간을 훌쩍 넘겨 한 시간 동안 나에게 카탈루냐어의 과거와 현재, 미래를 얘기해주었다. 그는 침착하고 상냥하지만, 카스티야인들이 '관용' 운운하는 걸 들을 때마다 신경에 날이 서는 카탈루냐 사람 중 하나다. 그는 바르셀로나에서 카탈루냐어를 전혀 쓰지 않고도 얼마든지 살 수 있다고 지적하고는, 아마 카탈루냐어만 쓰며 사는 게 오히려 불가능하리라고 덧붙였다. 생각해보라. 식당에서 웨이터에게 카탈루냐어로 말해달라고 요구할 수야 있지만, 누가 저녁 식사를 망칠 위험까지 무릅쓰면서 정치적 입장을 고수하려 들겠는가? 마찬가지로, 여권 갱신을 위한 인터뷰를 카탈루냐어로 진행해달라고 고집할 수는 있겠지만 당신의 삶을 골치 아프게 만들 수도 있는 공무원의 비위를 누가 굳이 거스르고 싶겠는가? 이어서 그는 학교 교육을 카탈루냐어로 할 필요성이 왜 '근본적'인 건지를 역설했다.

어떤 언어가 꼭 필요하지 않다면, 다시 말해서 없어도 되는 거라면, 그 언어는 사라지게 돼 있습니다. 허용되기는 하지만 나날의 삶에 필수적이 아니라면 그 언어는 사라질 운명을 피할 수가 없죠. 반드시 필요하지 않은 것은 뭐든 없어도 그만이니까요.

그에게 카탈루냐에서 카탈루냐어가 차지해야 할 자리는 "이탈리아에서 이탈리아어가, 프랑스에서 프랑스어가, 영국에서 영어가, 독일에서 독일어가" 놓인 자리와 같아야 한다. 그가 언급하진 않았지만 이들에 대비되는 것은 웨일스의 웨일스어, 아일랜드의 아일랜드어처럼 필수품이 아니라 곁들이 같은 언어, 삶의 한 구석만을 차지하고 그 자리마저 끊임없이 축소되는 언어들이다.

나는 앞으로 카탈루냐가 독립을 성취할 가능성이 점차 커질지 아니면 그 반대일지 그의 생각을 물었다. 내가 카스티야 사람들에게서 늘 듣기로 카탈루냐인들은 원하는 것은 뭐든 얻어내고 있다던데, 그와 영 다르게 마르티 이 카스텔의 안색은 어두워졌다. 카탈루냐 사람들은 갈수록 좌절감이 커지고 있다고 한다. '내국 이민' 외에도 북아프리카의 외국인들이 이 지역으로 들어오고 있는데, 그들은 당연히 카탈루냐어보다는 스페인어를 배우려 든다. 라틴아메리카에서 오는 이민들도 이곳 말을 배우지 않고 고향에서 쓰던 스페인어를 계속 사용한다. 이런 상황이어서 카탈루냐 민족주의가 다시 끓어오르고 있다는 얘기다.

프랑코가 남긴 것은 통합된 스페인, '하나의 언어를 쓰는 하나의 조국'이 아니었다. 민주화가 된 지 30년이 넘었으나 여전히 ETA가 활동 중이고 바스크어 사용자 대다수는 독립을 지지하며, 부유하고 비교적 처지가 좋은 카탈루냐 사람들까지도 비슷한 생각을 지니고 있다. 늙은 독재자가 죽고 35년을 넘긴 아직까지도 스페인은 하나로 통합되지 못하고, 그렇다고 다양성에 편안해지지도 못하고 있는 것이다.

아파르트헤이트의 무리수—남아공과 아프리칸스어

스페인에서 언어민족주의는 지속적이고 어쩌면 해결할 길이 없을 갈등을 남겼다. 다른 곳에서는 한 국가의 오래된 정권을 쓰러뜨리는 데 언어민족주의가 핵심적 역할을 했을지도 모른다.

남아프리카공화국의 수도 프리토리아에 있는 헌법재판소는 많은 상징성을 지니고 있다. 어두웠던 옛 시절에 이곳은 구치소였는데, 세계적으로 더없이 이름난 두 명의 고결한 자유 투사를 각기 다른 시대에 감금했었다는 명성을 지니고 있다. 20세기 초 마하트마 간디*가 영국 정부에 의해, 반세기 뒤엔 넬슨 만델라*가 남아공의 백인 정권에 의해 이곳에

갇혔던 것이다.

오늘날 남아공의 헌법재판소는 화해와 정의를 상징한다. 낡은 벽돌 구조물의 일부가 보존되어 여기가 한때 어떤 곳이었는지를 상기시킨다. 나머지는 새로 지은 건물이다. 안으로 들어가면, 마치 야외의 나무 그늘 아래 있는 듯 느끼도록 설계된 천장이 아프리카의 전통적 개념인 '나무 아래의 정의'를 상징하고 있다. 전통적인 공동체에서는 문제가 생기면 원로들이 나무 아래에 사람들을 모아놓고 결정을 내렸었다. 한편 커다란 창문들은 밖에 있는 사람에게는 법정을 투명하게 드러내주고, 안에서 법률 논쟁을 벌이는 재판관과 변호사들에게는 그들이 섬겨야 하는 것이 창 너머 보이는 현실 세계임을 환기한다. 건물 외벽에는 특별히 고안된 서체의 '헌법재판소'라는 글자가 열한 가지 언어로 붙어 있다.

공식적으로는 11개 언어가 모두 평등하다. 그중 어떤 말로도 구두 변론을 하고 서면 진술서 등의 서류를 작성할 수 있으며, 그 내용을 다른 어느 언어로도 통역이나 번역을 시킬 수 있다. 마치 국제연합(UN)의 회의장처럼 동시통역을 위한 유리 부스가 법정을 내려다보는 위치에 설치되어 있다. 그러나 남아프리카공화국은 11개 언어가 진정한 평등을 구가하는 낙원이 아니다. 전체 인구의 10분의 1 미만이 사용하는 한 언어가 다른 언어들보다 뚜렷이 더 평등하다.

만델라는 1962년 체포됐고, 28년 만인 1990년에 석방됐다. 4년 뒤

---

* 인도의 민족운동 지도자 간디(1869~1948)는 19세기 말에서 20세기 초까지 오랫동안 남아프리카에서 현지 인도인들의 권리를 위해 활동했다.
* 남아프리카공화국의 민권운동가이자 정치인인 만델라(1918~)는 아프리카민족회의(ANC)라는 정당을 이끌며 백인정권의 인종차별에 맞서 투쟁하다가 체포되어 28년간 수감됐다가 1990년 풀려났다. 1994년 선거에서 남아공 최초의 흑인 대통령이 되어 99년까지 재직했다.

그는 남아프리카공화국에서 처음 시행된 민주적 선거에서 대통령으로 당선됐다. 아파르트헤이트(apartheid, 인종격리 정책) 정권과 아프리카민족회의(ANC)*의 오랜 협상 끝에 1996년에 탄생한 새 헌법은 국민들에게 많은 권리를 약속했다. 여기에는 표현의 자유, 집회와 결사의 자유 같은 전통적 권리뿐 아니라 주택과 의료 서비스 따위에 대한 사회경제적 권리들도 포함되었다. 인종이나 성, 성적 지향, 장애, 종교, 문화, 나이, 임신, 기타 범주들에 근거한 차별은 헌법 제9조에 의해 명시적으로 금지되었다. 이 같은 권리와 보호의 목록은 대부분 민주주의 국가의 헌법에 명시되어 있는 것보다 훨씬 광범위하다.

헌법상의 그 모든 약속 중에는 다시 태어난 남아공이 새로 선포된 11개의 공용어를 고루 장려해야 한다는 것도 포함되었다. 그중 아홉 개 언어, 즉 줄루어, 코사어, 은데벨레어, 츠와나어, 스와지어(스와티어), 소토어, 벤다어, 총가어, 페디어는 아프리카 말이다. 나머지 둘은 유럽 언어로, 그중 하나인 아프리칸스어(Afrikaans)는 1652년 남아프리카에 맨 처음 정착한 네덜란드인들의 말에서 유래한 특징적인 언어다. 네덜란드인들은 수세기 동안 이 지역의 지배적인 백인 세력이었다. 오늘날 아프리칸스어와 네덜란드어는 서로 소통이 가능하지만, 아프리카너*들은 자기네 언어의 독특성에 대해 자부심을 갖고 있다. 하급법원들에서 헌법

---

* 아프리카민족회의(African National Congress)는 남아프리카공화국의 정치단체로 오랫동안 아파르트헤이트에 맞서 투쟁을 벌였으며, 1994년 5월부터 연립정부 형식으로 여당이 되었다.
* 아프리카너(Afrikaner)는 남아프리카 태생으로 아프리칸스어가 모어인 백인들(네덜란드계, 프랑스계, 독일계 개신교 정착민의 후손들)을 가리킨다. '아프리칸더(Afrikander)'라고도 한다. 이들의 아프리칸스어는 17세기 네덜란드어를 주축으로 프랑스어, 말레이어, 현지어 등이 결합하여 형성된 게르만 계통 언어다.

재판소로 오는 판결 서류는 흔히 아프리칸스어로 되어 있고, 재판관들도 대부분 아프리칸스어를 할 줄 안다. 그러나 어떤 사건도 법정에서 완전히 아프리칸스어로만 심리가 진행된 적은 없다.

공용어 중 또 하나의 유럽 언어는 영어다. 영국인은 네덜란드인보다 늦게 이 지역에 들어왔지만 점차 그들을 밀어내고 지배적인 유럽인 집단으로 올라섰다. 20세기로의 전환기에 일어난 보어전쟁*(이때 젊은 윈스턴 처칠이 종군기자로 활동했다)에서 정점을 찍은 일련의 충돌에서 영국인이 아프리카너를 제압했다. 네덜란드어로 '농부'를 뜻하는 '보어(Boer)'*라는 명칭으로 흔히 불린 아프리카너들은 이후 반세기 동안 정치적으로 영국인들에게 굴종하는 처지가 되었다.

이 시기에 아프리카너들의 정치적 자기인식이 성장하게 된다. 그들 대부분은, 비록 자기네가 대영제국〔나중엔 영국연방〕의 일부로 편입되기는 했어도, 영국과 얽히기를 원치 않았다. 그래서 남아프리카연방*이 제2차 세계대전에 참전하는 것을 반대했고, 은밀히 추축국을 지원했다. 그러나 전쟁이 끝나고 3년 뒤인 1948년에 아프리카너들의 강성 정당인 국민당이 선거에서 처음으로 승리하는 일이 벌어졌다. 이와 함께 법적으로 강제되는 인종 간 '격리', 아프리칸스어로 '아파르트헤이트'의 시대가 시작됐다.

---

* 여기서 말하는 것은 제2차이며 본격적인 보어전쟁(Boer War, 1899~1902)으로, 영국이 남아프리카의 금과 다이아몬드 광산을 차지하기 위해 보어인들이 건설한 트란스발공화국과 오렌지자유국을 침략하여 벌어졌다. 영국이 승리해 두 나라를 영국령 남아프리카에 병합했다.
* '보어'의 아프리칸스어 발음은 '부르'다.
* 현재의 남아프리카공화국은 1910년 독립 때부터 1961년 영연방에서 탈퇴해 공화국이 될 때까지 국명이 '남아프리카연방'이었다.

　1948년 이전 남아프리카공화국의 백인 통치는 알제리나 케냐 같은 아프리카의 다른 유럽 식민지에서 실시되는 것과 그리 다르지 않았다. 그런데 아파르트헤이트는 전혀 별종의 것으로, 세계에서 가장 법적으로 정교하고 숨 막히게 억압적인 소수 지배 체제였다. 흑인들은 나라 안을 자유롭게 오갈 수 없었고, 대부분의 지역에서 토지를 소유할 수 없었으며, 숙련된 기술이 필요한 직종에서 일하거나 노조에 가입할 수 없었고, 백인과 성관계를 하거나 결혼할 수 없었으며, 아파르트헤이트가 가장 기승을 부리던 시기에는 학교에서 수학을 배울 수조차 없었다. 아파르트헤이트를 입안하고 실행한 장본인 헨드릭 페르부르트*의 생각에 따르면, 흑인들에게 그들이 결코 써먹을 수 없는 과목을 가르치는 게 무슨 의미가 있느냐는 것이었다. 이처럼 극도로 위축된 소위 반투교육*은 1970년대에 이르러 흑인들의 분노를 유발하는 가장 큰 요인의 하나로 떠올랐다.

　그러다가 1974년에 정부는 결정적인 무리수를 두었다. 아프리카너들의 소득 수준이 높아지고 아프리칸스어를 사용하는 사회 지도층이 형성되자, 한때 무시당했던 이 보어인들은 남아프리카공화국이 다시 온전히 자기네 나라가 됐다고 여기기 시작했다. 그동안 교육에 쓰인 주된 언어는 영어였다(낮은 학년들에서는 아프리카 언어들도 사용되었다). 그런 상황에서 정부는 난데없이 모든 교육의 절반을 아프리칸스어로 해야 한다고 선포했다.

　이는 안 그래도 분노가 쌓여온 흑인 사회를 더욱 들끓게 했다. 1976년

---

* 네덜란드에서 태어난 페르부르트(1901~66)는 1958년부터 66년 암살당할 때까지 남아연방(61년 이후 남아공)의 총리를 지냈다.
* 교육 부문의 철저한 인종 격리를 규정한 법이 '반투교육법'(1953)이다. 반투족이란 아프리카 중남부에 살며 250개가 넘는 반투어군의 언어를 사용하는 종족들을 통틀어 이르는 말이다.

이 되자 어린 중고교생들이 항의의 전면에 적극적으로 나서면서 곳곳에서 시위가 벌어졌다. 시위대의 플래카드에는 영어로 "아프리칸스어는 지옥으로!" "우리가 아프리칸스어를 써야 한다면 포르스테르〔당시 대통령〕는 줄루어를 써라!" 같은 말들이 적혀 있었다. 그러다 요하네스버그 시 외곽의 거대한 흑인 거주지이며 시위의 중심지인 소웨토*에서 아프리카너 경찰이 학생 중심의 행진 대열과 충돌 중 발포를 했고, 열세 살 소년을 비롯한 20여 명이 살해되었다. 시위는 격렬한 폭동으로 변했다.

수백 명이 사망했고, 수천 명이 다치고 투옥되었다. 그리고 아파르트헤이트의 종말이 시작되었다. 1960년대에 급격한 경제성장을 이룬 남아프리카공화국은 국제사회의 불가촉천민으로 전락해버렸다. 투자를 받지 못하게 되고 해외 스포츠 행사 참가가 금지되는가 하면 이곳에서 생산된 오렌지의 불매운동이 벌어지는 등 다양한 국제적 제재 속에서 남아공은 나병 환자처럼 따돌림 받는 처지가 됐다. 만델라의 아프리카민족회의가 공산주의자들의 위장 조직이라는 남아공 정부의 주장에 공감하는 서구의 보수 정부들까지도 이 나라와 일정한 거리를 유지했다. 점점 격렬해지는 국내의 저항과 국제적 고립 사이에 샌드위치처럼 긴 아파르트헤이트 정권은 결국 만델라와 협상하지 않을 수 없었다. 그는 1990년에 감옥에서 풀려났고, 아프리카민족회의는 합법 정당이 되었다. 이제 아파르트헤이트의 종말은 시간 문제였다.

아프리칸스어는 어떻게 해서 아파르트헤이트를 태워버린 불씨가 되었을까? 두말할 나위 없이 그 언어는 증오 받는 아파르트헤이트 정권의 상징이었다. 물론 영어 역시 흑인들을 억압했던 백인의 언어였지만, 영어

---

* 소웨토(Soweto)는 'South Western Townships(남서 〔흑인〕 거주 지역)'를 축약한 말이다.

의 지배는 분노를 불러일으키지 않았다. 남아프리카공화국의 흑인들에게 아프리칸스어는 단지 외래의 언어인 데 그치지 않고 쓸모까지 없는 언어였다. 그걸 학교 교육의 언어로 강제한다는 것은 흑인들의 모든 삶을 지배하려는 아프리카너들의 시도를 상징할 뿐, 아무 이점도 없는 순전한 굴욕이었다. 1970년대 중반까지 대부분의 흑인 학생은 자신의 모어로 초등교육을 받기 시작한 뒤 학년이 오르면서 점차 영어로 옮겨 갔다. 영어는 공통의 언어가 없는 다른 아프리카인이나 인구의 적잖은 부분을 차지하는 인도인들과 얘기를 나누려 할 때 편리했다. 영어를 하면 또 외국의 저항 관련 문헌들을 읽고 스스로 그런 글을 써서 내보낼 수도 있었다. 아프리칸스어는 주로 백인 상관에게 대답할 때나 유용했다.

만델라는 여러 측면에서 특출한 인물이다. 수십 년간 감옥에 있을 때 아프리칸스어를 공부했다는 점도 그 하나로 꼽을 수 있다. 언젠가 석방되어 아프리카너 정부와 협상과 화해를 하게 되리라는 예감이 들어서였는지도 모른다. 1995년의 럭비 월드컵 결승전 때 만델라 당시 대통령이 남아공 국가대표 럭비 팀의 유니폼(이는 항상 아프리카너들의 것이었다)을 입었던 일은 모두에게 소중한 화해의 기억으로 남아 있다(남아공 팀은 이때 우승했다). 아울러 만델라는 보다 은근한 표현을 통해서도 상처 입은 아프리카너들의 자존심에 대한 그의 연민을 보여주었다. 경기를 보러 온 한 아프리카너 학생에게 그들의 언어로 "Wat is vorby is vorby."라고 말한 것이다. 지난 일은 말 그대로 지나간 일이라는 뜻이다.

남아프리카공화국 국민 중 집에서도 영어를 쓰는 사람은 8%에 불과하다. 하지만 요하네스버그나 케이프타운의 공항에 도착한 여행자들이 혹 여기가 캘리포니아 아닌지 헛갈린다 해도 무리는 아니다. 모든 것이 영어로 적혀 있고, 드물게 몇 가지에만 아프리칸스어가 병기되어 있다. 아프리카 원주민의 언어로 적힌 것은 더더욱 볼 수 없다. 단 하나, 남아프리카항공(SAA)의 잡지 제목인 'Sawubona'(줄루어로 '안녕하세요')만이 이곳이 아프리카임을 암시하고 있다.

이 시대에 남아프리카공화국은 영어 없이 존재하기 어려울 테다. 아프리칸스어가 나라를 하나로 묶지 못했으리라는 점은 불을 보듯 환하다. 그런 점에서는 아프리카 언어들도 마찬가지다. 국민을 하나로 엮어주는 역할은 영어가 맡고 있다. 텔레비전 프로의 대부분이 영어로 방송된다. 정부 업무에서도 영어가 압도적이다. 영어는 문화와 미디어는 물론이고 교육과 연구 분야에서도 주도적인 언어다.

그러나 현실의 속내는 보다 복잡하다. 남아공 인구의 약 9%를 차지하는 이른바 '유색인'들은 유럽과 아프리카, 아시아 혈통이 섞인 사람들로, 그들 중 다수는 집에서 아프리칸스어를 사용한다. 도시 지역의 흑인들은 서로 언어가 다를 때 종종 나름의 크리올어(여러 언어가 섞여 안정적으로 자리 잡은 언어)로 소통한다. 아프리카 언어들 중 가장 큰 것은 인구의 4분의 1가량이 사용하는 줄루어지만, 만델라를 포함한 흑인 엘리트층에는 코사어 사용자가 불균형적으로 많다. 둘 중 어느 쪽도 주도적으로 남아공을 통합하진 못할 것이다. 아파르트헤이트가 와해되고 있던 1990년대 초 줄루족 민족주의자들과 아프리카민족회의는 폭력적으로 충돌하기도 했다. 줄루 민족주의는 지금도 만만찮은 세력이다.

헌법은 모든 공용어의 평등을 선언했을 뿐 아니라 그것들이 나란히 발전하도록 장려해야 한다고 규정하고 있다. 평등은 이론상으로만 존재하기 때문에 정부는 장려 쪽에 무게를 두고 작은 노력들을 펼치고 있다. 교육부는 공용어인 아프리카 말들로 높은 수준의 교육을 할 수 있도록 읽기 자료, 학습 지도서 등의 교재를 개발하고 있다. 그러나 놀랍다고 해야 할까, 아프리카인 부모들은 그 같은 언어 교육을 거부한다. 국내든 세계든 상황이 어떠한지를 잘 아는 만큼, 아이들이 영어를 최대한 빨리 습득하길 원하는 것이다. 영어는 대학에 들어가게 해줄 입장권이고, 어쩌면 안정된 공무원 직이나 '흑인 경제 육성' 정책에 따라 대기업들이 흑인을 위해 마련한 자리를 따내는 수단이 될 수도 있다. 이 정책은 말 그대로 대상이 흑인이고 육성이 목적이지만, 그 덕을 보려면 유럽 언어인 영어를 배워야 한다.

그렇다면 아프리칸스어는 어떤 상태인가? 지미 응틴틸리는 요하네스버그의 유명한 관광 가이드다. 빌 클린턴 대통령 부부의 잘 알려진 1998년 소웨토 방문 때 자신이 안내를 맡았던 것을 늘 자랑하는 그는 독일어로 불편 없이 얘기를 나눌 수 있고, 안내하는 말의 대부분을 프랑스어와 이탈리아어로 능숙하게 떠벌일 수도 있다. 콧소리가 좀 섞인 높은 음조의 영어도 물론 나무랄 데가 없다. 그의 부모는 소토족과 스와지족 사람이다. 그는 남아프리카공화국의 모든 언어를 할 줄 안다고 주장한다. 어찌 보면 그는 완벽한 남아프리카 사람이다.

내가 흑인들은 지금 아프리칸스어를 어떻게 생각하느냐고 묻자 놀랍게도 그는 전혀 비난의 말을 하지 않았다. "그 언어엔 아무런 문제도 없습니다. 많은 유색인이 아프리칸스어를 사용해요." 그러나 그는 이어서 말했다. "문제가 되는 것은 아프리카너들의 어떤 '행태' 들이지요." 가령 그와 친한 사이인 아프리카너들이 그를 남에게 소개할 때 가끔 "이쪽은 내 카피르 친구"라고 말한다는 것이었다. '카피르(kaffir)' 는 '깜둥이(nigger)' 라는 뜻의 아프리칸스어다. 그래도 지미는 그 언어 자체에는 아무 유감이 없다. 한때 증오하던 '부르탈(Boertaal, 보어인의 말)' *에 대한 이 소웨토 사람의 태도가 시간의 어루만짐으로 부드러워진 모양이다. 그러나 남아공의 다른 요소들이 그처럼 완화되는 데는 분명 더 많은 시간이 필요할 테다.

영어는 남아프리카공화국에서 완승을 거두었지만, 이는 영어 화자들이 그 말을 불운한 원주민들에게 강요하거나 영어의 개화된 문법과 어휘가 아프리카 말들보다 우수하다고 그들을 설득한 결과는 아니었다. 이곳에서 영어가 거둔 성공은 다른 곳에서의 성공, 즉 먼저 영국이, 다음은 미국이 거둔 성공에 편승한 것이었다. 아무튼 그러는 사이에 아프리칸스어의 역할은 초라해졌는데, 이는 아프리카너들이 그 언어를 국민에게 강요하려 했기 때문이기도 했다. 물론 언어는 남아프리카공화국 흑인들의 유일한 불만이 아니었고 주된 불만조차 아니었지만, 이 경우는 언어가 정치보다 전면에 부각되는 하나의 상징적 사례였다. 모두가 증오하는 국가를 만들고 거기다 공용어까지 멍에로 씌워놓으면 언어와 국가가 함께 무너질 수 있다. 영어 사용자들의 국제적 공동체처럼, 또는 관용에 기초한 오늘날의 남아프리카공화국처럼 사람들이 참여하고 싶어하는 사회를 건설하면 누구에게도 언어를 강요할 필요가 없다.

언어는 하나, 민족주의는 여럿—인도와 유고슬라비아

ETA의 폭탄 테러나 소웨토 봉기에서 볼 수 있듯이, 언어 정책은 공동체 내부의 분쟁을 부추기는 요인으로 작용한다. 그러나 때로는 내분이

---

* 'Taal'은 네덜란드어, 아프리카스어로 '언어'라는 뜻이다. 보어인들은 당초 자기네 말을 'Boertaal' 또는 그냥 'Taal'이라고 불렀다 한다.

먼저 일어나 본디 통일돼 있던 언어를 갈라놓기도 한다. 인도와 파키스탄, 세르비아와 크로아티아가 그런 사례다.

인도는 공식적으로 인정한 언어가 14개나 되고 그중 특별히 힌디어가 사실상 '국어'로 인정되는 엄청난 다중 언어 국가다. 파키스탄은 공용어가 단 하나(영어)이고, 그 외에 공식적인 '국어'로 우르두어를 지정했다. 어떤 면에서 파키스탄과 인도는 우리가 지금까지 살펴본 언어민족주의의 이야기들과는 반대되는 경우를 대표한다. 전형적인 유럽식 민족주의의 시나리오에서, 한 인간 집단은 먼저 그들이 같은 말을 쓴다는(그리고 역사, 종교, 문화 등 다른 측면들도 공유한다는) 사실을 인식한다. 이후 그들은 단일 언어, 단일 종족의 민족국가를 건설하기로 결심하고, 그것을 위해 국경을 획정하고 사람들을 이주시키거나 다른 언어들을 억압한다. 궁극적 목표는 한 국가 한 언어다. 영국령 인도는 이와 거의 정반대였다. 당시 영국인들이 '인도(India)'라고 뭉뚱그려 부른 식민지는 오늘날의 인도와 파키스탄, 방글라데시를 포괄하는 지역이었다. 서로 역사와 지리, 그리고 심성을 공유한다는 의식이 여러 언어로 나뉜 이 식민지에 일체감을 부여했다. 그러나 종교의 차이라는 큰 요인이 결국 그 일체감을 깨뜨리게 된다.

20세기 전반부에 인도의 독립운동이 시작되었다. 운동의 주된 정치 조직으로 남아공의 아프리카민족회의에 상응하는 것은 국민회의당이었다. (실제로 만델라와 아프리카민족회의는 인도의 경험에서 많은 것을 배웠다.) 조국을 해방시키는 과정에서 인도의 독립운동 지도자들은 이 나라가 분열되지 않도록 자신들이 노력해야 한다는 사실도 알고 있었다.

국민회의당의 지도자들은 언어에 대해 크게 걱정하지 않았다. 그들이 '힌두스타니어'*라 부른 인도 최대의 언어가 그들이 추구하는 자유 인도를 너끈히 통합해주리라고 생각했다. 이 지도자들 중 마하트마 간디는 구자라트어 사용자로 힌두스타니어는 더듬거리는 수준이었고, 자와할랄 네루*는 카슈미르인으로 가장 잘 하는 언어가 영어였으며, 남부의 타밀 출신인 C. 라자고팔라차리*는 힌두스타니어를 전혀 못했다(타밀어는 드라비다어족에 속하는 말로, 힌두스타니어를 비롯한 북부 인도의 언어들과는 아무런 관계도 없다).

그러나 '힌두스타니어'라는 개념은 오늘날 도마 위에 올라 있다. 각기 힌디어와 우르두어라고 불리며 서로 다퉈온 두 언어는 힌두스타니어의 자식들이다. 사실 이 둘은 구어 수준에서는 아주 비슷해서 대부분의 언어학자가 하나의 언어, 힌디우르두어로 본다. 그러나 무엇을 별개의 언어로, 무엇을 방언으로 규정하는가는 뚜렷한 기준이 없고, 거의 전적으로 주관적 판단에 달려 있다. 둘을 별개의 언어로 보는 양쪽의 열성 지지자들은 비슷한 점보다 다른 점들을 강조한다.

힌디어는 고대에 기원을 둔 데바나가리 문자로 표기되는데, 글자들이 윗부분의 수평 직선에 의해 서로 연결되는 특징이 있다. 힌디어의 고상한 문학적, 종교적 어휘는 힌두교 경전의 언어인 산스크리트어에서 유래했다. 힌디어는 수억 힌두교도의 정체성을 나타내는 표지다. 한편 우르

---

* 힌두스타니어는 우리말로 '힌두스탄어'라고도 표기한다. '힌두스탄'은 맥락에 따라 인도 북부 지역을 가리키기도 하고 인도반도(인도아대륙) 전체를 지칭하기도 한다.
* 인도의 진보적 정치가였던 네루(1889~1964)는 간디의 지도 아래 독립운동을 이끌었고 1947년 초대 총리가 되어 사망할 때까지 재임했다. 딸 인디라 간디와 그녀의 아들 라지브 간디도 훗날 총리를 지냈다.
* 인도의 법률가 출신 독립운동가였던 라자고팔라차리(1878~1972)는 1948년 과도임시정부 시절 인도인으로선 유일하게 총독(인도연방지사)이 되어 그 직위가 폐지된 1950년 초까지 재직했다.

두어란 힌두스타니어를 표기하는 문자로 아랍 문자에 곡선미를 강화하
여 변형한 나스타리크체를 사용한 것을 이른다. 우르두어의 고급 어휘,
즉 문학과 학문, 종교 등에 필요한 말들은 페르시아어와 아랍어에서 유
래했다. 힌디어가 힌두교도에게 그렇듯이, 우르두어도 인도와 파키스탄
의 무슬림들에게 신성시된다.

그렇다면 두 언어는 과연 동일한 언어인가 아닌가? 오스틴 소재 텍
사스대학교의 언어학자 로버트 킹은 힌디어를 쓰는 어느 역사학자가
델리 구(舊)시가의 무슬림 지역을 돌아볼 때 있었던 일을 다음과 같이
전한다.

우리의 가이드는 거리에서 무슬림들에게 말을 걸어서는 길을 묻고 가벼
운 얘기들도 주고받았다. 내가 보기에 그는 자기 의사를 전달하고 상대
가 응답하는 말을 알아듣는 데 아무 문제도 없었다.

그러나 이들은 이윽고 한 무슬림 성직자를 만나 그 동네의 역사에 대해
이야기를 나누기 시작한다.

이 수준의 담화에서는 소통이 거의 불가능했다. 양쪽 다 최선의 의지와
노력으로 임했음에도 대화상의 무리는 결코 무시할 수 없는 정도였다.
…… 힌디어와 우르두어는 건축 용어가 완전히 달랐고, 이는 전문 어휘
전반에서 대개 그렇다. 그 대화에선 지극히 일상적인 것 이외의 주제들
에 대해서는 온전한 소통이 거의 불가능했다. …… 견디기 괴로운 상황
이었다. 힌두교도와 무슬림과 서양인의 이 순수하고 점잖으며 우호적인
작은 만남이 성공하기를 대화의 양측이 모두 간절히 바랐기 때문이다.

80년 전 간디는(그가 힌두스타니어에 서툴렀음을 기억하라) '힌두스타니어'가 둘로 갈라져 있다는 사실을 인정하지 못했다.

> 힌두[스타니]어는 북부에서 힌두교도와 무슬림이 함께 사용하는 언어로서, [데바]나가리나 페르시아 문자로 적는 것이다. [그것은] 너무 산스크리트어에 치우치지도 않았고 너무 페르시아화되지도 않았다. …… 힌두교도와 무슬림의 그 같은 구분은 현실과는 다른 것이다. …… 마찬가지의 비현실성이 힌디어와 우르두어를 구분하는 데서도 발견된다. …… 문자에 관해서는 아무런 의구심도 어려움도 없다.[19]

한편 네루는 실용적이고 기술적인 해결이 가능하다고 생각했다. 집안의 결혼 청첩장에서 힌두스타니어를 로마자로 표기하여 친지들에게 발송한 뒤 네루는 간디에게 다음과 같은 편지를 썼다.

> 저는 힌두스타니어가 인도의 공통 언어가 될 것임을 믿어 의심치 않습니다. …… 그 방향으로 나아가는 데 문자에 관한 어리석은 논쟁들이 장애가 되고 있습니다. 극단적인 경향들을 억제하는 동시에 널리 통용되고 있는 구어에 기초를 둔 중도적인 문어를 개발하는 일에 노력을 기울여야 합니다. 대중교육이 실시되면 틀림없이 그렇게 될 겁니다.[20]

간디와 네루에게 힌두스타니어는 하나의 상징이었다. 그들은 정치가 앞에서 이끌면 언어가 뒤를 따를 것이라고 생각했다. 인도 국민의 약 3분의 1만이 힌두스타니어를 썼지만, 단일 언어로는 가장 컸다. 일단 독립이 되면 인도 국민은 그 말을 중심으로 결집할 게 분명했다.

영국이 공동의 적으로 존재하는 한 이런 생각은 타당성이 있었다. 그러나 독립이 눈앞으로 다가오기 시작하자 인도인 전체와 식민 지배자들의 차이보다 인도인들 내부의 차이가 점점 더 크게 부각됐다. 무함마드 알리 진나*가 이끄는 전인도무슬림연맹은 인도의 이슬람교도들을 위한 별개의 국가, 파키스탄을 세우겠다고 나섰다. (논의되던 새 국가의 이름 파키스탄[Pakistan]은 이미 1930년대에 제안된 것으로, 이슬람교도가 많은 인도 북부 펀자브[Punjab], 아프간[Afghan], 카슈미르[Kashmir], 신드[Sindh] 지방의 두문자와 발루치스탄[Baluchistan] 지방의 'stan'을 조합해서 만든 것이었다.)

진나의 소망은 실현되었다. 인도인들을 분열시켜 독립을 막아보려고 어설프게 노력하던 영국인들은 1947년 이 식민지를 독립시킬 때 졸속으로 두 개의 국가를 만들어냈다. 곧바로 폭력의 아수라장이 벌어졌고, 약 1,500만 명이 앞다투어 새 국경을 넘었다. 힌두교도들은 파키스탄을 탈출했고, 무슬림들은 인도를 떠났다. 정확한 숫자는 확인이 불가능하지만, 수십만 명의 목숨을 앗아간 이 유혈 사태의 깊은 상처는 아직도 양쪽에 선연히 남아 있다.

파키스탄과 인도의 분리 독립을 어떤 요소는—이 경우엔 종교인데—언어보다 더 강력할 수 있다는 증거로 볼 수도 있다. 하기는 모든 경우에 적용되는 규칙이란 없다. 그러나 파키스탄의 사례가 그러한 견해를 의심의 여지 없이 입증하는 것은 아니다. 분리 논의가 진행될 때, 강력한 자마트에이슬라미를 포함한 무슬림 조직들은 마지막 순간까지 파키스탄의

---

* 인도 민족운동 지도자로 이슬람교도인 진나(1876~1948)는 1947년 파키스탄의 분리 독립을 실현한 뒤 영연방의 파키스탄 초대 총독을 지냈다. 파키스탄의 국부로 불린다.

분리 건국에 반대하거나 반신반의했다. 파키스탄 건국을 강력히 주장한 사람들은 결코 신실한 무슬림이 아니었다. 진나는 술을 마시고 서양식 옷을 입었다. 19세기 후반에 활동한 개혁가로 인도 무슬림의 각성을 주창하고 우르드어 사용을 선도했던 사이이드 아흐마드 칸의 경우엔 정통에서 얼마나 벗어났던지 이슬람 지도자들이 그를 신앙심 없는 자로 선언했을 정도다.

파키스탄의 국어라는 지위가 무색하게 오늘날 우르두어는 파키스탄 인구의 8%만이 모어로 사용하고 있다. 그 대부분은 '모하지르',* 즉 인도에서 온 이민자들과 그 후손이다. 파키스탄 건국 운동은 적어도 부분적으로는 종족민족주의의 성격을 띠고 있었다. 종교 집단으로서보다 불안정한 '민족'으로서의 무슬림의 움직임이었다는 얘기다. 우르두어를 가장 열렬히 옹호한 사람들 중에는 영국이 인도를 지배하던 시기에 일반 대중과 식민 당국 사이를 중재하는 그들의 역할과 우르두어 구사 능력을 인정받아 일정한 사회적 지위를 유지한 집단이 포함돼 있었다. 이런 관점에서 보면, 준특권층이었던 모하지르들은 힌두교도가 지배할 신생 인도에서 자신들의 지위를 잃게 될 터였기 때문에 파키스탄의 건국을 추진했다고 할 수 있다. 모어로 사용하는 사람이 그토록 적은데도 우르두어가 파키스탄의 국어로 올라선 데에는 이 같은 이유가 크게 작용했다. 파키스탄 사람들의 대다수는 펀자브어를 비롯한 지방 언어들을 모어로 사용한다.[21]

한편 인도는 힌디어를 중심으로 국민을 통합하기 위해 애쓰고 있었다.

---

* 모하지르(mohajir) 또는 무하지르(muhajir)는 이민자(특히 종교적 이유로 인한 이슬람 이민자)를 뜻하는 아랍어다. 이슬람에서는 서기 622년에 메카를 떠나 메디나로 간 예언자 무함마드 일행을 이런 의미의 첫 이민자들로 본다.

헌법은 그것을 으뜸가는 언어로 규정했고, 독립의 지도자들은 이 '힌두스타니어'에 큰 기대를 걸고 있었다. 그러나 인도가 탄생하자마자 지역 지도자들은 각기 자기네의 언어를 쓰겠다고 주장하기 시작했다. 이들의 다수는 지역 통치 단위인 주를 언어 위주로 나누고 상당한 자치권을 달라고 요구했다.

네루는 애매한 태도를 취했다. 그에게는 언어 말고도 새로운 적대국 파키스탄의 위협과 농촌의 참담한 빈곤 등 다루어야 할 국내외 현안이 산적해 있었다. 그러나 영국에 맞서 함께 투쟁했던 국민회의당 동지 포티 스리라물루가 남부에 텔루구어 사용자들을 위한 별도의 주를 만들어야 한다고 주장하면서 단식투쟁을 하다 사망하는 일이 발생하자, 네루는 결정을 내리지 않을 수 없었다. 이렇게 해서 텔루구어 사용자들의 안드라프라데시 주가 탄생했다. 그러자 예상할 수 있듯이 다른 언어 사용자들에게서도 별도의 주에 대한 요구들이 잇따랐고, 안드라프라데시의 선례 때문에 그들을 무시할 수가 없었다. 이런 유의 요구들은 오늘날까지도 인도 정치의 고질적 특징으로 남아 있다.

오늘날 인도는 대략 3중 언어 체제로 돌아가고 있다. 힌디어는 거의 모든 지역에서 장려하고 가르치며, 힌디어를 사용하지 않는 곳에서는 주요한 지역언어들이 지배적이고, 영어는 중고교에서 배우게 되어 있다. 헌법을 제정한 사람들은 1950년 헌법이 발효되고 나서 15년만 지나면 과도기 언어로서 영어의 역할이 끝나리라고 예상했었다. 그러나 네루 총리는 영어의 시효 만료를 보류했고, 인도에서 영어의 주된 역할은 계속되고 있다. 3중 언어 정책은 주요한 지역언어들과 하나의 전국적 언어, 그리고 세계에서 가장 중요한 국제어에 각기 역할을 부여했다는 점에서 매우 실용주의적이다. 그러나 인도에는 언어가 워낙 많아서 이 정책으로 모두를 만족시키기는 불가능하다. 상대적으로 좁은 지역에서 사용되는 크지 않은 언어들(이중엔 방언이 아니라 분명히 독립된 언어들도 많다)은 큰 언어들 사이에 짓눌려 있어 그 사용자들이 지속적으로 불만을 제기하게 되고, 언어에 기초한 새로운 주에 대한 요구가 그만큼 늘어나게 마련이다.

'힌두스타니어'로 말하자면 이 언어가 힌디어와 우르두어로 갈라진 것은 일종의 자기실현적 예언이 되었다. 힌두교도인 네루는 힌디어가 라디오인디아 방송 때문에 갈수록 산스크리트어를 닮아가고 있다고 불평했다. 그런가 하면 남아시아 무슬림들의 자의식이 인도와 파키스탄 모두에서 증가함에 따라 그들의 우르두어는 아랍어를 닮아갔다. 네루는 이와 정반대의 상황을 바랐었다. 시간이 지나면서 두 언어가 어우러져 힌두교도와 무슬림이 하나같이 자신의 언어라 부를 수 있는 '중도적인 힌두스타니어'로 융합하기를 기대한 것이다. 종교를 초월해 통일된 인도라는 그의 바람이 그랬고 남아시아를 위한 다른 여러 애정 어린 소망들이 그랬듯이, 힌두스타니어에 대한 그의 바람 또한 이루어지지 못했다.

언어는 어떤 식으로 정치에 종속되나

우리가 언어에 관해 말하는 것들 중 많은 부분이 실은 정치에 관한 이야기임은 이제는 존재하지 않는 나라, 유고슬라비아의 역사에서도 확인할 수 있다. 이 나라가 지도에서 지워질 때 다른 한 가지도 함께 사라졌다. 외부인들은 대개 '세르보·크로아트어'라 부르고 사용자 자신들에 의해서는 여러 다른 이름으로 불린 언어가 그것이다. 대부분의 언어는 마지막 사용자가 죽을 때 함께 '죽게' 되지만 이 언어의 경우는 달랐다. 세르보·크로아트어는 그것을 뒷받침하던 정치 단위의 죽음과 함께 소멸했다.

1800년대에 남슬라브족은 오스만제국 혹은 합스부르크제국의 지배하에 살았다. 그들은 여러 종교로 나뉘어 있었다. 크로아티아인들은 가톨릭을, 세르비아인들은 그리스 정교를 믿었으며, 일부 슬라브인들은 오스만제국 밑에서 이슬람으로 개종했다. 그러나 그들은 정체성에서 공통점이 많았고, 무엇보다 슬라브어를 함께 쓰고 있었다. 그들의 슬라브어는 단일한 게 아니라 대체로 상호 소통이 가능한 여러 방언들로 나뉘어 있었다. 1850년까지는 표준이 되는 문어도 없었다. 세르비아인들은 고대교회슬라브어*의 요소들이 섞인 상당히 인위적이고 고상한 문어로 그들의 말을 표기했다. 고대교회슬라브어란 현대 슬라브어들의 조상 격인 것으로, 오랫동안 종교 전례 언어로서 제2의 삶을 살았다. 크로아티아인들은 다양한 방언을 그대로 글로 옮겼다.

그러던 중 1850년에 세르비아와 크로아티아의 문인과 언어학자들이 빈에서 만나 '문어 협약'을 맺고 단일한 글말을 쓰기로 결정했다.* 이 협약에서 그들은 세르비아인의 대부분과 크로아티아인의 가장 많은 수가 사용하는 어형들을 선택했다. 표기 문자로 세르비아인들은 같은 종교를 믿는 러시아 정교도들처럼 키릴 문자를, 가톨릭인 크로아티아인들은 로마자를 사용하기로 했다.

---

* 슬라브어를 표기하는 키릴 문자가 고안된 9세기부터 그 문자로 쓰였던 최초의 슬라브 문어다. 테살로니카(오늘날의 그리스 테살로니키)의 선교사 성 키릴로스와 성 메토디오스 형제가 9세기에 모라비아의 슬라브인들에게 설교하고 성서를 번역하기 위해 이 언어를 썼다(키릴로스가 만든 것으로 알려진 글라골 문자와 키릴 문자로 표기했다). 이후 널리 받아들여졌고, 교회 전례용 언어로는 오늘날까지도 쓰이고 있다.
* 이 협약은 공적인 것이 아니어서 구속력은 없었고, 실제로 처음에는 언론 등에서 인정받지 못했다.

제1차 세계대전의 결과로 1918년 남슬라브인들의 열망을 담은 최초의 국가 세르비아·크로아티아·슬로베니아 왕국이 탄생했고, 1929년 유고슬라비아* 왕국으로 개명했다. 왕국의 지도자는 언어가 하나임을 특별히 강조했다. 다양한 방언들이 존재했지만 대부분의 사람이 별 문제 없이 서로 알아들었으니 하나라고 할 수도 있었다. 일부 문제가 있다 해도 공동체들 간의 문제는 아니었다. 가장 큰 크로아티아 방언과 세르비아 방언의 화자들은 서로의 말을 쉽게 이해했다. 그에 비해 크로아티아인들 내부의 다양성이 훨씬 컸다. (세르보·크로아트어의 주된 방언은 슈토 방언, 차 방언, 카이 방언 세 가지였는데, 이들의 이름은 '무엇'을 뜻하는 각기의 단어 'što, ča, kaj'에서 유래했다.)

그러나 언어를 포함한 양자 간의 통합은 결국 성공하지 못했다. 언어 개혁의 사례들에서 흔히 볼 수 있듯이 대부분의 사람은 의식적으로 표준을 따르기보다 그저 그동안의 습관대로 말을 했다. 표준 그 자체에 대해서도 다수의 세르비아인들은 크로아티아 쪽에 너무 많은 걸 양보했다고 생각했다. 크로아티아인들은 또 그들대로, 수가 많은 세르비아 민족이 자기네를 중심으로 한 '유고슬라비즘'*의 깃발 아래 크로아티아인들을 포섭하려 한다고 보았다. 그래서 '유고슬라비아인'이라는 통합적 정체성을 중시하는 사람들이 낡은 정체성들의 최소화를 위해 노력했음에도, 많은 사람이 계속 자신을 세르비아인, 크로아티아인, 무슬림, 슬로베니아인 등으로 생각했다. 제2차 세계대전 중 독일과 이탈리아가 유고슬라비아를 점령해 연합 왕국에서 빠져나올 기회가 주어지자 크로아티아는

---

* '유고슬라비아(Yugoslavia, Jugoslavija)'는 '남슬라브인들의 땅'이라는 뜻이다.
* 유고슬라비즘은 남슬라브족과 그들 영토의 통합을 궁극적 목표로 삼는 일종의 민족주의 혹은 애국주의로, '남슬라브주의'라 할 수 있다.

친파시즘 국가로 독립했다. 이 기간에 민족주의적 언어학자들은 '역사 깊은' 크로아티아어 단어들을 되살려내는 한편 라틴어에서 왔거나 다른 서구 언어에 뿌리를 둔 것으로 보이는 단어들과 세르비아어 식의 말들을 제거했다.

종전 후 유고슬라비아는 국가로서 부활했다. 독일의 침공을 받은 유럽 국가들 중 유일하게 유고슬라비아만이 주로 대중의 봉기에 힘입어 나치의 지배에서 벗어났다. 이들 '빨치산'의 중심에는 슬로베니아와 크로아티아의 혈통이 섞인 카리스마 넘치는 지도자 요시프 브로즈 티토*가 있었다. 종전 후 정부는 전시의 분열을 묻어버리거나 부정하면서 정치와 언어에서의 통합을 억지로라도 유도하기 위해 힘썼다. 그러나 정치적 화합도 언어의 화합도 끝내 진정하게 이뤄지지 못했다. 양측은 1954년의 한 협정을 통해 '세르보 · 크로아트어'와 '크로아토 · 세르비아어'가 한 언어로서 서로 다른 문자를 지닌 동서 변이형일 뿐이라는 점을 재확인하고자 했다. ('서부' 변이형은 크로아티아인뿐 아니라 다수의 세르비아인도 사용했지만 '동부' 변이형은 주로 세르비아인들에 국한되었다. 두 방언은 대체로 한 가지 발음에서 차이가 난다. -ije[-이예] 대 -e[-에] 소리가 그것으로, 예컨대 '시간'을 뜻하는 말인 'vreme[브레메]'와 'vrijeme[브리예메]'의 차이다.)

1980년 티토가 사망했다. 유고슬라비아는 그 후 한동안 국가로서 유지됐지만, 1991년 냉전이 끝난 뒤 이 나라의 결속은 썩은 밧줄로 묶였던

---

* 1945년부터 80년 사망할 때까지 유고슬라비아를 이끈 티토(1892~1980)에 대해서는 여러 가지 평가가 있으나 독자적 사회주의 노선을 견지하는 가운데 비동맹 국가들과 원만한 관계를 유지하며 세계 정세에 상당한 영향력을 미친 점은 널리 인정받고 있다.

것처럼 쉽게 풀어져버렸다. 그리고 발칸 전쟁을 일으킨 민족주의들의 힘 겨루기 앞에서 '세르보·크로아트어'는 일찌감치 희생되었다. 민족주의 지도자인 슬로보단 밀로셰비치(세르비아), 프라뇨 투지만(크로아티아), 라도반 카라지치(보스니아 헤르체고비나 지역 세르비아인들의 대표자)는 자기네 민족의 공포와 분노를 부추기며 다른 집단들과의 공통점은 무시하고 차이점만을 강조했다.* 이 불은 언어에까지 옮겨 붙어, 정치 회담에서 민족주의자들은 회의록을 세르비아어, 크로아티아어, 보스니아어로 '번역'해달라고 요구하기 시작했다. 참석자 전원이 모든 대화를 완벽하게 이해할 수 있었는데도 말이다.

말의 전쟁은 총과 대포의 전쟁으로 바뀌었다. 연방군과의 짧은 교전만을 치르고 슬로베니아가 가장 먼저 유고슬라비아 연방에서 벗어나 독립했다. 그러나 무슬림 보스니아인들이 같은 일을 시도하자 보스니아 헤르체고비나 내의 세르비아인들과 크로아티아인들이 동시에 분쟁을 일으키면서 1945년 이후 유럽 최악의 유혈 사태가 촉발됐다. (이 두 집단은 각기의 본향인 세르비아와 크로아티아 외에 보스니아 헤르체고비나에도 살고 있었다.)

전쟁은 이전에 유고슬라비아를 구성했던 집단들이 그 어느 때보다도 열정적으로 언어적 차이를 강조하도록 만들었다. 세르비아의 동생뻘로 취급받는 것을 늘 경계해온 크로아티아는 자신들의 국어는 '크로아티아어'라고 선언했다. 보스니아도 그들의 새로운 언어는 '보스니아어'라고 선포했다. (아랍어나 터키어에서 차용해온 몇몇 단어나 어구를 제외하

---

* 밀로셰비치(1941~2006), 투지만(1922~99), 카라지치(1945~)는 유고슬라비아 해체 후 각기 세르비아공화국, 크로아티아공화국, 보스니아 헤르체고비나 내 스르프스카공화국의 초대 대통령이었다.

면 보스니아어는 거의 모든 측면에서 세르보·크로아트어와 구분되지 않는다.) 세르비아인들은 그들대로 계속 범유고슬라비즘의 적통임을 주장했다.

전쟁은 1990년대 내내 질질 끌면서 전 세계 텔레비전에 살육의 장면들을 공급하더니 결국 7개의 새 국가—슬로베니아, 크로아티아, 보스니아 헤르체고비나, 세르비아, 몬테네그로, 마케도니아, 코소보—를 탄생시켰다. (이중 코소보는 많은 나라들이 승인하지 않고 있다. 그 가운데는 1999년 세르비아가 나토〔NATO, 북대서양조약기구〕와 전쟁을 벌일 때 세르비아 편을 들었던 나라들이 포함돼 있다.)

세르비아인, 크로아티아인, 보스니아인만이 아니라 이 지역의 다른 민족체들도 자기네 언어의 독특성을 강조하고 나섰다. 그중엔 꽤 믿을 만한 주장들도 있었다. 슬로베니아어는 19세기에 특징적인 언어로 부상했고, 마케도니아어는(많은 불가리아인들은 이 언어가 불가리아어의 방언이라고 주장하는데) 1944년부터 유고슬라비아에서 공식적으로 인정받고 있었다. 한데 유고슬라비아 연방의 해체가 시작되면서 등장한 크로아티아어, 세르비아어, 보스니아어에 이어 또 하나의 언어가 뒤늦게 나타났다. 2006년에 독립을 선언한 몬테네그로 공화국도 독자적 언어를 선포하는 대열에서 빠지기 싫었던 모양이다. 현재 이 나라의 공용어인 몬테네그로어는 전에는 언급된 적이 (유고슬라비아 내에서조차) 거의 없는 말이다. 예전의 '세르보·크로아트어' 연속체에 속해 있었던, 서로 충분히 알아들을 수 있는 방언들 가운데 또 하나가 별개의 언어로 선포된 것이다.

이 같은 사태의 결과는 어떠할까? 미국인으로서 구 유고슬라비아의 언어에 대한 전문가인 로버트 그린버그는 1990년대에 연구차 이 지역을 여러 차례 방문했다. 그의 경험은 여기서 조금 상세히 인용할 만하다.

〔1990년에〕 나는 자그레브〔크로아티아의 수도〕를 다시 방문해 언어연구소에서 크로아티아어의 보통명사 형태에 관한 설문지를 나눠주었다. 그에 앞서 나는 공을 들여 두 종류의 설문지를 만들었다. 하나는 세르보·크로아트어의 동부(베오그라드) 변이형으로, 다른 하나는 서부(자그레브) 변이형으로 작성했다. 연구소에서 나는 내 세르보·크로아트어를 베오그라드 말씨에서 자그레브 말씨로 바꾸려고 최선을 다했다. 한데 어느 순간 말이 헛나갔다. 별다른 생각 없이 나의 7월 중 계획을 언급했는데, 아주 당혹스럽게도 나와 얘기하던 사람들은 내가 '7월'을 크로아티아어인 'srpanj'라 하지 않고 세르비아어인 'jul'이라고 했다며 질책했다. 그것으로도 모자라 한 여성 연구원은 나를 옆으로 데려가더니 일 년 열두 달의 올바른 크로아티아어 이름을 읊으며 따라하도록 했다. 언어가 민감한 쟁점이라는 사실은 나도 알고 있었지만, 단어 하나하나에 이 정도로 감정적, 이데올로기적 응어리가 맺혀 있을 줄은 미처 몰랐다. 그때까지 크로아티아인들은 대부분 나의 '크로아티아어'가 훌륭하다고 칭찬했었다. 나 자신은 내 말투가 베오그라드 억양이었다고 맹세라도 했겠는데 말이다.[22]

그가 문제의 흔치 않은 실수를 하기 전에는 아무도 그의 말씨에 시비를 걸지 않았음에 주목하라. 그들은 자기네의 동조자를 만났다고 생각했지만, 부인할 수 없는 '실수' 때문에 그렇지 않음이 드러나고 말았다.

보스니아 전쟁이 끝난 후 그린버그는 구 유고슬라비아를 다시 찾았다.

1998년 6월 사라예보〔보스니아〕공항에 도착한 나는 그곳의 한 지상 근무 직원과 대화를 나누게 됐다. 그녀의 첫마디는 나의 보스니아어가 뛰어난 데 감탄했다는 것이었다. 솔직히 나는 내가 보스니아어를 할 줄 안다고조차 생각지 않았는데 말이다. ……

다음날 아침 나는 베오그라드행 버스를 타기 위해〔보스니아 헤르체고비나 안에서 보스니아인·크로아티아인의 지역과 세르비아인 지역을 가르는〕독립체간경계선(IEBL)*을 넘었다. 세르비아계의 영토에 들어가서도 나는 전날과 똑같은 언어로 말했는데, 이젠 세르비아인으로 취급받았다. 국경 경비대원이 나를 지목해 그 지역으로 들어가는 사유를 물으려 하자, 버스 운전사가 그냥 통과시켜주라고 했다. 그는 나를 같은 세르비아인으로 본 것이었다.[23]

그린버그가 이처럼 직접 경험했듯이, 언어는 곧 정치였다.

유고슬라비아 해체 이후 언어민족주의자들은 각기 자기네 언어를 이 지역의 다른 언어들과 떼어놓으려고 애써왔다. 특히 크로아티아인들은 세계대전 중 파시스트 국가를 세웠던 시절에 그랬듯이 세르비아 말로 보이는 단어들을 제거하는 일에 착수했다. 크로아티아의 한 우파 민족주의자는 정색을 하고 이 책의 독자들에겐 이제 낯이 익었을 유형의 국수주의적 정당화의 논리를 제시했다. "진정한 크로아티아어의 토착 단어들이 지닌 근본적 특징은 그것들이 대체로 의미가 안정돼 있고 모호하지

---

* 독립체간경계선(Inter-Entity Boundary Line)이란 보스니아 내전을 종식시킨 1995년의 데이턴 평화협정에 따라 '1국가 2체제' 방식으로 보스니아 헤르체고비나를 양분하게 된 두 자치공화국 스르프스카공화국(세르비아계 중심)과 보스니아 헤르체고비나 연방(보스니아인과 크로아티아계 중심) 간의 경계선을 이른다.

않다는 점입니다. 다시 말해서 우리의 낱말들은 명확하게 정의된 의미를 갖고 있어요. …… 반면에 세르비아어는 발칸 지역 대부분의 언어가 그렇듯이 의미가 상대적이고 명확하게 정의돼 있지 않죠."

그러나 크로아티아 민족주의자들이 몰아낸 단어들 중 상당수는 세르비아 말이 아니라 유럽 언어들에 널리 존재하는, 그리스어나 라틴어에서 온 친숙한 단어들이다. 크로아티아의 순수주의자들은 'ambasada(대사관)' 와 'avion(비행기)' 같은 말까지 말살하려 했던 것이다. 크로아티아인들에게 'muzika(음악)' 와 'geografija(지리)' 따위의 말들 대신 'glazba' 와 'zemljopis' 등을 써야 한다고 설명하는 책들까지 발행되었다.

그러나 '크로아티아어' 의 리엔지니어링이라 할 이 작업은 그리 성공적이지 못했다. 실제 용법을 조사한 어느 연구를 보면 언어민족주의는 이론 수준(크로아티아어의 신조어들이 외래어들보다 "더 올바르다"고 간주되는 정도)에 머물러 있을 뿐, 일상 수준에까지 확산되지는 못한 것으로 나타났다. 순수한 크로아티아어라고 제시된 말들의 상당수를 실제로 사용하는 사람은 소수였고, 일부 낱말들은 거의 알려지지도 않았다. 그런 가운데 아이러니하게도 'avion' 처럼 라틴어에서 온 말들은 배외적 감정을 특히 분명하게 자극하는 반면, 세르비아어에서 온 말들은 형태상으로 같은 슬라브어임이 드러나기 때문에 친숙감을 주는 것으로 조사됐다. 많은 크로아티아인들은 그런 단어들이 세르비아어에서 유래했음을 알아차리지 못했기에 계속 사용하고 있었다(특히 일상의 말에서 그랬다). 크로아티아어 신조어들은 일상적인 말과 글보다는 신문의 글 등 편집을 거친 산문들에 더 자주 등장한다. 학생들은 이들 새 어휘를 가급적 많이 사용하라고 배운다. 하지만 그런 겉치레는 조금만 부주의하면 벗겨져 나가게 마련이다. 한 학생은 이 연구의 주관자들에게 다음과 같이 말했다. "우리 젊은 사람 중 어떤 친구들은 학교에서 아주 조심스럽게 말하려고 노력해요. 안 그러면 선생님들이 말이 틀렸다고 지적하리라는 걸 알기 때문이죠. 하지만 학교 밖에서는 정상적으로 말을 해요." [24] 여기서 '정상적'이란 크로아티아 사람들이 항상 써왔던 세르비아어 단어나 다른 외래어들을 여전히 사용한다는 뜻임은 새삼 말할 필요도 없을 테다.

세르비아인과 크로아티아인은 앞으로도 한동안은 서로의 말을 알아들을 수 있을 것이다. 민족주의적으로 언어를 주물럭거리는 사람들이 '크로아티아어', '보스니아어', '세르비아어', 그리고 새로운 '몬테네그로어'를 화자들이 친밀히 어울리지 못할 정도로 말끔히 순화하기에는 아직 충분한 시간이 흐르지 않았다. 그들이 과연 성공할지조차 두고 볼 일이다. 결과는 실재하는 언어적 사실들에 따라 결정되지 않을 터이다('크로아티아어'는 '세르비아어'와의 차이보다 자체 내의 차이가 더 크다는 점을 상기하라). 그런 것보다는 유고슬라비아 연방의 해체로 탄생한 이 공화국들의 정치적 미래에 달려 있고, 그 미래는 유럽의 나머지 국가들에 달려 있다.

유럽연합은 언어들의 낙원인가?

유럽연합(EU)에는 23개의 공용어가 있다. 루마니아와 불가리아가 연합에 가입했을 때, 회원국의 언어는 모두 EU의 언어라는 전통적인 정책에 따라 루마니아어와 불가리아어도 공용어가 되었다. 한데 유럽연합의 언어 명단에는 근래에 또 하나의 말이 추가됐다. 바로 아일랜드어다. 이

게일어는 오늘날 제1 언어로 사용하는 사람이 몇 만 명에 불과하지만, 공화국 내에서 영어와 동등하게 공용어 지위를 누리고 있다. 아일랜드어 하나만을 사용하는 사람은 남아 있지 않다. 그러나 근년 들어 아일랜드 정부는 아일랜드어를 EU 언어에 포함시킬 권리를 주장하기로 했다. 그래서 2007년 이후 EU의 모든 공식 문서는 아일랜드어로도 발행되어야 하고, 아일랜드어 사용자들은 EU의 입법기관인 유럽의회에서 그 언어로 말할 권리를 갖게 되었다. 또한 법에 따라 EU의 다른 22개 언어로 동시통역을 해주어야 한다. 물론 아일랜드어와 예컨대 몰타어나 핀란드어를 직접 옮길 수 있는 전문가는 정말 거의 없다. 따라서 필요할 경우 작은 언어들은 먼저 영어나 프랑스어로 통역한 뒤 다른 언어로 다시 옮기는 이중 통역의 과정을 거치게 된다. 이런 방식이 토론에 얼마나 치명적일지는 불을 보듯 훤하다.

유럽연합은 거대하고 거추장스러운 실험이다. 스물일곱 개나 되는 나라를 세계의 다른 어느 지역 연합—이를테면 동남아시아국가연합(ASEAN), 남미공동시장(Mercosur), 아프리카연합(African Union) 따위—보다도 긴밀하게 묶는 일이기 때문이다. 유럽의회에서 통과된 법은 모든 회원국에 적용되며, 위반 시에는 강력한 유럽사법재판소의 심리와 판결을 받게 된다. 유럽연합은 공통의 여권, 국가(프리드리히 실러 작사, 베토벤 작곡의 「환희의 송가」), 공휴일, 통화 등 근대 국가의 장치들을 많이 갖추고 있다. 또한 무역, 농업, 환경을 비롯한 주요 분야에서 공동의 정책을 시행하고 경제, 교육, 문화, 운송 등등에 대해 회원국들과 공동으로 정책을 결정한다. 대외 정책에서도 공동보조를 취하는 방향으로 나아가고 있으며, 언젠가는 공동방위까지 하게 될 수도 있다. 다시 말해 유럽연합은 흔해빠진 국제기구와 초기 단계 연방국가 사이의 어디쯤에 있다.

그럼에도 가입을 강력히 원하는 나라가 많다. 터키가 특히 간절해서, 언어민족주의의 오랜 관습을 일부 바꾸는 것도 마다 않을 정도다. EU 가입을 기대하면서 터키는, 남동부에서 널리 사용돼 왔으나 지배 민족인 터키인들의 억압에 오랫동안 시달린 쿠르드어를 더 관용적으로 대하기 시작했다. 이제 쿠르드어는 방송에 나올 수 있다. 반드시 터키어 번역을 달아야 한다는 조건이 있지만 말이다(음악만이 예외다). 또한 사립학교에서는 쿠르드어를 가르칠 수 있게 되었다. 이에 따라 쿠르드어 교육을 위해 세워진 첫 몇몇 학교가 재정적으로 실패했고, 공립학교에서 가르치는 것은 여전히 불법이긴 하지만—. 이처럼 단속적이고 부분적이나마 실제로 변화가 진행되고 있는 데는 EU의 공이 크다 할 수 있다.

EU의 매력은 구 유고슬라비아 지역의 가입 희망국들에도 영향을 미치고 있다. 크로아티아는 고위급 전범 혐의자들을 체포함으로써 대기 순위가 최상위로 올라갔고, 전투적 민족주의자였던 초대 대통령 투지만이 재임 중 사망한 후 1990년대의 그늘에서 벗어나기 위해 노력하는 중이다. 세르비아 역시 EU에 동참하기를 바란다. 그리고 다들 슬로베니아가 누리는 혜택을 부러운 눈으로 바라보고 있다. 유고슬라비아 땅의 서쪽 끝, 산악 지대에 자리 잡은 이 작은 가톨릭 국가는 역내 전쟁의 참화를 피한 뒤 2004년 EU에 가입했다. 슬로베니아는 유로화를 사용하며 국민들은 다른 EU 국가들에서 자유롭게 일하고 거주할 권리를 지니고 있다.

유럽연합에 들어가려면 먼저 자국에서 시장경제가 원활히 돌아가고 있다는 사실과 약 8만 쪽에 달하는 EU의 법률들을 시행할 능력이 있음을 입증해야 한다. 그와 동시에 인권을 존중하는 현대적이고 안정된 민주주의 국가라는 것도 보여주어야 한다. 그 인권에는 언어에 관한 권리가 포함된다. 귀찮은 소수민족 언어를 근절하려 드는 일은 가입 희망국으로선 치명적인 결함이다. 이 조건은 동유럽과 발칸반도의 인권 개선에 중요한 지렛대 역할을 해왔다. 가입을 원하는 나라들은 소수민족들을 너그럽게 대해야 한다. 이 조건의 이행 실태가 완벽하지는 않다. 슬로바키아는 헝가리어 사용자들에게, 라트비아는 러시아어 사용자들에게 여전히 가혹하다. 오래된 회원국 중 프랑스와 그리스는 종종 소수언어 집단들을 부당하게 다뤄왔으며, 벨기에의 프랑스어 사용자들과 플라망어 사용자들 간의 언어 다툼도 끝이 없어 보인다. 그러나 대체로 보아 유럽연합은 지구상에서 가장 자유주의와 다양성이 살아 숨 쉬는 지역 중 하나로, 수백 년의 역사와 자부심을 지닌 민족국가들이 회원국 간의 관계에서뿐 아니라 자국 내에서도 관용의 원칙을 존중하는 곳이다.

관료적이고 지루하지만 한편으론 다원주의적이고 성공적인 유럽의 탈민족주의 실험에 발칸 국가들과 터키는 과연 동참할 수 있을까? 아니면 민족주의(특히 언어민족주의)의 단호한 요청에 사로잡혀, 원초적 본능이 지배하는 제로섬 게임에서 헤어나지 못한 채 한 민족 한 국가라는 꿈을 좇으며 터키인 대 쿠르드인, 크로아티아인 대 세르비아인, 종교 대 종교, 민족 대 민족의 싸움을 계속할 것인가? 큼지막하고 불안정한 이 땅덩어리의 미래가 시험대에 올라 있다.

6

말들은 종속되기를 거부한다
—언어를 법으로 규제하는 어리석음

아카데미의 주된 역할은 최대한 신중하고 성실하게 우리 언어에 규칙을 부여하고 그것을 순수하고 표현력이 풍부하며 예술과 과학을 뒷받침할 수 있는 언어로 만드는 것이다.

—아카데미프랑세즈 정관

2004년 5월 4일, 세계에서 가장 오래된 언어 중 하나가 공식적이며 급격한 변화를 맞았다. 타이완 정부는 그날부터 중국어로 된 모든 정부 문서를 왼쪽에서 오른쪽으로 쓰라고 지시했다. 더 이상 전통적 방식대로 위에서 아래로, 또는 오른쪽에서 왼쪽으로 쓰지 말라는 것이었다. 영문자와 아라비아 숫자는 왼쪽에서 오른쪽으로 쓰기 때문에 한 지면에 한자를 예전 방식으로 함께 썼을 때 "혼란스러워 보인다."라는 게 정부 대변인의 얘기였다. 근대화는 단일한 기준을 요구했다. 그 기준은 당연히 세계를 지배하는 언어, 영어의 기준이었다. 물론 영문자의 역사는 한자보다 한참이나 짧지만, 그런 건 중요하지 않았다.

하향식 언어 정책, 즉 정부에서 혹은 정부와 직간접적으로 연결된 엘리트 집단에서 성안하여 실시하는 정책들은 대부분 한 사회에서 어떤 언어나 언어 형태가 주어진 역할을 할 것인지를 규정한다. 그 대상에는 먼저 어느 언어를 공용어로 하고 어느 언어를 선호된 제2 언어로 할지, 종교 전례의 언어나 교육 언어는 또 무엇으로 할지 등이 포함된다. 나아가 관료들은 때로 언어의 실제 형태와 관련된 사항들까지 논의하여 결정한다. 어떻게 인쇄하고 철자를 쓰고 말할 것인가, 허용하고 금지할 단어들은 무엇인가, 어느 문자를 사용해야 하는가 따위 말이다. 언어학자들은 이를 '언어자료계획'*이라고 부른다. 해당 언어 자체에 영향을 미치는 규칙들을 제정하는 것이다.

국가권력을 이용해 사람들에게 모국어를 이렇게 쓰고 저렇게 말하라고 강요하는 것은 근대에 들어와서 생긴 현상이다. 말이 생기고부터 수만 년 동안 인간들은 대체로 자신이 원하는 대로 말을 해왔다. 대부분의 사람에게는 그저 의사소통만이 중요했을 뿐이다. 물론 글이나 말을 놓고 따지는 문법가와 잔소리꾼은 고대 로마에도 있었다. 하지만 그들 대부분은 문어와 공식적인 담화들에만 해당되는 규칙을 정하려는 사람들이었고, 그나마 모범적 사례들을 제시하는 데 그쳤다. 철자를 어떻게 할지, 어느 단어를 금지할지, 또는 문법적 혁신들 중 어떤 것을 받아들일지 등을 법으로 정한다는 생각은 근대 이전에는 아주 생뚱맞아 보였을

---

* 언어계획의 종류로는 위에서 언급한 국어, 공용어 등의 결정을 포함하는 지위계획(status planning), 한 언어를 표준화하기 위해 철자법 결정, 어원 연구, 사전 편찬, 문헌 정리 등을 수행하는 자료계획(corpus planning, '코퍼스 계획'이라고도 한다), 그리고 교육계획(acquisition planning)이 있다. '코퍼스'란 언어를 연구하는 각 분야에서 필요로 하는 연구 재료(말뭉치)로서 언어의 본질적인 모습을 총체적으로 보여주는 자료의 집합을 뜻한다.

터이다.

그러나 민족과 민족주의의 점진적 발달에 따라 이러한 상황은 바뀌어 갔다. 민족 형성에는 언어의 확립이 필요했다. 앞 장에서 우리는 지도자들이 한 민족 한 국가라는 명분하에 경쟁 언어나 방언들을 금하고 한 언어를 선택해 최고의 지위를 부여하는 사례들을 보았다. 현대 세계에서 그들은 한 걸음 더 나아갔다. 현대의 정부는 그 광범위한 권력을 이용해 언어의 규칙들 자체를 손보고 싶은 유혹에 빠지기도 했다. 이런저런 단어와 어구를 금지하고, 난데없이 새 말을 지어내고, 표기 체계를 바꾸는 등 국가권력을 이용해 언어의 자연적인 성장에 영향을 미쳤다. 보다 난폭한 정부는 그들이 정한 언어 관련법을 준수하지 않으면 가혹한 벌을 내리겠다고 위협한다. 예컨대 금지된 '불순한' 단어나 그들 눈 밖에 난 표기 체계의 사용이 그 같은 징벌의 대상이다. 정치인들이 주도하는 이런 유의 언어 적극주의는 성공으로 끝난 적이 거의 없지만, 그럼에도 꾸준히 시도되고 있다.

어떤 방향의 개혁인가—근대화, 순수화, 또는

언어를 주무르려는 하향식 정책의 가장 흔한 근거 중 하나는 근대화다. 타이완의 경우에서 보듯이, 국민들이 언어 전통의 공식적 변경에 복종해야 하는 이유는 근대 세계가 그러한 변화를 요구하기 때문이라는 것이다.

지난 500년간 세계의 사회들은 불균등하게 발전해왔다. 지난 천 년의 중반 무렵부터 유럽의 강대국들은 과학기술과 근대적 발전에서 명백히 지배적인 위치에 서게 됐다. 그 후 신세계에 자리 잡은 유럽인의 후예들, 특히 미국이 세계 지배에 동참했다. 대양을 가로지르는 선박에서 철도에 이르기까지, 전보에서 전화까지, 라디오에서 텔레비전을 거쳐 인터넷까지, 산소의 발견에서 DNA의 발견에 이르기까지, 유럽의 언어를 사용하는 나라들이 세계의 근대화를 이끌었다.

이 같은 상황이 두 종류의 다른 사회들에겐 불만족스러웠다. 20세기에 식민지로부터 독립한 국가들은 과거에 그들을 꺾었거나 지배했거나 식민지로 만들었던 나라들에 한 치도 못지않게 그들이 자주적이라는 것을 온 세상에 보여주고 싶어했다. 그러려면 세계의 모든 기술적, 과학적 과제들에 대처할 수 있는 근대적인 언어를 지녀야 했다. 예를 들어 탄자니아의 건국자들은 스와힐리어를 근대화하여 세계의 필수 언어 반열에 올려놓으려고 노력했다. 스와힐리어는 아프리카 언어에 아랍 어휘가 일부 가미된 동아프리카의 링구아 프랑카(통용어)다.

또 한 종류의 사회도 언어 근대화의 필요성을 절실히 느꼈다. 새로 독립하여 정체성을 세워가고 있던 탄자니아 같은 나라들과 달리, 한때 강력한 제국이었으나 불운한 시기를 겪고 있는, 그러나 자부심은 더없이 강한 나라들이었다. 특히 중국과 터키는 수천 년을 헤아리는 기록된 역사, 광활한 영토를 지배했던 자랑스러운 과거를 자산으로 지니고 있었다. 이 역사적 강대국들에겐 그들의 언어가 충분히 '근대적' 이지 못해서 현대 세계의 다른 큰 언어들과 어깨를 겨룰 능력이 없는 것으로 보이는 일은 용납할 수 없었다.

이상의 경우 대부분에서 근대화는 '서양화' 와, 때로는 심지어 '영국화' 나 '미국화' 와 같은 뜻이었다. 근대화를 위한 변화는 흔히 유럽의 주요 언어들, 특히 영어의 관습과 어휘, 때로는 문법까지도 차용하는 방향으로 나아간다. 물론 전통주의자들은 이에 저항했다.

다른 경우도 있다. 여기서 언어 '개혁' 은 타 언어에서 건너온 발음,

단어, 심지어 문법 요소들까지 거부한다는 점에서 사실상 민족주의적 순수화의 성격을 띤다. 그런 개혁도 종종 '근대화'로 포장되는데, 문제로 삼아 내치는 요소들이 '선진' 언어들에서 온 것일 때에조차 그런 주장을 한다. 이처럼 순수화하는 개혁은 근대화의 일환이라기보다는 사실 정체성과 불안감의 문제에—즉, 차용에 의해 언어가 불순해지면 민족 자체가 오염되리라는 두려움에—대처하는 한 방식이다.

터키어, 총체적 개조의 성공과 재앙

언어의 근대화, 서구화, '민족화'라는 동기들이 서로 뒤섞이고 때로는 충돌하는 현상은 1920년대에 시작된 터키의 언어 개혁에서 생생하게 볼 수 있다. 터키의 전신인 오스만제국(오스만튀르크)은 역사상 가장 거대한 제국 중 하나로 로마나 중국, 전성기의 대영제국에 결코 뒤지지 않았다. 이들은 1453년 기독교 정교회의 중심지로 그리스어를 사용하던 동로마제국의 수도 콘스탄티노플을 정복했다. 그리고 이곳을 이스탄불로 개명한 뒤 장대한 하기아 소피아 대성당을 모스크 즉 이슬람교 예배당으로 바꾸고는 계속 유럽으로 밀고 들어가 빈까지 진출했다. 아울러 중동으로 세력을 넓혀 레반트, 시리아, 이라크, 그리고 아라비아 반도의 인구 거주 지역 대부분, 멀리는 모로코에 이르는 광대한 아랍 땅을 명목상 또는 실질적으로 지배했다.

그 정도 크기의 모든 제국이 그렇듯, 오스만제국에도 많은 언어가 혼재해 있었다. 터키어는 오스만 국가의 언어였고 아랍 문자로 표기되었다. 그러나 종교적으로는 쿠란의 신성한 언어인 아랍어가 필수적이었다. 오스만튀르크인은 정치적 지배자였지만 종교에서 아랍어가 수행하는 결정적 역할을 건드리지 않았다(물론 제국 안에는 수백만의 아랍인이 있기도 했다). 페르시아어 역시 문화적 영향력이 큰 이웃 이란제국의 존재에 힘입어 문학과 외교의 주요 언어로 사용되었다. 이 밖에도 서쪽으로 북아프리카의 베르베르어에서부터 동쪽으로 아르메니아어에 이르기까지 숱한 언어들이 있었다.

제1차 세계대전에서의 패배*는 이미 수세기 동안 약화돼온 오스만제국의 오랜 해체 과정을 완성시켰다. 오스만 국가와 그 황제에 해당하는 술탄의 지위는 폐지되었고, 아울러 전 세계 무슬림 공동체의 통일을 상징하는 칼리프 제도*도 사라졌다. 그러나 그리스가 제국의 남은 영토를 침공해오자 터키인들은 반격했다. 조국의 굴욕을 만회하고자 하는 민족주의적 장교들이 무스타파 케말*의 지도 아래 뭉쳤고, 케말은 후에 아타튀르크('터키인들의 아버지')라는 성을 얻게 되었다.

그리스와의 전쟁 여파로 130만 명의 그리스인이 터키에서 나갔고 40만 명의 터키인이 그리스에서 추방되었다. 양국 정부의 합의가 있긴 했지만 오늘날 같으면 인종청소라고 불릴 수 있는 강제 이주였다. 게다가 오스만제국은 쇠망 직전 여러 해 동안 국내의 아르메니아인들을 대상으로, 많은 사람이 20세기 최초의 종족 대량학살로 간주하는 짓을 저질렀기에, 신생 터키는 오스만제국의 어느 시대보다도 더 터키적인 나라가

---

* 오스만제국은 독일과 오스트리아 · 헝가리제국, 불가리아와 함께 '동맹국' 진영을 구성했다.
* 칼리프(아랍어로는 '칼리파')는 '후계자, 대리인'이라는 뜻의 아랍어로, 무함마드가 죽은 후 움마(이슬람 공동체)와 이슬람 국가의 정치적 지도자 겸 종교의 최고 권위자에게 붙은 칭호였다.
* 무스타파 케말 아타튀르크(1881~1938)는 터키의 군인이자 혁명가로 터키공화국의 창시자이자 초대 대통령(1923~38)이다. 오스만제국이 제1차 세계대전에서 패배한 후 3국동맹(영국 · 프랑스 · 러시아의 동맹)에 대항해 터키의 해방을 성공적으로 이끌었다.

되었다. 터키는 이제 여러 언어가 공존하는 제국이 아니라, 아나톨리아 반도와 터키 민족 자체에 기반을 둔 근대적이고 종족민족주의적인 공화국이었다.

오스만어,* 즉 오스만제국의 터키어는 혼합의 산물이었다. 터키어는 중앙아시아에 기원을 둔 튀르크어족에 속한다. 그러나 제국 말기의 이 언어에는 아랍어와 페르시아어에서 온 말들이 꽤 많이 포함돼 있었다. 문화적, 종교적 위세를 지닌 이들 두 외국어는 터키어의 문법에까지 영향을 미쳤다. 그러나 터키어와 달리 페르시아어는 인도·유럽어족에 속하고(영어의 먼 친척뻘이다), 아랍어는 셈어족에 속한다(히브리어, 아람어, 아카드어 등이 동족이다). 1830년대에서 1850년대까지의 개혁으로 외국어의 영향이 다소 제거되었다 해도 여전히 많은 요소들이 남아 있어서, 가령 '언어(lisan)' 같은 기본적인 단어까지도 아랍어에서 온 말일 정도였다.

터키의 당시 상황은 언어의 독재를 하려는 사람들에게는 최상의 여건이라 할 만했다. 단일한 종족 집단으로 이루어진 신생국이며, 자랑스러운 역사를 갖고 있고, 최근에 굴욕을 당했으며, 그들 자신만큼이나 자기 주장이 거센 강국들에 둘러싸여 있었다. 언어를 새로이 순화한다면, 역시 새롭고 공격적인 민족주의의 좋은 수단이 될 것이었다. 아타튀르크는 터키를 이웃 나라들과 차별화할 뿐 아니라 오스만제국이라는 과거와도 단절시키고자 했다. 종교가 아닌 민족주의에 기초한 공화국을 수립함으로써 말이다. 이 목표를 위해 역사상 유례를 찾기 어려운 급격하고 광범위한 언어 개혁에 착수했다.

---

* 오스만터키어, 오스만튀르크어라고도 한다.

아타튀르크는 터키어를 아랍 문자로 표기하는 것을 일거에 금지했다.
이 문자를 쓰면 터키의 이슬람적 정체성이, 그리고 터키와 낙후한 여타
중동 지역과의 연계성이 지나치게 강조되기 때문이었다. 대신 이제부터
는 서유럽 언어들처럼 로마자를 써야 했다. 아타튀르크 자신은 프랑스
어와 독일어를 할 줄 알았다.

아타튀르크의 개혁처럼 언어를 총체적으로 손보는 정책은 대개 언어
학적 근거들을 내세우게 마련이다. 개혁의 추진자들은 제안된 변화들이
언어를 더 논리적이거나 표현력이 풍부하게 만든다고, 혹은 민족 본연
의 특질에 더 잘 들어맞는다고 국민들에게 선전한다. 이런 주장은 어쩌
다 맞아 들어갈 때조차 있는데, 터키의 경우가 바로 그랬다. 아랍어 자
모는 실상 터키어 표기에 매우 적합하지 않았다. 아랍 문자는 모음 가운
데 장모음 *a, i, u*만 표기하고, 단모음은 전혀 적지 않는다. 한데 터키
어에는 오늘날 *a, e, i, ı, o, ö, u, ü*로 적는 여덟 개의 모음이 있다.
몇몇 자음도 아랍 문자를 적절히 개조하거나 용도 변경을 해야 적을
수 있었다. 반대로 아랍 문자 중 몇몇 개는 터키어에 전혀 필요하지 않
았다.

그러나 다른 언어들, 예컨대 인도와 파키스탄의 우르두어, 아프가니
스탄의 파슈토어 등도 계통상 아랍어와 무관하지만 아랍 문자로 표기된
다. 약간 손을 보면 아랍어와 다른 말소리들도 아랍 문자로 쓸 수 있고
터키어에서도 이것이 가능하다. 오스만어는 비록 아랍 문자로 불완전하
게 표기되었지만, 수백 년 동안 제국에 봉사했다. 게다가 터키어는 기원
을 따져볼 때 아랍어보다 유럽 언어에 더 가깝지도 않다. 따라서 로마자
로의 전환은 언어학적 근거만으론 온전히 설명할 수 없는 정책이었다.
터키어의 발음에 꼭 맞는 문자를 만들어낼 수도 있지 않았겠는가. 아타

튀르크의 진짜 동기는 순전히 정치적이었다. 문자 전환을 통해 터키를 중동에서 끌고 나와 유럽에 편입시키려 한 것이다.

이 목적을 이루기 위해 그는 터키의 농촌 지역을 돌면서 얼떨떨해하는 국민들에게 새로운 문자를 칠판에 적어가며 가르쳤을 뿐 아니라, 자신의 언어 개혁을 국가 권력으로 강력히 밀어붙이기로 했다. 1929년 1월 1일부터 터키어를 아랍 문자로 쓰는 것은 불법이 되었다. 하나의 문자 체계가 범죄가 되고 말았다.[1]

그러나 아타튀르크의 개혁은 문자만 겨냥한 게 아니었다. 아랍어와 페르시아어의 영향은 문자 차원을 넘어 수천 개의 중요 단어들(특히 터키어 글말에서)뿐 아니라 문법에까지 스며들어 있었다. 아타튀르크가 원하는 광범위한 개혁을 수행하려면 새로운 기관, 터키언어협회가 필요했다. 협회의 임무는 다름 아닌 새로운 언어의 창조였다.

터키어 문법은 아랍어와 페르시아어의 영향을 워낙 많이 받아서, 1904년 영어로 쓰인 한 터키어 문법서는 내용의 절반을 페르시아어와 아랍어 문법의 설명에 할애했을 정도다. 예를 들어, 터키어에선 원래 형용사를 명사 앞에 놓지만, 오스만어에선 명사를 형용사 앞에 놓는 아랍어 어순과, 명사와 형용사 사이에 'i'를 집어넣는 페르시아어 방식을 동시에 따를 때가 많았다. 외교계에서 이스탄불의 오스만 정부를 비유적으로 가리키던 프랑스어 'Sublime Porte'의 터키 원어인 'bāb-i-ālī(높은 문)'* 만 봐도 그렇다. 아랍어 어순으로 놓인 두 개의 아랍어 차용어('문'과 '높은')가 페르시아어의 문법적 관행에 따라 결합되어 있는 것이다. (백악관이 'Das Maison Blanche'*로 불린다고 상상해보라.) 터키의

---

* 'bāb-i-ālī'는 본디 이스탄불의 톱카프 궁전에 있는 문의 이름이다. 이 문을 들어가면 대재상의 집무실이 있었다고 한다.

민족주의자라면 조국의 언어가 타락했다고 생각할 만도 했다.

그러나 아타튀르크의 해결책은 한 민족의 언어 유산에 대한 집중 공격의 가장 극단적인 사례 중 하나가 되고 말았다.[2] 터키언어협회는 아랍어와 페르시아어 단어들을 대체할 순수한 터키어들을 만들어내야 했다. 그들은 이 과업을 맹렬히 밀어붙였다. 터키의 옛 문헌에서 찾아냈거나 사람들이 쓰는 말을 전국적으로 조사하여 수집한 어근들로 새로운 단어들을 만들었다. 그 결과 10만 개가 넘는 새 단어가 생겨났다. 정부 방침에 따라 신문 편집자들은 모든 기사를 샅샅이 훑어 차용어들을 골라낸 뒤 새로운 공식 편람에 올라 있는 새 터키어 낱말들로 대체해야 했다. 한데 그 책은 지나치게 넉넉했다. 예컨대 '펜'을 뜻하는 아랍어 차용어를 대체할 때 선택할 수 있는 단어가 여섯 개나 되었고, 대부분의 국민에게 그것들은 하나같이 낯설었다. 온 나라가 혼란에 빠졌다.

때로는 터키어 단어나 어근을 도저히 찾아낼 수가 없었다. 그럴 경우엔 종종 아랍어나 페르시아어 차용어를 그대로 쓰기도 했다. 단, 조금이라도 그럴듯한 터키어 어원을 갖다 붙일 수 있어야 했다. 이 때문에 웃기는 사이비 어원들이 줄을 이었다. 아타튀르크 자신도 그런 본보기를 보인 적이 있었다. 아마추어 어원 연구가였던 그는 군인을 가리키는 단어 'asker'의 설명에 나섰다. 실상 이 단어는 라틴어 'exercitus'에서 유래하고 아랍어 'askari'를 거쳐 들어온 차용어였다. 그러나 아타튀르크는 이 말의 진짜 기원이 터키어로 '이익'을 뜻하는 'aşik'와 '사람'을 뜻하는 'er'이라고 믿었다. 어쨌든 군인은 그의 나라에 이득을, 도움을 주는 존재 아닌가.

---

* 'Das'는 독일어 정관사이고, 'Maison(집)'과 'Blanche(하얀)'는 프랑스어의 명사와 형용사다.

언어를 놓고 벌인 이 우스꽝스러운 난장은 아타튀르크가 지지한 '태양어 이론'에서 절정을 이뤘다. 터키어는 세계 최초의 언어이고, 따라서 터키어로 들어온 모든 외국 단어는 따지고 보면 애초에 터키어에서 나갔던 것이라는 이론이었다. 명백히 터무니없는 얘기였지만 어쨌든 문제 해결에는 도움이 됐다. 터키어의 혁신이 통제 불능으로 치달아 수많은 어려움과 혼란에 직면했던 터였는데, 이제 언어의 강제적 터키화에 제동을 좀 걸 수 있게 된 것이다.

옥스퍼드대학교의 터키어학자인 제프리 루이스는 아타튀르크의 개혁을 "재앙을 동반한 성공"이라 불렀다. 터키어가 진정 새로워지기는 했지만, 바꾸거나 만들어낸 것이 너무나 많아 누구의 모국어라고도 할 수 없게 됐기 때문이다. 새로운 터키어가 만들어진 지 얼마 되지 않았을 때, 아타튀르크는 한 연설에서 모든 외국어 차용어를 그가 좋아하는 터키 신조어로 바꾸어 말한 적이 있는데, 그러고 나서 그 자신조차 겸연쩍어 했다고 한다. 이 연설을 지켜본 어느 사람은 그가 마치 "방금 읽기를 깨우친 초등학생처럼" 말했다고 지적했다.

그러나 터키어의 대대적인 점검과 재정비는 결국 아타튀르크가 천명한 목표를 이루는 데 성공했다. 개혁은 실제로 외국어의 영향을 대부분 제거했다. 문자 개혁과 어휘 및 문법의 정화 작업이 결합된 결과, 현대 터키어는 상당히 다른 언어가 되었다. 시간이 지나면서 국가의 엄격한 관리와 인도에 힘입어 출판사와 신문사의 편집자들은 새로운 단어들을 쓸 줄 알게 되었고, 독자들은 그 말을 읽고 이해할 수 있게 되었다. 이처럼 터키어는 다시 태어났지만 거기엔 대가가 있었다. 오늘날 터키 사람들은 1930년대와 그 이전에 쓰인 글을 거의 읽지 못한다. 현대 터키어로 '번역'되지 않는 한 말이다.

아타튀르크는 과거와 단절하는 데 심혈을 기울인 지도자답게 터키의 전통적 모자인 페즈의 착용을 금지했다. 이는 근대화를 지향하는 그의 절박한 민족주의, 강한 의지 하나로 언어를 새롭게 바꾸고 그것을 통해 터키인들을 오스만제국의 유산에서, 그리고 주변 이슬람 세계에서 떼어낸 민족주의를 증언하는 사례 중 하나에 불과했다. 아타튀르크는 언어에 관심이 아주 컸지만 그의 진짜 동기는 언어에 관한 게 아니었다. 터키의 이 초대 대통령과 같은 언어 개혁자들은 어원과 문법에 대해 얘기하고 언어의 일신을 통한 근대화와 진보를 얘기하곤 하지만, 사실 그들의 진정한 동기는 정치적인 것이다. 그리고 초기 터키와 같은 독재 체제에서는 그들이 실제로 성공을 거두기도 한다.

이 모든 것이 그저 먼 이야기로, 기껏해야 어렴풋이 흥미로운 일로나 들릴지 모른다. 그러나 한번 상상해보라. 미국이 프랑스와 전쟁을 벌여 패배했으며 그 굴욕감으로 프랑스어와 거리를 두려 한다고. 그러려면 'tête-à-tete(두 사람만의 이야기, 단 둘이)' 같은 명백한 차용어들도 몰아내야 하겠지만, 'royal'이나 'guarantee' 따위처럼 오늘날 좋은 영어로 손색이 없다고 여겨지는 많은 말도 대체되어야 할 것이다. 외국어식 문법의 흔적들 또한 지워버려야 할 터이다. 'attorney general(법무장관)'과 'surgeon general(의무감, 공중보건국장)'은 프랑스어의 어순을 따르고 있으므로 순서를 뒤집어야 한다. (물론 'general attorney' 역시 문제가 있다. 두 단어 모두 라틴어에서 오지 않았는가. 결국 다른 말이 필요할 것이다. 이를테면 'head lawyer' 같은.) 'employee, refugee' 류의 단어들을 만들어내는 접미사 -ee에도 작별을 고해야 한다. 가장 가까운 토박이 접미사로는 -ed가 있다. 그러나 'employ' 또한 프랑스어에서 왔으니, 피고용인은 결국 'hired' 쯤이 될지도 모르겠다. 문명 자체도 끝장날 테다. 'civilization'이라는 말이 프랑스어에서 왔기 때문이다. 이 모든 게 아주 어리석게 느껴진다면, 더 나아가 영어를 쓰는 사람들이 전문적 교육을 받지 않고서는 찰스 디킨스나 헨리 제임스의 작품처럼 그리 오래되지도 않은 글을 읽지 못하는 상황이나, 증조부의 옛 편지들이 외국 문자로 적혀 있는 상황을 상상해보라. 아타튀르크가 그의 국민들에게 한 일이 바로 이런 것이다.

그는 애국적인 터키인들에게 토착 단어들을 쓰라고 권장하는 데 그치지 않고 강압적 명령을 내리면서, 처음에는 쓰고 있던 문자를 금지했고 그 뒤엔 낯선 단어가 가득한 새 사전을 글 쓰는 이들과 편집자들에게 강요했다. 문자를 금하고 나아가 특정한 말들까지 금하는 것은 민주주의 사회에서는 상상하기 힘든 일이다. 민족주의와 불안감에 동시에 사로잡힌 나라에서나 시도할 만한, 그리고 독재자만이 성공시킬 수 있는 일이었다.

아타튀르크가 터키를 근대 세계로 끌고 나왔을지는 몰라도, 그러기 위해 그는 자유주의적 사고를 지닌 사람이라면 용인할 수 없는 수단들을 사용했다. 오늘날에도 터키는 케말주의에, 즉 공화국의 창설자가 견지했던 거세게 세속적이며 서구 지향적인 세계관에 시달리고 있다(많은 국민들은 그것에 의해 "지켜지고 있다"고 말하겠지만). 여성이 의회와 대학교에서 이슬람식 머리 가리개를 쓰는 것은 여전히 불법이다. 온건한 이슬람주의 성향을 지닌 레제프 타이이프 에르도안 총리*는 예전에 이스탄불 시장이던 시절 공개 연설을 하다 정부 당국이 보기엔 너무 이슬람적인 시를 읊었다가 여러 달 동안 감옥에 간 적이 있다. 이슬람과

---

* 터키 정의개발당(AKP)의 당수인 에르도안(1954~)은 2003년에 총리로 취임하여 2013년 현재까지 그 자리를 지키고 있다.

가까운 전통 세력이 케말주의자들, 즉 군부로 대표되는 현대 터키의 수호자들과 다투는 과정에서 터키는 헌정 위기, 쿠데타, 그리고 쿠데타 위협을 여러 차례 겪었다. 오늘날 터키에서 이슬람은 억눌려 있는 데 반해 세속적 민족주의는 신성시된다. 공화국과 '터키적인 것', 혹은 아타튀르크를 비방하는 일은 최고 3년의 징역형까지 받을 수 있는 범죄다.[3] 90년이 흐르면서 아타튀르크 언어 개혁의 '성공'은 유지되고 있지만, 공화국의 케말주의적 토대는 여기저기 금이 가 있어 약간의 쇄신이 필요해 보인다.

아카데미프랑세즈, 그 희망과 실망

터키의 언어 개혁이 과거에 대한 전면적 공격이었다면 프랑스에서 진행된 언어계획의 역사는 비교적 무해한 편이다. 그러나 터키어 개혁은 서양에 잘 알려지지 않은 반면, 언어에 대한 프랑스인들의 헛된 간섭은 영어권 저널리스트들에겐 무척이나 구미가 당기는 주제여서 기사로 즐겨 다루어졌다. 그런 이유로 프랑스 사람들은 세계에서 가장 민감하게 자기네 언어를 보호하는 국민들로 알려졌으며, 이 같은 평가는 어느 정도 일리가 있다.

1998년 영국의 BBC 방송은 프랑스 대통령 자크 시라크가 편지 한 장을 받았는데 그 내용은 정부 내에 알게 모르게 퍼져간 한 가지 경향을 바로잡아 달라고 '요구'하는 것이었다고 보도했다. 물론 정치가들은 그런 유의 편지에 익숙하다. 그러나 이 편지가 지적한 것은 경제나 국방, 또는 교육 같은 문제가 아니라 문법이라는 '묵직한' 주제, 그중에서도 성에 따라 달라지는 호칭의 문제였다. 프랑스 내각의 여성 장관들은 언제부턴가 'madame la ministre', 영어로 치면 'Ms. Minister'라 할 명칭으로 불리기 시작했다. 프랑스어의 순수성을 지키는 기관인 아카데미 프랑세즈가 보낸 문제의 편지에 의하면, 여성 장관들은 관사를 바꿔 'madame le ministre'라 불러야 옳다는 것이었다. 그들이 여성이고 불어에서 여성 관사가 'la'라는 사실은 여기서는 고려할 바가 아니라고 아카데미는 주장했다. 장관이 남자든 여자든 'ministre'는 문법적으로 남성이니까 말이다. 뿐만 아니라 'la'를 허용하면 남성 장관과 여성 장관이 다르다는 잘못된 생각을 더욱 조장하지 않겠는가. 그러니 'la ministre'는 양성평등에 대한 모욕이다. 남자든 여자든 누구나 'le ministre'가 될 권리가 있다고 아카데미는 강조했다.[4] 그러나 정부는 관행을 바꾸지 않았다.

2007년 BBC는 다시 프랑스어 관련 보도에 나서, "프랑스인들의 새로운 레지스탕스(저항운동)"가 벌어지고 있다고 했다. 이에 따르면, 의회의 한 중도우파 의원은 "프랑스어는 프랑스의 영혼이자 모든 프랑스인의 영혼이기 때문에" 영어 단어들의 침공은 매우 위험한 일이라고 공개적으로 주장했다. 어느 노조 지도자는 프랑스 회사의 7%가 영어를 업무용 언어로 사용하고 있다고 개탄했다. BBC 방송의 그 기사는 영어가 도버 해협을 건너 프랑스를 침공하고 있다는 증거로 'les e-mails, le web, l'Internet' 등을 제시했다. 영국 언론이 프랑스인들을 재료로 삼아 흥밋거리 기사들을 즐겨 써내는 것은 아마 노르만족의 1066년 영국 정복을 비롯한 이런저런 일들에 복수하고 싶어서인지도 모르겠다.

그러나 이런 종류의 이야기가 그토록 잘 먹히는 것은 언어에 관한 프랑스인들의 열정이 워낙 잘 알려져 있기 때문이기도 하다. 프랑스의 웨이터나 상점 주인은 손님이 프랑스어를 못하면 무례하게 군다고 흔히들 생각한다. 프랑스 작가들은 그들의 유산이 침식되고 있다고 공개적으로 부르짖고, 프랑스 정치가들은 영어를 곧잘 하는 사람도 가끔 외부 세계에 영어로 말하기를 거부한다. 그리고 무엇보다도 저 유명한 아카데미가 있다. 이 기관이 영어 단어들의 틈입과 자연스러운 언어 변화를 저지하려고 노력하는 것을 지켜보며 저널리스트들은 신나게 그 연대기를 써 내려간다.

이 모든 일에서 프랑스어의 지킴이들이 간과하는 것은 그들이 주장하고 싶어하는 바와 달리 현재의 표준 프랑스어는 결코 처녀처럼 순수한 존재가 아니라는 사실이다. '웹'과 '인터넷'이 최근에야 프랑스어에 들어왔고, 'le week-end(주말)'와 'le foot(축구)' 역시 지난 몇 십 년 사이에 들어온 것은 사실이다. 그러나 역사적으로 프랑스의 언어 차용은 능수능란한 앵글로색슨 자본가들이 엄청난 성공을 거두면서 맹위를 떨치기 훨씬 이전으로 거슬러 올라간다.

어느 학자는 외국어에 뿌리를 둔 프랑스어 낱말을 모은 현대의 한 사전에서 영어 차용어를 2,613개 발견했다.[5] 프로방스어처럼 프랑스어와 친척 관계에 있는 로맨스어들, 즉 '갈로·로만 방언들'에서 온 말은 1,012개였다. 그녀는 또한 고대 독일어에서 온 단어 694개, 현대 독일어에서 온 단어 408개를 찾았다. 오래된 차용어 중에는 색을 가리키는 'bleu(파란), blond(금발의), blanc(흰)', 그리고 'soupe(수프), haïr(미워하다), honte(치욕)' 같은 당당한 프랑스 말들도 많이 포함돼 있다. 오늘날 프랑스어의 순수성을 지킨다는 사람들이 어떻게 생각하든 간에 프랑스는 오래전부터 낱말들을 여기저기서 빌려왔다. 그 나름대로 '랭테르네트(l'Internet)'는 장려한 프랑스 전통의 일부분인 것이다.

현대 프랑스의 엘리트들은 이 사실을 너무 쉽게 잊는다. 다른 나라의 언어 쇠퇴론자들처럼 그들도 프랑스어가 위협받고 있다고 오래전부터 확신해왔다. 하지만 여타의 쇠퇴론자들과 달리 프랑스인들은 이 '위협'에 대해 보기 드물게 적극적인 방식으로 대처했다. 프랑스어를 보호하겠다는 그들의 결단을 구체화한 아카데미프랑세즈가 바로 그것이다.

루이 13세의 재상이었던 리슐리외 추기경*은 프랑스 말과 글의 세련미와 품위를 높이기 위해 1635년 아카데미프랑세즈를 설립했다. 1694년 아카데미는 최초의 프랑스어 사전을 간행했다. 아카데미의 역대 회원 중에는 극작가 피에르 코르네유와 장 라신,* 사상가 볼테르, 작가 빅토르 위고도 포함돼 있다. 숫자가 40명으로 제한되고 종신직인 회원들은 '불멸의 지성(les immortels)'이라는 그리 겸허한 편은 아닌 칭호로 불린다. 학술원 회원 같은 직위들은 흔히 '의자(chair)'라는 비유적 명칭으로 부르는데, 아카데미프랑세즈의 경우에는 '안락의자(armchair, fauteuil)'라고 하며, 실제 그들이 앉는 의자가 그러하다.† 이 때문에 아카데미를 제유법으로 '40 안락의자(les 40 fauteuils)'라 부르기도 한다.[6] 회원들이 편안한 의자를 좋아할 만도 한 것이, 2008년에 그들의 평균 연령은 79세였다.[7]

새로운 회원은 사망으로 결원이 생겼을 때 기존 회원들이 정교한 의례를 거쳐 뽑는다. 선출 과정은 1년 넘게 걸릴 수 있으며, 새로운 회원으

---

* 리슐리외(1585~1642)는 뒤마의 소설 『삼총사』에도 등장하는 프랑스의 귀족 정치가이자 가톨릭 추기경이었다. 1624년부터 사망할 때까지 루이 13세의 재상을 맡아 프랑스 절대왕정의 기초를 다졌다.

* 코르네유(1606~84)와 라신(1639~99)은 몰리에르(1622~73)와 함께 17세기 프랑스 최고의 극작가들이다.

† [지은이 주] 초기 아카데미에서는 회장에 해당하는 사람만 안락의자에 앉았지만, 몸이 아픈 한 추기경 회원이 보통 의자보다 더 편안한 의자를 요구하자 루이 14세가 40명 모두에게 안락의자를 주도록 했다.

로 빈 안락의자에 앉게 된 사람은 떠난 회원을 기리는 연설을 한 뒤 기존 회원 중 한 사람의 연설을 들어야 한다. 그리고 8일이 지난 후 신참 회원은 다시 연설을 하게 되는데, 이번에는 뽑아준 데 대한 감사의 뜻을 표해야 한다. 아카데미 회원들은 전통적 정장인 녹색의 예복과 모자, 의례용 검을 착용한다. 예상할 수 있겠듯이, 인습을 거부하거나 어울리기를 싫어하는 소수의 문필가들은 이런 복잡하고 공들이는 의례에 합류하기를 거절해왔다. 소설가 마르셀 에메는 아카데미 회원으로 들어오라는 제의를 받자 자신은 그런 모임에서 무엇을 할지 모르는 외톨이형의 사람이라고 답했다. 한편 철학자 데카르트, 극작가 몰리에르, 소설가 오노레 드 발자크나 귀스타브 플로베르, 마르셀 프루스트 등은 이런저런 이유로 제의를 받지 못했거나, 거부당했거나, 그 자리를 차지하기 전에 사망했다. 걸출했음에도 아카데미프랑세즈 회원이 아니었던 이런 이들을 총칭하여 '41번째 안락의자(회원)'라고 한다. 그들 외에 아카데미에 들어가기가 아주 힘들었던 부류가 둘 있다. 아카데미 역사상 여자 회원은 다섯 명뿐이고(1980년에 처음 선출됐다), 20세기를 통틀어 전문 언어학자는 두 명뿐이었다.

문학사가이자 수필가인 마르크 퓌마롤리라는 회원은 1996년 보수적 신문 『르피가로』에 보낸 편지에서 평균적인 아카데미 회원들이 프랑스어를 세계의 다른 언어들과 대비하여 어떻게 보는지를 뚜렷이 드러냈다.

잘 교육된 프랑스어는 단순한 프랑스인의 말이기를 넘어선다. 그것은 다른 모든 상징체계의 문을 열어주는 특별한 상징체계를 소유한 인간 정신이다. …… 현대의 라틴어〔프랑스어〕는 그 자체로 인간 교육이다.[8]

외부인의 눈에는 아카데미프랑세즈가 그저 고리타분하게 비칠지 모르지만, 사실 아카데미의 관습들은 프랑스의 정치적, 지적 스펙트럼 어느 위치에 있는 세력이든 공유하는 것이다. 아카데미의 역사를 일별하면 이를 분명히 알게 된다. 1789년 프랑스혁명이 일어난 뒤 1793년 새 공화국 정부는 다른 모든 왕립 학회들과 함께 아카데미의 활동도 중단시켰다. 혁명가들의 직감으로 아카데미에서는 앙시앵레짐(Ancien Régime) 즉 구체제의 냄새가 났기 때문이다. (나중에 나폴레옹이 아카데미를 부활시킨다.) 프랑스의 정치문화에는 나폴레옹, 필리프 페탱, 샤를 드골 같은 강력한 지도자를 존경하고 전통과 가톨릭교회, 엘리트 집단의 가치를 믿는 보수적이고 권위주의적인 하나의 경향이 오랫동안 존재해왔다. 혁명가들은 그런 경향을 깡그리 제거하길 원했다.

그러나 혁명가들이 도입한 새로운 문화적 경향은 언어와 관련해서는 구시대의 엘리트주의 전통과 별 차이가 없었다. 혁명은 권위주의적 성향에 맞서 프랑스인들이 '공화주의적'이라 부르는 가치들을 도입했다. 여기에는 평등주의, 세속주의, 합리주의, 능력주의, 그리고 과학 등이 포함됐다. 그 급진적 형태는 혁명기의 자코뱅주의였고, 오늘날 프랑스인들 사이에서 견지되는 공산주의와 사회주의에 대한 공감에도 반영되어 있다. 프랑스의 '공화주의적' 사고의 산물들은 성공적인 것(예컨대 프랑스 혁명가들이 발명한 미터법)에서부터 당혹스러운 것(열두 달을 새롭게 편성하고 1주를 10일로 정한 '프랑스 공화력〔曆〕'과 단두대)에 이르기까지 다양하다.

프랑스 공화주의와 전통적 엘리트주의의 공통점은 양쪽 다 국가 주도적인 하향식 통제 정책을 지향한다는 점이다. 혁명적 공화주의자들은 아카데미의 엘리트주의자들만큼이나 언어에 간섭하려 들었다. 1794년 정부는 연극 연출가들에게 그들이 무대에 올리는 연극에서 공작, 남작, 후작, 백작 같은 귀족의 작위 이름뿐 아니라 일반 경칭인 '무슈' 와 '마담' 까지도 삭제하라고 지시했다.[9] (마지막 두 호칭 대신엔 시민이라는 뜻의 'citoyen〔남성〕' 과 'citoyenne〔여성〕' 을 제시했다.) 이 지시는 한 주일 만에 철회되었다. 그러나 1799년의 한 공고문에서 정부는 파리 주민들에게 다음과 같이 촉구했다. "파리 시민들은 법률과 품위와 프랑스어의 규칙에 반하는 것은 무엇이든 손질하여 바로잡아야 한다."[10]

언어 통제는 구체제의 엘리트들에게나 혁명가들에게나 똑같이 중요했다. 프랑스 정치의 이들 두 전통에 따르면 사회는 위대한 인물이 이끌거나, 무엇이 국민에게 가장 좋은지를 안다며 스스로 나서는 합리주의자 집단이 이끌어야 한다. 그래서 프랑스의 정치문화에는 유럽에서 'liberal' 이라 부르고 미국에서는 'libertarian' 이라고 하는 자유지상주의적 정치 성향, 즉 "사람들을 내버려두라. 성공하든 실패하든 알아서 일하고, 살고, 사랑하게 하라. 그리고 국가 권력을 가능한 한 적게 사용하라." 라는 식의 노선이 끼어들 틈이 거의 없다.

프랑스 내의 두 흐름, 전통적 민족주의와 공화주의적 합리주의는 가끔 힘을 모은다. 'la ministre' 라는 표현을 추방하려는 시도는 프랑스의 전통에 근거하여 옹호할 수도 있고("우리는 항상 이렇게 해왔다"), 보편주의와 평등에 근거해서도 옹호할 수 있다("'le ministre' 는 남자일 수도 있고 여자일 수도 있다"). 프랑스의 국내 정치는 좌파와 우파로 갈려 있지만, 언어 정책에서만큼은 폭넓은 합의가 이뤄져 있다. 프랑스어를 북돋우고 보호할 필요성에 대해서는 좌우를 망라한 국가적 합의가 존재한다는 얘기다. 아카데미 회원 중에는 중도우익 성향의 전 대통령 발레리 지스카르 데스탱이 있는가 하면 유명한 사회주의자(전 공산주의자)로 저널리스트인 막스 갈로도 있다. 우파와 민족주의자들은 국위(國威)를 내세우며 프랑스어의 계획적 관리를 지지하는 데 비해 좌파는 프랑스어가 자유, 평등, 박애 같은 보편적 가치들로 통하는 하나의 관문이라고 주장한다. 그러나 결국 그들이 지지하는 것은 동일하다. 정부 주도의 언어계획이 그것이다.

아카데미프랑세즈는 이탈리아의 비슷한 기구인 크루스카학회보다 몇십 년 늦게 태어났지만, 세계적으로 가장 이름나고 가장 많이 모방되는 모델이다. 비교적 일찍 모방한 나라는 스페인이었다. 1713년에 국왕 펠리페 5세가 왕립학술원을 만들었다. 스웨덴은 1786년에, 프로이센은 1779년에 각기 아카데미를 설립했다. (철학자 요한 고트프리트 폰 헤르더 같은 독일인들도 언어가 그 민족의 본질적 특성을 드러낸다는 생각에 항상 특별한 애착을 지녔다.) 이 추세는 유럽 너머로 확산되었다. 이스라엘과 인도네시아에도 언어 아카데미가 있다. 1897년 창설된 브라질문학아카데미는 프랑스 모델을 비굴해 보일 정도로 모방했다. 40명의 종신회원을 두고 그들을 '불멸의 지성'이라 부르는 것까지 그대로다.

그러나 아카데미프랑세즈는 과연 얼마나 성공했는가? 아카데미에서 펴낸 사전은 널리 평가받고는 있지만 프랑스에서 가장 권위 있는 사전은 아니다. 창립 후 3세기 만에야 내놓은 첫 문법서는 "수치스럽기 짝이 없으리만큼 빈약한 결과물"이라는 평가를 면치 못했다.[11] 자체의 기준으로 평가해도 그것은 기껏해야 어중간한 성과였다고 할 수밖에 없었다. 몇 개의 간단한 증거만으로도 알 수 있다. 이 글을 쓰고 있는 시점에 'madame la ministre'라는 어구가 들어간 웹문서는 구글에서 32만 1,000건이 검색된 반면, 'madame le ministre'는 그 4분의 1인 8만

7,400건에 그쳤다.[12]

  'madame le ministre' 같은 드문 사례를 제외한다면 아카데미는 '올바른' 프랑스어를 정착시켰다고 할 수 있을까? 책으로만 배운 프랑스어 실력을 거리에서 처음 시험해본 외국인 학생이라면 대부분 힘주어 아니라고 대답할 것이다. 부정 구문에서 부사 'pas'와 함께 쓰도록 돼 있는 'ne'는 흔히 생략되고, 입말에서는 더욱 그렇다. 예를 들면 "나는 모른다."라는 말인 "Je ne sais pas."가 대개 "Je sais pas."로 표현된다. 의문문을 만드는 'est-ce que' 구문("Est-ce qu'il est parti?" 즉 "그는 떠났는가?")는 갈수록 드물어지고, 보다 품격 있는 표현인 "Est-il parti?"는 더욱 희귀하다(대부분은 간단히 "Il est parti?"라고 말한다). 아카데미프랑세즈처럼 권위 있는 어문 기구라도 자연스러운 언어 행동을 쉽게 변화시키지는 못한다. 아카데미가 할 수 있는 일이라곤 고작해야 프랑스어의 공식적인 문어를 동결시켜서, 살아 움직이는 구어와 일상적인 글에서 점점 더 멀어지게 만드는 것뿐이다.

  영어의 침투를 막자는 캠페인은 어떤가? 아카데미프랑세즈의 웹사이트에서는 이 문제를 담당하는 위원회의 임무가 "새로운 단어를 만들고 영어 대신 프랑스어 단어를 권하는" 것이라고 솔직하게 인정하고 있다. 2008년 아카데미는 'blog, supermodel, Wi-Fi'를 포함한 약 500개 영어 단어의 사용에 반대한다고 공표했다. 정부는 프랑스어총괄위원회(DGLF)의 감독 아래 정부 각 부처에 전문용어제정위원회를 두어 아카데미의 작업을 돕도록 하고 있다. 그러나 아카데미의 엘리트들도 정부의 기술관료들도 영어의 진출을 효과적으로 차단하지 못했다.

  영어 단어가 다른 언어들로 가장 강하게 침투한 분야는 두말할 필요 없이 과학기술이다. 'e-mail'의 공식 프랑스어인 'courriel'(실은 캐나다의 프랑스어 지역인 퀘벡에서 빌려온 말이지만 그래도 프랑스의 공식 단어다)을 프랑스어 웹에서 검색하면 1,600만 건이나 뜬다. 그런데 같은 의미의 차용어로 이보다 훨씬 더 두드러지는 게 있다. 'mail'(단어를 빌려올 때는 종종 앞이나 뒤를 자르거나 변형을 한다)을 검색하면 앞 수치의 8배 가까운 약 1억 2,200만 건이 뜬다.[13] 그러나 아카데미프랑세즈에서 펴낸 사전의 해당 분책에서 'mail'을 찾아보면 'e-mail'이라는 의미의 단어로는 올라 있지 않다. (이 사전은 개정판이 한꺼번에 나오지 않고 알파벳순 분책별로 차례차례 개정된다. 최근간 분책까지 포함된 전질에서 'Logomachie~Maître' 권은 2000년에 간행됐다.) 'mail' 항목이 있긴 하지만, 망치로 공을 쳐서 고리나 구멍에 넣는 옛 구기에서 쓰는 망치(타구봉), 혹은 그 경기 자체나 경기장을 뜻하는 말로만 돼 있다. 오늘날 이 경기를 하는 사람은 없는 반면, 이메일은 거의 모든 사람이 주고받는다. 그런데도 아카데미의 사전은 'mail'의 살아 있는 의미가 아니라 고리타분한 의미만 싣고 있는 것이다. 이 사전은 1932~1935년 판 이후로 아직 완간된 새 판이 없다. 아마 다음 판에는 'mail'이 등재되겠지만, 그건 반세기쯤 뒤가 아닐까 싶다.

취재용 인터뷰를 하기 위해 아카데미프랑세즈에 가던 날 나는 약간 긴장했다. 내 프랑스어는 의사소통에 부족함이 없지만 프루스트의 수준과는 거리가 한참 멀고, 그래서 작은 실수들을 저지를 가능성이 있었다. 프랑스인들은 외국인이 프랑스어를 사용해야 한다고 고집하는 걸로 유명한데, 그렇다면 프랑스어의 수호자라는 사람들은 나에게서 훨씬 더 높은 수준을 기대하지 않을까? 다행스럽게도 내가 접촉한 아카데미의 실무 책임자 장마티외 파스칼리니는 무척이나 유쾌하고 활기찬 자그마한 남자였다(전화 목소리로는 열아홉 살밖에 안 돼 보였었다).

철학 교수 출신인 파스칼리니는 나를 맞아들인 뒤 얘기를 나누면서 아카데미의 입장들을 옹호했는데, 내가 그 말을 전부 받아들이지는 않는다는 것을 아는 기색이었다. 그는 교황청이 외교 서한에 프랑스어를 사용한다고 자랑하면서 "교황청에선 그 이유로 프랑스어가 정밀하고 확실하며 명료하다는 점을 들지요."라고 말하고는 곧바로 "이런 특징들을 프랑스어 특유의 것으로 돌리는 게 언어학 차원에서 이치에 닿는지는 모르겠습니다."라고 한 발을 뺐다. 아카데미의 사전은 기술적(記述的)이 아니라 규범적이라고 말할 때 그는 마치 나쁜 소식을 전하는 사람처럼 미안해하는 듯도 했다. 또한 '쿠리엘(이메일)'이 정말 좋은 말이라면서도, 그 단어가 간신히 목숨을 부지하고 있음을 시인했다.

프랑스인은 그들의 말을 사랑한다. 텔레비전에서 받아쓰기 경연까지 방영하는 걸 보면, 프랑스 사람들은 사랑하는 언어가 제대로 발음되고 올바로 적히는 것을 보면서 황홀함을 느끼는 게 분명하다. 그리고 그들 대부분이 '불멸의 지성'을 존경한다. 하지만 영어에 대한 반감과 오만하고 권위주의적인 전통은 민족주의의 파고를 반영하는 것이라기보다는 엘리트들 위주의 현상에 더 가깝지 않은가 싶다. 많은 프랑스 사람들은 파스칼리니처럼 경쾌하게 현실주의적이다. 1994년 문화부는 국민들이 '프랑글레(Franglais)'*에 대해—즉, 프랑스어에 영어 단어나 어구가 뒤섞이는 것을—우려한다는 점을 보여줄 의도로 여론조사를 의뢰했다.[14] 애석하게도 조사 결과는 애매했다. 응답자의 60%가 '프랑스어에 강한 애착을 느낀다'고 했지만, 영어 단어의 사용이 '나쁘다'고 답한 사

---

* 'Franglais'는 'français(프랑스어)'와 'anglais(영어)'의 합성어다. 이 단어는 맥락에 따라 1) 영어 단어나 어구가 뒤섞인 프랑스어, 2) 프랑스어에서 흔히 쓰이는 영어 단어나 어구들, 3) 영어 사용자들의 서툰 프랑스어 중 하나를 뜻한다.

람은 44%뿐이었고, 42%는 '좋다'고 했다. 영어 단어를 프랑스어에 사용하는 것을 어떻게 생각하느냐는 질문에 41%는 '현대적이다'라고 답했고, 30%는 '유용하다'를 택했다. 단 14%만이 '거슬린다'를 택했으며, 6%는 '어리석다'고 했다.

그러니 아카데미와 전문용어제정위원회들은 현실과 동떨어져 있는지도 모른다. 프랑스어총괄위원회는 'le mail'이 'le courriel' 위에 군림하는 것을 막지 못하고 있다. 아카데미의 사전은 시대에 발맞추고자 노력하면서 일부 영어 단어들을 받아들이지만(현재 순차적으로 개정 중인 판에는 'dope〔마약, 정보〕'와 'joint〔마리화나 담배, 싸구려 음식점〕' 같은 단어들이 등재되어 있다), 'le mail'은 인정되지 않고 있다. 'madame le ministre'를 강력하게 권장한 불멸의 지성들의 판정은 대부분의 화자에 의해 굳세게 외면당하고 있다. 2007년부터 2008년까지 18개월 사이에 아카데미프랑세즈의 원로 회원 중 7명이 세상을 떠나자, 이처럼 나이든 아카데미 회원들이 살아 있는 언어의 생기 넘치는 세계를 얼마나 잘 파악하고 있는지에 대해 국민적 우려가 일었다. 프랑스인들은 아카데미를 존경하고, 아카데미가 그들에게 말하고 글 쓰는 법을 알려주었으면 좋겠다고 말할지 모르지만, 그게 곧 말해주는 대로 따르겠다는 얘기는 아니다.

오웰, 처칠, 반스—영어의 순수주의

터키나 프랑스 같은 나라의 손상됐던 자아상을 생각하며 그들의 언어 정책을 동정적으로 보게 된다면, 신생 독립국들에 대해 우리는 더욱 큰 공감을 느끼게 될지 모른다. 20세기에 세계의 독립 국가 수는 폭발적으로 증가했다. 대부분 강대국의 식민 지배에서 벗어난 나라들이었다. 그

중엔 자기들의 언어로 글을 쓰기 시작한 지가 얼마 되지 않은 경우가 많았다. 그런 민족들이 드디어 국가를 세웠을 때, 자기네의 언어를 강화하고자 노력하면서 특히 외래의 요소들을 제거하려 드는 것을 우리는 충분히 이해할 수 있다.

이는 끊임없이 되풀이되는 이야기다. 유럽의 발칸반도에서 오스만제국으로부터 독립한 불가리아와 세르비아 같은 신생국들은 자국어 어휘에서 터키어 단어들을 제거하려고 노력했다. 폴란드 사람들은 러시아어의 영향에서 벗어나려 했다. 체코슬로바키아와 헝가리처럼 오스트리아제국의 지배를 받던 나라들은 자기네 언어에서 독일어를 씻어내고자 노력했다.

세계에서 가장 평화롭고 번성하며 동질적인 민주주의 국가 중 하나까지도 언어에 대한 불안에서 비롯된 순수주의에서 자유롭지 못했다. 노르웨이는 과거에 덴마크의 지배를 받았다. 덴마크는 식민 지배를 혹독하게 하는 나라가 아니었음에도, 19세기에 노르웨이의 언어학자 이바르 오센*은 다양한 노르웨이 방언들과 고대 노르드어*를 토대로 하여 새로운 표준어인 뉘노르스크(Nynorsk, '새 노르웨이어')를 만들어냈다. 물론 오센의 진짜 표적은 덴마크어였다. 뉘노르스크는 나름대로 성공적이어서, 오늘날까지 살아남아 약 10%의 국민이 사용하고 있다. 그러나 나머지 90%는 덴마크어의 영향을 받은 오래된 언어 보크몰(Bokmål, '책말')을 쓴다. 전체 국민이 460만 명에 불과한 현대적이고 단일 민족

---

* 오센(1813~96)은 노르웨이의 언어학자, 사전 편찬자이자 극작가, 시인이기도 했다. 그는 자신이 만든 뉘노르스크(당초엔 '란스몰어' 즉 민간어라고 했다)로 희곡과 시를 쓰면서 이 언어의 문법과 사전을 계속 발전시켰다.
* 고대 노르드어(Old Norse)는 북게르만어군에 속하는 언어로, 스칸디나비아 지역과 바이킹의 정복지에서 1300년께까지 사용됐다.

330

인 나라에 두 가지의 문자언어가 존재하는 부조리한 상황에 놓여 있는 것이다. 어느 것이 '진정한' 노르웨이어인가를 둘러싼 분열의 정도는 2005년 한 정당의 청년당원들이 그들의 텔레비전 광고에 뉘노르스크 사전을 불태우는 장면을 넣어 잠시 물의를 빚은 사건을 통해서도 짐작할 수 있다.[15]

영어에도 몇몇 저명한 순수주의자가 있었다. 윈스턴 처칠과 조지 오웰 같은 뛰어난 문필가들은 라틴어나 프랑스어보다 앵글로·색슨어의 사용을 좋게 평가하고 장려했다. 4장에서 살펴본 「정치와 영어」에는 오웰이 킹 제임스 성경 중 「전도서」의 잘 알려진 구절(9장 11절)을 인용하고는 다른 문체로 고쳐 쓰는 인상적인 부분이 있다.

I returned and saw under the sun, that the race is not to the swift, nor the battle to the strong, neither yet bread to the wise, nor yet riches to men of understanding, nor yet favour to men of skill; but time and chance happeneth to them all.

내가 돌이켜 해 아래서 보니 빠른 경주자라고 선착하는 것이 아니며 유력자라고 전쟁에 승리하는 것이 아니며 지혜자라고 식물(食物)을 얻는 것이 아니며 명철자라고 재물을 얻는 것이 아니며 기능자라고 은총을 입는 것이 아니니 이는 시기(時期)와 우연이 이 모든 자에게 임함이라.

라틴어와 그리스어에서 파생된 관료적 어휘들이 판치는 20세기에 이 구절이 쓰였다면 아마 다음과 같아졌으리라고 오웰은 경멸을 담아 고쳐 썼다.

Objective considerations of contemporary phenomena compel the conclusion that success or failure in competitive activities exhibits no tendency to be commensurate with innate capacity, but that a considerable element of the unpredictable must invariably be taken into account.

당대 현상에 대한 객관적 고찰에 따르면, 경쟁적인 활동에서의 성공이나 실패가 선천적인 능력에 비례하는 경향성을 표출하지 않으며, 상당한 예측 불능의 요소가 변함없이 고려돼야 한다는 결론을 도출할 수밖에 없다.*

처칠도 소박한 색슨어 낱말들을 좋아했다. 독일 공군의 영국 대공습 시기에 국민에게 한 유명한 연설에서 그는 이렇게 포효했다.

We shall go on to the end, we shall fight in France, we shall fight on the seas and oceans, we shall fight with growing confidence and growing strength in the air, we shall defend our Island, whatever the cost may be, we shall fight on the beaches, we shall fight on the landing grounds, we shall fight in the fields and in the streets, we shall fight in the hills; we shall never surrender.

우리는 끝까지 갈 것입니다. 우리는 프랑스에서 싸울 것이고, 바다와 대양에서 싸울 것이며, 커져가는 자신감과 커져가는 힘으로 공중에서도 싸

---

* 번역문은 이한중이 옮긴 조지 오웰, 『나는 왜 쓰는가』(한겨레출판, 2010)의 「정치와 영어」 장을 따랐다.

울 것이고, 어떤 대가를 치르더라도 우리의 땅을 지켜낼 것입니다. 우리는 해변에서 싸울 것이고, 비행장에서 싸울 것이며, 들판과 거리에서 싸울 것이고, 언덕에서도 싸울 것입니다. 우리는 결코 항복하지 않을 것입니다.

저 75개의 단어 중 그리스어 또는 로맨스어에서 파생한 단어는 'ocean, cost, defend, confidence, surrender' 다섯뿐이다. ('프랑스'라는 국명조차 게르만어를 사용했던 프랑크족〔Franks〕의 이름에서 온 것이다.) 처칠은 이런 리듬을 좋아해서, "짧은 단어가 가장 좋고, 오래됐으면서 짧은 단어라면 무엇보다도 좋다."라고 말한 적도 있다. 영어에서 '짧고 오래된' 단어는 두말할 것 없이 대개 앵글로·색슨어 계통의 말들이다.

그러나 영국의 가장 적극적이고 면밀했던 순수주의자는 아는 사람이 많지 않고 따르는 사람은 더욱 적은 인물인데, 이러한 사실은 순수주의에 대한 영어권 사람들의 태도를 극명히 보여준다. 윌리엄 반스(1801~1886)는 영국 남부 도싯 주의 학교 교장이자 목사이며 시인이었다. 그는 언어를 열심히 연구해서, 반스를 존경한 한 전기 작가는 그가 14개 언어를 유창하게 할 줄 알았다고 전한다(반스는 도싯 주와 이웃 윌트셔 주를 벗어난 적이 거의 없었던 만큼 이 말은 아무래도 믿기 어렵다).

반스는 아카데미프랑세즈의 엘리트주의적 규범주의와는 어떤 면에서 정반대라 할 민중주의적 순수주의의 전형을 보여주었다. 반스의 가장 유명한 시들은 표준 영어가 아닌 도싯 방언으로 쓰였다.

O zummer clote! when the brook's a-glidèn

So slow an' smooth down his zedgy bed

Upon thy broad leaves so seäfe a-ridèn

The water's top wi' thy yollow head,

By alder sheädes, O,

An' bulrush beds, O,

Thou then dost float, goolden zummer clote!*

아카데미프랑세즈와 달리 반스는 자신의 고매한 언어 수준과 거리가 먼 대중을 굳이 끌어올리려고 애쓰지 않았다. 그보다, 라틴어와 그리스어에서 온 말들을 영어에서 제거하고 앵글로·색슨어에 바탕을 둔 새 말들로 대체해 대중이 문학 언어를 보다 쉽게 이해하고 배우도록 하고자 했다. 그가 생각하기에 'photograph(사진)'는 'sun-print'가 되어야 했다. 마찬가지로 'botany(식물학)'는 'wort-lore',* 'enthusiasm(열광, 열의)'은 'faith-heat'여야 했다. 단어를 만들어내지 않을 경우엔 차용어 때문에 밀려났던 오래된 시골말들을 살려냈고, 다른 사람들에게도 그러라고 권했다.[16] 예컨대 'conscience(양심)'는 'inwit'로, 'agriculture(농사)'는 'earthtillage'로, 'commandment(계율)'는 'bodeword'로 되바꾸는 것이다. 그는 자신이 만든 말들을 직접 활용도 많이 했다. 1878년에 낸 문법서 『영어 말본의 줄거리*An*

---

* 「The clote」라는 시다. 'clote'는 '수련'이란 뜻의 도싯 말이다. 표준 영어와 얼마나 다른지를 보여주는 게 저자의 목적인 만큼 우리말 번역도 달지 않았다.
* 'wort'는 '초목, 풀'을 가리키는 중세 영어이고 이제는 대개 다른 말과 조합하여 사용한다. 'lore'는 '(전승된) 지식, 학문'을 말한다.

Outline of English Speech-Craft』, 1880년 저서『이야기 기술(논리)의 줄거리*An Outline of Rede-Craft(Logic)*』에서 그런 말들이 마음껏 구사되고 있다.

도싯 사투리로 글을 썼다 하여 그를 시골뜨기라고 부를 법한 사람들에게 그는 이렇게 말했다. "나 자신도 어쩔 수 없어요. 그건 나의 모어이고, 내가 생각하기론 내 삶의 단 하나뿐인 진실한 언어니까요."[17] 이 주장은 하나의 전형을 보여준다. 반스 같은 농촌 지역의 순수주의자들은 도시나 대학의 말들처럼 외래어와 화려한 말들로 뒤덮여 있지 않은 농부의 언어를 "하나뿐인 진실한 언어"라고 하는 것이다.

그러나 이런 반스조차도 그의 구상을 공권력으로 시행할 것을 정치인들에게 요구하지는 않았다. 그는 소영국주의자*로(이 용어가 흔히 쓰이기 전이었다) 제국주의에 반대했고 정치에 관심이 없었으며, 어느 정당에도 발을 들이지 않았다.[18] 신앙심이 깊었던 그는 영국이 물질주의와 오만한 민족주의에 오염되지 않았던 과거의 모습으로 돌아가기를 갈망했다.

특이한 시골 사람으로서 그가 한 일은 다른 나라의 엘리트 언어계획자들이 추진한 일과 뚜렷이 대비된다. 오래전부터 영어 사용권에서는 국립 언어 아카데미를 만들어 올바른 용법과 써도 좋은 단어들을 판정토록 하는 것보다 향수와 수치심, 애국심 등에 호소하는 편을 선호했다. 다른 유럽 나라들이 언어 수호를 위한 기관을 설립할 때에도 영국인들의 마음속 무언가가 그런 방식을 거부했다.

---

* 소영국주의자(Little Englander)란 19세기 말부터 영국에서 쓰인 용어로, 식민지를 버리고 영국 본토의 이익만을 생각하자고 주장한 사람들을 이른다. 최근에는 영국 자체를 해체해서 잉글랜드가 별도 국가로 독립해야 한다는 사람들도 이 이름으로 부른다.

불안감 때문인가 문화적 경향인가

미국은 건국 초기에 잠시 동안 오늘날 우리가 프랑스와 연관 짓는 유의 하향식 언어계획을 어느 정도 시행할 듯이 보였다. 따지고 보면 그같은 시도는 한 국가가 자신의 국제적 지위에 대해 불안해할 때 종종 나타나는 건데, 당시 미국이 바로 그런 상황이었다.

노아 웹스터는 그 이름이 미국에서 가장 유명한 사전의 제호에 오른 사람으로, 새 합중국이 국내적으로 단결하고 다른 강대국들과 자체의 식민지 역사로부터 거리를 두기 위해서는 언어의 새로움이 필요하다고 판단했다. 그는 자신의 동기를 감추지 않았고, 따분해 보이는 철자법 문제마저도 "정치적으로 엄청난 중요성을 지닌 일"이라고 썼다.

그러나 웹스터의 성과는 그리 대단치 못했다. 미국 영어와 영국 영어의 가장 유명한 몇몇 차이들은 그의 규정에 따른 것으로, 'colour'의 철자를 'color'로 간소화하고 'travelling'을 'traveling'으로, 'theatre'를 'theater'로, 'cheque'를 'check'로 바꾼 것 등등이 그런 예다.[19] 그러나 오늘날 영어 사용자들이 영국 글에서 미국 글로 건너뛰었을 때 이런 단어들은 별로 나타나지 않거나, 나타나도 거의 주목을 하지 않는다. 미국 영어와 영국 영어 간의 실질적인 차이는 웹스터 식의 하향식 개혁과 거의 무관하다. 그보다 훨씬 더 중요했던 것은 스페인어에서 빌려온 'bronco(야생마)'와 'lasso(올가미 밧줄)'에서부터 아메리카 원주민의 말에서 온 'tomahawk(전투용 도끼)'와 'wigwam(반구형 오두막)'에 이르기까지 미국 영어에 자연스럽게 추가된 말들이었다.

웹스터의 신생 미국은 아카데미 개념을 한동안 만지작거렸다. 최초의 제안은 독립 직전인 1774년에 이미 선을 보였다. 그런 학술 기구의 창설을 규정한 첫 법안은 1806년에 의회에 제출됐으나 통과되지 못했다.

그러다 드디어 1820년에 미국 어문학아카데미가 설립되었고, 곧 대통령이 될 존 퀸시 애덤스가 원장을 맡았다. 미국도 프랑스의 길을 따라갈 것처럼 보였다(이름에 들어간 '문학'이라는 말부터 프랑스어 'belles lettres〔순문학〕'를 썼다).

그러나 미국의 아카데미는 무시와 무관심 속에 불과 2년 만에 폐지되었고, 미국의 언어나 영어 일반에 이렇다 할 흔적을 남기지 못했다. 그걸 대체할 기관은 만들어지지 않았으며, 언어계획과 관련한 미국의 이 짧은 실험은 후대의 기억에서 거의 사라져서, 인터넷 사전 위키피디어를 봐도 허구의 언어인 클링온어*는 3,000 단어에 이르는 항목으로 등재된 반면 미국 어문학아카데미는 이 글을 쓰는 시점까지 별도 항목으로 올라 있지조차 않다.

프랑스인들이 언어를 규제하는 것은 오로지 그들의 불안감 때문인데, 1066년 이후 정복당한 적이 없는 영국이나 세계를 호령하는 초강대국 미국이야 불안할 게 없지 않느냐고 할 수도 있고, 이런 논리는 분명 구미를 당기는 면이 있다. 하지만 그건 연대기적 사실에 어긋나는 너무 단순한 주장이다. 미국이 정부 주도의 언어계획을 거부한 것은 초강대국이 되기 오래전이었다. 1812년부터 14년까지 영국과 벌인 전쟁 중에는 백악관이 전소되는 일까지 겪었는데, 어문학아카데미가 관심 부족으로 사멸한 게 1822년이니 사실상 같은 시기다. 한편 프랑스는 아카데미프랑세즈를 설립한 루이 13세 때―그리고 곧 이어진 '태양왕' 루이 14세

---

* 클링온어(Klingon language)는 미국의 인기 텔레비전 시리즈 「스타트렉」에 나오는 외계인 클링온족의 말이다. 미국 언어학자 마크 오크랜드가 만들었다. 미국 펜실베이니아 주에는 클링온어협회가 있어서 새 낱말이나 표현들을 지속적으로 추가하고 있다.

때엔 더더욱—자타가 공인하는 유럽 최고의 강대국이었다.

그렇다면 우리는 다른 문화적 이유들에 눈을 돌려야 한다. 프랑스에는 두 가지 경향이 나란히 존재한다. 아카데미프랑세즈가 반영하는 권위주의-엘리트주의적 경향과, 부처별 전문용어제정위원회의 존재가 말해주는 합리주의-'공화주의'-기술관료적 경향이 그것이다. 프랑스인들은 법령이나 규제로 개선하지 못할 게 없다고 생각하는 모양이다. 그러나 1789년 대혁명 이후로 프랑스는 공화국을 다섯 차례, 군주정을 네 차례, 그리고 군부 독재를 한 차례 겪었다. 영국은 1215년 귀족들의 요구에 못 이겨 존 왕이 왕권을 제한한 마그나카르타(대헌장)를 반포한 뒤 헌정 형태를 조금씩 점진적으로만 고쳐왔고, 미국은 1789년에 발효된 헌법을 거의 수정하지 않고 국가를 꾸려왔다.

내가 이 책에서 주장하는 것처럼 언어 정책이 정치를 반영한다면, 영어 사용권과 프랑스어 사용권의 상이한 자세는 그 완벽한 사례라 하겠다. 프랑스 사람들은 끈질기게 규제하고 수선하려 들면서 명암이 뒤섞인 결과를 얻는다. 미국인과 영국인은 결함 있는 것을 그대로 받아들이고, 정부 조치로 그걸 변화시키려는 노력은 여간해선 하지 않는다. 그 근저에 깔린 생각은, 아주 결딴난 게 아니라면 법으로 고치려 들면 안 된다는 것이다.

모범 국가 독일의 비모범적 언어 정책

적잖은 하향식 언어 정책이 공공연히 민족주의적 성격을 드러내지만, 실용성에 근거했다는 상당히 기술적인 언어 정책들도 많다. 그중엔 정말로 이치에 맞는 것도 종종 보인다. 이 장 첫머리에 소개한 타이완의 사례가 그중 하나일 테다. 글을 왼쪽에서 오른쪽으로 쓰는 방식과 오른쪽에서 왼쪽으로, 그리고 위에서 아래로 쓰는 방식을 모두 (그것도 종종 같은 지면에서) 허용하면서 언어의 안정성을 유지하는 경우가 얼마나 있을지 상상하기가 쉽지 않다. 타이완 정부는 적어도 공식 문서에서는 왼쪽에서 오른쪽으로만 써야 한다는 꽤 합리적인 입장을 취했다. 국민들은 결국 새로운 표준에 잘 적응하지 않을까 싶다.

그러나 표기 체계의 개혁이 합리적이라 해도 정치의 입김이 전혀 없는 경우는 아주 드물다. 정책이 시행되면 대개 어떤 집단은 이득을 얻고 어떤 집단은 손해를 보게 마련이다. 사전 관련 분야의 사람들은 체계화되고 철저히 개선된 언어에 대한 대중의 요구 덕에 먹고 산다. 전통주의자들, 나이 든 사람들, 그리고 정부의 간섭이란 것 자체에 반대하는 사람들은 언어를 그냥 내버려두는 쪽을 선호한다. 그러니 순수하게 기술관료적인 차원에서 언어 문제를 다루는 일은 거의 불가능하다.

혹시 순전히 기술적인 접근이 가능하다면 독일 같은 곳에서, 다시 말해 민족주의적 행태로 점철된 역사에서 벗어나 합리적 현대 정치를 꽃피웠다고 평가되는 잘 발달된 능률적 민족국가에서 그런 사례를 기대할 수 있을지 모른다. 이런 나라에서 표기 체계의 합당한 개혁을 시행했는데 혼돈과 거센 항의에 맞닥뜨린다면, 다른 어떤 나라의 정부 주도 언어 개혁도 성공할 수 없으리라고 회의적으로 일반화할 수 있을 것이다. 그런데 실제로 독일 역시 그런 사태를 피하면서 표기법의 합리적 개혁을 국민들에게 부과할 수 없음이 밝혀졌다. 이는 최근의 철자 개혁 시도에 대한 국민들의 반응이 잘 말해준다.

대부분의 유럽 언어들처럼 독일어도 철자와 발음이 비교적 잘 일치하는 편이다. 예컨대 철자 *z*를 항상 똑같이 발음하고, *ei*도 언제나 영어의 'eye'와 같아서 'see'처럼 읽는 수가 전혀 없다. 그러나 어느 표기 체계에든 별난 부분이 있게 마련이며, 독일어도 예외가 아니다. 독일어는 두 개 이상의 단어를 합쳐서 긴 복합어를 만들어내는 것으로 유명한데, 여기에 문제가 하나 있다. 복합어의 앞쪽 단어가 두 개의 같은 자음으로 끝나고 이어지는 단어 역시 그 자음으로 시작할 경우엔 똑같은 글자가 잇달아 세 번 나오게 된다는 점이다. 가령 'Kongress(의회)'와 'Sitzung(회의, 회기)'을 합치면 'Kongresssitzung'이 된다. 그냥 이렇게 3중자음을 써야 하나? 아니면 'Kongressitzung'으로 표기할까? 같은 자음이 세 번 겹칠 때는 두 개로 줄여 쓰는 관례가 있으니 말이다. 그도 아니면 'Kongreßsitzung'? 독일어에만 있는 또 하나의 특징인 ß는 'Eszett〔에스체트〕' 또는 'scharfes S〔샤르페스 에스〕' 즉 '날카로운 에스'라 불리며, 두 개의 *s* 즉 *ss*에 해당한다.

에스체트를 어떤 때에 사용할지 등 3중자음을 둘러싼 이 같은 혼란, 그리고 다른 몇몇 문제점들은 독일어 철자법을 개혁하자는 운동을 낳았다. 결국 'ß'는 장모음과 이중모음의 뒤를 제외하고는 쓰지 않는 쪽으로 가닥이 잡혔는데, 이는 많은 일상적 단어에서 ß가 사라진다는 걸 의미했다. 예를 들어 'daß(that)'는 'dass'가 되고 'muß(must)'는 'muss'가 된다. 독일어에서 한 음절이 이중자음으로 끝나면 대개 앞의 모음이 단모음(短母音)이며('hoff'는 영어의 'off'와 운이 맞는다), 단자음(單子音)으로 끝나면 앞의 모음이 장모음이기 때문이다('Hof'는 영어의 'oaf'와 운이 맞는다). 에스체트의 용법 전환은 *s*와 다른 자음들의 쓰임새에 일관성을 주기 위한 것이었다

다른 경우에는 3중자음을 되살리되 대부분은 그 사이에 하이픈을 넣도록 했다(Kongress-Sitzung). 그 밖에도 'kennenlernen(잘 알다, 알게 되다)'처럼 두 단어로 이뤄진 복합동사를 'kennen lernen' 식으로 분

리키로 한 것, 대문자 사용법의 조정 등 바뀐 게 몇 가지 있었다. 그러나 보통 사람들이 글을 읽고 쓸 때 가장 실감할 변화는 단연 에스체트였다.

이 규칙들은 외국인에겐 복잡해 보이지만 대체로 기본적인 합리성을 깔고 있었다. 그도 당연한 것이, 1980년에 개혁 연구 실무진이 구성되고부터 1994년 개혁안이 발표될 때까지 치열한 토론을 거쳤기 때문이다. 독일, 오스트리아, 스위스, 벨기에, 리히텐슈타인, 그리고 이탈리아(북쪽 끝 트렌티노알토아디제 주에 독일어 사용자들이 꽤 있다) 정부는 1996년 개혁안을 승인하고 1998년부터 몇 해에 걸쳐 단계적으로 적용키로 했다.[20]

그러나 개혁가들은 격한 반발에 놀라지 않을 수 없었다. 독일의 몇몇 주는 개혁안을 관내 학교들에서 가르치도록 하는 것을 거부했다. '철자 개혁에 반대하는 교사 모임'이 결성되어 변화에 저항하기 시작했고, 저명한 소설가 귄터 그라스를 비롯한 많은 지식인이 이를 지지하고 나섰다(하지만 그라스는 자신의 성 'Grass'를 'Graß'로 적진 않았다). 슐레스비히홀슈타인 주는 주민투표를 실시했고, 그 결과는 개혁 거부였다. 반대자들은 이 문제를 법정으로 끌고 가 연방헌법재판소에까지 올라갔다. 헌재는 개혁가들의 손을 들어주면서 독일 각 주의 문화부 장관은 더 이상의 의회 승인 절차 없이 새로운 철자법을 시행할 수 있다고 판결했다.

2000년, 독일에서 가장 권위 있는 일간지 『프랑크푸르터 알게마이네 차이퉁』은 철자 개혁안을 따르지 않겠다고 발표했다. 2004년엔 슈프링거 출판 그룹을 필두로 『슈피겔』(독일 최대의 뉴스매거진), 『쥐트도이체 차이퉁』(주요 일간지), 『디 차이트』(유명 주간신문) 등도 개혁을 거부했다. (이 미디어들의 영향력을 다 합치면 어느 정도일까? 다우존스

지수에 오르는 모든 출판사에다 『뉴욕타임스』, 『워싱턴포스트』, 『타임』, 『뉴요커』를 더하면 대충 비슷하지 않을까 싶다.) 개혁을 부분적으로 철회하겠다는 안이 제시되었고 얼마 뒤 수정 개혁안이 나왔지만, 독일의 16개 주 중 14개 주에서만 시행되었다. 한 여론조사에 의하면 독일 국민의 약 4분의 3이 개혁에 반대했으며, 나머지는 전면적 개혁의 지지자와 어떤 형태든 '개선된 개혁' 의 지지자로 나뉘었다고 한다. 이후 지금까지 독일인들은 부분적인 개혁이 실시되는 가운데 혼란스러운 상황에 놓여 있다. 이웃나라들은 다양한 입장을 취해왔으며, 독일의 주들은 각기 나름의 태도를 견지하고 있다. 언어 참고서 분야에서 가장 권위 있는 출판사인 두덴은 개혁안을 부분적으로 준수한다. 현재 대부분의 독일인들은 이 모든 게 애초부터 잘못된 생각이었다고 믿는다.

언어에 대한 일련의 '논리적' 규칙을 고안한 뒤 정부의 명령으로 시행하면 좋은 결과를 거둘 수 있다고 생각하는 사람들에게(철자법처럼 간단한 것이라 해도 마찬가지다) 독일의 개혁 실패와 그 결과는 타산지석이 될 만하다. 그런 방식은 동질성이 높고 잘 운영되고 있는 현대 국가에서조차 재난으로 귀결될 수 있다. 일반적으로 언어는 스스로 굴러가게 놔두는 것이 최선이다.

중국집 메뉴의 한자 교습을 넘어

독일의 철자 개혁은 대단찮은 규모였을 뿐 아니라 충분히 납득할 만한 것이었음에도 거의 혼란과 분노만을 낳았다. 왜일까? 아마 민주주의 사회에서는 언어 개혁이 불가능한 건지도 모른다. 사람들이 아카데미프랑세즈 같은 기관으로부터 언어에 관한 지침을 듣고 싶다고 말하든, 아니면 독일에서처럼 그러고 싶지 않다고 하든 간에 현실적으로 언어에 관한 일을 강제적 명령으로 시행하기는 매우 어렵다. 모든 조건이 동일하다면 사람들은 늘 해왔던 대로 하는 경향이 있다. 즉 학교에서 배운 대로 쓰고 말하고, 규칙을 모를 때는 직감에 의지해 대처한다.

그러나 우리는 터키에서 (재앙을 동반하기는 했지만) 성공한 언어 개혁을 보기도 했다. 그 차이는 정치체제뿐 아니라 정치적 정황에도 기인한다. 아타튀르크는 국민의 숭앙을 받았다. 제1차 세계대전의 영웅이었던 그는 뒤이은 그리스의 침공도 물리쳤다. 게다가 아타튀르크는 사실상 일당 독재로 국가를 지배했다. 이 인기 있는 독재자는 자국의 언어를 미래로 끌고 갈 수 있는 완벽한 위치에 있었다.

세계를 통틀어 다른 어떤 나라 어느 언어의 무슨 개혁보다도 합리적이라 할 수 있을 커다란 개혁 과제가 하나 있다. 그러나 아마도 웬만큼 가까운 미래에는 이뤄지지 않을 듯하고, 그나마 독재 정권이라야 성사시킬 수 있을 것이다. 종종 제안되지만 시행된 적은 전무한 이 개혁은 바로 중국어와 일본어 문자의 로마자 전환이다.

누구나 알고 있듯이 중국어와 일본어는 로마자와는 전혀 딴판인 복잡한 문자들로 표기된다. 그리고 대부분의 사람은 이 문자의 개수가 아주 많다는 사실도 알고 있다. 그러나 이것들을 로마자로 바꾸는 문제를 살펴보기 전에 먼저 중국어와 일본어의 문자를 마냥 신기한 것으로만 생각하게 만드는 이런저런 신화부터 떨쳐버릴 필요가 있다.

대표적인 것이 한자는 '상형문자' 즉 지시 대상의 모양을 직접 본떠 만든 기호라는 믿음이다. 이 생각을 조장하는 것이 미국 곳곳에 있는 싸구려 중국 음식점의 메뉴판이다. 음식을 기다리는 시간이 지루하지 않도록 이런 메뉴판에선 흔히 한자가 어떻게 구체적인 그림에서 오늘날의 양식화된 문자로 발전했는지를 다음과 같은 식으로 보여준다.

⊙

갑골문자(甲骨文字)라는 상형문자로 '해'를 뜻하는 글자(중국어로 '리'). 기원전 14~12세기경.

전서체(篆書體)의 같은 글자. 기원전 9~3세기경.

오늘날의 글자.

이 이야기는 워낙 쉽고 재미있는지라, 이걸 읽고 나서 중국 요리의 수프 격인 수안라탕(酸辣湯)을 기다리는 동안 다음과 같은 생각을 떠올리는 사람은 별로 없다. "흠, 이런 식으로 글자가 생겨난 거였군. 하지만 마지막 글자는 전혀 해처럼 생기지 않았는걸. 그건 그렇다 치고, 다른 것들은 어떻게 묘사했을까? 자동차를 뜻하는 글자는 자동차 모양일까? 또 '직관'이나 '다시 생각하다'에 해당하는 글자는 어떻게 생겼을까?"

한자는 진정한 의미의 상형문자라 할 수 없다. 이유는 간단하다. 대부분의 지시 대상은 그림으로 나타낼 수 없기 때문이다. 순전히 형상만을 본뜬 문자 체계는 자연적인 인간 언어를 감당할 만한 규모와 융통성을 지닐 수 없다.

한자의 본질에 관한 전설로 보다 솔깃한 것은 그것이 '표의문자'라는 설명이다. 다시 말해, 구체적 사물을 그려낸 게 아니라 시각적 상징의 방식으로 '개념'들을 표현하는 글자라는 것이다. 가장 간단한 표의문자는 '하나'를 나타내는 글자일 것이다.

344

一

'가운데' 나 '안' 을 나타내는 글자는 아래와 같다.

中

한자의 표의문자 개념은 그 글자들의 만듦새와 관련해 우리에게 직감적으로 다가드는 이야기를 들을 때 더욱 그럴싸해진다. 그 한 예가 '좋다' 에 해당하는 글자는 '여자' 와 '아이' 를 합친 형태라는 것이다.

女　　　子　　　好
'여자'　　'아이'　　'좋다'

실제로 엄마와 아이의 관계는 매우 좋은 게 보통이다. 하지만 '好' 자의 의미를 모르는 사람이, 어머니와 자식을 추상적으로 나타낸 글자들을 합하면 '좋다' 를 뜻하게 된다고 과연 추측할 수 있을까? 그것이 '모성애' 나 '육아', 혹은 '자식다운' 따위를 의미한다고 생각할 수도 있지 않을까? 그리고 우리 주변에는 '좋다' 는 뜻을 나타낼 수 있는 다른 '좋은' 것들이 얼마나 많은가?

한자가 정말로 상징 표현의 체계라면, 한자를 모르는 사람이라도 그 상징 관계를 어느 정도는 알아차릴 수 있어야 할 것이다. 그러나 연구 결과를 보면 전혀 그렇지 않다. 한 연구에서 실험자들은 중국어를 전혀 모르는 사람들에게 서로 반대의 뜻을 지닌 한자 쌍을 보여주고 그 번역어의 쌍을 제시하면서 어느 한자가 어느 번역어와 일치하는지를 추측하게 했다.[21] 대상자들은 '好' 와 '壞' * 쌍을 비롯한 42쌍의 한자를 보면서 좋고 나쁨과 미-추, 경-중, 강-약, 생-사 따위를 추측했다. 그 결과 옳게 추측한 평균 비율은 54%로, 눈 감고 찍기보다 나을 바 없는 수준이었다.

새로운 사람들을 대상으로 한 다른 실험에서는 반의어 42쌍을 그들의 모국어(히브리어)로 나열한 종이와, 그에 해당하는 한자 쌍들을 다른 순서로 배열한 종이를 함께 제시했다. 피험자들은 한자 쌍들 중에서 '좋다-나쁘다', '아름답다-추하다' 등등을 추측으로 찾아야 했다. 이번에 맞힌 비율은 42 문항 중 하나꼴이었다. 그러니 보편적 상징 주장에 대해선 더 언급할 필요가 없지 않을까.

그러나 중국어를 할 줄 알고 한자의 구성 요소들을 아는 사람들은 그 결합 방식에서 모종의 지혜를 얻게 될까? 서양인들 사이에 가장 널리 퍼진 표의문자의 신화는 아마 영어의 'crisis' 에 해당하는 중국어가 '위험' 과 '기회' 의 의미를 함께 지니고 있다는 얘기일 법하다. 이 흥미로운 생각은 존 F. 케네디(냉전과 관련하여), 앨 고어(기후 변화를 애기하며), 콘돌리자 라이스(중동과 관련하여) 같은 유명인들에 의해 언급됐을 뿐 아니라, 주가가 곤두박질할 때 고객에게 주식을 사들이라고 설득하는 투자 상담가들의 입에서도 무수히 되풀이돼왔다.[22] 글쎄, 중국인들은 이루 형언할 수 없는 그들 특유의 방식으로 뭔가를 알고 있었던 걸까?

그러나 펜실베이니아대의 중국어학 교수 빅터 메어에 따르면 그건 사실이 아니다.[23] 'crisis' 의 중국어 '웨이지' 는 이 신화를 언급하는 이들

---

* 이 맥락에서 '壞' 는 '나쁠 회' 이며, 중국어 발음으로는 '화이' 다.

이 흔히 시사하는 바와 달리 한 글자가 아니라 두 글자다. 첫 글자 '웨이(危)'는 실제로 '위험'을 뜻하지만, 둘째 글자인 '지(機)'는 '(일의) 발단의 순간, 결정적 시점' 등을 의미한다. 따라서 '웨이지'는 위험한 고비나 시기 즉 'crisis'가 된다. '지'는 다른 여러 문자들과 결합해 많은 의미를 만들어낼 수 있는데, '기회'를 뜻하려면 전혀 별개의 문자인 '후이(會)'와 결합해야 한다. '웨이지(危機)'와 '지후이(機會)'는 영어의 'community(공동체)'와 'communism(공산주의)'보다도 공유하는 의미가 적다. '웨이지'가 반전의 기회를 암시한다는 주장은 공동체를 이루고 사는 사람들은 공산주의자라는 말만큼이나 터무니없다.

개념적으로 볼 때 한자와 가장 가까운 것은 언어학자들이 형태소(morpheme)라 부르는 의미의 최소 단위다. 영어에서 'sun'은 하나의 형태소인데 *un*-과 -*y* 따위 역시 형태소이고, 그래서 예컨대 'unsunny'는 'not'이란 의미의 접두사, 'sun', 그리고 형용사를 만드는 접미사, 이렇게 세 개의 유의미한 부분으로 이루어져 있다. 한자 하나하나도 대부분 형태소다. 그리고 모두 단음절이기 때문에 어떤 언어학자들은 한자를 '형태소음절문자'라고 부른다. '漢字'를 중국인들은 '한지'라 읽고 일본인들은 '간지'라 하지만, 영어로는 그냥 'Chinese characters(중국 글자)'라고 부르는 게 가장 쉽다.

한자의 구성 원리는 무엇일까? 그 진실은 흥미롭긴 해도 결코 흔히들 상상하는 만큼 낭만적이진 않다. 당초 상형문자였던 한자는 오랜 세월에 걸쳐 흔히 '레부스(rebus)* 원리'라고 불리는 것을 통해 발전했다. 레부스 원리란 이를테면 눈(eye) 그림으로 'I'를 나타내고, 대문자 C로 'see'를, 벌(bee) 그림으로 'be'를 나타내는 표현 방식이다. 이와 비슷하게 한자도 상형문자 단계를 벗어나 원래의 지시 대상을 직접 가리키기보다 그 대상처럼 들리는 것을 나타내는 상징적 기호로 넘어갔다.

한자가 발전하는 과정에서 많은 동음이자(同音異字)—발음이 같은 단어들, 영어의 경우 동물 이름 'bear'와 동사 'bear', 'two'와 'too' 따위—를 구별할 필요가 있었다. 이 문제는 해당 글자가 어떻게 발음되는지를 보여주는 '성부(聲符)'와, 그 글자의 의미 영역을 대체적으로 알려주는 '부수(部首)'를 결합하는 방법으로 해결되었다.* 'ㅁ'라는 글자는 입을 뜻한다. 그러나 이 글자는 흔히 쓰이는 부수 '言'의 일부분이기도 한데, '言'은 말이 입에서 나오는 것을 나타낸다. '言'이라는 부수가 들어간 많은 글자 중 대표적인 예로 '언어, 말'을 뜻하는 '語'가 있다.

하나의 글자가 어떤 때는 성부로, 다른 때는 부수로 쓰이기도 한다. '木'은 '나무'라는 뜻의 독립된 글자인데〔표준 중국어 발음은 '무'〕, 측백나무 '柏〔보〕'자에서는 부수이고, 머리 감을 '沐〔무〕'에서는 성부다. 후자는 의미상으론 나무와 무관하지만 발음은 같다.

의미의 일부를 알려주는 부수가 있고 성부가 따른다고는 하지만, 한자를 구성하는 이런 (엄청나게 많은) 요소들을 안다고 해서 글자를 바로 해독할 수 있는 건 아니다. 부수가 200개쯤 되고 성부는 800에서

---

* 레부스(rebus, 영어로는 '리버스')란 그림으로 낱말이나 그 일부를 나타내는 것이다. 중세 때부터 가문, 단체 등의 문장(紋章)에서 흔히 사용한 방식으로, 예를 들면 'Salmon' 집안의 문장에 연어 세 마리를 넣는 것 따위다.
* 부수의 역할을 조금 더 설명하면, 한자를 정리·배열하는 수단으로 자전에서 글자를 찾는 길잡이가 된다. 예를 들면 '衣'는 '表', '補', '被' 따위 글자들의 부수다. 한편, 뜻을 나타내는 부분과 음을 나타내는 부분을 합하여 새 글자를 만드는 위의 방식을 '형성(形聲)'이라 하는데, 이는 '육서(六書)' 즉 한자를 만들고 운용하는 여섯 원리 중 하나다. 다른 다섯 가지는 상형(象形), 지사(指事), 회의(會意), 전주(轉注), 가차(假借)다. 한자의 대다수는 형성자다.

1,000개에 이르는 만큼, 주어진 글자에서 어느 게 어느 건지 분명치 않을 때가 많다. 규칙이 몇 개 있기는 하나 예외가 적잖다. 중국어를 배우는 사람은 성부와 부수를 그저 보조 수단으로만 이용해야 한다. 이것들은 암기에 도움이 되고, 기억이 가물거릴 때 유용한 단서가 되지만, 새로운 글자를 알아보거나 특히 쓰는 데는 별 도움이 되지 않는다. 부수가 왼쪽, 성부가 오른쪽에 있는 글자도 있고 그 반대인 경우도 있다. 그런가 하면 부수가 위나 아래에 놓이기도 한다. 엎친 데 덮친다고, 모든 글자에 부수나 성부가 따르는 것도 아니다. 어떤 글자에는 둘 중 하나만 있고, 어떤 글자에는 둘 다 없다.

그나마 부수-성부 '체계'(사실 체계라 하기는 좀 무엇하나)가 없다면 중국어 읽고 쓰기를 배우기가 불가능할 것이다. 아주 큰 사전에는 대략 6만 자 이상이 올라 있다. 물론 어떤 사람도 그 많은 글자를 다 익히진 못한다. 실제 사용되는 글자는 대개 7,000개 내외로 추산된다.[24] 글을 정상적으로 읽고 쓰기 위해 이걸 전부 알아야 하는 건 아니지만, 어떤 분야에서든 상당 수준에 이르려면 적어도 4,000 내지 5,000개는 익혀야 한다. 1,000개 정도에 머물면 단순한 글들만 읽고 쓸 수 있다.

이 때문에 중국어의 문자해득(literacy)* 능력을 갖췄다고 하기 위해 알아야 하는 글자 수가 얼마나 되는지를 추정하기가 어렵다. 이탈리아어에선 불과 20여 개의 글자를 예측 가능한 방식으로 사용하기 때문에 어휘의 폭이 넓지 않은 농부라도 자신이 알고 있는 단어라면 무엇이든 문제없이 읽는다. 반면에 중국인은 어휘가 풍부한 사람이라도 그중 아

---

* 'literacy'를 우리는 '문해(文解, 문자해득)'라고 하는데, 중국에선 '識字〔시쯔〕'라고 한다. 문해를 보다 폭넓게 정의하면, 문자 외의 다양한 형태의 정보들까지 읽고 이해하고 해석하며 계산하고, 그에 관해 남들과 소통하는 능력을 뜻한다.

주 일부밖에 발음할 줄을 모른다면 제대로 읽고 쓰는 사람으로 치부하기가 어려울 것이다. 그리고 한자는 기억해내기가 쉽지 않기 때문에 쓰기는 읽기보다도 더 어렵다.

일본어의 미로—군도쿠, 온도쿠, 히라가나, 가타카나

수천수만 개의 중국 한자도 주눅이 들 만하지만, 일본의 문자 체계는 한층 더 어렵다. 학교에서 가르치도록 정부가 지정한 한자의 수는 1,945개이나 실제로 사용되는 수는 그보다 훨씬 많다. 그래도 전체 숫자는 중국어보다 적은데, 그 대신 일본어의 체계는 복잡하기가 여간 아니다.

일본 사람들이 한자를 차용하기 시작한 것은 기원후 5세기 무렵으로 보인다. 일본어와 중국어는 계통이 다르고 문법, 어휘, 발음도 완전히 다르지만, 문자가 없었던 일본인들은 중국 글자를 일본어에 원용하기 시작했다. 이에는 몇 가지 상이한 흐름이 있었고, 그 결과 오늘날과 같이 아주 복잡한 일본어 표기 체계가 탄생했다. 어떤 경우엔 일본 고유의 단어에 한자를 갖다 붙이기도 했고, 중국어 단어가 일본어 구어에 들어오면서 해당 한자가 같이 도입되기도 했다.

이런 까닭에 현대 일본어의 한자들은 '독음(讀音)'이 매우 다양하다. 중국의 한자는 발음이 대부분 하나인 데 비해(물론 두 가지로 읽는 글자도 적잖고 간혹은 세 가지 이상으로 읽지만) 일본어의 한자는 그것에 상응하는 일본 고유어의 발음 즉 '訓〔군〕'과 차용된 한자 자체에서 유래한 발음 즉 '音〔온〕'을 함께 갖고 있다. 하나의 글자를 제대로 알려면 그 의미뿐 아니라 훈독〔군도쿠〕과 음독〔온도쿠〕을 모두 익혀야 하는데, 두 독음은 서로 완전히 다른 경우가 대부분이다.

350

비근한 예로, 한자 '影(그림자 영)'은 일본어 음독으로는 '에이(えい)', 훈독으로는 '가게(かけ)'다. 그래서 '그림자를 (상을) 비추다'라고 할 때는 '도에이스루(投影する)'이고 '사람의 그림자가 지다(비치다)'라 할 때는 **가게**보시가 우쓰루(影法師が うつる)'다. 일본어를 배우는 사람은 한자가 나왔을 때 그것과 결합한 이웃 한자들의 의미와 독음을 알아야 문제의 한자를 예컨대 '가게'라고 발음할지 아니면 '에이'라고 발음할지를 알 수 있다.

간단한 글자는 독음이 두 가지뿐이지만 극단적인 경우에는 독음이 20개나 되는 글자도 있다. 기본적 의미가 '탄생, 삶, 생명'인 '生'이라는 한자는 '세이(せい), 쇼(しょう), 나마(なま), 기(き)', 그리고 '우무(生む), 이키루(生きる), 이카스(生かす), 하야스(生やす), 하에루(生える), 쇼지루(生じる)' 등으로 읽히고, 그 밖의 발음도 있다. 독립적으로는 '낳다, 태어나다, 살아 있다, 성장하다'라는 의미의 동사 혹은 명사로 쓰이며, 형용사로는 '날것의, 신선한' 따위를 뜻한다. 또한 '센세이(先生), 가쿠세이(學生)'처럼 복합어의 일부가 될 수도 있다. 한편, 예컨대 '시(し)'로 발음할 수 있는 한자는 49개에 이른다.

그뿐 아니다. 일본어에는 한자 말고도 두 종류의 음절문자 체계가 있다. 수세기 전에 한자를 단순화해서 만든 히라가나(平假名)와 가타카나(片假名)가 그것이다. 히라가나와 가타카나의 낱자들은 의미가 없고 발음만 지시한다. 그러나 로마자와 달리 각각의 글자는 하나의 자음이나 모음이 아니라 독립된 음절('시, 마, 요' 따위)이며, 따라서 자음이나 모음만을 따로 적을 방법은 없다. 두 음절문자 체계에는 각기 46개의 글자밖에 없다. 일본어 표기법에서 한자는 낱말들의 주축을 이룬다. 이를테면 주요 명사, 동사 어간 등에 한자가 많다. 히라가나는 어미, 시제,

소유 관계를 비롯한 문법의 주요 사항들을 표시하는 데 쓰인다. (일본어를 중국어와 한눈에 구별케 해주는 것은 형태가 보다 단순하며 부드럽게 휘어진 히라가나의 존재다.) 또 하나의 음절문자인 가타카나는 외국어에서 온 낱말과 이름을 표기하거나 특정한 상표명들을 표기할 때, 그리고 의성어와 강조 등에 사용한다.

민족주의적 한자 옹호와 반박

일본어와 중국어가 외국인은 말할 것도 없고 현지인들조차 배우기에 벅차 보이는가? 실제로 그렇다. 중국과 일본의 학생들은 자기네 문자들을 익혀서 읽고 쓰는 능력을 갖추는 데에 수천 시간을 투입한다. 말할 필요도 없이, 언어 학습이 그토록 어렵지 않다면 이 시간의 상당 부분을 다른 과목들에 할애할 수 있을 것이다. 서양의 몇몇 언어학자들은 중국과 일본의 학생들이 기계적인 암기에 치중하는 탓에 창의성보다 형식과 과정을 중시하게 된다고까지 생각한다.[25] 논란이 많은 주장이긴 하지만.

그럴지라도 중국어와 일본어 역시 나름의 장점이 있지 않을까? 양국의 일부 민족주의적 언어학자들은 그렇다고 주장한다. 영어의 고급 단어들은 대개 라틴어나 그리스어를 어근으로 하여 만들어진다. 'Mesolithic(중석기시대의)'은 그리스어 'mesos(중간)'와 'lithos(돌)'에서 나왔다. 'Middle Stone Age'를 공연히 어렵게 표현한 이 단어를 처음 만나는 영어 사용자는 부득불 사전을 찾아봐야 한다. 이에 비해 중국어와 일본어에서는 그 같은 유의 학문적 단어를 사람들이 이미 알고 있는 한자 두어 개를 조합해 만들어낼 수 있다. 적어도 저들의 이론으로는 그렇다.

그러나 미국 정부의 아시아 언어 전문가인 윌리엄 해너스는 이 논리를 반박한다(그는 일본어, 표준 중국어, 상하이어, 타이완어, 한국어, 베트남어, 티베트어를 할 줄 아는데, 그의 박사 논문 지도교수였던 빅터 메어의 경탄에 의하면 "그 모두에 능숙"하다고 한다). 일본의 한 연구는 일본인들이 자기네 문자 덕분에 고급 단어를 쉽게 익힐 수 있음을 '입증'했다고 하지만, 교수 출신인 해너스는 그 연구가 영어의 유식한 단어들 중 일본어에 비교적 단순한 대응어가 있는 것들만 선별해서, 다시 말해 논지에 맞는 증거들 위주로 짜 맞춰진 것임을 밝혀냈다.[26] 그런가 하면 중국어와 일본어의 어떤 고유어들은 개개의 글자를 알아도 뜻을 파악하기가 불가능하다. 일본인이나 중국인들은 어떻게든 의미를 짚어내려 들지만 헛짚는 수가 많다.

중국어와 일본어 문자를 옹호하는 다른 논리들은 위의 주장보다도 더 구름 잡는 식이다. 문자를 익히려는 노력이 학습자의 정신을 전반적으로 훈련시킨다는 이론이 그런 예다. 이 견해는 일본이 경제적으로 급성장할 때 한동안 유행하다가 경기가 침체에 빠지자 빛을 잃고 말았다. 요컨대, 엄청나게 어려운 중국어와 일본어 문자 체계에도 장점이라고 내세워진 측면들이 있기는 하나, 그런 주장은 면밀한 검토를 이겨내지 못했다. 반면에 단점은 두말할 나위 없이 명백하다.

한자와 로마자와 가나 사이에서

대안은 있다. 일본과 중국에는 자국어를 로마자로 표기하는 표준 체계가 있다. 일본어의 소리는 무엇이든 알파벳의 기본 문자들과 장음부호(예컨대 '$\bar{a}$' 같은 것인데, 이는 aa로 표기해도 된다)만으로 쉽게 적을 수 있다. 라틴 알파벳의 본향이라 할 도시 이름을 따서 '로마지(字)'라 부르는 이 체계로 표기된 것들은 일본 전역에서 볼 수 있으며, 일본 아이들은 한자 학습의 보조 수단으로 어릴 적부터 로마지를 배운다.

중국어에도 로마자 표기법이 있다. 1950년대에 공산주의 정부가 확립한 한어 병음(汉语拼音)이 그것이다. 병음(pinyin)은 일본어의 로마지보다 복잡하다. 표준 중국어(북방어)에는 4성조가 있고, 중국어에서 성조는 영어 단어의 자음과 모음만큼이나 의미에 결정적이다. 가령 뒤를 사뿐히 올려 2성으로 발음하는 *má*는 대마 '마(麻)'를, 4성 즉 내리꽂는 조의 *mà*는 '꾸짖다[骂]'를 뜻한다. 병음에서 4성조는, *ma*를 예로 들면 각기 *mā*, *má*, *mǎ*, *mà*로 표기한다. (병음은 이전의 로마자 표기 체계를 대체했고, 그래서 마오쩌둥[毛澤東]이 'Mao Tse-tung'에서 'Mao Zedong'으로 바뀌었다.)

컴퓨터의 등장 이후 중국 문자를 더 쉽게 칠 수 있게 되었지만, 아이러니하게도 로마자화의 매력 또한 그 어느 때보다 커졌다. 중국어와 일본어 사용자들은 컴퓨터로 자국어를 어떻게 입력할까? 자판에 글쇠를 수천 개 넣을 수는 없는 일이므로 그들은 다양한 차선책을 쓴다. 가장 흔한 방법은 표준 자판에 올라 있는 알파벳을 이용하는 것이다. 일반적인 마이크로소프트 윈도의 중국어 지원 시스템을 이용해 한자로 "나는 중국인이다"를 치려면 로마자로 우선 '나'에 해당하는 한자 '我'의 발음 표기 *wo*를 입력해 메뉴 창에 뜨는 한자들 중 맞는 것을 선택한 뒤, 이어지는 *shi*, *zhong*, *guo*, *ren*도 같은 방식으로 쳐 넣어 "我是中國人"을 완성한다. 요즘 컴퓨터는 아주 영리해서 사람들이 가장 많이 찾는 글자나 어구들을 알아서 찾아주기 때문에, 사용자가 *woshizhongguoren*을 한꺼번에 쳐도 딱 맞는 한자들이 바로 뜬다.[27] 하지만 흔치 않은 문장과 글자에는 이게 통하지 않는다. 일본어에서도 거의 같은 방법을 사용한다.

그런데 중국어와 일본어 사용자들이 로마자를 이용해 한자를 표기할 수 있다면, 굳이 한자를 계속 사용할 필요가 있을까? 읽기를 더 쉽게 만들어야 한다는 압력은 오래전부터 있어왔고, 전혀 흠잡을 데 없는 민족주의자들도 종종 그렇게 주장했다. 그러나 로마자 전환은 실패를 거듭했다. 그리고 그 실패는 정체성과 문화적 전통에 대한 정치적 고려 때문이었지 흔히 내세워지는 것처럼 순수하게 언어적인 고려의 결과가 아니었다.

일본어 로마자 표기 주장의 원조 격인 난부 요시카즈(南部義籌)는 일찍이 1871년에 알파벳을 받아들이자고 제안했다.[28] 미 해군의 함대 사령관 매슈 페리가 외륜 증기선을 몰고 에도(지금의 도쿄) 항에 들어와 일본을 개방시킨 지 20년도 채 안 됐을 때였다. 일본 지도층은 자국이 과학, 기술, 군사 분야에서 서양에 한참 뒤져 있음을 깨달았다. 이후 일본이 서양의 다양한 과학기술들을 열심히 받아들이면서 대대적으로 근대화를 밀어붙일 때 로마자화를 촉구하는 움직임도 함께 나타났다.

로마자화 지지자들은 다른 종류의 급진적 단순화를 주장하는 사람들과 경쟁했다. 1866년에 처음 조직을 결성한 이들은 일본어를 음절문자인 가나(假名)로만 표기하자고 했다. 가나는 간단히 익힐 수 있고 일본인 스스로 만든 것이라는 정치적 장점도 있었다. 그러나 한자를 폐지하고 가나만을 쓰자는 운동은 일본어에서 파생한 말과 중국어에서 유래한 말을 어떻게 적을 것인가를 놓고 내부 논쟁을 벌이면서 분열됐다.

가나만을 쓰자는 운동과 로마자로 바꾸자는 운동은 1930년대 들어 크게 위축되더니 사실상 중단되었다. 일본이 여러 전선에서 전쟁을 벌이는 가운데 과격한 민족주의가 맹위를 떨치던 시기였다. (학교에서 영어를 가르치는 것조차 금지했다.)[29] 그러나 제2차 세계대전에서 미국에

패해 점령당한 후 일본은 서구 민주주의의 모습으로 급속히 재건됐다. 종전 직후인 1946년 명망 있는 소설가 시가 나오야(志賀直哉)는 일본어를 버리고 프랑스어를 채택하자는 제안까지 했다.

로마자화 혹은 가나 단일 표기를 주장하는 사람들에게 다시 한 번 기회가 왔다. 점령자인 미국인들은 문자 체계를 어떻게 할 것인지를 두고 의견이 나뉘었다. 가나나 로마자로 전환해야 한다고 주장하는 사람들은 그 이유로서 과거와의 단절을 상징적으로 나타낼 수 있다는 점, 새 세대가 전시의 선전물들을 읽기 어려워지리라는 점, 교육이 개선되고 검열하기도 더 쉬워진다는 점 등을 들었다.[30] 그러나 미국인들이 결국 개혁을 실시하지 않기로 결정하는 바람에 기회는 또다시 무산됐다. 그런 가운데 개혁을 주장하는 일본인들 사이에 내분이 일어났다.[31] 가장 먼저 만들어진 헵번(Hepburn)식 로마자 표기법*을 지지하는 사람들은 다른 방식의 지지자들을 전시 부역자로 몰기도 했다. 로마자 진영이 티격태격하는 동안 정부의 새로운 국어 심의 기구에서는 표준 한자를 1,850개로 축소하여 표기 체계 비판자들을 달랬다. 이를 '당용한자(当用漢字)'라고 하는데, 나중에 '상용한자'로 명칭을 바꾸면서 1,945개로 늘렸다가 2010년 더 추가해 2,136자가 됐다.

일본에는 아직도 가나 전용이나 로마자화를 주장하는 사람들이 있다. 모든 방면에서 컴퓨터화가 심화되고 있으므로 그 압력은 점점 더 커지리라고 보인다. 그러나 로마자화나 가나 전용이 '불가피'하리라는 확신에 찬 예측은 종전 직후부터 나온 것이었다. 앞으로 어떻게 될지는 아무도 장담할 수 없지만 언어의 보수주의 세력은 여전히 막강하고 단호

---

* 일본어의 로마자 표기 방식으로는 헵번식(1867년 발표), 일본식(1885년), 그리고 내각에서 공포한 훈령식(1937년) 등이 있다.

하다.

　개혁에 대한 저항은 어디에 뿌리를 둔 걸까? 현대 일본은 외래어에 특별한 혐오증을 보이지 않는다. 일본어에는 중국어에서 온 오래된 고급 어휘들이 두터운 층을 이루고 있다. 그리고 근대 이후 일본어는 '아이스쿠리무(ice cream), 고히(coffee)'에서 '보이후렌도(boyfriend), 가루후렌도(girlfriend)'에 이르기까지 영어 단어들을 기꺼이 차용했다. 미국과 일본 양국에서 숱한 농담의 소재가 되어온 이 같은 '재플리시(Japlish)'의 존재는 현대 일본어의 명백한 현실이며 대체로 논란의 대상조차 되지 않는다.

　새로운 말들에 대한 이 개방성에도 불구하고 한자는 꺼떡도 없다. 왜일까? 그 관성에는 민족주의적 동기 외에 심리적 요인들도 한몫을 하고 있다. 문자 개혁을 추진할 위치에 있는 사람은 관료나 입법자인데, 그들은 하나같이 기존 문자와 어법을 철저히 익힌 사람들이다. 그러지 않았다면 엘리트의 위치에 오르지 못했을 것이다. 사람은 누구나 많은 시간을 들여 애써 배운 것에 강한 애착을 지니게 마련이다. 이런 유의 사고 방식은 악착같이 견뎌낸 저 끔찍한 신병 훈련을 되돌아보는 군인에서부터 대학교 친목 동아리의 신참들에게 호된 신고식을 시키는 고학년 선배에 이르기까지 모두에게 익숙한 것이다. "나도 그런 과정을 겪었어. 아, 정말 지옥 같았지. 하지만 그 덕분에 지금의 내가 있고, 이 바닥에서 살아남을 수 있었거든. 그 정도로 사람이 죽진 않아." 이 비슷한 말로 정지 작업을 해놓으면 한자를 옹호하는 부차적인 주장들, 이를테면 한자 학습이 "정신을 단련해서 고차원적 사고를 할 수 있게 해준다."라거나 "정신적 기율을 함양하는 데 좋다."라는 식의 주장들이 별 저항 없이 먹혀들게 된다. 한자 개혁과는 비교도 안 되게 소규모였던 독일의 철자 개혁이 어떻게 되었는지를 생각할 때, 일본에서 무슨 변화가 일어나려면 먼저 아래로부터의 요구가 있어야 하며, 만약 위로부터의 개혁을 시도하면 맹렬한 반대가 촉발될 것이다. 일본의 로마자 채택은 설령 실현된다 해도 한참 뒤의 일이 되지 않을까 싶다.

병음은 왜 한자를 대체하지 못하나

일본의 경우와 달리 중국은 일당독재 국가인 만큼 마음만 먹으면 언제든지 한자를 병음으로 대체할 수 있다. 하지만 중국 역시 나름의(부분적으로 일본의 것과 겹치는) 이유들 때문에 로마자화를 그리 서두를 것 같지 않다. 중국인들에게는 한자가 바로 언어이며 한자를 이해하면 곧 중국어를 이해하는 것이다. 그들은 적어도 어느 정도는 그렇게 믿는다. 서양의 언어학자들은 이에 동의하지 않을 터이다. 일반적으로 그들은 문자란 진짜 언어 위에 구축된 인위적인 구조물이고, 진짜 언어는 사람들의 뇌와 입이 만들어내는 유기적 산물이라고 보는 경향이 있기 때문이다. 그러나 이 점에 대해 중국인들의 생각이 바뀔 가능성은 없다.

중국이 병음 전용을 채택하지 못하는 더 중요한 이유는 실행 조건상 그럴 수 없다는 데 있다. 한자를 병음으로 대체할 경우엔 중국인들의 마음속에 단단히 박혀 있는 관념, 즉 중국의 언어는 하나이며 표준 중국어, 상하이어, 광둥어 같은 상이한 말들은 그 밑의 '방언'일 따름이라는 생각이 깨어질 수밖에 없기 때문이다. 이는 명백히 잘못된 관념이다. '중국어'라는 이름 아래 뭉뚱그려지는 상이한 몇 종의 언어는 (언어학자들이 논란을 벌일 필요도 없을 정도로) 서로 소통이 안 되는 별개의 언어들로서, 유럽의 주요 로맨스어들만큼이나 서로 다르다. 표준 중국어와 하카어가 중국어의 방언이라고 하는 건 프랑스어와 이탈리아어가 라틴어의 방언이라고 우기는 일이나 마찬가지다.

러시아 출신인 미국의 이시디어학자 막스 바인라이히는 대중의 머릿속엔 흔히 "방언이라도 육군과 해군을 거느리면 언어가 된다."라는 생각이 있다고 지적한 바 있다. 말의 두 변이형이 '방언들' 아닌 별개의 '언어들'로 불리려면 얼마나 달라야 하는지에는 정해진 기준이 없다. 주로 양측의 화자가 서로의 말을 이해하는지의 여부로 따지는데, 이해도란 칼로 자르듯 그렇다 아니다 할 수 없고 연속체를 이루는 것이기 때문이다. 덴마크어 화자들은 스웨덴어를 알아듣고, 스웨덴 사람들은 (성공률이 앞의 경우만은 못하지만) 덴마크어를 알아듣는다. 이는 일부 언어학자들에게 두 나라의 말이 하나의 언어('스칸디나비어어')이며 그 아래에 몇 개의 방언이 있다고 주장하는 근거가 된다. 그러나 대부분의 사람에게 진정한 기준은 정치적인 것이다. 스웨덴과 덴마크 두 나라 모두 육군과 해군을 거느리고 있기 때문에 우리는 두 언어를 서로 다른 것으로 간주한다.

객관적으로 볼 때 중국은 이와 정반대라고 해야 할 것이다. 중국은 엄청난 규모의 육군과 성장하는 해군을 거느리고 있다. 그러나 단도직입적으로 말해, 베이징 출신의 표준 중국어 화자와 홍콩 출신 광둥어 화자는, 적어도 둘 중 하나가 상대의 말을 배웠다면 모를까, 서로 알아듣지 못한다. 광둥어는 성조가 여섯 개이고 표준 중국어는 네 개다. 음절 끝에 올 수 있는 자음도 광둥어에선 p, t, m, k 네 개인 반면, 표준 중국어에선 n, ng 둘뿐이다. 광둥어를 쓰는 배우 주윤발(周潤發, 표준 중국어로는 '저우런파')은 영화『와호장룡(臥虎藏龍)』을 찍기 위해 표준 중국어를 배워야 했고, 서툰 억양 때문에 표준어를 쓰는 관객들에게 놀림을 샀다. (광둥어로 더빙된 판도 있다.) 우어(吳語), 하카어(客家語), 민어(閩

語), 간어(贛語), 상어(湘語)를 포함한 중국의 다른 주요 언어들 사이
에도 대체로 이 정도의 차이가 존재한다.

중국어 '들' 간의 차이는 워낙 유명해서 표준 중국어에는 다음과 같이
운을 맞춘 속담이 있을 정도다.[32]

Tian bu pa, di bu pa, zhi pa Guangdong ren shuo Putonghua.
(하늘도 땅도 두렵지 않으나, 광둥 사람이 푸퉁화[표준 중국어]를 하는
것만은 두렵다.)

광둥 사람들에게도 그들의 버전이 있다.

Tin mh geng, deih mh geng, ji geng bak fong yahn gong
gwong dung wah mh jehng. (하늘도 땅도 두렵지 않으나, 북방 사
람[표준 중국어 화자]이 광둥어를 엉터리로 하는 것만은 두렵다.)

두 말이 얼마나 다른지 한눈에 여실하다.*
그런데도 중국인들은 중국어는 하나이며 단지 여러 개의 방언이 있을
뿐이라고 우긴다. 왜 그럴까? 정부에 무슨 책략 같은 게 있어서 중국이
여러 언어로 나뉘어 있음을 부인하고 나라를 하나로 묶으려 드는 것은
아니다. 한족(중국인의 다수를 차지하는 민족으로, 몽골어나 티베트어,

---

* 두 문장을 한문으로 표기하면 각기 '天不怕, 地不怕, 只怕廣東人說普通話'와
'天唔驚, 地唔驚, 只驚北方人講廣東話唔正' 다. 두 말 사이의 확연한 차이를
보여주기 위해 저자는 같은 언어라는 착각의 핵심 요인인 한자 표기를 생략하고 병
음으로만 적었다.

위구르어 등 소수언어의 사용자들은 포함되지 않는다) 은 실제로 뚜렷한 정체성을 공유하고 있으며, 수천 년간 정치적 독립을 유지해온 중국의 역사가 이를 떠받치고 있다. 그들 대부분은 자기네가 같은 언어를 사용하고 있다고 진심으로 믿는다.

이처럼 강한 민족적 일체감 외에 많은 중국인이 진실을 부정하는 또 다른 이유는 문자가 말의 차이를 가리고 있기 때문이다. 국내 모든 언어의 화자들은 학교에서 표준 중국어에 바탕을 둔 문자언어를 배운다. 물론 각 언어에서 그 글자들의 발음은 완전히 다르다. 하지만 같은 문자를 읽고 있다는 사실 때문에, 표준 중국어 화자와 광둥어 등 다른 언어의 화자들은 자기네가 같은 말을 하고 있다고 착각하게 된다. 실은 그냥 표준 중국어로 된 글을 읽고 있는 것일 따름인데도 말이다.

한자가 로마자로 대체된다면 이 모든 상황이 바뀔 테다. 문자를 통해 중국을 하나로 묶는 일은 불가능해질 것이다. 병음(pinyin)은 표준 중국어에만 적용되는 체계이기 때문이다. (앞에 나온 '하늘과 땅' 속담 표기에서 보았듯이 광둥어에도 'pinyin'에 상응하는 병음 체계 'pingyam'이 있기는 하다.) 로마자인 병음으로 표준 중국어를 적으면 다른 언어를 쓰는 중국인들은 그게 외국어라는 사실을 바로 깨닫게 될 것이다. 중국 정부로서는 안 그래도 티베트에서, 그리고 신장(新疆) 지역의 위구르어를 쓰는 무슬림들 사이에서 일고 있는 비(非) 한족 분리주의 운동이 걱정스러운 마당에 골치 아픈 문제가 더욱 늘어날 테니 반가울 리 없다. 권력자들의 입장에서는 부정부패, 불평등, 환경 파괴 등과 관련하여 그들의 권위에 도전하려 드는 움직임들을 일찌감치 꺾기 위해 다수자인 한족의 민족주의를 부추기는 일이 갈수록 매력적으로 보일 법하다.

놀랍게도 중국에서 로마자화가 성공 직전까지 갔던 적이 있었다.[33] 그

주창자들의 말에 의하면, 로마자 도입을 위한 1934년의 한 실험을 통해 "무지한 농민과 노동자라도 단 100시간만 들이면" 중국어의 로마자 표기를 익힐 수 있음이 "의심의 여지 없이 입증"되었다고 한다. 그러나 민족주의적인 국민당 정부는 곧 이 문제에 흥미를 잃었다.

1949년 공산당이 국민당과의 내전에서 승리한 후 개혁에 대한 정치적 의지는 새로운 형태로 나타났다. 중국의 명실상부한 지도자가 된 마오쩌둥은 이전에 로마자화는 불가피하다는 말을 한 적이 있었다. 권력을 잡은 뒤엔 생각에 약간의 변화가 있었는지 1951년 이렇게 말했다. "문자는 반드시 개혁해야 한다. 세계 언어들에 일반적인 음성표기 쪽을 지향해야 하고, **형식이 민족적이어야 하며**, 자모와 그 체계는 기존 한자를 준거로 하여 만들어야 한다." (강조는 지은이.) 이보다 더 구체적일 순 없다. 중국어를 음성기호로 표기하되 그 체계는 중국 문자에 기초해야 한다는 것이었다.

그러려면 어떤 식으로든 철저한 단순화를 피할 수 없을 듯했다. 이 문제를 연구하기 위해 국가 위원회가 설립되었다. 중국문자에 기초한 방안 몇 가지와 키릴문자를 이용하는 방안 한 가지를 신중히 검토한 후 위원회는 병음 방식을 추천했다. (로마자를 쓰더라도 중국에서 만든 체계이면 '형식이 민족적'이라고 생각한 것일까.) 하지만 그 사이에 마오의 관심은 다른 데로 넘어가 있었다. 국무원 총리이자 강력한 2인자였던 저우언라이(周恩來)의 주도 아래 새로운 문자 정책이 다듬어져 나왔다. 한자는 폐기하는 게 아니라 단순화하고, 병음은 교육 목적을 위해서만 사용한다는 내용이었다. 이와 함께 베이징 관화에 기초한 표준어의 보급을 촉진키로 했다. 저명한 시인이자 학자인 천멍지아(陳夢家)는 1956~7년 지적 개방성을 고취한 '백화제방(百花齊放)'* 운동이 잠깐

일어난 시기에 중국의 전통 문자를 대폭 손보는 정책에 감히 반대하는 의견을 내놓았다.[34] 이 때문에 백화제방 실험이 끝난 후 그는 '우파분자'로 낙인 찍혔고, 허난(河南) 성으로 추방되어 3년간 농장 노역을 했다. 몇 년 뒤 문화혁명기에 그는 스스로 목숨을 끊었다.

이제 현실의 개혁은 한자의 단순화였다. 많은 한자들이 획수가 대폭 줄어 배우고 쓰기에 편해졌다. 이렇게 간소해진 한자*가 중화인민공화국의 표준이 되었다. 그러나 홍콩은 아직 타이완처럼 전통적인 정체(正體)를 사용하고, 해외 중국인 대부분도 마찬가지다. 개혁은 결국 보수적으로 마무리됐고, 완전한 로마자화는 일단 물 건너가고 말았다.

중국이 병음으로 한자를 대체할 가능성은 여전히 남아 있지만, 그러려면 중요한 전제 조건이 충족되어야 한다. 정부는 북방 중국어와 베이징 관화에 바탕을 둔 공식적 '공통 언어'인 푸퉁화(普通话)의 사용을 적극 장려해왔다. 상하이에 가면 "푸퉁화를 함으로써 현대인이 됩시다"라는 뜻의 표지판들을 볼 수 있다. 베이징의 서우두(首都)사범대학 화장실에서 고개를 들면 "당신의 푸퉁화가 훌륭하면 주위 모든 사람에게 편의를 줍니다."라는 표어가 보인다.[35] (여기서 '편의를 준다'는 말은 '화장실에 다녀오겠다'는 뜻의 완곡한 표현과 동음이의 어구로, 화장실용 표어다운 말장난이다.) 중국 정부는 미국의 만화영화인 「톰과 제리」를

---

* 스탈린 사후 공산권의 해빙 분위기 속에서 1956년 마오쩌둥은 중국 역사에서 따온 '백화제방 백가쟁명(百花齊放百家爭鳴, 온갖 학문이나 예술, 사상이 성하고 학자와 문화인이 자기 이론과 주장을 자유롭게 발표하여 토론한다는 뜻)'이라는 유명한 구호와 함께 지식인들에게 공산당 정책을 마음대로 비판하라고 권했다. 그러나 비판이 본격화하자 다음해에 이 정책은 취소되고 곧 '반우파 투쟁'이 시작됐다.
* 이를 간체자(简体字, 정체자로는 簡體字), 공식적으로는 간화자(简化字, 정체로는 簡化字)라고 한다. 원래의 전통적 글자를 중화인민공화국에서는 '번체자(繁体字)', 중화민국 즉 타이완에서는 '정체자(正體字)'라고 부른다.

어린이 시청자를 위해 상하이어로 더빙해 방영하는 것조차 반대했으며, 2004년엔 방송 관리 당국에서 그 프로그램의 종영을 지시하기도 했다 (나중에 방침을 뒤집기는 했지만).[36]

중국 경제가 크게 번창함에 따라 표준 중국어의 확산도 가속화할 것이다. 점점 더 많은 사람들이 나라 안을 돌아다니게 되면 의사소통을 위한 공통의 언어가 더욱 필요해지게 마련이다. 교육을 이미 표준 중국어로 하고 있는 가운데 컴퓨터와 방송을 비롯한 과학기술이 계속 확산되면 표준 중국어의 돛에 더욱 강한 바람이 실릴 터이다. 이 같은 강력한 요인들은 로마자의 한자 대체에도 유리하게 작용할 수 있다. 컴퓨터에서 로마자 병음을 입력해 한자들을 불러낸 뒤 적절한 글자를 선택하는 작업을 많이 하면 할수록, 한자를 직접 쓰는 법을 더 잊어버리고 항상 병음으로 생각하는 습관이 몸에 밸 것이다.

일본이 '로마지' 도입이나 가나 전용을 결행하기 전에 중국이 먼저 병음 표기로 전환한다면 참 아이러니한 일일 것이다. 한자는 본디 일본이 아니라 중국에서 생겨났으니 말이다. 중국이 실용적이고 경제적, 기술적인 이유로 언젠가 병음 전용으로 전환하는 것은 충분히 상상할 수 있는 일이며, 독재 체제인 만큼 그런 정책을 어렵잖게 밀어붙일 수 있다. 한편 일본은 민족 정체성을 생각해 한자를 고수하고 있으며, 특히 민족주의적 정치인들이 그 같은 입장을 고취하고 있다. 아무튼 중국도 일본도 가까운 시일에 문자의 변화가 있을 것 같지는 않다. 언어에 관한 명료한 사고는 항상 정치적 고려에 밀리게 마련이니까.

언어계획의 진정하고 솔직한 동기

언어계획을 둘러싼 다양한 이야기들에서 우리는 생각할 주제를 몇 가지 발견한다. 언어계획 담당자들은 흔히 언어 자체의 이러저러한 상태를 근거로 나름의 주장을 펴나간다. 논의의 초점이 언어의 온전함이든, 표현력이든, 아니면 근대성이든 간에 다를 바 없다. 언어학자 조지 토머스가 언어민족주의자들이 사용하는 은유를 수집해서 살펴본즉 거의 예외 없이 물리적 완전성이나 순수성을 연상시키는 (자주 생물학적인) 표현을 포함하고 있었다.[37] 언어는 정련해야 하는 광석이고, 제분해야 하는 곡물이며, 순수한 혈통을 보존시켜야 하는 유기체이고, 가지치기를 해야 하는 나무이고, 수술이 필요한 몸이라는 식이다. 외래의 요소들, 이를테면 터키어 속의 아랍어, 프랑스어 속의 영어식 표현, 윌리엄 반스의 눈에 비친 영어 속 라틴어와 그리스어 따위는, 이유를 꼬집어말할 순 없지만 아무튼 유독하고 더러우며 정신을 좀먹는 요소들이다. 그리고 변화는 대개 쇠퇴나 부패와 동일시되지 중립적 관점에서 '단지 달라지는 것'으로 간주되는 경우는 매우 드물다.

그러나 언어계획의 이면에 놓인 진정한 동기는 대체로 정치적이다. 언어 개혁을 하면 그 덕을 보는 승자와 손해를 입는 패자가 있게 마련이다. 그래서 '패자들'(여기엔 기존 문자 체계에 이미 숙달했는데 새로운 체계를 배워야 하는 사람들도 포함된다)을 달래려다 보면 개혁을 불가피하게 만든 언어학적 요인들을 내세우고 언어계획의 수립자들이야말로 언어를 온전하게 만드는 방법을 가장 잘 아는 사람들이라고 모든 이를 설득하려 들게 되기가 쉽다.

독단적인 명령으로 변화를 밀어붙이는 것은 대개 잘못된 방식이지만, 가끔은 이해가 되는 수도 있다. 특히 정체성을 확립하려는 신생 독립국들이 예컨대 고유어적 요소들을 새로 만들고 체계화하며, 적절한 표기 체계를 선택하고, 외래 요소를 배제하려고 노력하면서 내놓는 언어계획의 논리들은 깊은 공감을 불러일으킬 수 있다. 그러나 우리가 그런 정치적 동기들을 긍정적으로 받아들일 자세가 돼 있다 해도, 그 동기들은 우선 솔직하게 천명되어야 한다. 언어계획은 거의 언제나 정체성 창출, 내집단의 결집과 외집단 배척,* 다시 말해 '민족의 형성'이라는 과정과 직결된다. 이를 위해선 국기와 국가(國歌), 민족 신화 따위의 인공적 상징들을 꾸며내는 것도 필요하다. 이런 일들은 전혀 잘못된 게 아니며, 언어를 통해 민족 형성을 추진하는 일 또한 딱히 잘못이라 할 수 없다. 그러나 언어계획은 민족 형성이라는 진짜 동기가 전면에 명시적으로 내세워질 때 더 정직해질 뿐 아니라 성공 가능성도 커진다. 언어 자체가 이렇다느니 저렇다느니 하는 거짓 논리로 치장해서는 안 된다는 얘기다.

---

* 내집단(in-group)이란 가치관과 행동 양식이 비슷하여 구성원이 서로 애착과 일체감을 느끼면서 다른 집단에 대항 의식을 나타내는 심리적인 집단을 말한다. 그 반대 개념인 외집단(out-group)은 규범이나 가치, 습관 따위가 자신과 공통성이 없는 타인으로 이루어져 종종 불쾌감과 대립 의식을 불러일으키는 집단을 이른다.

7

언어의 마이크로소프트와 애플
—미국과 프랑스, 경쟁하는 언어들

그들은 떼를 지어 몰려와, 한두 카운티를 빼고 모든 지역에서 다수 집단이 되고 있다. 이 나라에 살면서도 그들의 자녀는 거의가 영어를 배우지 않는다. 그들은 멕시코에서 책을 들여온다. 이 지역의 6개 TV 방송국 중 두 채널은 스페인어로만 방송하고, 둘은 스페인어와 영어를 절반씩 쓰며, 나머지 둘만 영어를 전용한다. 그들을 위한 신문 중 하나는 스페인어로만 돼 있고 다른 하나는 영어와 스페인어가 반반이다. 모든 사람을 대상으로 한 광고에는 이제 스페인어와 영어가 나란히 씌어 있다. 거리의 표지판도 두 언어를 병기하며, 어떤 동네에서는 스페인어 하나뿐이다. 그들은 법률 문서를 자기네 언어로 작성하고, 우리 법원은 그것을 허용한다(나는 그래서는 안 된다고 생각한다). 요즘 법원에선 스페인어가 넘쳐나서 통역사가 갈수록 많이 필요해지는 실정이다. 몇 년 안 가서 의회에서도 통역이 필요해지지 않을까 싶다. 입법부의 절반이 나머지 절반의 말을 알아듣기 위해서 말이다.

누군가가 알아듣지 못할 외국어로 말하는 것을 들으면 재미있어 하는 이도 있지만 다른 많은 사람은 당황하고 심지어 겁을 먹기까지 한다. 다른 곳도 아닌 '자기네 나라'에서 외국어를 들어야 한다는 것은 수많은 미국인들에게 더할 수 없이 부아가 나는 일이다. 얼마나 많은 미국인이

그렇게 생각하는가 하면, 미 상원이 2006년 영어를 미합중국의 '국어'
로 선포하는 이민 관련 법률 수정안을 통과시켰을 정도다. 1776년 독립
이후 영어는 그런 지위 없이도 잘만 지내온 터였다. 그 수정안에는 또,
이미 법으로 보장된 것들을 제외하고는 누구도 정부의 대민 업무를 영
어 이외의 언어로 해달라고 요구할 권리가 없다는 내용도 들어 있었다.
당시 상원의원이었던 버락 오바마는 이 수정안에 반대투표를 했는데,
결국 이 안건은 하원에서 폐기되었다.

우리는 앞에서 민족주의라는 관념 때문에 전 세계에서 얼마나 많은 갈
등이 발생했는지를 보았고, 많은 사람들에게 민족주의의 요체 중 하나
는 "나와 같은 언어를 쓰는 사람은 한데 모여 하나의 국가를 구성해야
하며, 거기엔 다른 어떤 언어의 사용자도 들어갈 자리가 없다."라는 것
임을 알게 되었다. 그러나 미합중국은 대체로 이런 관념의 영향을 받지
않았다. 따지고 보면 미국의 모든 백인은 이민자의 후손이다. 수백 년
동안 많은 사람들이 자기 모국의 전통을 가지고 들어와 새로운 조국과
행복하게 접속시켰다. 19세기 중반의 독일인, 스칸디나비아인, 아일랜
드인부터 20세기로 넘어오던 시기의 이탈리아인, 폴란드인, 유대인에
이르기까지 미국이라는 인종의 용광로는 이민을 통해 끊임없이 새로운
요소들을 받아들여 융합시키면서 점점 더 풍요로워졌다.

용광로적인 특징은 최근 들어 바뀌기 시작했는데, 이는 20세기 중반
이후 장기적으로 대량의 이민이 유입된 결과였다. 특히 히스패닉들*,
즉 라틴아메리카에서 이주해온 사람들은 공적인 생활에서 자기네의 언

---

* '히스패닉(Hispanic)'은 역사적으로 고대 이베리아 반도와 그 주민들을 일컫는
명칭이었으나 오늘날 미국에서는 라틴아메리카 출신이거나 라틴아메리카계인 주민
들을 가리키는 말로 쓰인다. '라티노(Latino)'라고도 한다.

어를 쓸 수 있게 해줄 특별한 법적 권리를 요구하면서 폐쇄적인(그래서 주민들의 영어 전환을 더디게 하는) 공동체를 이루어 살고 있다. 미국은 두 언어를 사용하는 나라가 될 위험에 처해 있다. 저명한 정치학자 새뮤얼 헌팅턴이 2004년 저서 『우리는 누구인가*Who Are We?*』*에서 말했듯이, 마이애미 같은 도시들의 이중 언어 사용 상황은 이대로 갈 경우 미국의 미래가 어떤 모습이 될 수 있는지를 엿보게 해준다. 자기네끼리 밀집하여 살고 있는 다른 언어 집단들—특히 서해안 지역의 아시아인들—도 언젠가는 언어에 관한 특별한 권리를 요구하고 나설지 모르며, 그리 되면 미국은 영어를 토대로 한 통일성이 무너져 현대의 바벨탑 같은 처지로 전락할 위험에 맞닥뜨릴 것이다. 오늘날 몰려오는 이민자들은 한 세기 전까지 들어온 유럽계 백인 위주의 이민과는 공통점이 거의 없으며, 기존 미국 사회에 동화하려 들지 않는다. 게다가 '다문화주의'에 대한 비현실적이고 대체로 좌파적인 믿음이 미국의 정체성을 흐리려는 사람들을 부추기고 있다. 여기에 '에보닉스'*를 허용하려는 사람들까지 더하고 보면, 영어 사용 국가로서의 미국은 위기를 향해 가고 있는 건지도 모른다는 얘기다.

인류사상 최고의 대박 언어

방금 살펴본 우려는 미국 사회에 널리 퍼져 있는 것이지만, 잘못된 생각이다. 과거든 현재든 역사를 거의 정반대로 파악하고 있기 때문이다.

---

* 번역서는 『새뮤얼 헌팅턴의 미국』(김영사, 2004)이다. 보수적 정치학자로 하버드대 교수였던 헌팅턴(1927~2008)의 가장 잘 알려진 저서는 세계적인 베스트셀러 『문명의 충돌』(1996)이다.
* 흑인 영어의 새 이름으로 제시됐던 '에보닉스(Ebonics)'에 관한 이야기는 4장을 참조.

미국에는 토착주의의 오랜 전통이 존재하고, 그 속에는 영어 이외의 말을 하는 이민자들을 두려워하고 불신하는 경향이 포함돼 있다. 주 정부들과 연방 정부는 광장 같은 공공장소에서 외국어를 쓰지 못하게 하려는 신경과민성의 시도를 100년 동안이나 했다. 그런 노력의 대부분은 일관성 없이 집행된, 낭패스럽기만 한 것들이었다. 이런 상황 속에서, 그들의 언어에 대해 당대 미국인들이 무척이나 걱정하던 이민자들은(어디서 온 사람들이건 간에) 공식적인 강요나 처벌 없이도 시간이 흐르면서 미국화하여 대부분이 단 하나의 말, 즉 영어만을 사용하게 되었다. 내 말이 의심스럽다면 한때 독일어를 하는 이민자들이 파도처럼 밀려와 프레더릭스버그, 뉴브라운펠스, 와이마(독일어로는 '바이마르') 같은 도시들을 일구었던 텍사스 주에서 영어를 못하는 독일어 사용자를 한 명이라도 찾아보라. 또, 전통적으로 특정 민족이 모여 사는 지역을 하나 골라(예컨대 이탈리아인이 많이 사는 브루클린, 스칸디나비아인들의 미네소타 주), 어렸을 적부터 거기서만 살아온 탓에 아직 영어를 할 줄 모르는 사람을 찾아보라. 하늘의 별 따기일 것이다.

그렇다면 스페인어권에서 들어오는 오늘날의 이민자들은 얼마나 다른가? 요즘 전화 수화기를 들면 "Oprima dos para español.(스페인어를 원하시면 2번을 누르세요.)"라는 말을 들을 수 있다. 독일계 이민자들이 몰려오던 시기에 "Drücken Sie zwei für Deutsch." 같은 서비스가 있었던가? 물론 없었다. 전화에서 자동으로 메뉴를 선택토록 하는 기술이 없었으니까. 그러나 역사를 보는 우리의 근시안이 놓치고 있는 것은, 20세기로의 전환기에 독일어를 사용하는 이민자들은 자기들끼리 워낙 밀집하여 살았기 때문에 독일어에서 벗어나는 속도가 오늘날 히스패닉 이민자들이 스페인어에서 벗어나는 속도보다 더 느렸다는 사실이다. 이 점은 아주 철저한 연구들을 통해 입증되었다. 영어가 어찌 될지 걱정하고, 우리 사회 속에 자리 잡은 외국어 사용 집단들에 대해 호들갑을 떠는 것은 과거에도 많이 있었던 일이다.

여기서 아이러니는, 누구나 짐작하겠듯이, 영어에 대한 미국인들의 염려가 공연한 것이라는 점이다. 영어는 한마디로 역사상 유례없이 대박을 터뜨린 언어이기 때문이다. 세계에서 사용자가 가장 많은 언어는 표준 중국어이지만 그들은 거의 모두 중국 내에 있다. 영어는 5억의 원어민을 자랑하며, 인간이 거주하는 6개 대륙 어디서든 한 나라 이상이 공용어로 쓰고 있다. 영어는 세계에 하나뿐인 초강대국의 언어다. 또한 세계인의 보조언어로, 예컨대 스웨덴 사람과 이탈리아 사람이 서로 소통하기 위해 배우는 말이다. 영어는 세계에서 가장 성공한 대중문화의 언어로서 곳곳을 누빈다(영화, 음악, 텔레비전, 어느 분야든 마찬가지다). 그리고 물론 이 모든 것이 인터넷에 의해 엄청나게 증폭되는데, 전 세계 사람들을 한데 모으는 인터넷에서 공통의 소통 수단 역할을 하면서 영어는 그 중요성이 더더욱 커졌다. 따라서 영어가 '위협받고 있다'는 말은 중력이 위협받고 있다거나 포크의 사용이 위협받고 있다는 얘기만큼이나 터무니없다. 한때 "양키스를 응원하는 것은 US스틸을 응원하는 것과 같다."*라는 말이 있었다. 그러나 영어의 지배력은 독점에 가까운 지위를 구가하던 당시의 US스틸 수준에서 그치지 않는다. 그보다는 오늘날의 마이크로소프트와 비교하는 게 나을 법하다. 이루 헤아릴 수 없으리만큼 많은 사람들이 마이크로소프트사의 제품, 그중에서도 무

---

* US스틸은 미국 최대(세계 13위)의 제철회사다. 이 재담은 양키스가 미국 프로야구의 최강 팀이고 US스틸이 미국의 대기업을 대표하던 1950년에 처음 나와 오랫동안 유행한 것으로, 최강자를 굳이 성원할 필요가 있겠느냐는 뜻을 담고 있다.

소부재(無所不在) 한 윈도 운영체제를 쓰지 않으면 일상을 영위할 수 없다. 아니, 마이크로소프트와의 유비로도 영어의 세계적인 위력을 제대로 표현할 수는 없다. 50년 뒤쯤 마이크로소프트가 사라지는 것을 상상하기는 어렵지 않지만, 그때 영어는 지금보다도 훨씬 더 강력해져 있을 게 거의 확실하니 말이다. 세계 역사에서 언어가 이 정도로 성공한 적은 한 번도 없었다.

쿨한 사람은 애플과 프랑스어를 쓴다지만

위의 사실은 다른 나라 사람에겐 불을 보듯 분명한데도 정작 미국인들 자신은 이를 놓치고 있다. 앞 장에서 우리는 정부 기관들이 언어 순수주의를 어떻게 실천해왔는지를 살펴보았다. 영어 단어의 침투를 막기 위해 관료와 학자 들이 전문용어나 문화 관련 용어를 열심히 만들어내는 일 같은 것 말이다. 그러나 국가들은 또 다른 종류의 계획도 추진한다. 다른 언어들에 맞서 자기네 말의 지위를 총체적으로 강화하는 일이 그것이다. 정부 업무를 영어로 하는 것을 일절 금하는 수도 있고, 광고나 기업 간 의사소통에서 영어를 쓰지 못하도록 하거나, 심지어 텔레비전이나 라디오에서 내보내는 영어 사용 프로그램의 최대량(그리고 자국어 사용 프로그램의 최소량)을 지정하기도 한다. 공무원들이 영어를 알면서도 쓰지 않으려 들며, 국제 업무에서까지 그러는 수도 있다. 여러 언어를 사용하는 기구에서 영어를 주요한 공용어 중 하나로, 혹은 유일한 공용어로 채택하는 것을 받아들이지 않기도 한다. 이 모든 입장의 요체는, 영어 아닌 주요 언어들이 국제무대에서는 영어와 동등한 지위를 지녀야 하며, 자국 내에서는 법에 의해 영어로부터 보호되어야 한다는 것이다.

이런 방면에서는 세계의 어느 국민도 프랑스인을 이길 수 없다. 프랑스는 유럽연합, 유럽평의회,* 유엔 등 국제적인 논의의 장에서 프랑스어를 사용하도록 적극적으로 밀어붙인다. 나아가 유엔 사무총장 후보가 프랑스어를 어느 정도 할 줄 모르면 거부권을 행사하겠다고 으름장을 놓고, 그 위협은 늘 먹혀든다.

영어가 세계 언어의 마이크로소프트라면 프랑스어는 애플이라 할 수 있다. 애플의 매끈한 은빛 컴퓨터가 그러하듯, 프랑스어는 저 거수(巨獸) 같은 존재가 내놓은 변변찮은 물건에 결코 의존할 수 없다는 숱한 창조적인 사람들, 생각을 업으로 하는 사람들이 자신의 멋을 의식하면서 선택하는 언어다. 프랑스어를 택하는 이가 상대적으로 적기는 해도, 그러는 사람들은 대개 자부심을 느끼는 동시에 자신과 같은 선택을 할 수 없거나 하려 들지 않는 사람들을 낮추어 본다. 여러분 동네의 커피숍에 나와 앉아 애플로 작업하면서 일반 PC를 사용하는 것은 생각조차 하지 않는 건축가를 떠올려보라(물론 PC를 쓸 줄 알고 그것으로도 일을 완벽하게 해낼 수 있지만 말이다). 프랑스어에 대한 세계인 상당수의 생각이 바로 이런 식이다. †

프랑스인과 미국인은 흔히 서로를 모든 면에서 반대되는 사람들로 생각하지만, 항상 그리 다르지만은 않다. 둘 다 불안정하며, 그 이유도 엇

---

* 유럽평의회(Council of Europe)는 유럽 통합의 촉진과 인권 보호, 사회 · 경제적 발전 도모를 위해 1949년에 만들어진 기구로 '유럽회의'라고도 한다. EU와는 다른 조직이다.

† [지은이 주] 모든 비유가 그렇듯이 이 비유도 너무 확대하여 해석하지 말아야 한다. 여기서 내가 비교하는 것은 정규 컴퓨터의 운영체제인데, 이 글을 쓰는 시점에 마이크로소프트 윈도의 시장 점유율은 90%를 넘는다. 그러나 아이폰과 아이패드가 대성공을 거두면서 2010년 초 애플 사의 시가총액은 마이크로소프트를 능가했다.

비슷하다. 세계화의 물결 속에서 불안해하고 있는 것이다. 양국에 밀려든 수많은 이민자들을 제대로 동화시키지 못하는 데 대해 신경을 곤두세우는 것도 마찬가지다. 이런 난제들은 두 나라의 정체감 자체를 흔들어놓았다.

미국과 프랑스는 보다 근본적인 이유로도 스스로들 생각하는 것보다 더 비슷하다. 불과 13년을 사이에 두고 일어난 미국독립혁명(1776)과 프랑스혁명(1789)에서 출현하여 세계를 뒤흔든 자유와 보편적 가치의 전통이 그것이다. 미국과 프랑스는 이 같은 가치들로 세계를 개조하는 사명을 스스로 떠맡았다. (식민주의 시대에 프랑스인들은 이를 솔직하게, 그래서 나름대로 매력 있게, '문명화의 사명'이라고 표현했다.) 언어의 확산은 이 과업의 성공을 말해주는 대리지표(代理指標)였다.

그렇게 진력해온 두 대국은 이제 좀 느긋해질 필요가 있다. 영어는 위태롭지 않으며, 프랑스어 역시 그렇다. 새뮤얼 헌팅턴이야 어떻게 생각하든 '미국이라는 구상' 또한 위협받고 있지 않다. 그리고 샤를 드골 전 대통령이 전시 회고록 첫 문장에서 언급한 '프랑스에 관한 어떤 생각'* 도 여전히 프랑스 정체성의 큰 부분으로 남아 있다. 아시아를 비롯한 다른 지역에서 어떤 강국이 떠오른다 해도 미국과 프랑스는 세계에 내놓을 게 아직 많으며, 그 모든 것은 영어와 프랑스어에 담길 터이다.

미국인과 외국어—3세기에 걸친 두려움

새뮤얼 헌팅턴은 『우리는 누구인가?』에서 다음과 같이 말했다. "학교

---

* 드골은 1954년에 출간한 전시 회고록 첫권 들머리에서 자신은 항상 프랑스를 동화 속의 공주나 프레스코화에 그려진 성모 마리아처럼 고귀하고 특별한 운명을 지닌 존재로 생각해왔다고 썼다.

교육을 비롯한 몇몇 맥락에서 영어가 하는 역할의 문제는 전에도 미국 내에서 논의된 바 있지만, 〔1980년대와 90년대에〕 주와 지역에서뿐 아니라 국가적 차원에서도 벌어진 논쟁들은 유례없이 많고 치열했다."[1] 이민에 반대하는 공화당 의원들도 종종 같은 이야기를 한다. 테네시 주의 수도 내슈빌의 시의원으로 2006년 영어를 시 정부의 유일한 공용어로 규정하는 조례*를 발의한 에릭 크래프턴은 『뉴욕타임스』 기자에게 캘리포니아의 몇몇 주의원들은 영어를 할 줄 몰라서 통역이 필요하다고 말했다. 그는 이민 유입 붐을 겪은 내슈빌의 미래가 캘리포니아처럼 되는 것을 원치 않는다고 했다. 크래프턴은 시의회에서의 조례 제안 설명을 해군 시절에 익힌 일본어로 했다. 자신이 외국어에 무조건 반대하는 게 아니라 단지 영어 사용을 지지할 따름임을 보여주기 위해서였다. 그는 미국에서 영어를 몰라도 살 수 있을 뿐 아니라 공직에 선출되는 것까지 가능하다는 데 대해 우려를 표했다.

그러나 『타임스』가 나중에 정정 보도를 했듯이, 실상 크래프턴의 주장은 틀린 것이었다. 캘리포니아 주의회에 영어를 못하는 의원은 하나도 없었다. 크래프턴은 나중에 그 말을 취소하면서 이 사이비 사실을 어느 텔레비전 프로그램에서 들었다고 했다. 그리고 헌팅턴 역시 틀렸다. 이른바 압도적으로 밀려드는 이민의 파도에 맞서 영어를 수호하려는 열띤 분위기는 전혀 새로운 현상이 아니다. 이 장 첫머리에 인용된 글은 스페인어를 하는 이민들이 미국에 쏟아져 들어오는 데 대한 이 시대의 불평이 아니다. 벤저민 프랭클린이 1753년에 쓴 편지의 일부분으로, '독일어'를 '스페인어'로, 당시엔 출판사를 겸했던 '인쇄소'를 'TV 방

---

* 이 조례안은 시의회를 통과했으나 빌 퍼셀 시장이 거부권을 행사했다.

송국'으로 바꾸고 말투를 약간 현대화했을 따름이다. 원래의 글을 보자.

그들은 떼를 지어 몰려와, 한두 카운티를 빼고 모든 지역을 휩쓸고 있소이다. 이 나라에 살면서도 그들의 자녀는 거의가 영어를 익히지 않지요. 그들은 독일에서 많은 책을 수입해옵니다. 이 지방의 인쇄소 여섯 곳 중 두 곳은 독일어 인쇄만 하고, 둘은 독일어와 영어를 절반씩 찍어내며, 나머지 둘만 영어를 전용하지요. 그들을 위한 신문 중 하나는 독일어로만 돼 있고 다른 하나는 영어와 독일어가 반반입니다. 일반 대중을 대상으로 한 광고에는 이제 독일어와 영어가 나란히 씌어 있어요. 거리의 표지판에도 두 언어가 함께 새겨져 있고, 어떤 동리에서는 독일어 하나로만 돼 있지요. 근자에 그들은 모든 증서와 여타 법률 문건을 자신들의 언어로 작성하기 시작했고, 우리 법원은 그 문서들을 허용하는데(나는 그래서는 불가하다고 생각하지만), 요즘 법원에선 독일인들과 관련한 업무가 폭주해서 통역사가 끊임없이 필요한 실정이오. 몇 년 안 가서 의회에서도 통역이 필요해지지 않을까 싶소이다. 입법부의 절반이 나머지 절반의 말을 알아듣기 위해서 말입니다.

이어서 프랭클린은 미국에 들어오는 독일인은 가장 무식한 자들뿐이며 그들에겐 고집스럽고 반항적인 성향이 있다는 등 독일인 이민자들에 대하여 과도한 일반화를 전개한다. 이는 새뮤얼 헌팅턴의 다음과 같은 생각과 궤를 같이한다. 라틴아메리카 문화에 '마냐나(mañana, 내일) 문화'라고 깔보는 듯한 이름을 붙이고는 그 특징으로 사회와 공공 기관 및 제도들보다 가족과 친구들을 더 신뢰하는 점, 경제적 야망이나 미래를 위한 계획이 없는 점 등을 들며 우려를 표한 것 말이다. 프랭클린의 독일인과 헌팅턴의 히스패닉은 헌팅턴이 미국의 "앵글로-프로테스탄트 핵심 집단"이라고 부른 사람들과 정반대의 위상을 지니고 있다.

초기의 미국인들 모두가 바다를 건너온 외국어 사용자들에 대해 프랭클린과 같은 우려를 한 것은 아니었다. 프랑스혁명이 터지자 많은 프랑스인이 모국을 떠나 이민을 왔다. 독일인들은 미국 건국 후에도 꾸준히 들어왔다. 이들은 각기 자립적인 거주지를 건설하고 자기네만의 학교와 교회를 세웠으며 거의 전적으로 모국어를 사용했다. 초기의 미국 지도자들은, 프랭클린 같은 예외도 있긴 했지만, 이 문제를 크게 걱정하지 않았다. 언어에 관한 그들의 생각은 다른 정치적 문제 대부분에 관한 생각과 마찬가지여서, 간섭해야 할 합당한 이유가 없으면 사람들이 알아서 살아가도록 내버려두자는 것이었다. 프랑스와 스페인의 왕립 언어 아카데미에 대해서도 다들 알고 있었지만, 따르지 말아야 할 군주제적 제도쯤으로 간주했다.[2] 한편 독립선언서 서명자의 하나로서 의사이며 교육자였던 벤저민 러시는 독일인 이민자들과 그 가족을 미국에 통합시키는 가장 좋은 방법은 영어 교습 등 애국심을 고취하는 교육을 통해 그들의 동화를 촉진하는 것을 목표로 한 독일인용 대학의 설립이라고 썼다. "독일인들로 하여금 영어의 중요성과 유용성을 깨닫도록 해줄 그 같은 대학교는 그들의 자유를 저해하지 않으면서 그들 사이에 영어에 관한 지식을 확산시킬 아마도 유일한 수단일 것이다."[3]

미국 사회에서 이민자들의 동화(同化)에 관한 태도는 오랫동안 양분되어 있었다. 개략적으로 말해, 한쪽에는 이민자들이 충분히 준비가 되면 자연스레 동화하게 마련이며 억지로 강요해서 될 일이 아니라는 생각이 있었다. 그 반대편의 생각은 영어를 하지 않는 사람들의 삶을 불편하게 만들어 영어를 배우도록 유도해야 한다는 것이었다. 1795년에 모든 법률은 영어뿐 아니라 독일어로도 인쇄해 배포해야 한다는 법안을 낳은 것은 전자의 타협적 원칙이었다. (이 법안은 의회에서 한 표 차이로 부결되었는데, 독일어가 미국의 공용어가 될 뻔했다는 근거 없으면서도 끈질긴 믿음은 바로 여기서 생겨났다.)

건국 초기에 독일어에 대한 두려움이 퍼진 것은 미국 내 독일인 집단이 거대해서만은 아니었다. 신생국의 불안감을 더욱 자극한 요인은, 독일이 여러 세기 동안 유럽의 과학, 문학, 철학을 주도해온 반면에 미국은 국가로서뿐 아니라 문화적으로도 그제야 제 목소리를 찾아가고 있었다는 사실이었다. 노아 웹스터가 철자 개혁으로 미국 영어와 영국 영어를 차별화하려 했던 것도 이런 걱정 때문이었다.

대부분의 이민 집단은 2~3세대쯤 지나면 모국어를 포기하게 마련인데, 독일인들은 유독 오랫동안 자기네 언어를 고집했다. 그들은 특히 펜실베이니아 주와 중서부 지역에서 새로운 이민을 꾸준히 받아들이면서 거대하고 서로 인접한 공동체들을 형성했다. 이민자의 4분의 3이 독일인이었던 신시내티(오하이오 주)의 일부 학교에서는 1840년부터 제1차 세계대전 때까지 매일 수업의 절반을 독일어로 진행했다. 콜로라도 주 덴버에서는 1870년에 독일어로만 가르치는 학교가 문을 열었다. 인디애나폴리스, 볼티모어, 클리블랜드, 밀워키, 세인트루이스 등 다른 도시의 일부 학교들도 최소한 수업의 일정 부분은 독일어로 진행했다.

독일인은 가장 크고 끈질긴 외국어 사용자 집단이었다. 그러나 19세기를 거치면서 출신지와 종교, 언어가 또 다른 이런저런 외국인들이 새로운 불안과 두려움의 대상으로 등장했다. 19세기 중반, '부지당(不知黨, Know-Nothings)'이라는 별명으로 잘 알려진 아메리카당이 매사추세츠 주와 일리노이 주 같은 곳의 선거에서 몇 차례 큰 승리를 거두었다.

이 당은 주로 가톨릭계 이민, 특히 아일랜드 출신들에 대해 우려했다. 충성스러운 가톨릭교도들을 신교도가 다수인 이 나라에 대규모로 들여보내는 게 교황의 음모는 아닐까 두려워한 것이다. 미국 역사에서 적잖게 벌어졌던 피해망상적인 운동들이 대개 그렇듯이, 그 지지자들은 부분적으로 은밀한 조직을 유지했다. (당의 활동에 대해 누가 물으면 당원은 "나는 아무것도 모릅니다.〔I know nothing.〕"라고 대답하게 되어 있었다.)

당연한 일이지만, 이민자들에 대한 반발은 그들이 큰 무리를 지어 사는 경우에 특히 강했다. 심지어 중서부 지역 북부 같은 데서는 백인 신교도인 스칸디나비아인까지도 (그들이 밀집해 있었기 때문에) 반이민 정서의 표적이 되어, 스웨덴어와 핀란드어에 맞서 영어를 '장려' 하기 위한 법률들까지 만들어졌다. 그러나 오늘날과 마찬가지로 이민자들은 수적 우위 덕에 유리한 입장에 있었다. 독일어를 사용하는 규모 큰 지역 공동체들은 현지 정치인들에게 압력을 넣어 독일어 교육 지원금을 배정받았다.[4] 1900년에는 미국 전체 학생의 무려 4%가 적어도 부분적으로는 독일어로 교육을 받았다. 이 비율은 미국에서 오늘날 시행되는 모든 이중(二重) 언어 사용 교육을 합친 것보다 월등히 높다.

19세기 말과 20세기 초에 오늘날과 아주 흡사한 이민의 물결(그리고 반발)이 몰아쳤다. 미국 역사상 이민이 가장 많이 들어온 시기였다.[5] 1920년엔 전체 인구의 13.6%가 외국에서 태어난 사람이었는데, 이는 2003년의 11.7%보다도 높다.[6] 게다가 새로운 이민자들은 정착에 불리한 조건을 안고 있었다. 그들 다수가 아일랜드, 폴란드, 이탈리아 출신의 가톨릭 신자들이었다. 동유럽의 유대인 학살을 피해 건너온 이시디어 사용자들은 언어에서 소수집단일 뿐 아니라 기독교도도 아닌 2중의 약점을 안고 있었다. 이렇게 1880년부터 1930년까지 50년 동안 모두 2,700만 명이 미국으로 들어왔다.

그러나 이 흐름은 곧 차단되었다. 제1차 세계대전이 일어나자 온 나라에서 애국심을 강조하는 토착주의가 고조됐다. 거리에서 독일어 표지판들이 파괴되었고, 독일어 신문들은 영어 번역문의 병기가 의무화되는 바람에 다수가 문을 닫을 수밖에 없었다. 일부 주와 도시들에선 독일어로 전화하는 것을 금지했고, 오하이오 주의 한 도시는 거리에서 독일어를 사용하면 벌금을 부과했다.[7]

토착주의의 물결은 현실적인 동시에 상징적이기도 했다. 몬태나 주 출신 하원의원인 워싱턴 매코믹은 1923년에 '미국어(American)'를 미합중국의 공용어로 정하자고 발의했다.[8] 그의 동기는, 의외일 수도 있는데, 당시의 이민자 물결이 아니라 미국 사회에 여전히 존재하던 영국 혐오증에 있었다. 너무나 많은 미국인이 아직도 영국의 문화적, 정치적 그늘 아래 살고 있다는 사실에 착안한 것이다. 매코믹이 낸 연방법안은 부결됐지만, 이를 계기로 여러 주의회에서 비슷한 안들이 잇따라 선을 보였다. 그중 단 한 곳, 일리노이 주에서만 법안이 통과됐지만 그나마 1969년에 '미국어'가 '영어'로 조용히 되돌려졌다.

그러나 가장 극단까지 간 것은 네브래스카 주였다. 앞서 언급한 제1차 세계대전 때의 토착주의 열기 속에서 네브래스카 주는 카운티 위원회들의 공식 회의록을 독일어, 스웨덴어, 체코어 신문에도 싣도록 했던 규정을 폐기했다. 더 나아가 1919년에는 어떤 교과목이든 영어 아닌 언어로 가르치는 것을 전면 금지하고, 그 조치의 일환으로 8학년 이전에는 외국어 교육 자체를 못하도록 했다. 이 법은 공립학교뿐 아니라 사립학교와 종교계 학교에까지 일률적으로 적용됐다. 사적인 교습에서도 영어 이외의 언어는 가르치면 안 되었다. 예외라면 종교 교육(그것도 일요일이나 그 밖의 공인된 안식일에만)과 가정에서 부모가 자식을 가르치는 경우뿐이었다.[9] 우연의 일치인지는 몰라도, 8학년이라면 사춘기가 시작될 즈음이자 아이들이 외국어를 모국어 수준으로 익힐 수 있는 인지 능력을 대체로 잃게 되는 시기다. 네브래스카 주는 빈틈을 일체 남기지 않은 셈이다.

이처럼 네브래스카판 '영어 전용'은 요즘의 영어 전용 운동가들조차 움찔하게 만들 만했다. 이 조치들은 분명 외국인 혐오적인 것으로, 특히 독일인과 독일계 미국인들을 겨냥하고 있었다. 그리고 제시된 논리들은 종종 원초적인 워프주의라 할 만한 것들이었다.[10] 한 의원은 이렇게 말했다. "나만 해도, 사람의 입에서 나오는 어떤 언어도 우리가 앵글로색슨 선조들로부터 물려받은 언어만큼 미국적 자유의 정신을 잘 담아내지 못한다고 믿습니다." 이 조치의 지지자들은, 영어에는 공화국 미국의 이상과 특별히 잘 어울리는 무언가가 있다는 생각을 공유했다.

이 법은 1923년 연방 대법원에 의해 뒤집혔다. 특히 문제가 된 것은 단서 조항의 "일요일에만, 그리고 종교 교육을 위해서만"이라는 구절이었다. 즉, 네브래스카 주가 일주일에 6일간은 종교 교육을 금지함으로써 헌법을 위배했다는 얘기다(사용하는 말이 외국어든 영어든 금지는 금지였다). 이 사안의 피고인은 루터 교회의 교구 학교에서 열 살 난 학생에게 성경 이야기를 독일어로 읽어주며 가르친 죄로 기소되었다. 문제의 법을 옹호한 네브래스카 주 대법원은 설사 개별 과목이라 해도(여기서는 종교) 아이에게 외국어로 가르쳐서는 안 된다고 판결하면서 워프 식의 논리를 펼쳤었다.

〔그렇게 가르치는 것은〕 해당 언어를 모국어로 삼아 아이를 양육하는 행위다. 그것은 아이들이 항상 그 언어로 생각할 수밖에 없게끔 교육하는 것이며, 결과적으로 아이들에게 이 나라의 최선의 이익에 부합하지 않는 생각과 감정을 자연스럽게 주입하는 것이다.[11]

연방 대법원은 동의하지 않았다. 아이들이 외국어를 배우면 "이 나라의 최선의 이익에 부합하지 않는 생각과 감정을 자연스럽게 주입"받게 된다는 주 대법원의 조잡한 심리학적 주장을 꼭 집어서 반론을 펴지는 않았다. 그리고 당국이 공립학교에 영어를 가르치라고 요구할 수 있다는 데는 십분 동의했다. 그러나 사립학교의 경우엔 어느 외국어로 무엇을 가르치든 그에 대한 금지는 위헌이라는 것이었다. 공통의 언어를 북돋우는 일이 정당한 관심사이기는 하지만, "목표가 바람직해도 금지된 방법으로 추구할 순 없다."라는 게 대법원 판사 제임스 클라크 맥레이놀즈의 판단이었다.[12]

그러나 이 나라에서 외국인에 대한 두려움과 혐오는 사라지지 않았다. 얼마 안 있어 가장 '달갑지 않은' 이민자들에 대한 의심이 또다시 증폭됐다. 그 대상은 대개 가톨릭교도, 유대인, 유색인, 남유럽과 동유럽 출신, 아시아 출신 들이었다. 의회를 통과한 새로운 법률들 중 '출신국적법'이라는 노골적 이름의 것은 일본인 이민을 완전히 봉쇄하고 유럽 국가들로부터의 이민자 수를 제한했다. 1882년의 '중국인배제법'이 중국인 이민을 차단했던 것과 마찬가지였다. (입법자들이 법안 이름을 저토록 솔직하게 붙이던 시절이 차라리 그립다. 미국애국자법*이 그 시대에 제정되었다면 어떤 이름이 붙었을지 궁금하다.)

교량세대를 보며 언어의 내일을 짚는다

뉴욕에서 해마다 열리는 산제나로 축제는 이탈리아계 미국인들이 (점점 쪼그라들고 있는) 리틀 이털리*에 대한 자부심을 과시하는, 그리 세련되진 않았어도 재미있는 거리의 잔치이자 시장이다. 언젠가 여기에 구경 갔다가, 팔려고 내놓은 티셔츠에서 "Welcome to America: Now Speak English"라는 문구를 보았다. 그렇다, 다른 데도 아닌 '리틀 이털리'에서였다.

사실 미국은 외국에서 온 사람들의 언어를 갈아엎어버리고 그들로 하여금 영어 하나만 하도록 만드는 특출한 재주가 있다. 그가 어느 나라 출신이든 마찬가지다. 내가 살고 있는 브루클린의 캐럴 가든스도 이탈리아인이 밀집한 지역이다. 어딜 가나 그리스도 상이나 성모 마리아 상, 파도바의 성 안토니우스 상을 볼 수 있고, 가게들의 진열장에는 빨강, 하양, 초록 3색의 이탈리아 국기가 놓이거나 걸려 있기가 일쑤다. 시카고의 갱 두목이었던 알 카포네도 이 거리 어디에서 결혼식을 올렸다고 한다. 이탈리아 사람이 얼마나 많은가 하면, 내 아파트에서 몇 블록 떨어진 곳에는 시칠리아의 포찰로라는 소도시에서 온 이민자들만의 사교

---

* 이 법의 이름 중 'USA PATRIOT'은 'Uniting and Strengthening America by Providing Appropriate Tools Required to Intercept and Obstruct Terrorism Act of 2001'의 약자다. 9·11 테러 이후 유사한 테러를 방지할 목적으로 만들어진 이 법은 기본권의 무차별적 제한으로 악명 높으며, 이름만 보곤 내용을 짐작할 수 없는 법률의 대표적 사례이기도 하다.
* 리틀 이털리(Little Italy)란 미국, 캐나다, 영국 등의 도시에서 이탈리아계 사람들이 모여 사는 구역을 가리키는 통칭으로, 뉴욕 맨해튼 남쪽 지역의 것이 가장 유명하다. 뉴욕에는 이 밖에도 브롱크스, 브루클린 등에 네 군데의 리틀 이털리가 더 있다. 참고로, 산제나로(San Gennaro, 이탈리아어 식으로는 '산젠나로')는 나폴리의 수호성인이다.

클럽이 있다. 그 블록은 나름의 의식 절차를 갖추어 '포찰로 시민의 거리'로 개명되었다.

당연히 이 일대의 거리나 공원에서는 이탈리아어를 들을 수 있는데, 거의 전부가 70을 넘긴 사람들 사이에서다. 물론 그들도 다 영어를 할 줄 알지만, 이탈리아어가 더 편하기도 하고 유대감을 나눌 수도 있기 때문이다. 가끔은 중간세대의 성인이 자기 부모와 이탈리아어로 얘기하는 걸 들을 수 있으나, 그리 흔한 일은 아니다. 아이들이 이탈리아 축구 대표 팀의 파란색 셔츠를 즐겨 입기는 해도(소프라노스 티셔츠*의 인기에는 못 미친다), 이 동네에서 40세 미만의 젊은 층이 이탈리아어를 하는 것은 한 번도 들어본 적이 없다.

시어도어 루스벨트 전 대통령은 퇴임한 지 10년이 지난 1918년의 유명한 연설에서 미국이 "여러 언어가 쓰이는 하숙집"이 되고 있다고 공개적으로 우려를 표했다(이 연설 내용은 요즘도 이민 반대자들 사이에서 이메일로 부지런히 퍼져나가고 있다). 그러나 언어학자들이 미국에 붙인 별명은 전혀 달라서, '언어의 공동묘지'다. 지금까지 밀려온 거대하고 지속적인 이민의 물결들은 그때마다 크고 동질적인 공동체들을 만들어냈지만, 피할 수 없는 사회적인 힘 때문에 이민자의 자녀는 영어를 사용하게 되었고 손주들은 영어 하나만을 쓰게 되었다.

이 과정은 모든 집단에 사실상 동일하게 나타났으며, 미국 역사 200년 동안 같은 형태로 되풀이됐다. 이민 첫 세대는 미국에 올 때 본국의 언어밖에는 모르고, 차츰 영어를 배운다 해도 완전하게 구사하기는 어렵다. 특히 성인이 되어서 온 사람들은 거의가 특유의 억양이 있다. (헨

---

* 마피아 보스 집안의 이야기를 다룬 미국 TV 드라마(1999~2007) 「소프라노스(The Sopranos)」와 관련된 글자나 그림, 사진을 새겨 넣은 티셔츠다.

리 키신저는 10대 중반에 왔는데도 70여 년이 지난 지금까지 독일어식 말투를 못 버렸다. 반면에 몇 살 어린 동생은 그런 게 전혀 없다.) 본토박이 미국인들이 이민자들은 영어를 배울 능력이 없거나 배우려 들지 않는다고 생각하게 되는 것은 이 같은 이민 1세대가 워낙 많기 때문이다.

그러나 우리 이야기의 핵심은 처음 도착한 세대가 아니다. 미국에서 태어난 첫 세대를 영어 사용자로 만들어내는 압도적인 힘이다. 한마디로 말해, 미국에서 자라는 아이가 영어를 배우지 않는 것은 거의 불가능하다. 그렇게 만들려면 아동 학대에 가까울 정도로 철저하게 외부 세계와 단절시켜야 한다. 미국에서 태어난 아이들은 물론, 어린 나이에 온 아이들도 필연적으로 영어를 익히게 돼 있다.

교량세대(bridge generation)라 할 이 자녀들은 출신 국가의 언어도 곧잘 구사하게 마련이다. 식탁에서 부모들과 얘기를 나누면서 배웠기 때문이다. 그러나 이 ‘계승어(heritage language)’의 운명을 궁극적으로 그리고 불가피하게 결정짓는 것은 교량세대가 부모가 되었을 때 하는 행동이다. 부모들은 바보가 아니며, 자식의 장래를 놓고 못된 장난을 치는 경우도 거의 없다. 미국의 부모들은 잘 알고 있다. 그들이 어디에 살든, 2개 언어로 된 표지판이 주위에 얼마나 많이 붙어 있든, 전화기에서 “스페인어를 원하시면 2번을 누르세요.” 같은 메뉴가 몇 가지가 제공되든, 동일한 언어를 쓰는 동포들이 주위를 얼마나 에워싸고 있든 간에, 자기 자식이 미국에서 생존하고 성공하려면 영어가 필요하다는 사실을 말이다.

그래서 나는 미국에서 태어나고 자랐으면서 영어를 못하는 사람을 본 적이 없는 반면, 조부모의 언어는 물론이고 종종 부모의 언어도 배우지 않은 사람은 많이 알고 있다. 내 친구 중에 클리프(Cliff)라는 저널리스트가 있는데, 이 이름은 그의 부모가 멋스럽게도 아들의 중국어 이름 '산(山)'과 가장 가까운 영어 이름을 찾아서 붙인 것이라고 한다.* 그러나 그는 아버지와 어머니의 언어인 북방 중국어를 할 줄 모른다. 부모님은 중국에서 왔지만 아들에게 가급적 영어로 많이 말하려고 노력했다. 나의 다른 친구 민투는 베트남에서 태어나 어렸을 때 미국에 왔다. 클리프와 달리 그녀는 베트남어를 유창하게 구사한다. 이는 순전히, 민투가 노스캐롤라이나에서 성장하는 동안 부모가 그녀에게 꾸준히 베트남어로 말을 시켰던 덕분이다. 비슷한 나이에 미국에 온 사촌들은 베트남어를 거의 모른다. 그 부모들은 베트남어가 자식들에게 지장을 주지 않을까 걱정한 나머지 서투르나마 영어로만 이야기했다는 것이다.

그러나 경제학자들이 즐겨 말하듯이, 흥미로운 '일화'를 여럿 모은다고 의미 있는 '데이터'가 되지는 않는다. '영어 전용'을 주장하는 미국인들은 역사적 선례가 어떠했든 간에 이제는 상황이 변했다고 걱정한다. 오늘날 밀려드는 이민자들은 언어에 있어 예전보다 집중돼 있다. 무엇보다도 스페인어에 대한 두려움이 가장 크다.

스페인어 사용자들은 인구가 많고 가난한 이웃 멕시코에서만 들어오는 게 아니다. 중앙아메리카의 더 가난한 나라들에서 멕시코를 힘들게 종단하여 오기도 하고, 쿠바에서 마이애미로, 도미니카공화국에서 뉴욕으로 들어오기도 한다. 스페인어 사용자들은 미국의 자치령인 푸에르토리코에서도 건너오는데, 미국은 1898년 스페인에게서 이 섬을 빼앗은 뒤 집중적인 '미국화' 정책을 폈지만 주민들이 영어를 하도록 만드는 데

---

* 'cliff'는 '벼랑, 절벽'이라는 뜻이다.

386

실패했다. 이들 지역에서의 이민은 1920년대에 도입한 할당제가 완화된 1965년부터 꾸준히 증가했고, 합법적 이민에 불법 이민이 가세하면서 오늘날 히스패닉은 미국에서 가장 큰 소수민족이 되었다.

2009년 버락 오바마는 뉴욕 브롱크스 태생의 소니아 소토마요르를 최초의 히스패닉계 대법원 판사로 지명했다. 히스패닉들의 정치적 영향력이 날로 커지고 있음을 암묵적으로 인정한 셈이다. 한데 과거에 그녀가 몇몇 연설과 강연에서 "현명한 라티나"*의 장점을 백인 남성들과 비교하며 찬양한 사실이 밝혀지자 보수주의자들은 길길이 날뛰었고, 그녀를 인종주의자로 단정하며 비난하기도 했다. 불법 이민에 대한 걱정을 업으로 삼다시피 하는 이민정책 전문가 마크 크리코리언은 보수 잡지 『내셔널리뷰』의 블로그에 올린 글에서 그녀 이름의 운율까지 트집 잡았다.

누구의 이름을 어떻게 발음할지에 대해 일차적으로는 당연히 본인의 관행을 따라야겠지만, 거기에도 한도가 있어야 한다. '소토마요르(Sotomayor)'의 마지막 음절에 강세를 두는 발음은 영어에서는 부자연스럽다. ……부자연스러운 발음을 고집하는 것은 우리가 그냥 받아들여서는 안 될 일이다.

이 모든 반응에는 두려움이 반영되어 있다. 그것은 히스패닉들이 스페인어로 된 투표용지, 스페인어 교육, 그리고 관공서에서의 통역 제공 같

---

* 미국에서 '라티나(Latina)'는 라틴아메리카 출신이거나 라틴아메리카계인 여성을 가리킨다. 문제가 된 발언의 요지는, 라틴아메리카계의 현명한 여성은 삶의 경험이 풍부하기 때문에 그러한 삶을 살아보지 못한 백인 남성보다 더 나은 판단과 결론을 내릴 수 있지 않겠느냐는 것이었다. 소토마요르는 결국 의회의 인준을 받았다.

은 권리들을 소리 높여 요구하는 가운데 끝내 스페인어를 고수할 터이
며 그로 인해 미국이 점차 두 언어를 쓰는 나라가 되어가리라는 두려움,
다시 말해서 이번의 이민 물결에는 뭔가 새롭고 특이한 점이 있다는 두
려움이다.

하지만 앞서 말했듯이 우리는 일화보다는 데이터를 들여다보아야 한
다. 주위에서 사례들을 찾는 일은 그리 중요하지 않다는 얘기다. 물론
미국에서 영어를 못하는 사람이나, 그런 이들을 대상으로 한 각종 표지
판과 서비스는 쉽게 찾아볼 수 있다. 뉴욕에서 사는 나는 대부분의 미국
인보다 그런 사람들을 더 많이 보고, 영어의 병기 없이 중국어나 스페인
어만 적혀 있는 간판이나 표지판이 얼마나 많은지에 자주 놀라는데, 심
지어 공익을 위한 시 당국의 광고나 발표문에서도 그런 경우를 볼 수 있
다. 이 덕분에 수백만의 외국인이 '헬로' 이외에는 영어를 거의 몰라도
미국에서 그런대로 지낼 수 있는 것이다.

그러나 이는 1900년대의 클리블랜드나 1750년대의 필라델피아에서
도 다 볼 수 있었던 일이다. 상황이 정말 달라지고 있는지를 확인하려면
'뒤를 돌아볼' 필요가 있다. 미국에서 태어난 이민 가정 자녀들이 성장
하면서 어떻게 되고 무엇을 이루었는지를 살펴보라. 바로 그 중간세대
즉 교량세대가 우리의 미래가 어떨지를 말해준다.

사회학자인 알레한드로 포르테스와 링신 하오는 캘리포니아 주 샌디
에이고와 플로리다 주 마이애미-포트로더데일에서 이 세대를 자세히 관
찰하기로 했다. 두 도시에는 미국에서도 이민자 밀집도가 높기로 유명
한 지역들이 있다. 샌디에이고에는 멕시코와 아시아 출신 이민자들이
많고, 포트로더데일에는 주로 쿠바, 아이티, 서인도제도, 남아메리카
사람들이 모여 산다. 두 사람은 8학년과 9학년 학생 5,266명을 대상으

로 상세한 익명 조사를 실시했다. 설문은 예컨대 어떤 언어들을 아는가, 집에서는 어느 언어를 쓰는가, 가까운 친구들은 무슨 언어를 하는가 따위였다. 연구자들은 여기에서 나온 수치들을 해당 학교의 평균적인 사회경제적 지위, 인접 지역사회의 이민자 밀집도 같은 사회적 변수들과 비교하기도 했다.

이 연구의 결과, 그동안 숱한 연구들이 밝혀내어 언어학자들은 거의 자명한 사실로 여기고 있는 점들이 상세하게 드러났다. 조사 대상 교량 세대의 거의 전부인 93.6%가 영어를 '잘' 하거나 '아주 잘' 하는데, 모두 미국에서 태어났거나 5년 이상 거주한 아이들이었다. 8학년이나 9학년이 될 때까지도 영어를 '잘' 익히지 못한 아이는 20명당 한 명꼴이었고, 그런 아이들도 영어를 그럭저럭 하기는 했다.

이 수치는 언어 집단이 달라도 큰 차이가 없어서, 라틴아메리카 아이들이 영어를 잘하거나 아주 잘하는 비율은 94.7%, 아시아 아이들은 90.3%였다(각 언어 집단 내부에서는 흥미로운 차이들이 발견되었다). 예상할 수 있듯이, 멕시코 출신 이민─오늘날 미국에서 규모가 단연 최대인 이민 집단으로, 그 공동체들은 인접해 있는 경우가 많아서 영어를 하지 않아도 살아가는 데 별 어려움이 없다─의 2세대 아이들이 영어를 잘하는 비율이 가장 낮았다. 그럼에도 그 수치는 86.1%에 달했다. 아시아인 중에서는 라오스 아이들이 가장 떨어졌지만, 그래도 잘하는 아이들이 4분의 3에 달했다. 이는 포르테스와 하오가 연구한 민족 집단들 중 가장 낮은 수치다.

사실 두 사람의 연구의 초점은 영어 습득 그 자체가 아니었다. 이민 2세대가 요즈음도 지난 시대와 다를 바 없이 어렵잖게 영어를 습득한다는 사실은 이미 수많은 연구들에 의해 입증됐기 때문에 그런 연구를 하나 더 해봤자 낡은 이야기밖에 되지 않을 것이었다. 포르테스와 하오가 정작 알아내고 싶었던 점은 어느 집단이 모국의 언어를 가장 오래 사용하는지였다. 그러면 미국이 '언어의 공동묘지'라는 게 여전히 사실인지, 이민 2세대는 부모의 언어와 영어 중 어느 쪽을 선호하는지 등도 밝혀질 터였다.

선호도 조사에서 다시 한 번 확인된 사실은, 이민자들이 다언어 사회를 만들어내고 싶어한다는 토착주의자들의 두려움은 근거가 없다는 것이다. 그들이 조사한 모든 2세대 집단들 중 하나만이 계승어, 즉 부모의 언어 쪽으로 선호도가 살짝 기울었다. 바로 멕시코 출신 이민자의 아이들인데, 44.8%만이 스페인어보다 영어를 더 좋아했다. 그러나 라틴아메리카계 아이들 전체로는 71%가 영어를 선호했고, 아시아계는 이 비율이 73.6%였다.

계승어의 유지 문제는 연구 결과 어떻게 나타났을까? 교량세대가 영어를 익히면 그 아이들은 이중 언어 사용자가 될까? 한마디로, 아니었다. 연구 대상 아이들의 27%쯤만이 부모의 언어와 영어를 모두 잘하는 것으로 나타났다. 전체 표본 중 부모의 언어를 적어도 '잘' 하는 아이가 불과 44%였고 '아주 잘' 하는 아이는 16.1%뿐이었던 것이다. 계승어를 버리는 데는 아시아계 아이들이 가장 빨랐다. 라틴아메리카계 아이들의 60.6%는 스페인어를 적어도 '잘'은 했다. 아마도 아이들이 규모 큰 이민 공동체들에 살고 있는 데다 스페인어 미디어도 많기 때문일 것이다. 그러나 라틴아메리카계 가운데 스페인어를 '아주 잘' 하는 아이는 다섯 명에 하나꼴이었고, 이 정도로는 미국을 이중 언어 사용 국가로 만들 핵심 집단 노릇을 할 수 없다. 이중 언어 사용의 가능성이 가장 큰 집단은 쿠바 아이들이어서 61.3%가 스페인어를 잘했지만, 그와 동시에 압도적으로 영어를 더 선호했다(83%). 사회경제적 지위와 이중 언어 사용의 상관관계도 높았다. 다시 말해, 부모가 부유하고 교육을 잘 받았을수록 자녀들이 계승어를 익히도록 챙길 시간이 많고 동기도 더 강했다.

교량세대의 71%가 영어를 더 좋아하는 반면 계승어를 아주 잘하는 사람은 16.1%에 불과하다면, 스페인어는(베트남어, 캄보디아어 등 미국 내의 다른 언어들과 함께) 예전 이민들의 핀란드어, 독일어, 스웨덴어와 같은 길을 밟을 것으로 보인다. 대규모 집단의 제1 언어로 남지는 못할 게 거의 필연적이라는 얘기다. 헌팅턴의 실수는 이민자들만 주목하고 그들의 미국인 아이들에겐 주목하지 않은 데 있었다.

교량세대의 이런 행동은 다른 연구에서도 확인된다. 사회학자 루벤 룸보, 더글러스 매시, 프랭크 빈은 캘리포니아 남부에서 네 세대에 걸친 이민자 가족 5,702명을 조사했다.[13] 여기서 1세대는 어른이 되어 미국에 온 사람들을 가리키고, 1.5세대는 어린 시절에 온 사람, 2세대는 이민자 부부가 미국에서 낳은 사람, 2.5세대는 한쪽이 이민자인 부부가 미국에서 낳은 사람, 3세대는 양쪽 조부모 넷 모두 혹은 그중 셋이 이민자인 사람, 3.5세대는 네 조부모 중 한두 명이 이민자인 사람을 말한다. 이 조사 결과는 그래프로 보면 한눈에 들어온다. 첫 그래프는 출신국의 언어를 '아주 잘' 하는 각 세대의 비율을 나타내고, 둘째 그래프는 집에서 그 언어를 쓰는 비율을 보여준다. 이 둘은 출신국 언어의 사멸 가능성을 예측케 하는 좋은 변수다. 본국의 언어를 그냥 '잘' 할 뿐 '아주 잘' 하지는 못하는 부모들은 자식들에게 그 언어를 일상적으로 사용할 가능성이 훨씬 낮다. 영어 사용의 경제적 이점까지 고려하면 더더욱 그럴 테다. 그리고 집에서조차 본국의 언어를 쓰려 하지 않는 사람들이 자녀에게 그 언어를 물려줄 가능성은 도대체 얼마나 되겠는가?

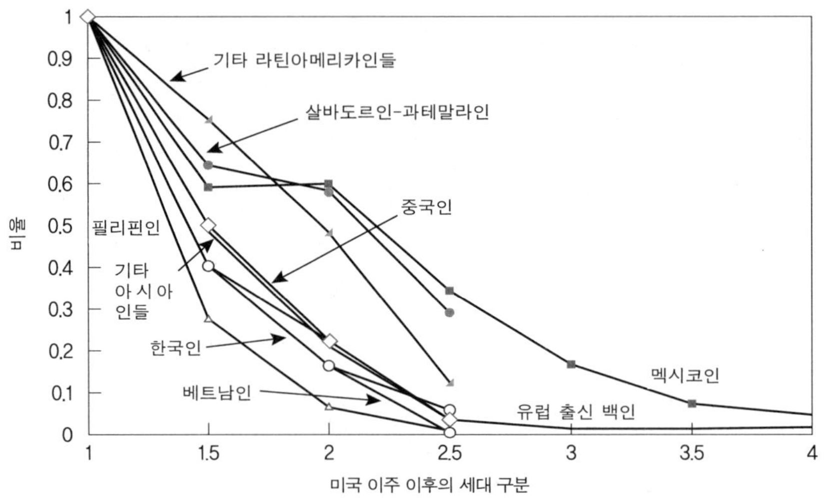

이민자 집단 구성원 중 모국어(출신국 언어 즉 계승어)를
아주 잘하는 사람의 세대별 비율
비율
기타 라틴아메리카인들
살바도르인-과테말라인
필리핀인
기타
아시아
인들
중국인
한국인
베트남인
유럽 출신 백인
멕시코인
미국 이주 이후의 세대 구분

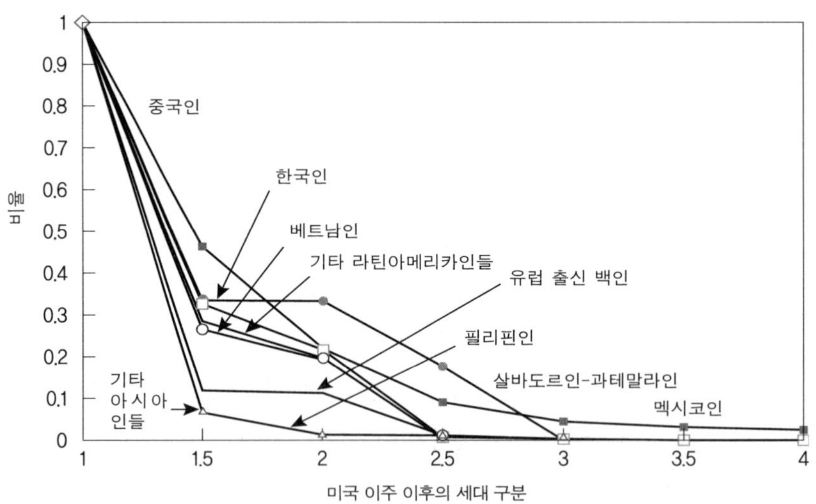

이민자 집단 구성원 중 가정에서 모국어를 사용하는 사람의 세대별 비율
비율
중국인
한국인
베트남인
기타 라틴아메리카인들
유럽 출신 백인
필리핀인
기타
아시아
인들
살바도르인-과테말라인
멕시코인
미국 이주 이후의 세대 구분

룸보, 매시, 빈은 헌팅턴의 이론이 부분적으로만 옳은 것으로 보인다고 말한다. 그들의 조사 표본은 모두 캘리포니아 남부의 5개 카운티에서 골랐는데, 이를 하나의 공동체로 보면 중간 크기의 스페인어 사용국에 해당한다. 연구자들은 이 공동체가 거대하고 세련된 스페인어 라디오 방송국들과 텔레비전 네트워크에 의해 뒷받침되고 있다고 지적한다. 이 지역은 멕시코와 가깝기도 하다. 첫째 그래프에서 뚜렷이 드러나듯, 멕시코인과 그 자녀들이 아시아인이나 유럽 출신 백인들보다 본국어 사용 능력을 오래 유지하는 데는 이런 이유가 있다. 그러나 궁극적으로 중요한 것은 그래프상의 위치 하나하나가 아니라 전체적인 형태 즉 기울기다. 룸보 등의 추산에 따르면 스페인어를 계속 사용하고 선호하는 사람의 비율은 멕시코인의 경우에도 3세대에서 벌써 5% 아래로 떨어지리라고 한다.

이민자 언어의 역할과 영어의 역할

이민자의 자녀들이 이전 시대에도 그랬듯이 영어 하나만을 사용하는 미국인으로 자라난다는 것은 명백한 사실인데, 여기엔 커다란 대가가 따른다. 좌파 다문화주의자들이 애지중지하는 추상적인 '다양성'과 문화의 문제가 아니다. 그것들이 아무리 중요하다 해도 말이다. 미국 이민자의 자녀들 사이에서 본국의 언어가 소멸하면 아무리 영어 유일, 미국 우선을 자랑스럽게 외치는 사람들이라 해도 결국은 애석하게 여겨야 할 실질적 손해를 피할 수 없다.

첫째, 이민자의 언어들이 사라지면 그만큼 우리는 덜 똑똑해진다. 비유가 아니라 정말로 그렇다. 많은 연구들에서 거듭 입증된 바로는, 두 언어를 유창하게 하는 이들은 대개 높은 지능과 지적 성과를 보여준다고 한다. 이중 언어 사용자들은 그렇지 않은 사람에 비해 언어 능력만 뛰어난 게 아니라 초·중등학교와 대학교 성적이 대체로 우수하고, 각종 시험과 검사 점수도 높으며, 심지어 수학적 능력까지 우월하다.[14] 여기서 인과관계의 방향을—즉, 두 언어를 사용하기 때문에 영리해지는지, 아니면 애초에 영리하기 때문에 두 언어를 사용하게 되는지를—조사한 연구 결과들을 보면 앞의 것이 맞는 듯하다. 두 언어에 유창해지면(어린 나이부터 그럴 경우엔 더욱) 인지적인 면에서 보너스를 받는다는 얘기다. 최근의 한 연구에서는 두 언어를 유창하게 하면 노인성 치매에도 잘 안 걸린다는 결과까지 나왔다.[15]

자부심 강하고 민족주의적 경향도 있는 미국인들이 영어 전용 국가를 추구하기 위해 이런 이점들을 기꺼이 포기할지 어쩔지는 확실치 않다. 그러나 영어 전용을 선호하는 애국심 강하고 흔히 보수적인 부류들이라도 단일 언어 사용을 위해 치러야 할 또 다른 대가는 받아들이기 힘들 법하다. 미국이 방대하고 소중한 자원, 즉 국익에 기여할 수 있는 이중 언어 사용자들의 잠재적 공급원을 잃어가고 있다는 사실이 그것이다. 미국의 어떤 분야들에서 언어 능력이 절박하게 부족한가는 오래전부터 잘 알려져 있다. 미국 정보기관들은 2001년 9월 11일 이전에 많은 이메일을 엿보고 전화를 도청했지만 그 내용을 번역하고 분석할 아랍어 전문가가 형편없이 부족했다. 이와 마찬가지로 이라크와 아프가니스탄에서는 아랍어, 파슈토어와 다리어*에 능통한 일손이 모자랐다. 미국 정부는 많은 비용과 시간을 들여 외교관들에게 외국어를 가르쳐야 하는데, 국방부 언어연구교육원에 따르면 중국어나 아랍어처럼 어려운 언어 하

---

* 파슈토어와 다리어는 아프가니스탄의 두 공용어로 모두 이란어 즉 페르시아어의 방언에 속한다.

나를 숙달하자면 88주 동안 하루 종일 공부에 매달려야 한다. 한데 영어 전용을 주장하는 부류들이 이민자 자녀의 머리에서 최대한 빨리 몰아내고 싶어하는 게 바로 이런 언어들 아닌가. 경제 통상 분야에서 중국과 일본의 교섭자들은 미국인 동업자 및 경쟁자의 언어와 문화를 익히 알고 있는 경우가 많다(유럽인들은 사실상 전부가 그렇다). 반면에 미국인들은 통역과 번역자, 현지 대리인들에게 의존하면서 그들이 유능하고 정직하기만을 바라야 한다.

외국어의 중요성을 주장한다고 해서 우리를 하나로 묶어주는 영어의 결정적 역할을 경시한다고 여겨서는 물론 안 된다. 학계에 몸담고 있는 언어학자 상당수를 포함하여 많은 좌파 인사들은 영어에 대한 미국인들의 애착을 부정적이고 배타적이며 불건전한 민족주의와 주로 연관 짓는다. 다언어주의를 주장하는 급진 좌파들은 이를 아메리카 원주민의 학대와 학살, 라틴아메리카 출신자들에 대한 인종차별, 아프리카 노예들이 단결하지 못하도록 언어가 다른 집단들을 의도적으로 뒤섞었던 일 등과 특히 결부시키곤 한다.

그러나 영어에는 막중한 역할이 있다. 미국의 건국자들은 현명하게도 영어의 역할을 헌법에서 규정하지 않았지만 영어는 실질적으로 국어이며, 이 점은 너무나 명백하기 때문에 영어는 사실 특별히 보호받을 필요도 없다. 지역마다 약간씩 다르기는 해도 대체로 통일성을 지닌 미국 영어는 다양성이 매우 큰 대륙 규모의 나라를 하나로 묶고 있다. 원조 미국인인 영국계 신교도들이 보기엔 동화가 불가능할 듯했던 많은 집단들이 영어를 통해 미국에 동화해왔다. 이 같은 역사와 그것을 가능케 한 언어를 미국인들이 자랑스러워하는 것은 당연하다.

미국에서 소수민족 집단들(라티노들 역시 예외가 아니며, 자신들도 이를 잘 안다)은 영어가 필요하다. 영어는 보다 부유하고 훨씬 더 안정된 영국계나 다른 유럽계 백인들보다 사실 그들에게 더 필요하다. 그러니 영어를 배우라고 장려하는 것은 좋고 올바른 일이다. 비록 아널드 슈워제네거는 캘리포니아 주지사이던 2007년에 그렇게 권했다가 말썽만 빚었지만 말이다. 미국에서 대성한 이 오스트리아 이민자는 라티노 청중에게 "[스페인어] 텔레비전을 *끄고*" 자기가 예전에 그랬듯이 영어를 공부하라고 말했다.*

그러나 미국의 단합을 위협한다는 이유로 이민자들에게 본국의 언어를 버리라고 한다면 이는 사실을 몰라도 한참 모르는 말이고, 잘못된 구시대적 관념들의 쓰레기통으로 오래전에 던져졌어야 할 생각이다. 벤 프랭클린, 테디 루스벨트, 새뮤얼 헌팅턴 같은 훌륭한 사람들을 비판하기가 좀 무엇하긴 하지만, 역사는 영어에 대한 프랭클린과 루스벨트의 생각이 틀렸음을 입증했고, 보아하니 헌팅턴의 생각 역시 앞으로 그렇게 판정이 날 듯하다. 그들 각각이 속한 시대를 차례로 거치면서 영어는 미국 내와 세계에서 점점 더 강력해졌다. 영어는 잘나가고 있는 것이다.

드골 공항을 점거한 영어 카피들

외국어의 유입을 걱정하는 나라는 물론 미국만이 아니다. 나를 실은 비행기가 파리의 샤를드골 공항에 내려앉는다. 공항의 명칭은 그의 '프랑스에 관한 어떤 생각'이 아직도 많은 프랑스인들을 고무하고 있는 전

---

* 슈워제네거는 다른 곳도 아닌 전국히스패닉기자협회 총회에서 "정치적으로 올바르지 못한 발언이며 내 입장이 곤란해질 줄도 알지만"이라고 전제한 뒤 이민자들이 영어를 빨리 배우고 학업 성적도 올리려면 스페인어 책이나 신문, 방송을 피해야 한다고 말했다.

장군이자 대통령의 이름을 딴 것이다. 드골 치하에서 프랑스는 원자폭탄을 개발했고, 나토(NATO) 통합군에서 탈퇴했으며, 통합군 최고사령부를 파리 인근에서 쫓아냈다. 그는 유럽이 강해져야 하며 프랑스가 확고한 주도국이 되어 소련과 미국이 이끄는 양대 진영 사이에서 유럽이 독자적인 힘의 축을 형성해야 한다고 믿었다. 프랑스의 대표적인 중도우파 정당은 공식 명칭이 여러 번 바뀌었지만 일반적으론 여전히 '드골주의' 당으로 불리며, 그 지도자들은(최근의 핵심 인물은 12년간 대통령을 지낸 자크 시라크다) 미국을 경계하는 드골 장군의 DNA를 물려받았다.

그렇다면 오늘날 샤를드골 공항에 도착한 방문객을 맞는 것은 무엇일까? 언뜻 눈에 들어오는 문구 몇 개를 보자. "패션의 중심 백화점〔라파예트〕", "용기 있는 자만이〔디젤의 오드콜로뉴〕", "이탈리아 구두를 ♥ 해요", "어디에도 이런 면세점은 없습니다". 컴퓨터 회사 오러클은 "세계 유수의 공익사업체 20개 사"에 제품과 솔루션을 공급하고 있다고 자랑한다. 미국의 신용카드 회사 마스터카드의 포스터에는 그들의 유명한 광고 캠페인의 핵심 단어("priceless")*를 이용한 "패션에 발맞추는 일? 그건 값을 매길 수 없지요."라는 카피가 적혀 있다. 이 모든 문구가 드골의 언어가 아니라 조지 워싱턴의 언어로 적혀 있다. 심지어 프랑스 대기업의 광고에도 영어가 섞여들었다. 자동차 회사인 푸조는 승용차와 SUV(스포츠 실용차)의 중간쯤 되는 차인 크로스오버를 "avec technologie grip control(그립 컨트롤 테크놀로지가 구현된)"* 차량이라고 묘사한다.

---

* 이를 'pricelsss' 캠페인이라 하는데, 그 기본 발상 겸 구호는 "돈으로 살 수 없는 것들도 있다. 그 밖의 모든 것은 마스터카드가 해결한다."이다.

앞 장에서 보았듯이 프랑스 지식인들은 이런 현실을 개탄해 마지않는 것으로 유명하다. 그러나 외국어의 영향에 대한 저항은 그와 짝을 이루는 프랑스어 강화 본능과 함께 이 나라에서 전혀 새로운 일이 아니다. 프랑스적 정체성과 프랑스 국가를 함께 세우는 일은 수세기 동안 프랑스어의 경쟁 언어들을 물리치는 일을 의미했던 것이다.

오늘날 많은 사람들에게 프랑스는 '민족국가'의 전형이다. 국민과 국가와 언어의 완벽한 통합체이기 때문이다. (내가 학생들에게 "민족국가의 예를 하나 대보게, 지금 바로."라고 할 때 가장 먼저 나오는 이름은 십중팔구 "프랑스"다.) 그러나 프랑스어와 프랑스 국가의 이 강력한 동일시가 지금은 아무리 자명해 보여도, 프랑스가 민족국가의 전형이 된 것은 사실 놀라운 역사적 업적이고 장기간에 걸친 의식적 과정의 귀결이었다. 외부인뿐 아니라 프랑스인들 자신도 이 나라에서 항상 프랑스어만 사용돼온 건 아니라는 사실을 잊곤 한다. 프랑스혁명 직후인 1790년에 실시된 그레구아르 주교의 인구조사(5장에서 언급했다) 결과를 보면 프랑스 국민 중 300만 명만이 프랑스어 원어민이었다.[16] 다른 300만 명은 프랑스어를 어느 정도 할 줄 알아 제2 언어로 쓰고 있었으나, 나머지 2,500만 명은 다른 제1 언어를 사용했고 표준 프랑스어는 거의 또는 전혀 할 줄 몰랐다. 그러니 프랑스어 사용자는 전 국민의 5분의 1 미만이었다.

프랑스어를 본고장인 파리 일원에서 동서남북으로 확산시켜 프랑스의 공통어로 끌어올리는 데에는 의식적이고 공격적인 정책이 필요했다. 그 과정에서 다른 언어들은 수난을 겪을 수밖에 없었고, 그 사용자들은

---

* 푸조 사에서 '그립 컨트롤'이라고 부르는 시스템은 "노면 상태에 따라 차의 슬립 수준을 조절해 견인력을 최대로 끌어올리는" 기능이 있다고 선전된다.

때로 저항에 나서기도 했다.

브르타뉴어를 찾아 거리를 헤매다

본디 프랑스어를 사용하지 않았던 지역들 중 한 군데만 예로 들어보겠다. 프랑스 북서부의 반도 지역인 브르타뉴*는 로마 시대가 끝나가던 즈음에 영국제도에서 켈트인들이 내려와 정착한 곳이다. 브르타뉴는 서기 938년부터 독립 공국으로 있다가 1532년에 정복되어 프랑스에 편입되었다. 이 지역의 중심 도시인 브레스트는 브르타뉴의 서쪽 끝, 그러니까 프랑스 본토에서 가장 서쪽 지점에 놓여 있다. 브르타뉴어는 인도·유럽어족의 켈트어파에 속하며 웨일스어 및 콘월어(이 언어는 사멸했다가 20세기에 일어난 부흥 운동 덕에 차츰 되살아나고 있다)와 사촌지간인 말로, 보기에도 듣기에도 프랑스어와는 전혀 다르지만 브르타뉴가 프랑스에 병합된 후 지금까지도 용케 살아남았다. 그러나 프랑스혁명 후 두 세기 동안 브르타뉴어는 영토 전체에 프랑스어를 확산시키려는 국가 정책에 의해 계속 억눌려왔다. 이처럼 수세기 동안 억압받다가 1970년대부터—브르타뉴 음악과 문화의 인기가 느리지만 꾸준하게 높아가는 가운데—브르타뉴어의 열렬한 지지자들은 그들의 언어를 위해 싸우기 시작했다.

현황을 직접 알아보기 위해 내가 브레스트를 방문했을 때, 투쟁의 결과는 아직 눈에 보이지 않았다. 브르타뉴에서 가장 큰 이 도시의 기차역 한쪽에 들어선 큼직한 매점에는 온갖 서적과 잡지가 들어차 있지만, 브르타뉴어로 된 것은 한 권도 없었다. 『미쳤어, 브르타뉴 사람들은!!』이

---

* 브르타뉴는 행정구역상으로 프랑스 본토의 22개 레지옹(region) 중 하나다. 레지옹은 미국의 주나 우리의 도에 해당하며 자율적인 행정권을 갖고 있다.

라는 유머집을 펼쳐 보니 브르타뉴의 문화와 사람, 언어를 소재로 한 애정 어린 익살과 희롱을 담고 있는데, 프랑스어로만 씌어 있었다. 매끈한 종이에 인쇄된 『브르통』은 브르타뉴의 현대적 삶을 다루는 고급 잡지로, 브르타뉴인의 후손이며 1950~60년대 미국에서 비트 작가로 유명했던 잭 케루악을 커버스토리로 싣고 있었다. 그러나 이 역시 온통 프랑스어였다.

브르타뉴적인 것을 스스로 찾아 나서려고 나는 관광 안내소로 찾아가 어떡하면 브르타뉴의 문화를 보거나 브르타뉴어를 잘 아는 사람을 만날 수 있느냐고 물었다. 그랬더니 한 시간 반 정도 거리에 있는 소도시 카레로 가보라면서, 그곳에 브르타뉴언어국도 있다고 일러준다. 그보다는 좀 가까운 데서 도움을 얻어볼 요량으로 나는 젊은 여직원들에게 이 사무실엔 혹시 브르타뉴어를 아는 사람이 없느냐고 물었다. 나를 상대하던 여직원 세실은 눈으론 웃으면서도 입을 찡그리는 것으로 보아, 이 터무니없는 질문에 어떻게 대답해야 내가 무안하지 않을지를 생각하는 듯했다. 몇 초 동안 그 표정을 짓고 있더니, 북쪽으로 약 40분 거리의 플루게르노라는 곳에 작은 박물관이 있는데 거기 관장이 브르타뉴어를 알지도 모른다고 일러준다.

그래도 나는 브레스트를 포기하지 않고 거리로 다시 나가 어디 브르타뉴어가 없나 찾아보았다. 거의 눈에 띄지 않는다. 그래도 공식적인 도로 표지판 일부에는 프랑스어와 브르타뉴어가 병기되어 있다. 브르타뉴어 운동이 얻어낸 상징적 승리로, 프랑스가 어떤 나라인지를 생각하면 가볍지 않은 성과다. 하지만 또 하나 만난 큼직한 신문 판매대의 수백 종 잡지와 신문 가운데에도 브르타뉴어로 된 것은 하나도 없었다. 그러다 'Tir na N'og'*라는 이름의 붐비고 분위기 좋아 보이는 술집 겸 식당을 발견하고는 마침내 브르타뉴적인 장소를 찾았구나 생각하며 적이 흥분했다. 한데 조금 다가가니 어느 나라에 가서든 진정한 현지 문화를 찾는 모든 사람에게 절망을 의미하는, 세계 곳곳에 편재하는 간판 문구가 보였다. ‘Irish Pub & Restaurant’이었다.

계속 돌아다니다가 시내에서 가장 큰 서점을 발견했다. 브르타뉴와 그 문화 및 역사에 관한 책들이 서가로 열두 개쯤 되는데, 브르타뉴어 교습서나 브르타뉴어로 된 책들이 꽂힌 서가는 그중 둘뿐이다. 책 한 권을 뽑았다. 눈에 익은 노란색 표지의 미국 책 『바보라도 배울 수 있는 ○○○』시리즈의 프랑스어 판 중 한 권인 『바보라도 배울 수 있는 브르타뉴어』다. 20분 가량 찬찬히 읽으면서 이 붐비는 서점에서 브르타뉴어 책들이 꽂힌 서가로 다가오는 사람이 있는지 수시로 눈을 들어 살펴본다. 전혀 없다.

퍼즐의 마지막 조각이 맞아떨어진 것은 아이들이 그득한 학교 운동장을 지나칠 때였다. 어느 곳의 아이들이든 그러듯 수십 명이 소리 지르며 놀고 있었다. 들리느니 모두 프랑스어다. 그래, 브르타뉴어도 다른 모든 언어와 마찬가지로 아이들이 이어받아야 살아남는 게 아니겠는가. 학교 수업을 통해서보다 부모에게서 그 언어를 배우면서 말이다. 한데 어느 부모도 브르타뉴어로 쓰인 책을 사지 않고, 어느 아이도 브르타뉴어로 놀지 않는다. 이런 추세가 지속되면 100년쯤 뒤엔 브르타뉴어를 쓰는 아이가 하나도 없을지 모른다.

결국 나는 자그마한 브르타뉴 문화사무소를 발견했다 (관광안내소 직원도 이곳은 몰랐던 모양이다). 베르네즈 케르드라온이라는 이름의 소

---

* ‘티르 나 노그’는 아일랜드의 켈트 신화에 나오는 별세계로 ‘젊음의 땅’이라는 뜻이며, ‘영원의 땅’이라고도 한다.

장은 나를 맞은 뒤 의자에 앉아 말을 이었다. 브레스트는 지리적으로 브르타뉴의 가장 깊은 곳에 위치하지만, 이곳의 큰 해군 기지에 프랑스 대서양함대의 사령부도 있고 해서 브르타뉴어를 접하기에 최적의 장소는 아니라는 것이다. 그렇다면 브르타뉴의 다른 큰 도시 렌에 갔어야 했느냐고 물었다. 아니, 거기도 마찬가지라고 한다. 농촌으로 가서 노인들을 만나야 한다는 것이다. 나는 속으로 생각했다. 이건 언어가 말기에 들어섰다는 얘기 아닌가.

케르드라온의 부모도 브르타뉴어를 쓰는 농민이었지만 그에게는 프랑스어로 말했다. 부모님은 "바닥에 침을 뱉거나 브르타뉴어를 하지 마시오."라는 경고문이 공공장소에 붙어 있던 시대에 태어났다. 학교에서 브르타뉴어를 쓰다가 걸린 학생은 바보 모자*를 쓰거나 창피를 주는 말이 쓰인 판을 목에 걸어야 했고, 그걸 물려줄 다른 학생을 스스로 잡아낼 때까지 벗으면 안 되었다. 아이들은 자기 자신뿐 아니라 다른 아이들까지 단속하는 것을 배웠고, 그럼으로써 학교를 비롯한 당국의 일을 덜어주었다. 이런 식으로 브르타뉴 사람들은 자신의 언어를 굴욕과 연관 짓는 데 익숙해졌다.

그러나 1970년대에 들어 변화의 바람이 일었다. 브르타뉴의 음악과 문화가 프랑스에서 유행하기 시작했고, 같은 켈트인인 북아일랜드 사람들이 영국의 지배에 맞서 싸우는 모습을 보게 되었으며, 대체로 좌파적인 정치 집단들이 출현하기 시작했다. 케르드라온을 비롯한 많은 사람들은 브르타뉴의 문화적 굴종을 수치로 여겨 자기네의 언어를 되살리는 운동을 벌이기 시작했다. 보다 투쟁적인 사람들은 프랑스어로만 돼 있

---

* 바보 모자(dunce cap)란 학교에서 공부를 못하거나 말을 안 듣는 학생에게 벌로 씌우던 원추형 종이 모자다.

는 표지판을 파괴했다. 그것들은 브르타뉴어를 말살하려는 국가의 가시적인 상징물이기 때문이었다. 그러자 중앙정부의 정책도 점차 적극적인 억압과 거리를 두게 됐다.

오늘날 프랑스의 언어 정책을 이끄는 최고의 지침은 1992년 헌법에 삽입된 짤막한 언명이다. "공화국의 언어는 프랑스어다." 그러나 이 말은 겉보기처럼 단순하지 않다. 이 문장에 '유일한'이나 '공식적인' 같은 말이 없다는 데 주목하라. 둘 중 어느 단어든 들어갔더라면 가외의 결과들을 유발했을 것이다. 이제 토착어를 파괴하려는 시도는 용납되지 않고, 파리의 중앙정부는 지역언어들에 대해 '적대적 관용'으로 종종 불리는 태도를 취하게 됐다.

1977년 브르타뉴에 디완(Diwan, 브르타뉴어로 '씨앗')이라는 이름의 이중 언어 학교 체계가 만들어졌다. 브르타뉴 운동의 희망인 이 학교들에서는 학생들이 브르타뉴어와 프랑스어에 모두 숙달하도록 학년에 따라 비율을 달리하며 두 언어로 교육을 한다. (브르타뉴의 비타협적인 운동가들도 프랑스어를 제대로 익히는 일의 경제적, 정치적 필요성은 인정한다.) 그러나 케르드라온이 추산하기로는 2009년까지 약 1만 2,000명의 학생만이 디완 학교에서 공부했다(지역 인구는 300만 명이다). 디완 운동이 출범한 지 34년이 흘렀으니 지금쯤은 브르타뉴 행동주의 속에서 자라나 그 가치가 몸에 밴 일군의 헌신적이고 두 언어에 모두 익숙한 핵심 집단이 브르타뉴가 진정한 이중 언어에 바탕을 둔 미래로 나아가도록 이끌고 있을 법도 하지만, 실제로는 그처럼 브르타뉴 운동에 열성적인 지지자와 활동가의 집단이 충분한 규모로 형성됐다고 보기 어려운 실정이다. 한편 케르드라온의 사무소같이 작은 문화 센터들의 주된 업무는 시간과 돈에 여유가 있는 사람들에게 일종의 문화유산

관광 옵션들을 제공하는 일이다. 물론 성인들에게 브르타뉴어를 가르치기도 하지만 이런 방식으로 죽어가는 언어를 살릴 수는 없을 테다. 언어가 살아남을 길은 아이들이 그걸 모어로 습득하는 것뿐이다.

케르드라온은 현 상황을 "파도의 저점"이라고 희망적으로 묘사한다. 결국은 물마루로 다시 솟아오르리라는 뜻이다. 민간 자금으로 운영되는 라디오 케르네는 주 55시간씩 브르타뉴어 방송을 하고 있다. 두 개의 지역 신문 중 하나는 목요일마다 한 면을 브르타뉴어로 꾸민다. 상황을 낙관적으로 보느냐는 질문에 그는 현재로서는 그렇게 생각하기가 어렵다고 했다. 프랑스 정부의 태도가 개선되고 있느냐는 질문에는 어깨를 으쓱하며 "알면서 뭘 물어보느냐." 하는 표정을 지어 보였다.

프랑스어는 소수언어를 먹고 자라는가

브르타뉴어가 시골 노인들과 일부 열성적 지지자들에 국한된 채 위태로운 상황에 처해 있다면, 프랑스의 여타 지역언어들은 쇠퇴와 소멸에 이르는 미끄러운 비탈길에서 각기 다른 위치에 놓여 있다. 남부 지역의 바스크어와 카탈루냐어는 프랑스 내에선 위축돼 왔지만 이웃한 스페인에 이들 언어를 적극 장려하는 크고 잘 조직된 반(半)자치적 지방들이 있다는 엄청난 이점을 갖고 있다. 두 언어의 사용자는 자기네 말로 하는 텔레비전 방송을 보거나 라디오를 들을 수 있고, 요즘 서유럽 어디서나 그렇듯이 유명무실해진 국경을 훌쩍 넘어 카탈루냐 지방의 바르셀로나와 바스크 지방의 산세바스티안 같은 중심 도시들을 방문할 수도 있다. 프랑스 북동부에 사는 플라망어 사용자들도 마찬가지다. 벨기에의 절반, 네덜란드의 전 지역과 언어가 같으니 말이다.

알자스의 상황은 독특하다. 언어 집단들이 국경을 가로지르며 살고 있을 뿐 아니라, 국경 자체가 최근 몇 세기 동안 앞뒤로 왔다 갔다 했기 때문이다. 알자스와 이웃 로렌 지방은 17세기 이후 프랑스의 영토였지만, 1871년 프로이센·프랑스 전쟁(보불전쟁)의 결과 승전국 독일의 영토가 되었다. 복수의 칼을 갈던 프랑스는 독일과 다시 대결한 제1차 세계대전 때 두 지역을 되찾았다. 처음에 프랑스는 많은 주민이 표준 독일어나 독일어의 알자스 방언, 또는 프랑스어의 알자스 방언을 사용하는 사정을 감안하여 이곳에 특별법을 적용했다. 그러나 언어의 그런 특전들은 점차 사라지고 프랑스로의 통합을 강화하는 정책이 실시되었다. 국경 너머가 독일이므로 알자스 사람들은 각자의 모어가 무엇이든 학교에서 표준 독일어와 표준 프랑스어를 배우게 되는데, 이런 사람들이 점차 많아짐에 따라 두 언어의 알자스 방언들은 쇠락할 공산이 크다.

　마지막으로 로맨스 방언들, 즉 피카르디어, 갈로어, 니사르어, 오크어, 프로방스어 등이 있다. 이들은 모두 프랑스어와 가깝고, 그 화자들도 자기네 말을 표준 프랑스어의 조야한 ‘사투리’ 쯤으로 여기는 수가 많다. 하지만 이 말들은 별개의 언어로 분류해도 무리가 없을 만큼 프랑스어와 차이가 나며, 각기 열렬한 지지자들을 거느리고 있다. 그런데 그들은 규모가 작거나(피카르어, 갈로어 등 북부의 언어) 분열되어 있다(오크어, 프로방스어 등 남부의 언어). ‘프로방스어’와 ‘오크어’가 서로의 방언인지, 프로방스어가 오크어의 방언인지, 아니면 둘이 같은 언어인지는* 누구에게 물어보느냐에 따라 달라진다.[17] 프랑스 남동부와 알프스 근처의 ‘프로방스어’ 지지자들은 대개 정치적 우파와, 중남부와 남

---

* ‘프로방스어’와 ‘오크어’라는 두 명칭은 오랫동안 동의어로 쓰였으나(그래서 입장에 따라 이름을 선택하여 불렀을 것이나), 오늘날은 오크어 중 프로방스 지방에서 사용되는 종류만을 프로방스어라고 하는 게 보통이라고 한다.

서부의 '오크어' 지지자들은 좌파와 연결돼 있다. 자연히 두 부류는 사이가 좋지 않기 때문에, 이 나라에서 프랑스어 다음으로 세력이 크고 독특한 로맨스어를 지켜줄 강력한 공동전선을 구축하지 못하고 있다.

다시 말해 아타튀르크의 터키어 개혁과 비슷하게 프랑스의 언어 정책도 일종의 '재앙을 동반한 성공'을 거두었다고 할 수 있다. 프랑스어는 명실상부한 국어로서 그 세력이 워낙 막강하고 정부가 더없이 확고하게 받쳐주고 있기에 국내의 어떤 언어도 위협이 될 수 없다. 그럼에도 만일의 사태를 예방하기 위해서랄까, 프랑스는 유럽평의회의 주도하에 1992년 채택된 '지역언어 및 소수언어를 위한 유럽 헌장'에 서명하기를—성깔 있게 민족주의적인 소수의 다른 유럽 국가들과 함께—계속 거부하고 있다. 내세우는 이유인즉, 그 헌장이 프랑스 법에 위배된다는 (그리고 프랑스는 그런 헌장 없이도 이미 지역언어들을 보호하고 있다는) 것이다. 안타깝게도 프랑스어의 성공은 나무랄 데 없이 잘 발달된 몇몇 언어를 죽음으로 몰아넣는(아니면 기껏해야 박물관에 감금하는) 대가를 치르게 될 가능성이 크다.

투봉법, 파스쿠아법, 그리고 공화주의의 환상

그러나 샤를드골 공항에 나붙은 그 모든 문구들이 보여주듯이, 프랑스는 국내의 언어 정복을 마무리하는 시점에 밖으로부터 영어의 침략을 받게 됐다. 프랑스인들은 어떻게 대처하고 있을까?

1994년, 아카데미프랑세즈의 종신 서기였던 모리스 드뤼옹은 『프랑스인들에게 그들의 언어와 영혼에 관하여 보내는 편지』라는 책을 펴냈다. 여기서 그는 외국인들이 흔히 프랑스인의 전형적 태도라고 여기는 것을 보여준다. "언어를 존중하지 않는 것은 어떤 것도 존중하지 않음을 드러낸다." "군사적 억지력과 보편적 언어〔프랑스어〕를 능숙하게 사용하는 능력을 잃어버린다면 프랑스는 대국의 지위를 유지할 수 없고 세계를 무대로 한 정책을 펼쳐나갈 수 없다."[18] "군사적 억지력"과 "보편적 언어"가 어떻게 저리 어깨를 나란히 하고 있을까? 이 기묘한 조합은 유난히 날카로워진 언어민족주의를 뚜렷이 보여준다고 하겠다.

같은 해에 프랑스는 이 나라의 근대 역사에서 가장 악명 높은 자국어 보호 조처를 단행했다. 당시 집권 중이던 드골주의적 보수 정부의 문화부 장관 자크 투봉의 이름을 딴 법안을 의회에서 통과시킨 것이다. 투봉법으로 프랑스어는 다섯 분야에서 사용이 '의무화' 되었다. 공교육, 직장, 광고와 상업, 미디어, 과학 관련 회의 및 출판물이 그것이다. 투봉법은 거창한 말로 시작된다. "프랑스어는 프랑스의 본질적 요소 중 하나로서 교육과 노동, 상업 및 공공 서비스의 언어이며, 프랑스어권을 하나로 묶어주는 특별한 연결 고리다." 프랑스가 언어에 관한 한 두려움이 지나치며 고압적이라는 평판을 얻게 된 데는 이 법과 그 적용이 큰 기여를 했다.

투봉법의 조항들은 문면상으로도 가혹해 보인다. 이 때문에 많은 프랑스 정치인과 논평자, 특히 좌파 쪽 사람들은 투봉법이 등장하자 즉각 조롱하고 나섰다. 이를테면 어떤 사람들은 그 법을 '루아 올굿(Loi Allgood)' 이라고 불렀는데, 'all good' 은 투봉(Toubon)과 발음이 같은 'tout bon' 을 글자 그대로 영어로 옮긴 것이다〔 'Loi' 는 프랑스어로 '법' 이다〕. 비판자들은 부분적으로는 옳고 부분적으로는 틀렸다. 투봉법은 프랑스어를 보호하는 데 어느 정도 기여했지만, 다른 영역들에서는 최선의 경우라 해도 별 효과가 없었고 최악의 경우엔 창피스럽기만 한 결과를 낳았다.

당초에 투봉은 그 법을 사적인 말과 글, 민영 라디오와 텔레비전 방송에까지도 확대 적용하는 것으로 구상했었다. 그리되었다면 개개의 기업들도 널리 쓰이는 영어 차용어들 대신에 정부 부처들에 특별히 설치된 '용어제정위원회' 들이 만들어내는 공식 용어들을 사용해야 했을 테다. 헌법재판소는 즉각 그러한 확대 적용은 표현의 자유에 대한 위헌적 침해이며 프랑스 대혁명 때 채택된 '인간과 시민의 권리 선언' 을 위반하는 일이라고 판정했다.

그럼에도 투봉법은 광고 등 공공 분야에서 프랑스어 의무 사용 조항을 무시하는 개인 및 다른 법적 주체들을 처벌할 근거를 제공했다. '프랑스어방위협회' 나 '프랑스어의미래' 같은 반관반민 단체들에겐 위반자를 고소할 자격이 주어졌다. 공식적인 감시자의 역할은 소비자 보호 및 부정 대책 당국이 맡았다.

세간의 이목을 끈 몇 건의 소송 사례를 통해 투봉법은 효과는 있으나 가혹하다는 인상을 주었다. 미국 조지아 주 애틀랜타에 본교가 있는 조지아공과대학교는 1990년부터 프랑스의 로렌에 분교를 두고 있다. 이 분교의 웹사이트는 한때 전부 영어로만 돼 있었다. 이에 대해 프랑스어방위협회와 프랑스어의미래가 함께 소송을 걸었다. 프랑스에서 그런 웹사이트는 공공 광고에 해당하므로 프랑스어를 써야 한다는 주장이었다. 소송은 법률적 세부 사항 때문에 기각되었지만, 조지아공대는 웹사이트의 핵심 부분들을 프랑스어로 번역해서 올리고 그 밖의 정보를 원하는 방문자들은 미국에서 운영하는 웹사이트에 가도록 안내해야 했다.

투봉법 때문에 벌어진 대부분의 재판은 쓸데없는 시간 낭비였다. 프랑스 텔레콤은 '타투(Tatoo, 'tattoo' 가 아니다)' 와 '와나두(Wanadoo)' 라는 영어식 이름의 서비스를 내놓았다가 걸렸지만, 이 난센스 단어들을 번역할 프랑스어가 없다는 이유로 소송이 기각되었다.[19] 유죄 판결은 드문 편이고 벌금도 소액에 그친다. 프랑스 곳곳에서 영어 단어를 숱하게 볼 수 있는 데에는 그런 이유도 있음이 분명하다. 이 책을 준비할 당시 인터뷰를 하기 위해 파리 지하철의 생미셸 역에서 센 강변을 따라 아카데미프랑세즈까지 걸어간 적이 있다. 그때 나는 거리에서 본 모든 영어 단어를 사진 찍었는데, 그 몇 백 미터 사이에 'brunch', 'city tour', 'Canadian pub' 등 10여 개나 됐다. 그 일대가 파리에서도 인기 높은 관광 지역임을 감안하더라도 이는 투봉법이 프랑스에서 영어를 전혀 근절하지 못했음을 보여준다.

큰 건수를 하나 올리기는 했다.[20] 프랑스에 지사를 두고 있는 GE(제너럴일렉트릭) 메디컬시스템스 사에 2005년 유죄를 선고한 일이 그것이다. 종업원들에게 영어로만 된 기술 관련 내부용 문서를 배포한 게 문제였다. 2006년 고등법원은 1심 판결을 그대로 받아들이고 58만 유로(거의 70만 달러)에 이르는 벌금을 확정했다.

자세히 들여다보면 이런 유의 사건에 적용되는 프랑스의 방침이 반드시 불합리하지만은 않다. GE는 회사의 프랑스 노동조합으로부터 해당 문서들의 번역본을 만들어 달라고 여러 차례 요구받았다. 그런데 번역료쯤이야 푼돈이라 할 거대한 다국적기업 GE는 그 문서가 기본적으로 프랑스에서 일하는 외국인 직원들을 위해 만들어진 것이라고 주장했다. 노조는 그 문서가 영어를 모르는 프랑스인 직원들을 사실상 소외시켰다고 반론했고, 이는 충분히 합리적이었다.

투봉법에는 영어를 거부한다는 근본 의도가 그럴싸하게 위장된 부분도 있다. 세부 조항 중 하나를 보면, 외국인을 위해 프랑스어를 번역할 때는 반드시 둘 이상의 언어로 해야 한다고 규정했다. 이는 영어를 겨냥

했음이 명백한데도 다양성과 다언어주의를 수용하는 자세인 양 깔끔히 포장되어 있는 것이다. 이 때문에 영어는 많은 표지판에서 스페인어와 짝을 이루게 되었다.

프랑스어에 관한 정책 중 긍정적인 것들도 없지는 않다. '파스칼 기금'이라는 것은 국제회의와 과학 관련 모임들에 번역 및 통역에 쓸 경비를 넉넉하게 대준다. 이는 매우 실리적인 방침이다. 그런 회의를 전부 프랑스어로만 하라고 요구하면 프랑스에서는 일절 모이려 하지 않을 터이기 때문이다.

이런 점에서 보면 프랑스의 언어 관련 법률에는 좋고 나쁜 것이 섞여 있어서, 모두 투봉법처럼 나쁘지는 않다. 투봉법도 처음에 논란이 벌어졌을 때나 발효됐을 때 많은 사람들이 예상했던 만큼 엄청난 재난을 불러오진 않았다. 내가 일하는 잡지 『이코노미스트』도 1995년의 한 기사에서, 그 법으로 인해 복잡한 금융거래의 비용이 60%나 상승할 수 있어 프랑스 경제가 이용 가능한 자본이 고갈되리라는 어느 분석가의 (잘못된) 전망을 인용했었다.[21] 어떤 사람들은 그 법을 문화적 불안감이 아니라 경제적 불안감에 기인한 노골적인 보호주의로 보면서, 언어에 관한 번거로운 법규 탓에 기술 관련 문서가 많이 따르는(즉, 프랑스어로 번역해야 할 문서가 많은) 하이테크 제품들을 프랑스로 수출하기가 어려워지고, 따라서 GE 같은 다국적기업들이 프랑스에서 자리 잡고 사업을 하기도 더 힘들어지리라고 주장했다.

투봉법 반대자 중에는 이 법의 표적이 부유한 다국적기업이 아니라 프랑스의 유색인 이민자와 그 자녀들이라고 보는 사람들도 있었다.[22] 이민자의 삶을 비참하게 만들어 프랑스를 떠나게 만들려는 수작이란 얘기다. 실제로 그 법의 통과와 거의 같은 시기에 이민 규제가 강화되었다(동일한 보수 정부하에서 일련의 이른바 '파스쿠아법' *들이 통과된 것이다).
그렇지만 투봉법을 이민에 대한 '해결책'의 하나로 볼 수는 없다. 프랑
스 이민자들에게 언어는 주된 문제가 아니기 때문이다. 많은 이민자들
이 프랑스어가 널리 쓰이는 옛 식민지에서 건너오며, 대개 프랑스어를
할 줄 안다. 문제는 언어가 아니라 이민자의 짙은 피부와 상대적 빈곤에
따르는 사회적 낙인이다. 프랑스에 거주하는 아랍인 중에는 아랍어조차
제대로 할 줄 모르는 사람도 많다. 파리의 한 명문 사립학교는 두 언어
에 숙달된 학생만 받아들이는데, 프랑스어-영어 사용자나 프랑스어-
이탈리아어 사용자는 많이 오지만 아랍어-프랑스어 사용자는 계획된
숫자를 채우기가 어렵다고 한다.

　세계화의 측면에서 보면 투봉법은 프랑스에 손해나 이익 어느 쪽으로
도 영향을 거의 미치지 않았다. 세계화에 대한 프랑스의 저항은 그동안
사실 엄청나게 과장되어 알려져 왔다. 이 나라는 사치품, 패션, 식품 따
위로 가장 유명하지만, 알고 보면 자동차, 제약, 군수 같은 분야의 거대
한 다국적 하이테크 기업들이 들어와 번성하고 있기도 하다. 미국인의
대다수는 프랑스 노동자가 시간당 GDP로 따져서 미국 노동자보다 생
산성이 높다는 사실을 들으면 놀라고 믿으려 들지 않을 것이다. †

　세계화에서든 이민에서든 문제는 몇몇 '특정한 종류'의 변화를 싫어

---

* 이 별명은 문제의 반이민 입법을 주도한 정치인 샤를 파스쿠아의 이름을 딴 것
이다.

† [지은이 주] 이 주목할 만한 사실에는 다음과 같은 단서가 달려 있다. 프랑스 노
동자는 미국 노동자에 비해 주당 노동시간이 적고, 연간 노동하는 주일의 수도 적으
며, 전체 노동인구 중 주어진 시점에 일하고 있는 사람의 비율도 낮다. 미국 노동시
장의 취업자 중에는 생산성이 낮은 노동자들이 상대적으로 많으며, 노동시간이 길기
때문에 시간당 생산성은 낮아지게 마련이다.

하는 프랑스인들의 경향이다. 새롭거나 프랑스적이 아닌 모든 것을 거부하기 때문은 아니라는 얘기다. 경제체제는 이미 안정된 직업을 갖고 있는 사람들을 보호하게 마련이다. 법률상 일단 고용한 노동자는 해고하기가 어렵기 때문에 기업들은 고용 증대에 열의를 보이지 않으며, 이는 프랑스의 실업률이 고질적으로 높은 가장 큰 원인으로 꼽힌다. 그리고 두말할 필요도 없이, 실업자로 남을 가능성이 가장 큰 집단은 이민 가정의 후손, 특히 아랍계와 아프리카계의 젊은이들이다. 프랑스의 경제는 그들의 문화와 마찬가지로 결코 허약하지 않다. 그러나 프랑스 특유의 이념, 즉 사회의 규칙을 잘 지키는 사람은 누구나 성공할 수 있다고 역설하는 '공화주의적' 가치관은 냉엄한 현실과는 거리가 멀다. 인종차별이 사회적으로 만연해 있어서, 가령 할레드라는 이름의 젊은 졸업생이 취업 면접을 보았을 때 그와 자격이나 능력은 다를 바 없으되 운이 좋아 프랑스인으로 태어난 피에르라는 이름의 젊은이와 동등한 기회를 부여받기는 사실상 불가능하다. 그런데도 많은 프랑스인들이 귀를 막아버린 채 프랑스에서 기회의 평등이 실현되고 있다고 우긴다(이 나라에선 인구조사를 할 때 평등의 원칙에 따라 대상자의 인종이나 민족이 무엇인지 조사조차 하지 않는다). 그러다 상황이 사나워지면 그들은 눈을 질끈 감고는 프랑스적 모델엔 아무 문제가 없다고 강변하면서 속죄양을 찾곤 한다(물론 이것이 프랑스인들만의 행태는 아니다). 근래에 그 속죄양의 하나 노릇을 해온 것이 영어의 "문화적 침략"이었다.

앞으로 천년 넘게 살아남을 언어인데

프랑스는 불안해하는 강대국이다. 프랑스를 생각할 때는 '불안' 과 '강대국' 두 단어를 모두 기억해야 하는데, 그 이유는 이 나라가 정말

강대국이기 때문이다. 프랑스는 유엔 안전보장이사회에서 거부권을 행사할 수 있는 다섯 상임이사국 중 하나이고, 세계에 몇 안 되는 핵무기 보유국이며, 자타가 공인하는 유럽연합(EU)의 주도 국가이고, 세계에서 가장 크고 발달된 경제체제를 지닌 나라 중 하나다. 프랑스의 쇠퇴에 관한 소문은 마크 트웨인이 죽었다는 소문만큼이나 대단히 과장된 것이다.*

그 언어도 마찬가지다. 프랑스어는 사용자 수가 세계에서 아홉째로 많은 말이다. 설사 언어학자들이 걱정하듯이 다음 세기까지 전 세계 6,000개 언어 중 절반이 사라진다 해도 프랑스어는 아무런 위험 없이 건재할 것이다. (한 세기마다 세계 언어의 절반씩이 계속 사라져도 프랑스어는 1,000년 이상을 살아남을 테다.) 브뤼셀의 EU 본부를 보면, 영어가 점차 강세를 보이고는 있으되, 많은 업무가 여전히 프랑스어로 수행되고 있기 때문에 영국조차도 프랑스어를 못하는 외교관의 파견에는 망설일 판이다. 뉴욕의 유엔에서는 영어, 프랑스어, 러시아어, 스페인어, 아랍어, 중국어 등 6개의 공용어를 쓰고 있다. 물론 영어가 지배적이지만, 회의 도중에 참석자나 기자가 프랑스어로 말하는 걸 종종 들을 수 있다. 중국어나 아랍어로 그러는 경우는 절대 없다. 다른 많은 곳에서 그렇듯 유엔에서도 프랑스어는 확고부동한 대체 언어이기 때문에, 유엔에 부임한 외교관들은 가급적 빨리 기회를 잡아 유창한 프랑스어 실력을 선보이는 일이 작은 통과의례처럼 되어 있다.

---

* 1897년 6월 1일 미국 유수의 신문 『뉴욕헤럴드』는 작가 마크 트웨인(당시 51세)이 병이 깊으며 곧 사망할지도 모른다고 보도했다. 그러자 트웨인은 『뉴욕헤럴드』의 경쟁지였던 『뉴욕저널』과의 인터뷰에서 "내 죽음에 관한 보도는 과장된 것입니다."라고 말했다. '대단히'라는 부사는 이 일화가 널리 전해지면서 나중에 덧붙은 것으로 보인다.

프랑스어가 세계 곳곳에서 멋스러움과 세련됨의 상징으로 여겨진다는 사실은 '프랑스어권 국제기구(Organisation internationale de la Francophonie, 약칭 프랑코포니)'라는 특이한 단체의 예만 보아도 알 수 있다. 이 조직은 프랑스의 옛 식민지들, 벨기에와 스위스 같은 프랑스어 사용 국가들 간의 유대를 위해 1970년에 만들어졌다. 활동이라야 2년에 한 번 모이는 것 외엔 거의 없다. 그러나 그런 기구의 존재 자체, 그리고 세계의 많은 나라들에서 대표적인 반미 국가로 간주되는 프랑스가 비공식적으로지만 이 기구를 이끌고 있다는 사실 때문에 회원국의 범위가 예상치 못했던 방향들로 확대되었다. 프랑스어 사용 인구가 많아야 회원이 될 수 있는 게 아니다. 프랑스 문화와의 친선 및 협력 관계를 원하기만 하면 된다. 그래서 56개 회원국(혹은 지역) 중에는 프랑스어가 거의 보편적으로 사용되는 곳(예컨대 캐나다 퀘벡 주), 주된 언어 중 하나인 곳(스위스), 공용어인 곳(세네갈), 교양 있는 사람들의 언어인 곳(레바논, 모로코) 들 외에 프랑스어나 프랑스 문화와 이렇다 할 연관성이 없는 나라도 많다. 기구 이름의 '프랑스어권(Francophonie)'이라는 말이 무엇을 뜻하든 간에 알바니아, 불가리아, 그리스, 마케도니아, 가나, 이집트가 그 범위 안에 포함되는 모양이다. 이 같은 나라들 다수가 지난 20년 사이에 가입했다는 사실은 프랑스와 프랑스어라는 브랜드가 건재함을 보여주는 또 하나의 증거다.

39개국의 공용어인 프랑스어는 73개국의 공용어인 영어에는 못 미치지만 나머지 경쟁자들인 아랍어(25개국), 스페인어(21개국)에는 월등히 앞선다. 나이지리아 같은 나라들은 프랑스의 식민지가 아니었는데도 지정학적 이유 때문에 프랑스어를 공용어의 하나로 채택하는 방안을 고려해왔다. 그리고 앞서 시사했듯이 프랑스는 제2 언어로도 세계에서 둘

째간다. 제1 언어가 서로 다른 사람들이 영어를 못 하거나 안 하는 경우에 사용하는 통용어 즉 링구아 프랑카라는 얘기다. 아랍어나 스페인어와 달리 프랑스어는 특정 지역에 집중돼 있지 않고 6개 대륙 모두에 원어민들이 있는 진정한 세계 언어다. 프랑스어는 프랑스, 벨기에, 룩셈부르크, 스위스, 모나코 같은 유럽 나라들의 공용어일 뿐 아니라 (프랑스의 옛 식민지들인) 남아메리카의 프랑스령 기아나, 남태평양의 뉴칼레도니아, 아프리카 곳곳의 여러 나라들, 그리고 언젠가 한 나라가 될 수도 있는 광대한 퀘벡 주(캐나다)의 공용어다.

그러니 프랑스어가 위기에 처해 있다는 생각에는 놀라움이나 두려움보다는 가벼운 웃음으로 대응하는 편이 적절할 테다. 이런 면에서 최고의 반응은 프랑스에서 투봉법안이 제출된 후 영국 보수당 하원의원인 앤서니 스틴이 보인 게 아닐까 싶다. 스틴은 영국의 거리에서 프랑스어를 사용하는 자에게 즉석에서 10파운드의 벌금을 때릴 권한을 주차단속원에게 부여하는 법안을 제출했다. 스틴은 당면한 상황을 불길하게 묘사했다.

투봉 씨의 법안은 프랑스와 영국의 100년에 걸친 적대 관계가 마무리되던 1904년 4월 8일 에드워드 7세가 서명한 양국 간 화친협정을 갈기갈기 찢어버리는 것입니다. …… 유럽공동체의 모든 국가는 민족국가의 지위를 자랑스러워하고 있지만, 프랑스인들은 거기서 더 나아가 쇼비니즘 쪽으로 기울고 있습니다.

그의 진짜 의도는 이어진 말에서 분명해졌다.

우린 바게트나 크루아상 같은 말을 잊어야 합니다. 퇴출시키는 것이지요. 카페나 브라스리에도 갈 수 없을 테고요. 아페리티프나 오르되브르가 없어질 뿐 아니라 레스토랑 자체가 아예 사라질 겁니다. 우리는 타블 도트를 잊어야 하는데, 그렇다고 아 라 카르트를 택하는 것도 불가합니다. 메뉴의 왼쪽, 오른쪽 구별도, 누벨 퀴진도 없어질 것입니다. 앞으로 봉 비뵈르는 금지될 터이며, 피앙세에게 부케 세례를 퍼부을 수도 없고, 스크레 랑데부를 하거나 그녀에게 오트 쿠튀르의 옷을 선물하지도 못할 겁니다. 메나주 아 트루아를 구성하기가 아주 어려워질 테고, 크림 파쇼넬도 불가능해지며, 네글리제는 리에종 당주뢰즈를 약간 리스케하게 만들 겁니다.*

한 의원이 "저 사람을 기요틴〔단두대, 이 역시 프랑스어〕으로 보냅시다!"라고 외쳤다. 스틴의 프랑스어 벌금 부과 법안은 표결에 부쳐졌고, 149 대 45로 부결되었다.

---

* 여기서 거론된 퇴출 대상 단어들은 모두 영어에서 많이 쓰이는 프랑스어들이다. 한국에서 흔히 쓰지 않는 말들을 설명하면, 'brasserie' 는 간단한 음식과 맥주, 와인 등을 파는 레스토랑, 'apéritif' 는 식욕 증진을 위해 식전에 마시는 술, 'hors d'oeuvre' 는 전채(前菜) 요리, 'table d'hôte' 는 요리의 종류와 순서가 미리 정해져 있는 정식, 'à la carte' 는 타블도트와 달리 원하는 대로 음식을 주문하는 방식, 'nouvelle cuisine' 은 밀가루와 지방을 억제하고 담백한 소스를 쓴 음식을 보기 좋게 담아서 내놓는 현대식 프랑스 요리법, 'bon viveur' 는 'bon vivant' 과 같은 말로 친구와 좋은 음식과 술 등으로 인생을 즐기는 사람, 'secret rendezvous' 는 밀회 혹은 접선, 'haute couture' 는 맞춤 고급 의류, 또는 고급 패션 디자이너와 그들의 숍, 그 같은 패션, 'ménage à trois' 는 부부와 그 한쪽의 애인이 함께 사는 삼자 동거, 'crime passionel' 은 치정 범죄(특히 살인), 'liaison dangereuse' 는 위험한 관계이며 'risqué' 는 위험천만하다, 외설스럽다는 뜻이다. 인용문 중간의 "메뉴의 왼쪽, 오른쪽 구별"이란 식당측이 팔고 싶은 비싼 요리(거의가 프랑스어 이름이다)는 메뉴에서 눈이 가장 먼저 간다는 오른쪽에 배치하는 관행을 가리킨다.

정치적인 주장에 언어의 너울을

공용어로 정한 나라의 수, 모어로 사용하는 사람의 수, 제2 언어로 사용하는 사람의 수, 출판물 즉 문자 기록의 규모, 또는 그냥 '위세'라고 부를 수 있을 측정하기 애매한 기준 등 어느 측면에서 보든 지구상에서 가장 성공한 언어는 영어이며, 다른 언어들 중 영어에 견줄 만큼 세계적으로 퍼져 있는 유일한 것이 프랑스어다. 두 언어보다 원어민 수가 더 많은 언어들이 있기는 하다. 표준 중국어는 그걸 제1 언어 즉 모어로 사용하는 사람이 지구상의 어느 언어보다도 많다. 힌디어도 모어로 사용하는 사람 수가 영어보다 많다. 그렇다면 언젠가는 모든 사람이 중국어를 하게 되지 않을까? 처박아뒀던 힌디어 책도 끄집어내 먼지를 털어야 하지 않을까?

서두르지 말라. 물론 맨해튼의 부촌 어퍼이스트사이드에 사는 부모들이 자식을 돌봐줄 사람으로 표준 중국어 원어민을 열심히 찾는 게 그리 나쁜 생각은 아니다. 앞에서 보았듯이 이중 언어 사용은 아무튼 두뇌에 좋으니까. 그리고 아주 중요한 신흥 강대국의 어려운 언어(영어 사용자에게는 그렇다)를 할 줄 안다는 건 누가 뭐래도 좋은 일이 아닐 수 없다.

그러나 중국이 부상하고 있기 때문에 중국어가 영어에 필적하게 될지 모른다는 생각은 잘못된 전제에 기초하고 있다. 인터넷에서 중국어의 양이 증가하는 까닭은 십여 억 중국인 중 인터넷 접속자가 점차 늘고 있기 때문이다. 그러나 이 추세가 언제까지나 지속될 수 없음은 명백하다. 정작 중요한 점은 중국인이 아니면서 인터넷에서 중국어로 소통하는 사람이 얼마나 많으냐다. 의심할 여지 없이 그 수는 매우 적다. 앞 장에서 얘기했듯이 중국어 문자는 쓰기가 지독하게 어려워서 원어민들도 아주 오랫동안 공부해야 하니, 비원어민이야 말할 나위도 없다. 영어의 지배력은 인터넷에서뿐 아니라 모든 형태의 국제적 문자 매체에서 난공불락에 가깝다.

프랑스어에 부족하고 노력할 부분이 있다면 이런 의미에서만이다. 문제는 프랑스어의 국내적 지위나 그것을 말하고 쓰는 프랑스인들의 권리와 능력이 아니라, 이른바 글로벌 스탠더드 즉 세계적으로 통용되는 하나의 표준으로서 프랑스어의 역할이라는 애기다. 좋든 싫든 간에 영어가 누리는 이점들은 엄청나게 많은 사람이 이미 영어를 배웠다는 사실에 의해 기정사실로 굳어져 있다. 영어를 대체하려면 엄청난 변화가 필요하다. 프랑스어는 건재하고, 영어는 지배적이다. 걱정할 이유가 있는 것은 다른 대부분의 언어들이다.

그런데도 어찌된 일인지 미국인들은 자기네의 언어가 초강대국 미합중국의 본거지 안에서 위협받고 있다고 걱정한다. 그리고 프랑스인들은 자국 내에서 프랑스어를 보호하기 위해 세계적으로 유례가 거의 없는 억압적인 언어 규제법을 만들었다. 도대체 왜 이럴까?

이민과 세계화의 물결은 양국 모두 어려운 시기에 덮쳐왔다. 프랑스의 외교적 중요성과 유엔에서의 역할, 유럽연합에서 자타가 공인하는 주도적 역할 등은 아시아의 괄목할 만한 경제적 성장(정치적으로는 아직 아니지만) 앞에서 상대적으로 의미가 축소된다. 그리고 비록 미국의 지배력은 한동안 흔들리지 않을 듯해도, 중국의 도전과 9·11 사건 이후 이슬람 테러리즘의 부상 앞에서 이 거인은 전에 없이 불안해하고 있다.

여기서 우리가 재차 확인하는 점은, 언어에 관한 주장은 대개가 정치적인 주장이라는 사실이다. 실제로는 정치적 주장인데, 정체성을 나타내는 가장 뚜렷한 표지 중 하나인 언어의 문제로 너울이 씌워져 제기되는 것이다. 미국은 철저하게 '앵글로-프로테스탄트' 모델을 동경한다. 하지만 이 모델은 대부분의 사람이 상상하는 형태로 현실에 존재한 적이 없었다. 프랑스는 오래지 않은 과거에 유럽 대륙과 세계의 많은 지역을 지배했던 일을 기억하며 향수를 느낀다. 양국 모두 외부적으로는 세계화의 물결에 대응해야 하고 내부적으로는 이민의 유입에 대처하는 한편 '미국적'인 것과 '프랑스적'인 것의 의미를 새로이 정립해내야 한다는 과제를 안고 있다. 두 나라가 안고 있는 과제들의 맥락은 같지 않다. 프랑스가 전형적인 '민족국가'인 반면, 오래전부터 미국은 갓 들어온 이민자와 그 자녀들로 계속 채워져 왔다. 그럼에도 프랑스와 미국은 겉보기보다 비슷한 점이 많다. 자존심 강한 많은 프랑스인과 미국인이 서로 비교되는 데 대해 발끈하곤 하는 걸 보면 그 말이 더욱 옳아 보인다.

8

상자가 아니라 구름이다
—언어를 생각하는 더 나은 방식들

인간의 정신적 정체성은 신발과는 다르다. 신발은 한 번에 한 켤레씩밖에 신을
수 없지만, 우리는 누구나 다차원적인 존재다. 런던에 사는 파텔 씨가 자신이
다른 무엇이기에 앞서 인도인이라고 생각하는지, 영국 시민이라고 생각하는지,
힌두교도라고 생각하는지, 구자라트어 사용자, 식민지였던 케냐 출신 이민자,*
또는 특정한 카스트나 친족 집단의 일원이라 생각하는지, 아니면 그 밖의 무엇
이라고 생각하는지는 그 순간 파텔 씨 앞에 있는 사람이 이민국 관리인지, 파키
스탄 사람인지, 시크교도나 무슬림인지, 벵골어 사용자인지 등에 따라 달라진
다. 파텔이라는 사람의 플라톤적인 단일한 본질 같은 것은 존재하지 않는다.
그는 앞의 모든 것인 동시에 그 이상이다.[1]

—에릭 홉스봄(영국의 역사학자)

　스티븐 핑커는 저서 『생각의 재료 *The Stuff of Thought*』의 한 장에서
은유에 관해 대단히 흥미로운 이야기를 하고 있다. '은유라는 은유'라
고 이름 붙인 이 장은 인지(認知) 자체를 다루면서, 생각이란 본래 은유

---

* 케냐에는 약 10만 명의 아시아인이 살고 있는데, 대부분이 1900년 전후에 철도 건
설 노동자로 인도에서 건너간 사람들의 후손이다.

를 통하여 하는 것이라거나 은유적 사고라는 말은 생각에 대한 은유라는 견해를 소개한다. 이는 매우 설득력 있는 견해다. 핑커는 먼저 독립 선언서의 유명한 첫 단락을 예로 들면서 그것이 은유로 가득 차 있다고 말한다.* "dissolve the political bands which have connected them with another(다른 민족과의 정치적 결합을 해체하고)"는 '동맹이란 끈으로 묶듯 결속하는 것'이라고 보는 은유다. 그리고 "the course of human events(인류의 역사에서)"라는 말은 '이어지는 사건들은 하나의 경로를 따라 진행하는 것'이라는 은유를 담고 있다. 독립을 뜻하는 형용사 'independent'도 본디 '다른 무엇에 매달려 있지 않다'는 뜻이었다(목에 드리우는 '펜던트〔pendant〕'를 생각해보라). 이 말은 '의존이란 타자에 의해 유지되는 상태'라는 은유에 의존한다. 이 밖에도 많다.

핑커가 한 일은 독자 대부분이 은유라고 생각조차 하지 않는 은유들을 찾아내 제시하는 것이었다. 언어는 자연스럽게 발전하는 과정에서 추상적인 생각들을 표현하기 위해 구체적인 세계에서 은유들을 길어낸다. 정치적 결속이라는 상태가 처음 생겨났을 때, 전에는 필요가 없었기에 존재하지 않았던 '독립'이라는 단어를 누군가가—한 물체가 다른 물체에 물리적으로 매달려 있는 상태에 착안하여—지어냈듯이 말이다. 시

---

* 첫 단락의 원문은 다음과 같다. 'When in the course of human events, it becomes necessary for one people to dissolve the political bands which have connected them with another, and to assume among the powers of the earth, the separate and equal station to which the Laws of Nature and of Nature's God entitle them, a decent respect to the opinions of mankind requires that they should declare the causes which impel them to the separation."

간이 흐르면서 은유들은 닳고 무뎌져서 더 이상 은유로 보이지 않게 된다. 여러분은 'behind(뒤에)'라는 말이 'near your hindquarters(몸의 뒷부분 근처)'라는 뜻의 신체적 은유에서 왔다는 사실을 알고 있었는가? 언어의 얼마나 많은 부분이 이런 식으로 발전하는지, 이스라엘의 언어학자 가이 도이처는 언어 자체가 "죽은 은유들의 모래톱"이라고 했을 정도다(이는 생생하게 살아 있는 은유다).

은유는 우리의 사고에 영향을 미칠 만큼 강력할 수 있기 때문에 사람들은 그것을 통제하고 이용하려고 진력하기도 한다. 핑커는 은유의 정치적 역할에 대해 언어학자 조지 레이코프와 치열한 토론을 벌인 바 있다. 4장에서 보았듯이 레이코프는 공화당이 민주당보다 '프레임 설정에서 앞선다(out-frame)'고 생각한다. 상속세를 'estate taxes'라 하지 않고 'death taxes'로 부르는 게 그런 예다.* 'estate(유산)'라고 하면 사람들은 돈 많은 가부장과 그의 토지, 주식, 채권, 골동품 가구 등을 떠올린다. 그래서 응석받이로 자란 그의 자식들이 재산을 다 차지하기 전에 대형 괘종시계 몇 점과 병당 1,000달러나 하는 보르도 와인 등속을 공공복지에 쓸 세금용으로 매각하는 것은 사회의 성원으로서 마땅히 해야 할 일쯤으로만 생각된다. 하지만 죽음은 우리 모두가 맞아야 하는 비극적 운명이다. 사랑하는 많은 사람이 세상을 뜨는 모습을 지켜본 뒤에 말이다. 'death tax'라는 표현은 우중충한 얼굴의 국세청 직원이 방금 돌아가신 할머니의 침대 곁에 와서는 당신에게 눈물을 거두고 수표를 쓰라고 채근하는 모습을 연상시킨다. 느낌이 전혀 다른 이 두 광경은 사실 정확히 동일한 (상당히 추상적인) 공공 정책을 프레임만을 바꾸어

---

* 'estate tax'와 'death tax' 모두 상속세를 뜻하는 기존 단어지만 어감이 다르다.

제시한 것이다. 프레임 전쟁에서 승리하는 자가 정치 전쟁에서 승리한다는 게 레이코프의 생각이다.

핑커는 이를 너무나 지나친 생각이라고 여긴다. 레이코프는 민주당에 어울리는 신조어 몇 개를 직접 만들기도 했다. 그 하나가 세금을 '회비(membership fees)'로 부르자는 것이다. 핑커는 이 프레임은 성공하기 어렵다고 본다. 그러나 은유의 힘이 대단하다는 데에는 이의가 없다. 당신이 로버트 번스처럼 자신의 사랑을 "붉디붉은 장미"라고 생각한다면 "사랑은 전쟁터"라고 노래한 가수 팻 베너터와는 다르게 행동하지 않겠는가.

언어라는 것 자체에 관해 생각할 때 대부분의 사람은 '상자로서의 언어들'이라고 부를 수 있을 단순한 시각을 받아들인다. 상자가 경직된 기하학적 형태를 지니고 있는 것처럼, 사람들은 한 언어가 엄격한, 그리고 완벽하게 '논리적'이라고 상정되는 단 하나의 형태로—다시 말해, 규범주의적 사전과 문법에 담겨 전승되는 올바른 형태로—존재하기를 원한다. 나아가 사람들은 그 상자의 테두리가 각 나라의 국경과 정확히 일치하기를 바라거나, 그러리라고 생각한다. 이를테면 독일어라는 '한' 언어의 '한' 변이형만이 독일이라는 단 '한' 나라의 언어여야 하고, 독일은 '모든 독일어 사용자를, 그리고 그들만을' 포괄해야 한다고 생각한다. 이탈리아어, 프랑스어 등 다른 언어들도 마찬가지다. 이 같은 상자의 은유를 현실 세계에서 실현하는 데 결정적인 한 걸음은 '민족국가'의 건설로, 이는 유럽에선 대체로 달성되었으나 다른 대부분의 지역에서는 이루기가 쉽지 않다. 또 하나의 단계는 언어를 표준화하여 국경 내의 모든 사람이 같은 방언을* 쓰도록 하는 것이다. 언어의 변이는 사회 통합과 애국심에 반하고 국가와 민족 자체에도 반하는 경멸의 대상이다.

학교에서는 아이들에게 지금까지 쓰던 알자스어/케이전어/스코트어/에보닉스 등을 그만 쓰고 '진짜' 언어를 사용하라고 하면서 이 은유를 명시적 또는 암묵적으로 가르친다. 그 언어만이 언어라 불릴 가치가 있고, 아이들이 속해 있는 사회를 제대로 나타낸다는 것이다.

언어를 상자로 보는 은유대로라면, 사람들이 국경을 넘어 한 나라에서 다른 나라로 건너갈 때 그는 하나의 상자에서 나와 곧바로 다른 상자로 들어가는 것이며, 따라서 국경수비대의 제복처럼 언어도 한 순간에 싹 바뀌게 된다. 독일어 "Wo ist der Bahnhof?(기차역이 어디 있죠?)"에서 프랑스어 "Où est la gare?"로 깔끔하게 넘어간다는 것이다. 검정 · 빨강 · 노랑의 독일 국기가 프랑스의 삼색기로 바뀌었듯이.

하지만 언어는 그런 식으로 작동하지 않는다. 앞 장에서 보았듯이, 만일 독일에서 프랑스의 알자스 쪽으로 건너간다면, 방송과 신문 판매대는 표준 독일어와 표준 프랑스어가 지배하겠지만 거리에서는 알자스 특유의 독일어 및 프랑스어 변이형들을 듣게 될 것이다. 이런 유형의 경계는 이례적이 아니라 세계 곳곳에 존재한다. 네덜란드 국경에 인접한 독일 북서부에서는 네덜란드어와 비슷한 '저지(低地) 독일어'를 사용하고, 우루과이와 브라질의 국경 지방에서는 스페인어와 포르투갈어가 뒤섞인 포르투놀(Portuñol)을 쓰며, 스페인 북서부에서는 바로 남쪽의 포르투갈어와 거의 같은 갈리시아어를 사용한다. 세계 전역의 흐릿한 경계들에서 비슷한 사례가 숱하다. 상자 은유는 잘못된 것이다.

---

* 이를 '표준 방언'이라고 한다. 이상적인 의미의 '표준어'는 특정 언어의 모든 방언들로부터 독립되어 있는 지극히 중립적인 언어 표현이어야 하지만, 이런 것은 실재하지 않는다. 그래서 대부분의 언어 사회에서는 표준 방언을 정하여 엄격한 의미의 표준어를 대신해 쓰고 있다. 표준 방언은 대개 그 나라의 수도 일대에서 사용하는 방언이다(『사회언어학사전』 참조).

보다 나은 은유는, 이 역시 완벽하진 않지만, 구름이다. 구름은 시간이 지남에 따라 위치가 바뀌고 형태가 변한다. 언어들도 마찬가지여서 시간이 지남에 따라 지도 위를 옮겨 다니고, 형태가 변하고, 때로는 분리되고 때로는 합쳐진다. 언어를 고정된 상자로 생각하고 싶을지 모르지만, 현실에서 그것은 구름이다.

미국을 정치적으로 빨간색 주(공화당 승리)와 파란색 주(민주당 승리)로 구분하는 관행을 생각해보자. 미국의 선거 결과를 나타내는 전형적인 지도는 50개 주를 두 개의 밝은 빛깔 중 하나로 칠해 각 주가 양당 중 어느 편인지를 한눈에 알게 해주는데, 이는 다음과 같은 정치적 허구를 낳는다. 텍사스의 모든 가족은 벽난로 위에 걸린 엽총 밑에 조지 W. 부시의 사진을 놓고는 매일 정성스럽게 닦으며, 캘리포니아의 모든 동성애자 부부는 침대 베개 밑에 버락 오바마의 사진을 넣고 잠든다는 허구를.

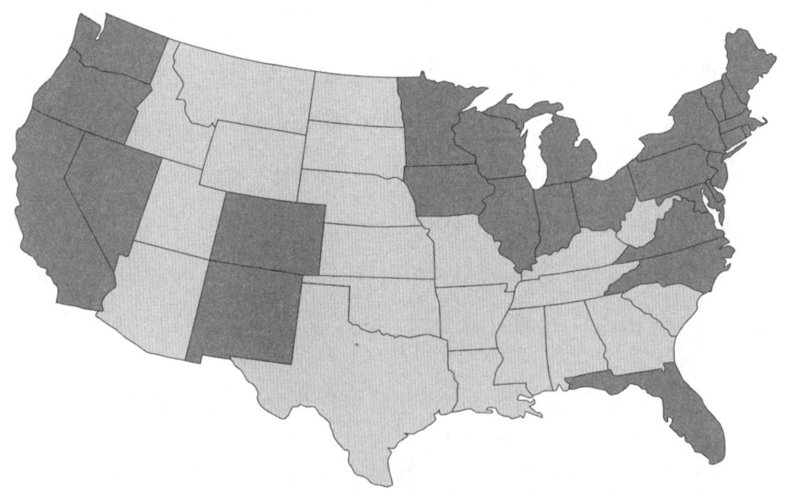

상자 형태로 나타낸 미국의 정치 판세
(짙은 색이 2008년 대통령 선거에서 민주당이 이긴 주들. 컬러 지도에서는 파란색이다.)

현실은 그보다 한층 흥미롭다. 더 정확하게 선거 결과를 주 단위가 아니라 카운티 단위로 나타내보면 아래 지도처럼 작은 알갱이들이 조합된 형태에 가까워진다. 이 지도는 51% 지지든 80% 지지든 똑같이 원색의 빨강이나 파랑으로 칠하는 대신 색깔의 농도를 통해 특정 당을 선호하는 강도를 보여주기 때문에 득표 분포를 더욱 세밀하게 알 수 있다.

이 지도에서는 같은 텍사스 주라도 댈러스와 휴스턴, 오스틴, 샌안토니오, 그리고 라틴아메리카 출신들이 밀집해 있는 국경 지방에서는 버락 오바마를 많이 찍었음을 알 수 있다. 그리고 캘리포니아 주 센트럴밸리의 심장부를 따라 빨간색 띠가 이어진 게 보인다.* 이 밖에도 많은 특징들을 볼 수 있다. 미국 최남동부의 공화당 우세 지역인 디프사우스*에는 아프리카계 미국인들 덕에 민주당에 우호적인 카운티들이 하나의 지대를 이루고 있으며, 미시시피 강 연안의 카운티들에선 오바마에게

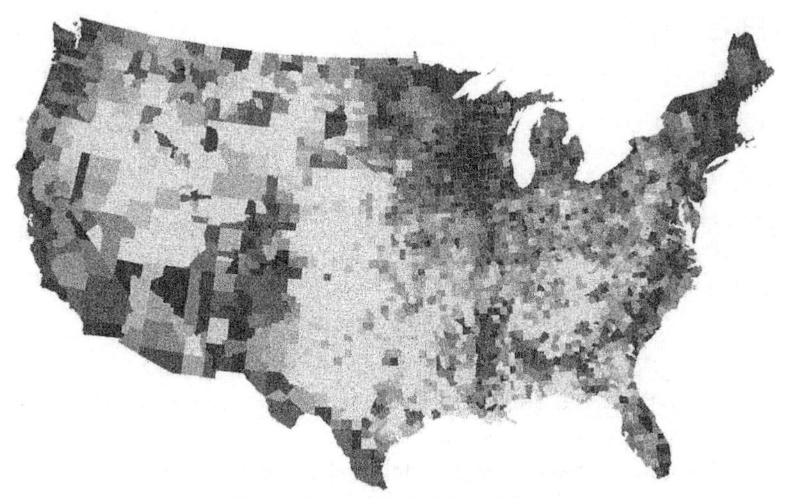

구름 모양으로 나타낸 미국의 정치 판세
(출처: Mark Newman, University of Michigan,
www-personal.umich.edu/~mejn/election/2008)

많이 투표한 반면 애팔래치아 산맥의 카운티들에선 존 매케인이 우세했다는 등등. 이것이 현실의 세계다. 빨간 주와 파란 주가 아니라 대체로 두 색이 섞여 자줏빛을 띠는 소도시들과 지역사회들의 세계이며, 궁극적으로는 살아 있는 인간들의 세계다.

언어의 분포를 세세히 보여주는 세계지도가 가능하다면, 방금 본 구름 모양 지도와 똑같이 복잡하고 지극히 흥미로울 터이다. 그 지도는 또한 대부분의 국가에서 단일 언어가 사용된다는 우리의 관념을 가차 없이 깨뜨릴 것이다. 나라당 언어 개수는 평균 44개로, 거의 모든 사람의 추측보다 훨씬 많다(이는 전체 언어 수를 나라 수로 나눈 단순 산술평균이다). 물론 이 언어들은 불균등하게 분포해 있어서, 뉴기니에는 1,000개가 넘고, 아이슬란드에는 하나뿐이다(하지만 아이슬란드 사람들 거의 모두가 여러 언어를 할 줄 안다. 토착의 소수민족 언어가 없는데도). 그렇다 해도 민족국가의 본고장인 유럽 대륙에조차 언어적으로 순수한 나라는 존재하지 않는다.

그러므로 언어에 대해 생각할 때 평안함과 만족감을 느낄 수 있으려면 먼저 객관적 현실을 인정하고 들어가야 한다. 아무리 다르게 믿고 싶더라도 말이다. 세계는 언어적으로 대단히 혼잡스럽다. 단 하나의 언어만을 사용하는 나라는 좀처럼 찾아보기 어렵다. 언어의 세계는 깔끔히 정돈된 상자들의 집합이 아니라 부분적으로 중복되는 구름들의 덩어리다.

---

* 흔히 텍사스 주는 공화당에, 캘리포니아 주는 민주당에 표를 몰아주는 곳으로 단순화하여 생각하지만, 자세히 들여다보면 지역별로 편차가 적잖다는 얘기다. 지도들은 본디 컬러이나 이 책에선 흑백으로만 나와 있다.
* 디프사우스(Deep South)는 주로 조지아, 앨라배마, 미시시피, 루이지애나, 사우스캐롤라이나 등 5개 주를 가리키며 여기에 텍사스, 플로리다를 포함시키기도 한다. 이들 7개 주는 남북전쟁 때 아메리카남부연합의 주축이었다.

428

그렇다면 이 산란한 현실의 한가운데에서 우리는 어떻게 정신을 차리고
평정을 유지할 수 있을까?

언어에 관한 더 나은 은유를 찾아

그럴 수 있으려면 언어에서의 '좋고 나쁨', '옳고 그름'을 새로이 생
각하기 위한 더 나은 은유를 찾는 일이 필요하다. 그러한 은유를 찾으면
우리는 규범주의자와 기술주의자의 말이 저마다 일리가 있을 수 있고,
둘 다 언어를 사랑하는 것일 수 있으며, 문법 전쟁에서 어느 한쪽이 완
승을 해야 할 필요는 없다는 것을 두루 이해하게 될 테다. 규범주의자들
은 언어를 법으로 본다. 우리에겐 법령집(문법과 사전)이 있지 않은가.
이상적인 세계에서라면 그 규칙을 깨는 사람은 처벌을 받아야 할 것이
다. 살인하지 말라, 물건을 훔치지 말라, 그리고 부정사를 분리하지 말
라. 잔소리꾼들 중엔 학생 시절 사소한 문법 실수 때문에 수녀 선생님한
테 자로 손등을 맞은 일을 '애틋하게' 회고하는 사람이 많다. 인간이 지
닌 가장 멋진 능력의 사용법을 익히는 데 이런 방식이 온당하기나 한 듯
이 말이다.

잠깐만 생각해봐도 알 수 있듯이, 언어를 법에 견주는 은유는 극히 부
적절하다. 법은 혼란과 경쟁이 만연하는 세계에서 사람들이 서로 해치
는 일을 막기 위해 만들어진다. 그런데 언어는, 말에 의한 명예훼손이라
든지 4장에서 언급한 "붐비는 극장에서 'fire'라고 소리치는 일" 따위를
제외하면, 다른 사람을 해치는 수단이 아니다. 언어란 인간의 표현 그
자체다. 입으로 내는 언어는 생각과 감정을 즉흥적으로 서술해내고, 글
로 쓰는 언어는 같은 것을 조금 더 생각을 기울여 서술한다. 언어는 법
이 아니다. 언어는 사실 음악과 아주 비슷하다. 말은 재즈다. 기본 규칙

들을 배워서 좀 익히고 나면 언제라도 즉흥 연주를 할 수 있다. 글쓰기는, 이미 확립돼 있는 형식과 전통의 지배력이 재즈의 경우보다 큰 고전음악의 작곡과 좀 더 비슷하달 수 있다. 그러나 헝가리 민요를 곡에 이용했다고 프란츠 리스트를 처벌하려 들거나, 미국 국가 「성조기여 영원하라」를 전기기타로 연주했다고 지미 헨드릭스를 감옥에 집어넣으려 한 사람은 없었다(분노를 촉발하긴 했지만). 누가 내 마음에 들지 않는 방식으로 말한다고 해서 그를 무슨 공공질서의 파괴자처럼 대하는 식의 사고는 멀찌감치 내다버려야 한다.

규범주의와 기술주의의 대결과 관련해서는 또 다른 은유도 유용할 수 있다. 2장에서 린 트러스가 문장부호를 교통신호에 비유한 것을 상기하자. 교통신호든 문장부호든 잘못된 것을 따르면 연쇄 충돌이 일어나거나 모두가 헤매게 될 터이다. 어떤 면에서 규범주의와 기술주의의 싸움은 진정한 대립이 아니다. 기술주의 언어학자들도 규칙의 존재를 두말없이 인정하기 때문이다. 특히 글을 쓸 때 그 구성과 문법, 철자법, 문장 기법 등의 선택은 관습적 규약들에 의해 좌우된다. 이런 관습들은 현대 문명의 기반이 된 문자문화를 낳았다는 점에서 엄청나게 유용하기도 하다. 지금까지 나는 규칙을 없애고 싶어하는 기술주의 언어학자를 본 적이 없다.

물론 기술주의 언어학자들은 근거를 전혀 찾을 수 없는 규칙, 이를테면 부정사를 분리하지 말라는 것 따위는 공공연히 비난한다. 이는 제대로 된 글쓰기의 역사가 시작된 이래 지금까지 대다수의 영어 사용자가 그 같은 규칙들을 거의 무시해왔기 때문이다. 여기엔 다른 은유를 적용해보자. 기술주의는 관습법과 같다. 관습법처럼 선례에 근거를 두고 작동하며, 시간이 지남에 따라 서서히 축적된다. 반면 규범주의는 권위주의적 유형의 성문법과 같아서, 선례 따위에는 전혀 신경을 쓰지 않는다. 규정집에 이러저러한 게 법칙이라고 적혀 있으면 그걸로 끝이다.

우리가 언어는 법보다 음악이나 교통신호(혹은 교통법규)와 더 비슷하다고 인정한다면—다시 말해서, (말과 아주 비슷한 음악처럼) 위반해도 대부분의 경우 해가 없거나 (글과 더 비슷한 교통법규처럼) 가급적 지키는 편이 좋은 관습의 집합체임을 받아들인다면—우리가 해온 언어 전쟁이라는 게 실은 아무 것도 아닌 걸 가지고 걱정하고 고민하며 싸우는 일임을 깨닫게 된다. 그러니 이제 인정하자. 말과 글이 다르다는 사실을. 어떤 상황에서는 지극히 공식적이고 엄격한 어투가 필요하고, 다른 상황에서는 혁신과 함께 규칙 따위는 무시하는 대담성이 필요하다는 것을. 모든 나라에는 다양한 방언이 있으며, 경우에 따라선 서로 다른 언어들까지 공존하고 있다는 사실을. 같은 방언의 화자들조차 말을 똑같이 하지는 않는다는 사실을. 이런 점들은 인간의 역사에서 항상 그래왔고 앞으로도 언제까지나 그러할 것임을. 이 모두를 인정하고 나면 우리의 언어 논쟁을 옥죄고 있는 분노와 절박감이 어느 정도는 해소될 터이다. 다들 긴장을 풀자. 언어처럼 즐거운 것에 관해 왜 그토록 화를 내며 살아야 하는가.

배타성의 문제는 융통성으로 해결한다

이제 민족주의의 문제로 돌아가서 생각해보자. 사람들이 민족의 일원이 되고 싶어하며 언어를 그러한 귀속의 표지로 삼으려 드는 일이 그렇게 나쁜 일일까? 민족주의가 지금까지 숱한 전쟁을 일으켰고 언어가 민족주의의 주요한 시금석 노릇을 해왔으니 우리는 표준어라는 관념을 아예 버림으로써 민족주의라는 빌어먹을 물건이 세상을 괴롭히지 못하도록 해야 하는 것일까?

이 문제에 관한 한 나는 민족주의에 반대하는 좌파 성향의 언어학자들보다 전통주의자들 쪽에 더 공감한다. "전통의 발명"이라는 말을 지어낸 것으로 유명한 영국의 마르크스주의 역사가 에릭 홉스봄과, 앞에서 보았듯이 민족주의를 산업화의 맥락에서 이론화한 어니스트 겔너(분류하자면 반공주의자다) 같은 사람들은 민족주의를 실용적 차원에서 설명했다고 볼 수 있다(홉스봄의 경우엔 지배계급들의 의식적 조작이, 겔너에겐 산업 사회의 요구가 설명의 축이다). 그리고 두 사람의 주장은 각기 진실의 일면을 꿰뚫은 것일지도 모른다. 그러나 이들은, 다른 사회과학자들은 물론이고 많은 언어학자들 또한 그랬듯이, 너무 성급하게 민족주의(와 그 일부분인 언어 세우기)를 대중조작에 능한 지배자들의 냉소적인 도구로 치부해버린다. 대중이 민족주의를 그토록 열광적으로 받아들인다는 사실에서 우리는 사람들이 쉽게 속아 끌려다닌다는 뻔한 얘기 이상의 무언가를 헤아려내야 할 텐데도 말이다.

사람들은 집단에 소속되기를 좋아한다. 자신과 비슷한 사람들에게 동질감을 느끼면서 그들을 지지하고 보호하려 드는 것은 인간의 유전적 성향의 일부일 가능성이 매우 높다. 예를 들어 우리와 비슷하게 생긴 사람들은 우리와 같은 유전자를 지녔을 수 있으므로, 그 공통의 유전자가 후대에 전달될 가능성을 높이기 위해 그들 편을 드는 것은 나름대로 이치에 닿는 행동이다. 민족주의가 먹히는 까닭은 그것이 인류의 역사 전체에 걸쳐 존재해온 감정인 집단 정체감과 유대감을 동력으로 이용하기 때문이다. 다만 여기서 '집단'이란 기존의 가족이나 마을, 씨족이 아니라 민족으로 외연이 훨씬 확장되었다.

이러는 일에 본질적으로 무슨 문제가 있는 건 아니다. 유럽이 중세 암혹기에서 근대로 나아감에 따라 마을이나 지역보다 큰 단위의 설정이 합리적이 되었다. 경제적인 이유만으로도 그러했다. 국가 체계가 탄생했고, 그와 함께 국기와 국가(國歌), 여권, 국경, 세관, 나아가 올림픽이나 유로비전 송 콘테스트, 현재 192개국이 가입해 있는 유엔 따위가 생겨났다. 인위적인 요소가 얼마나 작용하든 간에 민족주의, 그리고 민족국가를 향한 갈망은 근대적 삶의 객관적 현실로서 많은 사람들이 지극히 만족해하는 것이다. 민족은 사람들을 조직하는 꽤나 합리적인 방법이다.

민족주의자들(언어민족주의자도 포함하여)의 잘못은 민족을 생각하면서 다른 모든 크고 작은 정체성들을 배제하는 데에 있다. 오늘날 민족주의자들에겐 두 부류의 적이 존재한다. 첫째는 국내의 분리주의자들이다. 이들은 자기네 '바스크 지방'이나 '쿠르디스탄'이 자타가 공인하는 주요 국가인 '스페인'이나 '터키'에 못지않게 진정한 민족적 실체를 지니고 있으므로 별개의 국가로 독립할 자격이 있다고 주장하기 때문이다. 둘째는 국가나 민족보다 더 큰 정체성을 믿는 —유럽, 이슬람 세계 공동체, 혹은 그도 모자라 유엔이나 인류 공동체 같은 걸 운위하는— 얼빠진 이상주의자들이다.

공화당 정치인으로 하원 의장까지 지낸 뉴트 깅리치가 2009년 버락 오바마 대통령을 겨냥한 연설에서 공격한 게 바로 저 이상주의적 관점이다. 오바마는 2008년 베를린 연설에서 이슬람 세계를 향해 자신이 "자랑스러운 미국 시민이자 여러분과 같은 세계 시민"이라고 언명한 바 있다. 1년 뒤 깅리치는 "나는 세계시민이 아닙니다. 그런 개념 자체가 지적으로 당찮으며 엄청나게 위험하다고 나는 생각합니다."라고 말했다.

모든 공화당원이 좋아해 마지않는 대통령 로널드 레이건이 1982년에 자신이 "세계 시민"이라고 선언했다는 사실에는 신경 쓰지 말자. 깅리치는 대체 무슨 생각을 한 걸까? 시민의 위계에도 상한선이 있다는 뜻이었을까? 아니면 애초부터 시민에는 하나의 종류밖에 없다는 의미였을까? 의원 시절에 누가 물었다면 그는 자신이 조지아 주의 시민이라는 사실을 과연 부인했을까? 그의 거주지이며 내 고향이기도 한 마리에타의 시민이라는 것도? 그가 마리에타의 시민이자 조지아 주의 시민이며 미국의 시민이라면, 어떻게 세계 시민은 아닐 수 있는가?

충성의 대상을 나라와 민족으로만 제한해야 할 명백하고 온당한 이유는 전혀 없다. 이 장 들머리에 인용한 홉스봄의 말은 이 문제의 핵심을 웅변적으로 말해준다. "우리는 누구나 다차원적인 존재다." 홉스봄이 파텔 씨의 예를 통해 제시한 또 하나의 요점은 민족주의는 사람들의 충성심을 수직적으로 특정 수준에(지방도 세계도 아닌 국가에만) 제한할 뿐 아니라 수평적으로도 특정 영역에(종교나 사회계층, 혹은 그 밖의 어떤 집단이 아닌 국가와 민족에만) 제한한다는 것이다.

이처럼 문제는 배타성이다. 그렇다면 해결책은 융통성이다. 나는 조지아대학교의 미식축구 팀인 조지아불도그스의 광적인 팬으로, 나의 팀이 어디하고 맞붙어도 열렬히 응원한다. 그런데 나는 조지아공과대학교 팀의 팬이기도 해서, 상대 팀이 조지아대학교가 아닐 경우엔 조지아공대도 응원한다. 애틀랜타에 있는 학교이기 때문이다. 하지만 만일 우리가 증오하는 지역 라이벌 플로리다 팀이 전국 결승전에 오르면 나는 이를 악물고 그들을 응원한다. 가령 오하이오 주립대 같은 다른 지역 팀이 우승하는 것보다는 우리 남동부의 팀이 우승하는 게 나으니까. 홉스봄의 말마따나 모든 것은 맥락에 달려 있다.

언어도 마찬가지다. 전통적, 규범주의적이며 민족주의적인 견해에서
는 우리가 사용하는 언어의 올바른 종류는 하나뿐이고 사실상 언제나
그것만을 사용해야 한다고 주장한다. 그러나 나만 해도 남부에 사는 나
의 가족들과 얘기할 때는 문법과 말투가 특징적인 ― 'ain't'*가 많이 들
어가는 ― 남부 사투리를 쓰고, 뉴욕의 사무실에서는 준(準) 격식체의 특
별한 색깔이 없는 미국 영어로 말한다. 영국에 가서는 거의 자동적으로
'elevator'를 'lift'로, 'line(기다리는 줄)'을 'queue'로 바꾼다. 프랑
스에서는 프랑스어로, 독일에서는 독일어로 말하며, 현지어를 모르는
나라에 가면 뭐든 도움이 될 말을 몽땅 끌어다 쓴다. 이중 어느 모습도
'진짜 나' 또는 '올바른 나'로 규정할 수 없다. 나와 내 말의 저 여러 변
이형들은 각기의 상황에 적절하거나 그렇지 못할 뿐, 법을 지키거나 어
기는 일과는 아무 상관이 없다. 분별의 감각과 취향의 문제일 따름이다.
(나 역시 대부분의 사람들처럼 때로는 판단이 빗나가기도 한다.)

나의 아버지가 즐겨 얘기하시던 오래된 농담이 있다.

하버드대학을 방문한 조지아 주의 학생이 지나가는 학생에게 물었다.
"Excuse me, can you tell me where the library's at?(실례지만 도서
관이 어디에 있는지 알려줄래요?)" 하버드생이 답했다. "우리 하버드에선
문장을 전치사로 끝내지 않아요." 조지아 학생은 잠깐 생각한 뒤 고쳐 물
었다. "Sorry, can you tell me where the library's at, asshole?(미
안, 그럼 도서관이 어디에 있는지 알려줄래, 이 얼간아?)"

---

* 'ain't'는 'am not, are not, is not, have not, has not'의 축약형으로 두루 쓰인
다. 심지어는 'do not, does not, did not'을 대체하기도 한다.

나는 두 가지 이유로 이 농담을 좋아한다. 첫째, 나 자신도 말에 신경 깨나 쓰는 소수의 따분한 사람들 중 하나지만, 이 농담은 저 하버드 학생이 턱없이 과시하려던 문법 지식의 정체가 무엇인지를 폭로한다. 그것은 무조건 암기한 하나의 미신("문장을 전치사로 끝내지 말라.")으로, 그가 제대로 알지도 이해하지도 못하는, 근거는 없지만 실재하는 규칙("전치사는 그 목적어 앞에 있어야지 절의 끝에 와서는 안 된다.")이 왜곡된 형태로 나도는 것이다. 조지아 대학생의 승리 역시 하버드생과 똑같은 얄팍한 사고에 바탕을 두고 있다. 문장을 전치사로 끝내면 안 된다고? 그렇다면 단어를 하나 더 붙이면 되겠군, 하는 식이다.

그러나 여기서 진짜 웃기는 점은 저 잘난 체하는 하버드 학생이 기실은 덜 떨어진 짓을 하고 있다는 것이다. 완벽하게 알아들은 소박한 질문에 대해 문법에 관한 모욕으로 답하다니, 예의라곤 찾아볼 수 없는 행위 아닌가. 건방진 아이비리그 학생은 조지아 학생의 격식 안 차린 어법을 호의와 유대감의 표시로 받아들이지 않고 문장 법칙의 자구에 집착함으로써 자신의 과시욕을 드러낸다. 농담의 초점은 조지아 학생들이 멍청하다는 데 있지 않고 하버드의 얼간이들이 규칙을 고집해야 할 때와 말아야 할 때를 구분 못한다는 데 있다는 얘기다. (언어학자의 보너스 농담은, 어쨌거나 그 규칙 자체가 멍청하다는 것이다.)

언어 다양성과 경제 발전 사이에서

민족주의와 근대 민족국가를 뒤로하기 전에 우리는 가슴 아픈 문제 하나를 더 생각해야 한다. 세계에는 약 6,000개의 언어가 있다. 많은 예측에 따르면 앞으로 한 세기 사이에 그 절반쯤이 사라지리라고 한다. 더 비관적인 이들은 6,000개 중 단 600개만이 살아남으리라고 전망한다.

우리는 이 책에서 위기에 처한 몇몇 언어를 보았다. 예컨대 앞에서 보았듯이 '증거성'을 지닌 언어인 투유카어는 아마존 지역의 극소수 인디언들만이 사용한다. 그런 지역들이 개발되면 점점 더 많은 언어가 사라질 것이다. 언어학자들은 증거성 같은 매혹적인 특징들을 지적하면서, 언어가 하나하나 사멸할 때마다 인간을 이해하는 데 아주 소중한 자원도 그만큼씩 잃게 된다고 역설한다. 다양한 언어를 들여다보며 우리는 인간 언어의 온갖 작동 방식에 대해, 나아가 우리의 두뇌가 어떻게 기능하는지에 대해 귀중한 통찰을 얻을 수 있기 때문이다.

어떤 언어학자들은 언어 다양성의 중요성을 생물 다양성의 중요성에 비하기까지 한다.[2] 이를 문자 그대로 적용하여, 토착 문화가 파괴되면 자연 서식지도 파괴되며 그 역도 마찬가지라고 주장하는 사람들도 있다. 영국의 행동과학자 대니얼 네틀과 언어학자 수잰 로메인은 흔히 '원시적'이라고 하는 이 문화들이 주위 생태계의 동식물에 관해 비할 바 없이 값진 지식을 많이 지니고 있다고 주장한다.* 이들 문화와 그 언어가 파괴되면 무수한 과학적 지식이 함께 쓸려갈 것이며, 그 가운데는 인간 질병의 치료에 큰 도움이 될 지식들도 포함될 터이다.

세계의 언어들을 거의 모두 보존할 필요성은 언어학자에겐 금과옥조나 마찬가지다. 그러나 생물 다양성과 달리 언어 다양성에는 대가가 따른다는 사실을 우리는 종종 잊는다. 무엇보다도, 다른 말을 쓰는 사람들은 서로를 불신하게 되기가 더 쉽다. 언어가 완전히 다를 때는 각기 자기들만의 민족국가를 세우려 드는 경향이 있고, 그러는 과정에서 종종 영토와 자원, 인구를 놓고 제로섬의 경쟁을 벌이며 심지어 전쟁도 불사

---

* 두 사람은 『사라져가는 목소리들 *Vanishing Voices*』(국역본은 김정화 옮김, 이제이북스, 2003)이라는 저서를 함께 썼다.

한다.

또 다른 대가는 말 그대로 비용 즉 돈의 문제다. 널리 사용되는 언어
가 여러 개인 나라는 하나 혹은 소수의 언어가 지배적인 나라보다 가난
한 경향이 있다.[3] 이에 관한 초기 연구들 중 하나(1969년)에서는 각국
의 1인당 국내총생산(GDP)과 가장 큰 언어 집단이 전체 인구에서 차
지하는 비율을 조사했고, 이 두 변수를 좌표화하여 산점도(散點圖)를
만들었다.

그 결과를 보면, 거의 모든 국민이 단일한 언어를 사용하는 나라 중엔
가난한 곳도 있고(부탄, 예멘) 부유한 곳도 있으며(노르웨이, 스웨덴),
가난한 나라들의 언어 상황 역시 국민 대부분이 하나의 언어를 쓰는 나
라부터(아이티) 다중 언어의 나라까지(콩고) 다양하지만, 그런 가운데

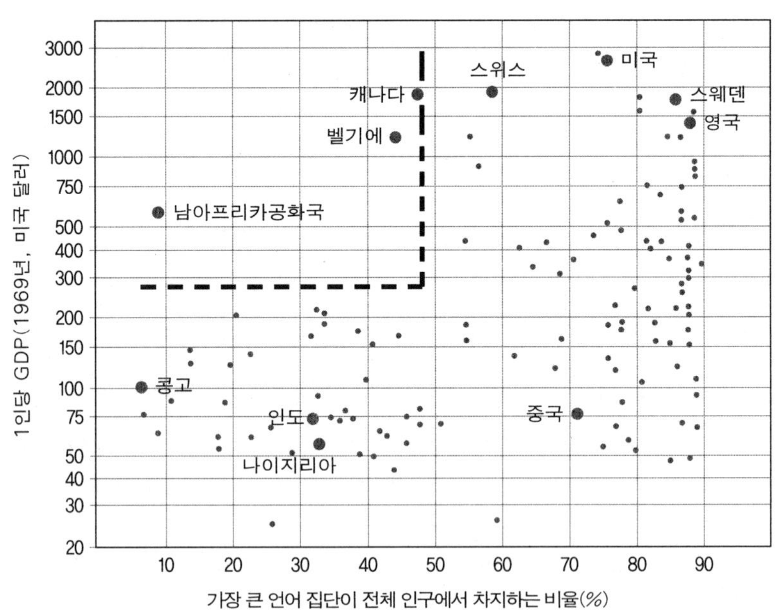

도 한 가지 사실은 뚜렷했다. 많은 언어가 사용되는 나라치고 부유한 나라가 없었다. 그런 경우에 가장 근접한 것은 벨기에와 남아프리카공화국인데, 둘 다 특이한 배경을 지닌 국가다. 프랑스를 비롯한 유럽 강대국들의 각축장이던 벨기에 지역은 1830년 혁명과 함께 거의 인위적으로 나라가 만들어져 네덜란드로부터 독립했기에 네덜란드어 사용자와 프랑스어 사용자가 대략 반반이다. 양쪽은 워낙 독자적이고 서로 적대적이어서 2008년 정치적 위기가 장기화했을 때 논평자들은 이 나라가 하나로 유지될지 아니면 둘로 쪼개질지를 점치기에 바빴다. 한편 1969년의 남아프리카공화국은 이미 얘기한 대로 밖에서 들어온 두 언어의 지배를 받고 있었고, 흑인 대부분이 집에서는 아프리카 토착어 중 하나를 썼다. 당시 남아프리카공화국의 일인당 부(富)의 평균치만 보아서는 국부의 사실상 전부가 영어나 아프리칸스어를 모어로 사용하는 백인 소수집단의 수중에 있었다는 사실을 알 수가 없다.

2000년에 행한 후속 연구에서도 비슷한 결과가 나왔다.[4] 평균적으로 보아, 한 나라에서 가장 큰 언어를 쓰는 사람들의 비율이 높을수록 그 나라는 더 부유했다. 여러 언어들로 잘게 나뉜 나라들은 경제적 최상위 집단에 거의 들지 못했다. 게다가 언어의 파편화는 짧은 수명과의 상관성이 가난보다도 컸다.

그러나 이 연구 결과는 신중하게 해석해야 한다. 서로 전혀 다른 두 가지의 의미로 풀이할 수도 있고, 아무런 의미가 없을 수도 있다. 가능한 해석 중 하나는 다중 언어 사용이 사회 발전에 장애가 된다는 것이다. 한데 꼭 그렇게만 생각할 수 없게 하는 사례들이 존재한다. 벨기에를 보자. 이 나라는 권력을 수도에 집중시키는 대신 각 지역에 이양하는 정책을 폈는데, 이처럼 새로운 정치공학적 접근법을 활용하면 언어가 분열된 나라도 충분히 번영할 수 있다. 더 잘사는 스위스는 최대 언어(독일어) 사용자가 인구의 3분의 2쯤에 불과하고 공용어가 네 개나 되는데도 역시 언어 분쟁 없이 번성해왔다. 20개 남짓한 주들에 벨기에처럼 권력이 이양돼 있어 베른의 중앙정부만이 지닌 권력은 거의 없는 점이 큰 이유의 하나일 법하다.

단일 언어와 발전 간의 인과관계는 정반대일 수도 있다. 경제가 발전함에 따라 언어 다양성이 위축되는 건지도 모른다는 얘기다. 우리는 프랑스가 지난 수백 년 동안 강력하고 부유한 중앙집권적 근대 국가로 발전하는 것을 보았고, 그러는 가운데 국내의 다른 언어들을 몰아내려 드는 것도 보았다. 다른 나라에서도 이 같은 현상이 발견되는가? 국가들은 근대화 과정에서 자연스럽게 단일 언어를 지향하는 걸까?

1974년에 발표된 한 연구는 여러 나라를 오랜 기간 관찰한 결과 그런 증거는 없었다고 주장했다.[5] 그러나 확실한 결론을 내리는 데 필요한 만큼의 기간에 걸친, 그리고 적절한 시기에 관한 연구 자료가 우리에겐 부족하다. 언어에 관한 근대 이전의 인구조사 자료는 거의 없다. 1500년에 잠비아에서 누가 어떤 언어를 사용했는지를 알려줄 제대로 된 데이터가 어디 있겠는가? 위의 가설을 검증하는 데 필요한 이런 정보들은 선진 지역, 서구 세계에서나 찾을 수 있을 테다. 게다가 대부분의 아프리카 국가를 포함한 많은 나라는 제국주의 국가들이 자기네 편의대로 국경선을 획정하여 생겨난 데 반해, 유럽 등지의 다른 나라들은 내부에서 자라난 민족주의의 결과로 형성됐다는 사실도 생각해야 한다. 그러니 아프리카 국가들이 가난한 동시에 언어도 여럿이라는 건 전혀 놀랄 일이 아니지만, 이걸 가지고 그들의 언어 다양성이 가난의 원인이라거나 거꾸로 가난이 언어 다양성의 원인이라고 단정할 수는 없다.

　요약하자면, 경제 발전이 과연 그 나라의 언어적 동질화를 부추기는 지를 우리는 결코 알 수 없을지 모른다. 최소한 앞으로 한동안은 알아낼 수 없을 듯하다. 그럼에도, 사라질 위기에 처한 언어를 연구하는 사람들은 발전이 언어를 죽인다는 것을 사실인 양 전제한다. 국가가 잘살게 되는 과정에서 사람들은 도시로 모여들고, 자녀들을 학교에 보내고, 신문 구독과 같은 습관들을 갖게 되는 등의 변화를 겪는데, 이 모두가 군소 언어들—도시집중의 결과 버려지고 교육과 미디어에서도 외면당하게 마련인 언어들—을 압박한다.

　여기서 딜레마는 이 습관들(교육과 신문 구독 등)이 대개 좋은 일로 간주된다는 점이다. 죽어가는 언어를 구하고자 애쓰는 언어학자는 흔히 마을 사람들에게 자녀를 전국적으로 쓰이는 언어 말고 그들 자신의 작고 위태로운 언어로 키우라고 권하는데, 이 때문에 그들은 비난을 받곤 한다. 마을 사람들이 군소 언어의 게토에 남아 있게 북돋움으로써 비록 고의는 아니지만 그들이 가난에서 벗어나지 못하도록 조장한다는 것이다.

　발전해야 한다는 시대적 명령과 아름답고 대단히 흥미로운 군소 언어들을 구하고 싶다는 소망 사이에 과연 타협이 가능할까? 일부에서만 가능할 터이다. 모든 언어를 구할 수는 없다. 아무리 희망이 큰 언어학자라도 그렇게는 생각지 않는다. 실제로 구할 수 있는 언어는, 그 사용자들이 어느 정도 자립적인 공동체로서 살아갈 수 있게 해줄 부와 사용자 수, 지역적 집중도를 지니고 있는 언어들뿐이다.

　현대에 몇몇 사례가 있다. 웨일스는 영국이라는 정치 단위의 한 부분이고, 영국의 지배적 언어는 지구상에서 가장 중요한 언어이기도 하다. 그런데도 마치 거짓말처럼, 한때 거의 고사했다고 생각됐던 웨일스어의 사용자 수가 안정되었을 뿐 아니라 늘어나기까지 했다. 웨일스 문화민족주의의 발흥은 웨일스어 사용자들이 지리적으로 집중돼 있고, 웨일스어의 부활을 정중하게 축복해주는 근대적 정치체제에 속해 있으며, 학교에서의 이중 언어 교육을 감당할 정도로 부유하다는(다른 과목에 배정됐을 수도 있는 시간에 웨일스어를 가르치도록 했다) 등의 여건에 힘입고 있다.

아일랜드 공화국도 같은 결정들을 내렸고, 대체로 비슷한 성공을 거두었다. 공화국 내에서 아일랜드어는 영어와 함께 공용어로 규정돼 있으며 학생들은 학교에서 여러 해 동안 이 언어를 배운다. 아일랜드어를 유창하게 구사하는 사람은 매우 적고, 태어난 이래 써온 사람은 더 적으며, 그것 하나만 쓰는 사람은 아예 없지만, 이제 아일랜드어는 생명유지장치의 도움을 받지 않아도 된다. 그들이 자기네 말을 유럽연합의 공용어로 만드는 데까지 성공했다는 사실도 상기하라. 당시에 다른 많은 유럽인들은 향후 모든 EU 문서를 아일랜드어로 번역하는 데 들어갈 연간 350만 유로(약 450만 달러)의 신규 비용에 잠시 난색을 표했음 직하다. 그러나 EU는 다양성이라는 명분 하나로 그것을 감수했다.

웨일스, 아일랜드, 유럽연합이 이렇게 할 수 있는 것은 그들이 부유한 민주주의 국가를 이뤄놓았기 때문이다. 여유가 있다는 얘기다. 유럽의 다른 군소 언어들, 이를테면 룩셈부르크어(레체부어어여슈어), 네덜란드의 프리지아어, 스칸디나비아와 핀란드의 사미어 등도 마찬가지다. 그러나 가난한 국가의 작은 부족어는 어떤가? 그 지역에 최근 새로운 공장이 들어서거나 광산, 유정이 개발되어 일자리가 생긴 대신 그들의 말보다 큰 지역언어나 전국적 언어를 배워서 써야 하는, 부족어로서는 위기의 상황이라면 말이다. 경제적 안정을 보장해주는 인구 규모와 집중도, 부를 지닌 사회만이 자기네 고유 언어의 미래를 담보할 수 있다. 모든 언어를 살리기는 불가능하다.

그렇다면 어떡해야 가능한 한 많은 언어를 살리면서도 가난한 민족들의 잘살 권리와 필요를 훼손하지 않을 수 있을까? 근본적 과제는 앞에 나온 그래프에서 점선으로 둘러싸인 왼쪽 윗부분, 즉 평면 전체를 네 부분으로 나눴을 때 제2 사분면(四分面)에 해당하는 위치로 이동하는 것, 다시 말해 다양성과 경제적 번영 중 어느 한쪽의 일방적 희생을 줄이는 일이다. 어떻게 하면 그리 될 수 있는지는 부유한 민주주의 국가들과 소수 개발도상국의 사례에서 알 수 있다.

답을 한마디로 요약하면 다중 언어 사용이다. 이미 보았듯이 소득수준이 높거나 중간은 가면서도 특정 언어가 지배하지 않는 나라들이 교훈적이다. 그들은 어떻게 해서 특별한 사례, 즉 '아웃라이어(outlier)'가 되었을까? 한 이유는 국경 안에 여러 언어를 할 줄 아는 사람들이 넘쳐나기 때문이다. 벨기에 사람은 대부분 프랑스어와 네덜란드어를 모두 배우고 여기에 제3 언어(대개 영어)까지 더한다. 스위스에서도 마찬가지여서, 학생들은 각자의 제1 언어가 무엇이든 간에 공용어 중 다른 하나(프랑스어나 독일어나 이탈리아어)와 영어도 배운다. 다중 언어 사용은 다양성과 경제적 효율성 중 하나만 택하고 다른 쪽은 희생시키는 상황을 제거한다. 언어가 다른 사람들이 서로 소통할 수 없으면 더 크고 더 효율적인 경제의 네트워크가 형성될 수 없다. 많은 사람이 둘 이상의 언어를 배운다면 문화의 치명적 균질화라는 부작용을 낳지 않으면서 경제 발전을 이룰 수 있다.

다양성과 발전을 함께 유지하고자 한다면 보다 많은 사람이 여러 개의 언어를 배워야 할 필요성을 피해갈 길이 없다. 가난하지만 성장을 보이면서 우리에게 갈 길을 예시하는 나라 중엔 인도도 포함된다. 인도는 어린아이들을 수많은 지방어 중 현지의 것으로 교육하고, 학년이 올라가면 더 큰 지역언어를 가르치며, (힌디어를 국어로 만들겠다는 목표 아래) 최대한 많은 학생에게 힌디어를 가르치고, 고등교육을 받을 사람들에겐 학문에 필수적인 영어를 가르친다. 이것은 이상적 모델인 만큼 모든 곳에서 이런 식으로 교육이 실시되지는 않는다. 실제로는 학교 교육을 통해 보존되지 않는 지방어가 많으며, 힌디어를 거부하는 지역도 많다. 그러나 위의 모델 자체는 찬사를 보낼 만하다. 다양성의 미덕(군소 언어들의 보호)과 민족주의(힌디어 장려), 경제의 국제주의(영어)를 결합하고 있기 때문이다.

이 책을 쓰는 과정에서 우연히 만난 사람 수십 명에게 나는 그들이 쓰는 언어가 무엇이며 그것에 대해 어떤 감정을 느끼는지를 물었다. 파리행 기차에서 만나 대화를 나눈 미겔도 그중 하나였다. 풍력발전 회사에서 일하는 미겔은 고향이 바르셀로나이며 제1 언어 즉 모어는 카탈루냐어다. 하지만 스페인어, 독일어, 영어도 할 줄 알고, 프랑스어까지 어지간히 구사한다. 나는 그가 혹 카탈루냐 민족주의를 내비치지는 않을지 보려고 이런저런 미끼를 던졌다. 많은 카탈루냐 사람들은 고집스럽게 자기네 말만 사용하기로 유명하고, 심지어 어떤 이들은 밖에 나가서 자기가 스페인이 아니라 카탈루냐 출신이라고 말하는 것으로 알려져 있다. 그러나 미겔은 걸려들지 않았다. 그는 필요한 모든 언어를 알고 있으며 각각의 언어가 자신의 삶에서 차지하는 공간에 만족하는 실용주의자였다. 프랑코가 카탈루냐어를 억압했던 역사를 거론하자 그는 어깨를 으쓱하며 "오래전 얘기지요."라고 받아넘겼다. (나이를 추측건대 그는 프랑코가 사망한 1970년대 중반께 태어난 듯했다.) 더욱 의미심장한 것은 유럽연합에 대한 그의 태도, 열렬한 지지였다. 유럽은 카탈루냐인 같은 소수민족들이 겪는 언어 갈등을 해결하는 데 최선의 방책이라 할 다층적 정체성을 제공했다. 미겔은 카탈루냐 사람인 동시에 스페인 사람이며 유럽인이자 국제주의자였고, 이게 그에겐 워낙 예사로운 일이어서 깊이 생각해본 적조차 없었다. 그는 오히려 나의 열띤 질문들을 좀 이상하게 느끼는 듯했다. EU 이후의 유럽에선 그 같은 다양성과 융통성이 지극히 평범한 게 됐다. 비용이 많이 들지는 몰라도 효과는 분명한 것이다.

저 모든 언어가 활짝 꽃피게 하라

다양성의 수용이란 소수언어들의 존재를 받아들이는 일만을 의미하지는 않는다. 근래에 숱하게 내세워진 '올바른 언어'에 관한 주장들, 잔소리꾼들과 학자들 간의 논쟁, 미국의 '에보닉스' 소동과 다른 나라들의 양층언어 현상 등을 두루 생각할 때, 다양성은 여권이나 길거리 표지판에 여러 언어가 쓰이는 것을 훨씬 넘어선 무엇임이 명백하다. 언어가 단일하게 고정된 법전 같은 게 아니라 장소에 따라, 상황에 따라 다양하게 달라지는 인간 행위임을 인정하는 것, 이게 바로 다양성의 진정한 의미라는 얘기다.

'양층언어', 즉 한 언어의 두 변이형이 공존하면서 일반적으로 '상층어'와 '하층어'로 역할이 나뉘어 있는 상황의 사례로는 표준 아랍어와 구어체(지역별 방언) 아랍어, 표준 독일어와 스위스 독일어, 그리스어의 카타레부사와 디모티키 등을 들 수 있다. 그리스어의 경우, 민중들의 언어인 디모티키가 승리함에 따라 양층언어 상황이 서서히 사라지고 있다. 아랍어의 경우, 많은 아랍인들은 그들이 일상에서 사용하는 언어가

책과 신문에서 쓰는 표준 아랍어처럼 '진정한' 언어가 아니라는 점을 불만스럽게 여긴다. 많은 아랍인이 문자문화와의 거리감과 언어에 관한 끈질긴 불안감을 안고 산다. 이는 극도로 성공한 규범주의가 낳은 역설적인 결과로서, 표준어는 권위 드높은 문법 편찬자들에 의해 동결되었지만 구어는 끊임없이 변해 나간 탓에 1,000년이 지난 지금은 문어와 구어가 생판 다른 언어가 돼버렸다. (영어와 프랑스어의 규범주의자들이여, 주목하라. 당장은 '성공' 같아도 길게 보면 결국 이렇게 된다. 글을 동결시킬 수는 있어도 말은 결코 동결시킬 수 없는 것이다.)

스위스의 사례는 훨씬 다행스럽다. 독일어를 사용하는 스위스인들은 상황에 따라 거의 의식하지 않고 언어를 바꾼다. 노천 맥줏집에서 친구들과 담소할 때나 집의 식탁에서 가족들과 얘기할 때는 그 도시 혹은 주변의 더 넓은 지역에서 쓰는 종류의 스위스 독일어로 말하고, 업무상 외국인들을 상대할 때나 강의를 할 때, 혹은 의회에서 토론할 때는 표준어인 고지 독일어를 사용한다. 여기서도 다양성과 융통성이 워낙 일반화되어 있어서 대부분의 사람은 이 같은 언어 전환에 대해 거의 생각조차 하지 않는다. 그 따위 상스러운 독일어는 집어치우고 '진짜' 독일어를 하라는 식의 훈계는 어디서도 들을 수 없다. 스위스인들은 지역별로 조금씩 다른 자기네의 독일어를 좋아하는 동시에 고지 독일어 또한 유용하다고 생각한다.

어떤 언어에서든 무엇이 올바른가를 따질 때 우리는 그런 식으로 생각해야 할 터이다. 흑인 영어는 규칙이 없는 망가진 영어가 아니다. 자체의 규칙을 따르는 하나의 방언이며, 비교적 순수한 형태의 흑인 영어와 영어의 표준 글말 사이에는 중간 단계들이 존재한다. 이를 양층언어 상황이라 할 수 있지 않겠는가? 이발소나 힙합 음반에서 쓰는 언어가 있는가 하면 고등학교 정치경제 수업과 입사 지원서에 사용하는 다른 언어가 있음을 받아들이자는 말이다. 전자는 주로 입말로서 친구나 가족들과 유대감을 나누거나 농담을 할 때 쓰이고, 후자는 보다 공식적이어서 다양한 의사소통과 업무상 회의 같은 데에 쓰인다고 규정하면 그만 아닌가. 스위스의 베른과 바젤에서 잘 통하는 원리가 브루클린과 브롱크스에서라고 왜 통하지 않겠는가? "우린 그렇게 많은 언어를 감당할 수가 없어."라는 변명은 스위스가 지구상에서 가장 번영하는 나라의 하나라는 사실 앞에서 설득력을 잃는다.

미국인들이 보다 나은 미래로 가는 길을 막는 유일한 장벽은 그들이 사고방식을 잘 바꾸지 않는다는 점이다. 많은 흑인 지도자들이, 심지어 흑인 고유의 정체성에 관한 이념을 자랑스럽게 지지하는 지도자들까지도 '에보닉스'에는 눈살을 찌푸린다. 예를 들어, 미국의 저명한 연예인인 빌 코스비는 이렇게 말했다.[6]

나는 이 사람들처럼은 말할 수조차 없습니다. "Why you ain't", "Where you is"라니요? 나는 이들이 어떤 사람인지 통 모르겠어요. 처음엔 그 아이를 탓했습니다. 그러다 그 애의 엄마가 말하는 걸 들었지요. 이어서 아빠가 말하는 것도 들었습니다. 문제는 가족이더군요. 예전엔 길모퉁이에 서서 어떤 식으로 말하든 간에 집에 돌아가면 〔올바른〕 영어를 했습니다. 영어로 말하는 게 얼마나 중요한지를 누구나 아는데, 이 멍청한 사람들은 모릅니다. *

---

* 이 말은 코스비가 2004년 5월 미국흑인지위향상협회(NAACP) 행사에서 흑인들이 자신의 삶에 대해 백인들만 비난하지 말고 스스로 책임을 져야 한다는 요지로 행한 연설의 일부분이다.

이와 비슷한 생각은 흑인 인권 운동가였던 맬컴 엑스(X)가 젊은 시절 교도소에서 독학하던 경험을 이야기하는 데서도 나온다. 그는 사전의 단어들을 베껴 쓰면서 자신의 필체와 어휘를 향상시켰다. 이슬람교에 귀의하는 한편 표준 영어를 읽고 쓰는 법을 공부하면서 그는 철장 안에 갇힌 몸이었음에도 "내 삶에서 그토록 진정하게 자유로웠던 적이 없었다."라고 했다.[7] 흑인 분리주의자로 다시 태어나고 있던 맬컴 엑스에게 그가 '속어' 라 불렀고 지금 우리는 흑인 영어라 부르고 있는 말은 더 이상 필요가 없었다.

다행스럽게도 현대 언어학에 힘입어 우리는 이보다 나은 생각을 알고 있다. 다양한 방언과 상황 변이어(register)들은 행복하게 공존할 수 있고, 그래야 한다. 미국 남부 영어, 글래스고 사투리, 밸리걸*이나 서핑(파도타기) 마니아들의 말투 등등 언어의 어떤 변이형도 예외가 아니다. 언어 결핍 상태에서 자란 아이들이 표준 영어의 문법과 다양한 어휘를 몰라서 소통에 심한 어려움을 겪는 이야기는 코미디의 단골 소재다. 영화 「베이스켓볼」 후반부의 엉뚱한 위기 상황에서 두 주인공 트레이 파커와 맷 스톤(이 둘은 TV 애니메이션 시트콤인 「사우스파크」의 제작자다) 은 아래와 같은 대화를 주고받는다.

쿠프: I'm not gonna do it, dude,* end of story! (난 그거 안 할 거야, 듀드, 얘기 끝!)
리머: Dude!

---

* '밸리걸(valley girl)' 이란 1980년대 초부터 미국에서 많이 쓰인 용어로 캘리포니아 주의 산페르난도밸리 같은 지역에서 그 전형을 볼 수 있는, 쇼핑과 멋 부리기에 관심이 크고 독특한 유행어와 말씨를 지닌 유복한 젊은 처녀들을 이른다.

쿠프: Dude!

리머: Dude!

쿠프: Dude!

리머: Dude!

리머: Dude.

쿠프: I guess you have a point. (네 말도 일리가 있네.)

언어는 사람들이 생각하는 것보다 훨씬 더 강건하고 유연하다. 다양한 억양으로 'dude'라는 단어의 의미를 바꿔가면서 주장을 펴는 것은 영국 상원 같은 데는 어울리지 않는 일이다. 하지만 그게 얼마든지 가능한 때와 장소가 있다.

대부분의 사람은 "이것들이 '규칙'이며, 규칙이란 예외 없이 지키라고 만든 것이다."라는 가르침을 어떤 형태로든 선생님에게서 전해 받고, 자식들에게도 그렇게 가르치려고 노력한다. 그러나 우리가 정말 생각하고 가르쳐야 할 바는 따로 있다. "글과 말에서 격식을 차릴 때 누구에게나 필요한 표준적인 일련의 관습이 있다. 특별한 상황이 아니라면 그런

---

* 'dude'는 미국 구어에서 '젠체하는 사람, 멋쟁이(dandy), 사내, 놈, 녀석, (미국 서부인의 시각에서) 동부의 도회지 사람, 특히 서부의 목장에 놀러오는 동부의 관광객' 등을 뜻해왔다. 상대를 부르는 말로는 '너/자네/당신'(친근한 호칭일 수도, 위협적인 호칭일 수도 있다)의 뜻을 기본으로 깔고 전후 맥락, 억양 등에 따라 다양한 의미를 담곤 한다. 예컨대 인터넷에서 찾은 다음과 같은 대화를 보자. "Dude!(안녕!)", "Dude…(아, 안녕…)", "Dude?(무슨 일 있어?)", "…Dude(…안 좋은 일이 있어)", "Dude.(안됐네)". 위의 대화도 이처럼 'Dude'라는 말 하나로 기분이나 상황, 의도 등에 관해 의사소통을 하고 있다. 물론 이는 대화자들이 서로의 성격이나 사정에 대해 잘 알고 있음을 전제로 한다. 그렇기에 쿠프의 첫 발언 이후 오간 말이 'dude' 하나뿐인데도 쿠프가 "네 말도 일리가 있네."라고 할 수 있는 것이다(좀 과장된 대화이긴 하다).

목적에는 표준 영어 글말의 문법과 어휘를 사용해야 한다."라는 것이다.

그리고 거기에는 다음과 같은 생각이 수반해야 할 테다. "놀이터에서는 말을 어떻게 해도 괜찮다. 짙은 스코틀랜드 사투리든 흑인 영어든, 아니, 스페인어나 베트남어, 케이전어라도 상관없다." 우리는 정말로 이 언어들과 방언들이 사라지기를 바라는가? 영어권의 모든 사람이 똑같은 방식으로 말하기를 원하는가 말이다. 마크 트웨인이나 리머스 아저씨*가 빠진 미국의 문학 유산을 상상해보라. 영화 「트레인스포팅」의 마약중독자들이 쓰는 글래스고 사투리를 머릿속에서 코네티컷 주의 영어로 바꿔보라. 루이 암스트롱이 듀크 엘링턴의 재즈곡 「It Don't Mean a Thing (If It Ain't Got That Swing)」*의 (제목과 같은) 가사를 표준 영어 "It doesn't mean a thing / if you don't have that swing"으로 불렀다고 상상해보라. 이처럼 균일화된 세상, 모든 사람이 하루 24시간 단일한 표준어를 똑같은 방식으로 말하는 세계가 더 풍요롭거나 더 만족스러울까? 절대 그렇지 않을 것이다.

언어에 대한 진정 계몽된 태도는 6,000여 개 언어가 모두 활짝 꽃피도록 놓아두는 것이다. 하위문화들이 번성하도록 허용해야 한다. 그런 문화를 짓누르는 일이 잘못이어서만이 아니라, 그것들이 문화 전반을 살찌우기 때문이다. 흑인 영어가 표준 영어의 문화에 깊은 자취를 남겼듯이 남아프리카공화국의 어휘와 통사법에는 아프리칸스어와 아프리카

---

* 리머스(Remus) 아저씨는 19세기 미국 소설가 조엘 챈들러 해리스가 흑인 민담들을 바탕으로 하여 편저한 「리머스 아저씨」 시리즈의 주인공이다. 그는 현명한 흑인 노인으로, 아이들에게 동물 이야기, 노래, 전설 등을 들려준다.
* 이 제목은 "스윙이 없으면 아무 의미도 없지"라는 말이다. 재즈에서 스윙을 한마디로 정의하기 힘들지만 거칠게 요약하자면, 연주자들 간에 음악적 호흡이 잘 어우러져 곡이 흥겹게 나아갈 때의 리듬과 느낌을 나타낸다.

토착어들의 영향이 나란히 새겨져 있는데, 남아공 사람들은 이를 자랑스럽게 여긴다. 뉴질랜드 럭비 팀은 경기 전에 마오리어로 구호를 외치고 전통적인 춤을 춘다. 프랑스 아이들은 단어의 발음이나 음절을 뒤집어서 만드는 '베를랑(verlan)'이라는 은어를 통해 반항심을 발산해보기도 한다(가령 'femme〔여자〕'는 'meuf'가, 'français〔프랑스어, 프랑스인〕'는 'céfran'이 된다).* 아르헨티나 사람들은 19세기 말 암흑가에서 발생한 뒤 전 사회로 번져 아르헨티나 스페인어를 오늘날까지도 독특하게 해주는 은어 '룬파르도(lunfardo)'를 대단히 좋아한다. "How are you?"라는 뜻의 비표준어 인사말 "Where y'at?"*은 뉴올리언스의 백인들 사이에서 아주 흔하게 쓰이는데, 그들은 그런 차이를 자랑스럽게 여기면서 스스로를 '야츠(Yats)'라 부른다. 모든 곳에서 이렇게들 되어야 한다.

물론 우리는 이런 것들 없이도 살아갈 수야 있지만, 과연 그러고 싶은가? 맥도날드조차도 진출 지역의 입맛에 맞춰 메뉴를 조절해, 미국 메인 주에서는 맥로브스터를 팔고 뭄바이에서는 마하라자맥*을 판다. 코카콜라 역시 브라질에서는 과라나*로, 중국에선 리치*로 음료를 만든다. '순수한' 언어의 수호자들은 문화의 파괴자로 간주되는 맥도날드나

---

* 'verlan'이라는 이름 자체가 'l'envers(역, 반대)'를 뒤집어서 만든 것이다.
* 이는 "Where are you at?"을 줄인 말이다.
* 마하라자맥은 빅맥의 인도 현지 이름이다. 힌두교에선 쇠고기를 먹지 않기 때문에 처음엔 양고기로, 이제는 닭고기로 패티를 만든다고 한다. '마하라자(maharaja)'는 '대왕, 대군'이라는 뜻으로, 인도·인도네시아·말레이시아 등지에서 토후(土侯), 번후(藩侯)를 이르던 칭호다.
* 과라나는 아마존 강 유역이 원산지인 카페인을 함유하는 덩굴식물로, 커피콩 비슷한 크기의 열매가 잘 알려져 있다.
* 리치는 중국 남부 원산의 과실나무로 열대, 아열대 지방에서 재배된다.

코카콜라가 빚어내는 것보다도 더 따분한 균일화를 원하는 걸까? 언어를 사랑한다고 주장하는 사람이라면 언어가 지닌 그 무한하고 매혹적인 다양성을 제거하려는 노력에 시간을 허비하지 말아야 한다. 그러는 일은 옳지도 않고 필요하지도 않다. 게다가 재미까지 없지 않은가.

감사의 말

　　책상 앞에 앉아 출판 제안서를 쓰기 시작할 때까지만 해도 이 책은 내 머릿속에 실타래처럼 뒤엉켜 있었다. 사람들이 무엇에 흥미를 느끼는지에 대한 안목이 나보다 예리한 태너 콜비가 그 실타래를 잘 가다듬어주었고, 이 책을 가장 잘 대변할 수 있는 에이전트 피터 맥기건도 소개했다. 피터는 만난 첫날부터 책의 의도를 온전히 이해하고는 능력을 멋들어지게 발휘해 밴텀북스의 대니엘 페레스를 찾아냈다(그녀 또한 책에 공감했다). 이 두 사람과 재능 있고 지칠 줄 모르는 케리 버클리가 없었다면 책은 지금보다 훨씬 못해졌을 것이다. 파운드리의 해나 브라운 고든과 스테파니 아부도 더없이 소중한 도움을 주었다. 그리고 내가 휴가를 내어 책을 쓸 수 있도록 배려한 『이코노미스트』의 상사 존 미클스웨이트에게 감사드린다. 책 내용 중 일부는 『이코노미스트』에 다른 형태로 게재됐었다.

　　수많은 친구와 전문가가 이런저런 장들을 읽고 오류와 결함을 지적해주었다. 일케르 아이튀르크, 로버트 그린버그, 프라샨트 케샤브무르티, 파라그 칸나, 빅터 메어, 프뤼 페로마, 돈 린지, 앤 셍하스가 그들이다. 스튜어트 제임스-레자르세귀는 원고 전체를 특별히 면밀하게 살펴보고 유용한 도움말을 해줬다. 빌 포저는 중국과 일본에 관한 궁금증들을 풀어주었고, 모하메드 마무리는 아랍어에 관한 의문들을 해결했으며, 제프 풀럼은 지난 몇 해 동안 나와 메일을 주고받으며 적극적으로 도움을 주었다. 캐머런 싱클레어는 친절하게도 후주 정리를 도왔다. 그럼에도 실수가 남아 있다면 모두 나 자신의 책임이다. 감사의 말에 늘 나오는 상투적 어구이긴 해도 이는 진실이다.

장마티외 파스칼리니와 주안 마르티 이 카스텔은 각기 사랑하는 언어인 프랑스어와 카탈루냐어에 관한 장시간의 인터뷰를 허락했고, 일일이 언급할 수 없을 만큼 숱한 사람이 자신의 언어에 대한 감정을 묻는 나의 질문에 답해주었다. 나아가 나에게는 여러 해 동안 다양한 언어를 가르쳐준 선생님들이 너무나 많아 이루 다 거명하며 감사를 드릴 수가 없는데, 그렇더라도 이 책에 담긴 변변찮은 성과가 내가 특히 좋아하는 스승 가운데 몇 분의 손에라도 들어가 읽혔으면 좋겠다. 토머스 스탄스, 조지 커민스, 알미르 브루네티, 아메드 에이사위, 카람 타노우스 선생님 같은 분들이다.

이제 언어에 관하여 나에게 아주 많은 것을 가르쳐준 세 사람을 이야기할 차례다. 그들이 이 책에서 발견할 자신의 영향을 지식의 도둑질이 아닌 경의의 표현으로 받아들였으면 한다. 스티븐 핑커의 저작들은 처음으로 "바로 이거야!" 하는 깨달음의 순간을 주었다. 그때부터 나는 이런저런 언어들에 관해서가 아니라 언어라는 것 자체를 생각하기 시작했고, 그것에 대해 말할 흥미로운 무엇이 나에게 있을지 궁리하게 됐다. 그는 친절하게도 내 원고 일부를 첨삭해주고 집필을 위한 조사에 도움말도 제공했다. 나의 끝없는 질문에 빠짐없이 답해온 마크 리버먼은 허튼소리를 탐지해내는 글들을 랭귀지로그에 꾸준히 올림으로써 공익에 봉사하고 있다. 뜨거운 주제를 다루면서 그만큼 머리를 차갑게 유지하는 사람은 흔치 않다. 존 맥워터는 내가 체면 불고하고 그에게 다가간 이후 내가 받을 자격이 있는 것 이상으로 많은 도움을 주었다. 언어 변화와 언어들 간의 접촉, 이 두 문제를 둘러싼 정치적 고뇌들에 대한 그의 생각이 나에게 미친 영향은 이 책에서 명백하게 드러난다.

마지막으로 나 자신의 작은 세계를 둘러보면, 대니얼 애리조나는 함께 글을 쓰면서 나에게 웃음을 주었으며, 내가 큰 그림을 놓치고 잘못 판단할 때마다 항상 바로잡아주었다. 사랑스러운 에바 회이어 그린은 내가 가장 좋아하는 언어 선생님일 뿐 아니라 나의 아내이자 이 작업의 훌륭한 감독관이었다. 그녀는 원어민들도 부러워할 영어 실력으로 고맙게도 밤늦게까지 함께 원고 편집 작업을 해주었다. 그녀의 섬세한 제안과 날카로운 질문 덕분에 이 책은 한층 탄탄하고 말쑥해졌다. 원고를 쓰는 동안 나의 가족, 특히 어머니 셰리, 아들 잭과 원하는 만큼 시간을 보내지 못했다. 잭, 어머니, 에바, 그리고 행크 내 동생, 모두 나에게서 저서 하나씩을 헌정 받아 마땅한 이들이지만, 이 책을 먼저 아버지께 바치는 까닭을 이해하리라 믿는다.

옮긴이의 말

　학창 시절 강의 시간에 들은 재미있는 이야기를 소개하고자 한다. 영어는 부조리와 모순이 가득한 언어다. 우선 한 단어가 정반대의 뜻으로 쓰인다. ‘lights out’은 소등 시간, 소등 신호 따위를 의미해 불을 끈다는 말이지만, ‘stars (are) out’은 별이 떴다는 말이다. ‘parkway’는 공원 내의 주행 도로를 뜻하지만, ‘driveway’는 도로에서 꺾어져 차고나 대문 앞에 이르는 마당 내의 포장된 길이다. 파크웨이에서는 드라이빙을 하고 드라이브웨이에서는 파킹을 하는 것이다. ‘sweetmeat’는 사탕 과자나 설탕 절임을 한 과일이고 ‘sweetbread’는 송아지 고기 중 췌장이나 가슴샘 부위를 이른다. ‘sweet’를 빼면 거의 정반대인 셈이다. 광장인 ‘square’는 네모나지 않고, 반대로 권투 경기를 하는 ‘boxing ring’은 둥글지 않다. 또한 ‘recital(암송, 연주회)’에서는 ‘play(연주)’를 하고 ‘play(연극)’에서는 ‘recital(암송, 낭독)’을 한다. 영어 철자는 한층 더 우스꽝스럽고 괴팍스러워서, ‘enough’의 *gh*는 〔f〕로 발음되고 ‘women’의 *o*는 〔i〕로 발음되고, ‘nation’의 *ti*는 〔ʃ〕로 발음되므로, ‘fish’는 ‘ghoti’로 써도 무방하다.

　조지 버나드 쇼의 이 지적을 들으면 순진한 사람은 정말로 영어가 우스꽝스럽고 비논리적인 언어라고 생각할지 모른다. 하지만 언어적 부조리는 영어만의 문제가 아니다. 세계에서 영어 다음으로 막강한 언어인 프랑스어는 발음과 철자의 맞음새(언어학에서는 ‘fit’ 라고 한다)가 영어보다 더 엉망이라 한다. 쇼는 영어의 철자법을 개선하자고 주장했지만, 설령 그런 운동이 필요하다 해도 영어보다 프랑스어가 먼저여야 할 것이다. 우리말도 예외가 아니다. 만일 지구를 방문하고자 하는 어느 외계인이 우리나라 사람과(가령 나와) 유메일(유니버스 메일?)을 주고받다가 친해져서 만날 약속을 잡는다고 가정해보자. 이 외계인은 IQ가 300쯤 되지만 서울 지리를 잘 모르므로 나는 서울의 유명한 장소로 서울역이란 곳이 있다고 가르쳐주고 ‘역전앞’ 에서 만나자고 제안한다. 그리고 시간이 되어 서울역 앞으로 나간다. 외계인과 나는 제시간에 만나 남대문 시장을 구경하고 그 이름난 남대문 칼국수를 맛볼 수 있을까? 다른 모든 조건을 제외하고 만일 그 외계인이 인간 언어 중 하나인 한국어의 ‘역전앞’ 을 이 책에 등장하는 잔소리꾼들처럼 해석한다면, 또는 IQ 300에 해당하는 어마어마한 논리력과 분석력을 과도하게 발휘한다면 우리는 약속 시간에 못 만날 확률이 크다. 나는 서울역 앞에서 기다릴 테고, 그는 서울역 앞의 앞에서(즉, 예전 대우빌딩 앞에서) 기다릴 가능성이 높을 테니 말이다. 그렇다면 언어 속에 존재하는 그 수많은 모순과 부조리는 언어에 대한 잔소리꾼들이 말하는 것처럼 교정하고 추방해야 할 인간의 어리석은 측면일까?

역자는 1998년 문미선, 신효식 교수님과 함께 스티븐 핑커의 『언어본능』을 공역했다. 핑커는 그 책에서 언어란 거미의 직조 기술이나 박쥐의 음향탐지 능력, 또는 코끼리의 섬세한 코와 같이 진화상의 오랜 적응 과정을 거쳐 생겨난 하나의 본능이라는 이론을 제시한다. 또한 지구상에 존재하는 6,000여 개의 언어에는 보편적인 심층구조가 있으며, 이것이 '문법유전자'에 입력되어 있다고 주장한다. 문법유전자가 존재하는 12살 이전의 아이들이 체계적인 교육이나 훈련 없이도 어떤 언어건 자연스럽게 습득할 수 있는 것은 그 때문이라는 얘기다. 『언어본능』은 인지과학, 구체적으로는 인지심리학의 관점에서 언어의 보편적 측면을 잘 보여주는 책이다.

로버트 레인 그린의 이 책은 언어 이야기의 다른 부분을 채워준다. 그 다른 부분이란 언어의 사회역사적 측면이다. 촘스키가 생성문법을 체계화하기 전에 언어학자들은 언어 지식이 후천적 경험에 의해 형성된다는 경험주의적 입장을 견지했다. 그러나 언어의 선천적 측면을 간과한 경험주의는 언어가 '전적으로' 후천적 토대에 의해 결정된다고 보는 경향이 있었고, 언어란 의사소통의 도구라는 구조주의의 틀에 갇혀 있었다. 그 후 촘스키의 생성문법이 출현한 덕분에 언어라는 현상에도 '본성 대 양육'이라는 대립 구도를 적용할 수 있게 되었고, 이제 언어의 사회역사적 측면을 조금이라도 깊이 있게 설명하려는 사람이라면 기본적으로 언어의 선천적 측면을 고려하지 않을 수 없게 되었다. 그렇다면 21세기에 언어의 사회역사적 측면을 유의미하게 이야기하는 사람은 과거처럼 구조주의 언어학으로 회귀하지 않고서 어떤 유의미한 이야기를 들려줄까? 그린의 이 책에는 언어 주체성, 언어 민주주의, 언어의 평등성, 그리고 언어 정치학에 관한 대단히 흥미롭고, 설득력 있고, 유용한 이야기들이 담겨 있다.

1장과 2장에서 저자는 현대 영어의 타락과 쇠락을 걱정하는 잔소리꾼들을 소개하고 그들의 주장을 비판한다. 여기에는 우리나라에도 소개된 『먹고, 쏘고, 튄다』의 저자 린 트러스가 포함돼 있어 더욱 흥미롭다. 언어에 대한 잔소리꾼들은 규범주의 문법의 위반, 문장부호 오류, 흑인 영어를 포함한 이질적 언어의 침략 등으로 인해 영어가 오염되어 병들어가고 있다고 아우성친다. (어떤 면에서 나치를 비롯한 독재자들의 순혈주의를 연상시킨다.) 그런데 저자가 제시하는 수많은 예에서 확인할 수 있듯이 잔소리꾼들의 비난 중엔 객관적 사실보다는 기괴함을 좇는 엉뚱하고 희한한 이야기가 많으며, 그들의 주장은 대체로 오류와 과장의 산물일 뿐 진지한 언어학으로서의 가치는 거의 없다. 영어는(또는 어떤 언어든 간에) 고대와 중세에 멀쩡했던 것처럼 현대에도 별 탈 없이 온전하고, 언어 규칙의 끊임없는 생성과 소멸은 자연스러운 사회적 현상이지 인류의 멸망을 예고하는 혼돈의 징표가 아니라는 게 저자 그린의 시각이다.

3장에서 저자는 언어학이란 무엇이고 어디에서 출발했으며 어떻게 해서 현재의 상태에 도달했는지를 설명한다. 그 과정에서 저자는 흔히 떠도는 사이비 사실들에 속지 않고 진정하게 언어를 이해하는 사람의 관점에서 언어를 보고 사랑하는 방법을 알려준다. 가장 시급한 과제는 규범주의에서 탈피하는 것이다. 규범으로 정해진 용법이 아니라도 '틀린' 것으로 취급해서는 안 되며, 한 지역에 둘 이상의 언어가 존재하는 상황, 혹은 한 언어 안에 두 개의 변이형이 공존하는 양층언어 상황을 자연스러운 것으로 받아들이라고 조언한다. 쉽게 추측할 수 있듯이 규범주의와 기술주의 간의 논쟁은 정치적 측면과도 결부되어 있고, 구체적으로 말하면 '정체성 정치' 와 관련이 있다. 그러나 언어학은 객관적 현상을 탐구하는 학문이지 정치적 견해의 산물이 아니며, 언어학자처럼 객관적인 눈으로 볼 때 우리가 매일 정보와 감정의 화폐로 사용하는 소중한 언어를 진정으로 사랑할 수 있다는 것이 저자의 요지다.

　4장은 언어 평등주의라는 이름을 붙일 만하다. 오랫동안 영어 번역을 해오면서 가장 번역하기 힘든 단어 중 하나가 'condescend'다. 영한 사전에는 '겸손하게 굴다, 짐짓 친절하게 굴다' 등으로 나와 있지만, 이 단어가 지시하는 태도나 심리에는 기본적으로 '우월감'이 깔려 있어, 우리말로 길게 표현하자면 '우월한 입장에서 생색을 내듯 겸손을 떤다'는 복잡 미묘한 뜻이 된다. 이와 비슷한 예로 'patronize'도 '보호하다, 후원하다'라는 뜻 밑에 종종 '선심을 쓰거나 은인인 체한다'는 의미를 숨기고 있다. 그렇다면 우리말에는 없는 단어가 영어에 있으므로 우리 말은 영어보다 열등할까? 영어는 어휘가 가장 많은 단어이므로 다른 모든 언어는 영어 앞에 무릎을 꿇고 경배를 해야 할까? 한국어나 이누이트어를 사용하는 사람은 영어를 쓰는 사람보다 생각의 폭이 좁거나, 열등하거나, 멍청할까? 이런 어리석은 편견에 대한 반론으로 저자는 표준 영어에는 존재하지 않는 흑인 영어의 특별한 상(相, aspect)과, 사용자가 800명도 채 되지 않는 투유카어에 존재하는 '증거성'이라는 특징을 예시한다. 즉, 흑인 영어는 결코 영어의 망가진 형태가 아니라 표준 영어와 함께 양층언어를 이루는 당당한 하나의 변이형으로 그 문법은 더할 나위 없이 훌륭하며, 투유카어도 앞서 예시한 면에서 영어보다 편리한 문법적 특징을 지닌 손색없는 언어라는 것이다.

　5장에서는 언어와 민족주의가 어떻게 결합했으며 민족주의가 언어에 대한 우리의 생각을 어떻게 형성해왔는지를 설명한다. 이 장에서 중요한 이야기는 단연 현대 히브리어의 탄생이다. 유럽에서는 민족주의가 언어를 휘젓고 파괴하는 암울한 역사가 펼쳐진 반면 이스라엘에서는 민족주의가 언어의 완벽한 '부활'에 일조했다. 현대 히브리어가 탄생할 때까지 유대인은 고대 히브리어를 종교적 언어로만 사용했고, 일상에서는 독일어에 히브리어, 아람어, 슬라브어 등이 뒤섞인 이디시어나 거주 국가의 언어를 사용했다. 계몽된 유대인의 한 사람이었던 엘리에제르 페를만은 1881년 팔레스타인으로 이주한 후 엘리에제르 벤 예후다로 개명하고 히브리어 부활 운동을 펼치기 시작했다. 그리고 40년 후인 1922년 현대 히브리어는 팔레스타인 유대인의 공식어로 인정받았고, 1948년 건국 이후 현재까지 이스라엘의 공식 언어로서 당당한 지위를 누리고 있다. 그 과정에서 벤 예후다가 동료들과 어떤 노력을 전개했고, 아들을 언어학 실험 대상으로 삼아 무엇을 어떻게 입증했는지 흥미로운 이야기가 펼쳐진다.

이후의 장들에서는 영어와 프랑스어의 경쟁, 프랑스인들의 과도한 언어 사랑이 어떤 의미가 있고 무슨 부작용을 낳고 있는지, 그 현상을 어떻게 보는 게 가장 합리적이고 전향적인지를 설명한다. 또한 크로아티아와 세르비아가 같은 말을 사용하면서도 서로 다른 언어라고 우기는, 웃기는, 그러나 20세기 말의 처참한 분쟁을 생각하면 절대 웃을 수 없는 상황을 만나게 된다. 그리고 마지막으로 빼놓을 수 없는 이야기가 있다. 2012년 노벨 평화상은 유럽연합(EU)에 돌아갔다. 이 결정에 대해 적지 않은 사람들이 비판도 하지만, 이 책은 어떻게 해서 유럽연합이 지구상에서 보기 드물게 자유주의와 다양성이 살아 숨 쉬는 장소가 되었고, 수백 년의 역사와 자부심을 지닌 민족국가들이 유럽연합에서만이 아니라 자국 국경 안에서도 관용의 원칙을 존중하는 곳으로 변하고 있는지를 언어학의 관점에서 설명한다. 또한 그리스, 터키, 중국, 프랑스의 하향식 언어정책이 왜 잘못이며 무슨 부작용을 낳고 있는지를 보여준다. 아울러 저자는 프랑스어를 (너무) 사랑하는 프랑스인들에게 언어는 패권을 놓고 다툴 대상이 아님을 강조하고, 영어가 애플 컴퓨터라면 프랑스어는 매킨토시 컴퓨터쯤으로 생각하라고 재미있는 제언을 한다.

　언어는 인간의 훌륭한 능력이자 필수적 도구이므로 언어라는 것의 성격과 배경을 안다면 우리는 그것을 더욱 소중히 여기고 유용하게 쓸 터이다. 올해부터 한글날이 다시 공휴일이 되었다. 참으로 반가운 일이다. 노는 날이 하루 늘어서가 아니라, 조금 더 알게 된 언어학의 관점에서 볼 때 그렇다. 이 책을 번역하면서 중국의 언어적 상황과 표기법 문제를 다룬 부분에 이르렀을 때 나는 우리말의 소중함과 한글의 위대함을 새삼 절감했다. 그때 느꼈던 기쁨이 편협한(혹은 두 얼굴을 지닌) 민족주의의 표출이었는지, 아니면 인간의 놀라운 언어 현상 중에서도 우뚝 솟아 있는 한글에 대한 객관적이고 언어학적인 경탄이었는지, 잠시 스스로에게 되물어본다.

— 김한영

주

1. 바벨탑과 그 이후

1.　Language Log, www.languagelog.com.

2.　*Merriam-Webster's Dictionary*, www.merriam-webster.com.
　　The Oxford Concise Dictionary of English Etymology (Oxford, England: Oxford University Press, 1986)는 'musk'를 약간 다르게 설명한다. '음낭'을 뜻하는 산스크리트 단어가 'muská'인데 사슴의 사향주머니 모양이 음낭과 비슷하기 때문에 사향이 'musk'로 불리게 되었을 수 있다는 것이다.

3.　Language Log, www.languagelog.com.

4.　영국 저널리스트 Brian Widlake의 레이건 인터뷰(BBC, 1985. 10. 29.). 전문은 Ronald Reagan Presidential Library 웹사이트에 있다.
　　www.reagan.utexas.edu/archives/speeches/1985/102985d.htm.

5.　사실 사용 인구가 많은 언어들보다 작은 언어들이 체계상으로 더 복잡한 것 같다. 저자의 다음 글을 보라. "Babelicious," *The Economist* online, 2010. 1. 25., www.economist.com/sciencetechnology/displayStory.cfmstory_id=15384310&source=hptextfeature

6.　Daniel Nettle and Suzanne Romaine, *Vanishing Voices: The Extinction of the World's Languages* (Oxford, England: Oxford University Press, 2000), pp. 60-61. 한국어 번역본은 『사라져가는 목소리들: 그 많던 언어들은 모두 어디로 갔을까?』(김정화 옮김, 이제이북스, 2003)다.

2. 잔소리꾼의 간략한 역사

1.　Mark Liberman, Language Log, 2004. 6. 9.,
　　http://itre.cis.upenn.edu/~myl/languagelog/archives/001034.html.

2. David Crystal, *The Cambridge Encyclopedia of the English Language* (Cambridge, England: Cambridge University Press, 1995), p. 57. 나는 이 글을 현대 영어로 옮겼다. Caxton 원문을 참조할 경우, 'mete'는 현대 영어 'meat'의 옛 형태지만 당시에는 그냥 'food'를 뜻했다는 데 유의하라.

3. *Merriam-Webster's Dictionary of English Usage* (Springfield, Mass.: Merriam-Webster, 1994), p. 764.

4. Charlotte Downey, *English Grammar* (Ann Arbor, Mich.: Scholars' Facsimiles and Reprints, 1981)의 서문에서 인용된 Rollo La Verne Lyman의 말이다.

5. Jack Lynch, *The Lexicographer's Dilemma: The Evolution of "Proper" English, from Shakespeare to South Park* (New York: Walker, 2009), p. 97.

6. George Curme, *A Grammar of the English Lauguage*, vol. 2, "Syntax"를 말한다. *Merriam-Webster's Dictionary of English Usage*, p. 867에 인용되었다.

7. 앞에 나온 David Crystal, *Cambridge Encyclopedia*, p. 195.

8. 파울러의 삶에 관한 정보의 출처는 Jenny McMorris, *The Warden of English: The Life of H. W. Fowler* (Oxford, England: Oxford University Press, 2001).

9. *The Letters of E. B. White*, ed. Dorothy Lobrano Guth (New York: HarperCollins, 2006), p. 368.

10. 같은 책, p. 423.

11. Cicero, *Orator* 48 [160], www.thelatinlibrary.com/cicero/orator.shtml. 영어 번역문은 Sauvage Noble 블로그에서 볼 수 있다.
    http://sauvagenoble.blogspot.com/2004/10/scientiam-mihi-reservavi.html.

12. Otto Jespersen, *Language: Its Nature, Development and Origin* (New York: Macmillan, 1992), p. 42에 인용된 구절이다.

13. White의 탁월한 글들은 용법에 대한 그의 충고들이 틀렸음을 입증한다는 주장은 본디 Geoff Pullum의 것이다.

3. 말을 사랑하는 또 다른 방법

1. Liberman의 조사 결과는 아래 페이지에서 볼 수 있다.
    http://itre.cis.upenn.edu/~myl/languagelog/archives/003507.html.

2. Matthias Mehl et al., "Are Women Really More Talkative Than Men?", *Science*, 2007. 7. 6.

3. Language Log의 다음 페이지 참조.
    http://languagelog.ldc.upenn.edu/nll/?p=1495#more-1495

4. Noam Chomsky, *Some Concepts and Consequences of the Theory of*

Government and Binding (Cambridge, Mass.: MIT Press, 1982), p. 45.

5. Pieter A. M. Seuren, *Western Linguistics: An Historical Introduction* (Oxford, England: Blackwell, 1988), p. 80에 인용된 것을 재인용했다.

6. B. F. Skinner, *Verbal Behavior* (Acton, Mass.: Copley, 1957), pp. 1-2.

7. Noam Chomsky, "A Review of B. F. Skinner's *Verbal Behavior*", Language 35 (1959): pp. 26-58.

8. David Foster Wallace, "Tense Present: Democracy, English and the Wars over Usage", *Harper's*, 2001. 4., pp. 39-58.

9. Language Log, http://itre.cis.upenn.edu/~myl/languagelog/archives/000918.html.

10. "Grammar Without Grammaticality", *Corpus Linguistics and Linguistic Theory* 3 (2007): pp. 1-32.

11. Wayne Lehman은 Better Bibles Blog 사이트에 올린 "singular 'they' in English Bibles"라는 글에 이 구절을 포함하여 킹 제임스 성경에서 인용한 예문들을 모아놓았다. http://englishbibles.blogspot.com/2006/09/singular-they-in-english-bibles.html.

12. 뉴욕 영어에 대한 이하의 논의는 다음 책에서 빌려왔다. William Labov, *The Social Stratification of English in New York City* (Washington, D.C.: Center for Applied Linguistics, 1966)

13. John Joseph et al., *Landmarks in Linguistic Thought*, vol. 2 (New York: Routledge, 2001), p. 144.

14. William Labov, "'System' in Creole Languages", in *Pidginization and Creolization of Languages*, ed. Dell Hymes (Cambridge, England: Cabmridge University Press, 1971).

15. 이에 관한 대표적인 논문으로 Shana Poplack의 다음 글이 있다. "Sometimes I'll Start a Sentence in Spanish y Termino en Español: Towards a Typology of Code Switching", *Linguistics* 18 (1980): pp. 581-618.

16. Ronald Wardaugh, *Sociolinguistics*, 3rd ed. (Oxford, England: Blackwell, 1998), pp. 87-93. 여기서 Wardaugh는 양층언어 연구의 토대를 놓은 논문인 Charles Ferguson, "Diglossia", *Word*, 1959, pp. 325-40에 크게 의존하고 있다.

17. Wardaugh, 위의 책 같은 부분과 Anna Frangoudaki, "Diglossia and the Present Language Situation in Greece: A Sociological Approach to the Interpretation of Diglossia and Some Hypotheses on Today's Linguistic Reality", *Language in Society* 21 (1992): pp. 365-81.

18. Mohamed Maamouri, "Literacy", in *Encyclopedia of Arabic Language and Linguistics* (Leiden: Brill, 2005-2009).

19. Mohamed Maamouri, "Language Education and Human Development: Arabic Diglossia and Its Impact on the Quality of Education in the Arab

Region". 이는 1998년 World Bank의 Mediterranean Development Forum
에서 발표한 논문이다.

4. 어떤 언어는 다른 언어보다 더 평등한가?

1. John McWhorter는 'do'가 어떻게 이런 기능을 하게 되었는지에 대한 추정을 다음의 저서에서 제시한다. *Our Magnificent Bastard Tongue: The Untold Story of English*(New York: Gotham, 2008).
2. John Rickford, "The Ebonics Controversy in My Backyard: A Sociolinguist's Experiences and Reflections", www.stanford.edu/~rickford/papers/EbonicsInMyBackyard.html. 기고가 거부된 언어학자들은 Rickford와 Geoff Pullum, Salikoko Mufwene, Gene Searchinger였다.
3. Geoffrey Nunberg, "Double Standards", *Natural Language and Linguistic Theory* 14 (1997), pp. 667-75.
4. Maamouri, "Language Education and Human Development".
5. "If Black English isn't a Language, Then Tell Me, What Is?", *The New York Times*, 1979. 7. 29.
6. Ann Senghas and Marie Coppola, "Children Creating Language: How Nicaraguan Sign Language Acquired a Spatial Grammar", *Psychological Science* 12 (2001), pp. 323-28
7. Mark Halpern, *Language and Human Nature*(Piscataway, N.J.: Transaction Publishers, 2008), pp. 20-22.
8. Roger Keesing, *Kwaio Grammar*(Canberra: Pacific Linguistics, 1985)가 John McWhorter, *Language Interrupted*(Cambridge, England: Cambridge University Press, 2007), p. 23에 인용된 것을 재인용했다.
9. McWhorter, *Language Interrupted*, p. 36.
10. 같은 책, p. 23.
11. Edward Sapir, "The Status of Linguistics as a Science", *Language* 5 (1929): pp. 207-14.
12. Lera Boroditsky, "How Does Our Language Shape the Way We Think?", *Edge*, 2009. 6. 12. (인터넷에 오른 것을 참조했다.) http://edge.org/conversation/how-does-our-language-shape-the-way-we-think. 여기서 Boroditsky는 자신의 논문 두 편을 거론한다. "Do English and Mandarin Speakers Think Differently About Time?", *Proceedings of the 48th Annual Meeting of the Psychonomic Society*(2007); "Sex, Syntax and Semantics" in D. Gentner and S. Goldin-Meadow, *Language in Mind: Advances in the Study of Language and Cognition*(Cambridge, Mass.: MIT Press, 2003).

13. '보편문법'에 대한 신워프주의적 도전을 재정식화한 유명한 논문으로 Nicholas Evans and Stephen Levinson, "The Myth of Language Universals", *Behavioral and Brain Sciences* (2009. 10.)가 있다. 이에 대한 반응을 담은 25편의 논문도 함께 실렸는데, 필자 중엔 Stephen Pinker와 Geoff Pullum도 들어 있다.

14. Halpern, *Language and Human Nature*, p. xxvi.

15. *Le Devoir*, 2008. 7. 2.

16. Gary Lupyan and Rick Dale, "Language Structure Is Partly Determined by Social Structure", *PLoS ONE* 5(2010), http://www.plosone.org/article/info%3Adoi%2F10.1371%2Fjournal.pone.0008559.

5. 환영합니다, 이제 이곳 말을 하시오

1. 근대 이전 유럽의 방언 연속체에 관한 이야기는 다음 책을 참조했다. Sue Wright, *Language Policy and Language Planning* (New York: Palgrave, 2004), p. 21.

2. John O'Beirne Ranelagh, *A Short History of Ireland* (Cambridge, England: Cambridge University Press, 1994), p. 118.

3. Ernest Gellner, *Nations and Nationalism* (Ithaca, N.Y.: Cornell University Press, 1983); 앞쪽 한 문단 건너 있는 겔너 인용문("자연을 마주하는 최전방에서")은 이 책의 p. 33에 나온다.

4. John Lewis Nuelsen, *Luther: The Leader* (New York: Eaton and Mains, 1906), www.archive.org/stream/lutherleader00nuel/lutherleader00neul_djvu.txt. 에서 참조했다.

5. *dtv-Atlas zur deutschen Sprache* (Munich: Deutscher Taschenbuch Verlag, 1978), pp. 93-101.

6. Eric Hobsbawm, "Language, Culture and National Identity", *Social Research* 63 (1996), p. 1068.

7. Jonathan Fishman, *Do Not Leave Your Language Alone* (Mahwah, N.J.: Lawrence Erlbaum Associates, 2006), pp. 48-49.

8. George Thomas, *Linguistic Purism* (London: Longmans, 1995), p. 87.

9. Ben Yehuha의 자서전 *A Dream Come True*. George Mandel, "Resistance to the Study of Hebrew", in *Hebrew Study from Ezra to Ben-Yehuda* (Edinburgh: Horbury, 1999), p. 296에 인용된 것을 재인용.

10. Mark Abley, *Spoken Here* (Boston: Houghton Mifflin, 2003), p. 231.

11. Bernard Spolsky and Robert Cooper, *The Languages of Jerusalem* (Oxford, England: Clarendon, 1991), p. 59.

12. Edward Ullendorff, "Hebrew in Mandatary Palestine", in Mandel, *Hebrew Study from Ezra to Ben-Yehuda*, pp. 300-06.

13. 같은 책, p. 303.

14. Joel M. Hoffman, *In the Beginning: A Short History of the Hebrew Language* (New York: NYU Press, 2004), p. 201.

15. Ilan Stavans, *Resurrecting Hebrew* (New York: Nextbooks, 2009), p. 96.

16. Ullendorff, "Hebrew in Mandatary Palestine."

17. *Forward*, 2008. 6. 12.

18. Vincent de Melchor Muñoz, *El catalán: una lengua de Europa para compartir* (Barcelona: Universitat Autònoma de Barcelona, 2002), pp. 157-69.

19. Robert D. King, "The Potency of Script: Hindi and Urdu", *International Journal of the Sociology of Language* 150 (2001): pp. 54-56.

20. Robert D. King, *Nehru and the Language Politics of India* (Oxford, England: Oxford University Press, 1997), p. 86.

21. Hamza Alavi, "Pakistan and Islam: Ethnicity and Ideology", *State and Ideology in the Middle East and Pakistan*, eds. Fred Halliday and Hamza Alavi (New York: Monthly Review Press, 1998), pp. 64-69.

22. Robert Greenberg, *Language and Identity in the Balkans: Serbo-Croatian and Its Disintegration* (Oxford, England: Oxford University Press, 2004), pp. 2-3.

23. 같은 책, 같은 쪽.

24. Keith Langston and Anita Peti-Stantic, "Attitudes Towards Linguistic Purism in Croatia: Evaluating Efforts at Language Reform", in *At War with Words*, eds. Mirjana N. Dedaiç and Daniel Nelson (New York: Mouton de Gruyter, 2003), pp. 247-82.

6. 말들은 종속되기를 거부한다

1. "Language Reform: From Ottoman to Turkish", in Helen Metz, *Turkey: A Country Study* (Washington, D.C.: GPO for the Library of Congress). http://countrystudies.us/turkey/25.htm.에서 읽을 수 있다.

2. 이 부분은 다음 강연 내용에 기대고 있다. Geoffrey Lewis, The Gunnar Jarring Lecture; Istanbul, 2002. 2. 1., www.srii.org/admin/filer/lecture2002.pdf.

3. www.antenna-tr.org/mevzuat_devam.asp?feox=21&lgg=en

4. "Vive la Révolution", BBC News, 1998. 1. 9. http://news.bbc.co.uk/2/hi/in_depth/46227.stm.

5. Henriette Walter, "French: An Accommodating Language?", in *French: An Accommodating Language?*, ed. Sue Wright (Tonawanda, N.Y.:

Multilingual Matters, 2000), pp. 31-36.

6. Tyrtée Tastet, *Histoire des quarante fauteuils de l'Académie Française depuis la fondation jusqu'à nos jours,* 1635-1855, vol. 1, pp. 11-12 (1844). Wikipedia 프랑스어 사이트(fr.wikipedia.org)의 'Académie Française' 항목에서 재인용(2007. 7. 11.).

7. "L'Académie Française and Its Cultural Cul-de-Sac", *The Globe and Mail,* 2008. 4. 16., www.theglobeandmail.com/news/world/article680397.ece.

8. *Le Figaro,* 1996. 3. 18.에 게재된 편지가 Dennis Ager, *Identity, Insecurity and Image* (Philadelphia: Multilingual Matters, 1999), p. 235에 인용된 것을 재인용.

9. Ferdinand Brunot, *Histoire de la langue Française des origines à nos jours* (Paris: Colin, 1966), vol. 9, p. 685.

10. Ager, *Identity, Insecurity and Image,* p. 110.

11. Robert Hall, *External History of the Romance Languages* (New York: American Elsevier Publishing, 1974). Sue Wright, *Language Policy and Language Planning* (New York: Palgrave, 2004), p. 55에서 재인용.

12. 이 같은 조사 방법은 언뜻 생각하기보다 진지하고 효과적이다. 전문적 언어학자들은 구글(Google)을 이용해 인터넷에 존재하는 10조 단어도 넘을 방대한 언어 자료 즉 '말뭉치(corpus)'를 채굴한다. 연구를 통해 입증된 바에 따르면 구글 같은 웹 검색 엔진들은 신문 데이터베이스 등 전통적 언어 자료들에 필적하는 성과를 낸다. 이에 관해서는 "Corpus Colossal", *The Economist,* 2005. 1. 25.와 Frank Keller and Mirella Lapata, "Using the Web to Obtain Frequencies for Unseen Bigrams", *Computational Linguistics* 29 (2003), pp. 459-84를 보라.

13. 2009년 10월에 구글의 고급검색(Advanced Search) 기능을 이용해 프랑스어 페이지들만을 대상으로 조사한 결과다.

14. Ager, *Identity, Insecurity and Image,* p. 154.

15. Kristin Grøntoft, "Brenner nynorsk-bok i tønne", *Dagbladet,* www.dagbladet.no/nyheter/2005/08/17/440490.html.

16. George Thomas, *Linguistic Purism* (London: Longmans, 1995), p. 78.

17. 작가 E. M. Forster가 *William Barnes: One Hundred Poems* (Blandford Forum, England: Dorset Bookshop, 1971)의 서문(p. xv)에서 인용한 말이다.

18. Father Andrew Phillips, *The Rebirth of England and English: The Vision of William Barnes* (Swaffham, England: Anglo-Saxon Books, 1996). 반스가 14개 언어를 유창하게 구사하고, 70개 언어를 알았으며, 어떤 언어든 두 주일이면 문법을 익힐 수 있었다는 주장의 출처는 필립스다. 뒤의 주장들은 그럴 수 있다 싶어도, 일반적인 정의상 '유창하다'고 하려면 원어민과 편하게 대화할 만한 실력이 되어야 한다. 한데 반스가 유창하게 했다는 14개 언어 대부분의 경우, 그런

능력을 키울 정도로 그가 원어민들을 많이 만나보지 못했을 것임은 거의 확실하다.

19. David Crystal, *The Cambridge Encyclopedia of the English Language* (Cambridge, England: Cambridge University Press, 1995), pp. 80-81.

20. "Geschichtlicher Abriß der Rechtschreibung", www.schriftdeutsch.de/orth-his.htm.

21. Asher Koriat and Ilia Levy, "Figural Symbolism in Chinese Ideographs", *Journal of Psycholinguistic Research* 8 (1979): 353-365. 흥미롭게도 여기서는 '음성 상징(phonetic symbolism)'이라는 유관 현상도 함께 작동한다. 'zhong(重)'과 'quing(輕)' 중 어느 것이 '무겁다'는 말이고 어느 것이 '가볍다'는 말인지를 물으면, 피험자의 절반 이상이 'zhong'이 무거운 쪽임을 알아맞힌다. 'zhong'의 저모음(低母音)이 더 무겁게 '느껴지기' 때문이다. Steven Pinker, *The Language Instinct* (New York: HarperPerennial, 1995). 번역본은 『언어본능』(김한영 · 문미선 · 신효식 옮김, 동녘사이언스, 2008)이다.

22. 케네디, 고어, 라이스가 그런 언급을 했다는 것은 블로그 Language Log에 오른 Benjamin Zimmer와 Mark Liberman의 글에서 따왔다.

23. www.pinyin.info/chinese/crisis.html. 꼭 바로잡아야 할 오류를 적시한 메어의 이 글은 구글에서 'danger crisis opportunity'를 쳐서 검색하면 최상위에 노출된다. 잘된 일이다.

24. 이 수치와 바로 뒤의 추정들은 *Asia's Orthographic Dilemma* (Honolulu: University of Hawaii Press, 1997), 특히 pp. 125-152에서 따왔다.

25. William Hannas, *The Writing on the Wall* (Philadelphia: University of Pennsylvania Press, 2003).

26. Hannas, *Asia's Orthographic Dilemma*, pp. 144-147.

27. "Writing Chinese on the Windows Platform", http://newton.uor.edu/Departments&Programs/AsianStudiesDept/ Language/chinese_write.htm.

28. 중국어와 일본어 이름은 성이 앞에 온다. 이 책에서도 현지 방식을 따랐다.

29. Tessa Carroll, *Language Planning and Language Change in Japan* (Richmond, England: Curzon Press, 2001), pp. 51-75.

30. J. Marshall Unger, *Literacy and Script Reform in Occupation Japan* (Oxford, England: Oxford University Press, 1996), p. 60.

31. 같은 책.

32. 광둥어와 표준 중국어의 차이들을 자세히 다루고 있는 "Mandarin vs. Cantonese", www.chinese-lessons.com/cantonese/difficulty.htm에 이 어구들이 나온다.

33. John DeFrancis, *Nationalism and Language Reform in China* (Princeton, N.J.: Princeton University Press, 1950).

34. Peter Hessler, "Oracle Bones" (*The New Yorker*, 2004. 2. 14.)에는 이에 관한 아주 흥미로운 이야기가 하나 있다. 헤슬러가 병음 개혁의 입안자 중 한 사람

에게 들은 바로는, 마오쩌둥에게 로마자를 채용하지 말고 '민족적인' 문자를 개발하라고 한 사람은 바로 소련의 스탈린이었다는 것이다. 이는 기자가 직접 듣지 않은 대화에 관해 단 한 명의 소스에게서 얻은(그것도 50년이나 지난 뒤의 기억에 의존한) 정보인 만큼, 이 사안에서 스탈린이 모종의 역할을 했다는 게 불가능한 얘기는 아닐지라도 사실이라고 단정할 수는 없을 터이다.

35.   http://itre.cis.upenn.edu/~myl/languagelog/archives/004898.html.

36.   Associated Press, 2004. 12. 4.

37.   George Thomas, *Linguistic Purism*, pp. 19-23.

7. 언어의 마이크로소프트와 애플

1.   Samuel Huntington, *Who Are We?* (London: Simon & Schuster, 2005), p. 160.

2.   Shirley Brice Heath, "Why No Official Tongue?" *Language Loyalties*, ed. James Crawford (Chicago: University of Chicago Press, 1992), pp. 21-22.

3.   같은 책, p. 24.

4.   Carol Schmid, "Historical Introduction", *The Politics of Language* (Oxford, England: Oxford University Press, 2001).

5.   Raymond Tatalovich, *Nativism Reborn?* (Lexington: University Press of Kentucky, 1995), p. 72.

6.   Luke Larsen, "The Foreign-Born Population in the United States: 2003", U.S. Census Bureau, 2004. 8., www.census.gov/prod/2004pubs/p20-551.pdf.

7.   Schmid, "Historical Introduction", p. 38.

8.   Dennis Baron, "Federal English", in Crawford, ed., *Language Loyalties*, p. 39.

9.   Tatalovich, *Nativism Reborn?*, p. 52.

10.   같은 책, p. 4.

11.   같은 책, p. 58.

12.   같은 책, p. 61.

13.   Rubén Rumbaut, Douglas Massey, and Frank Bean, "Linguistic Life Expectancies: Immigrant Language Retention in Southern California", *Population and Development Review* 32 (2006): pp. 447-460.

14.   앞 절에서 인용된 연구 결과들을 담고 있는 Alejandro Portes and Lingxin Hao, "E Pluribus Unum: Bilingualism and Loss of Language in the Second Generation", *Sociology of Education* 71 (1998)은 인지 능력과 이중 언어 사용의 관계에 관한 문헌들도 개관하고 있다.

15.   "Bilingualism Has Protective Effect in Delaying Onset of Dementia by

Four Years, Canadian Study Shows", *Medical News Today*, 2007. 1. 12., www.medicalnewstoday.com/articles/60646.php.

16. Sue Wright, *Language Planning and Language Policy* (New York: Palgrave, 2004).

17. Dennis Ager, *Identity, Insecurity and Image* (Philadelphia: Multilingual Matters, 1999), pp. 55-56.

18. 같은 책, p. 109.

19. 같은 책, p. 133.

20. Philippe Desprès, "Foreign Firms' In-House and Technical Documents Must Be in French", *International Committee Newsletter*, American Bar Association, 2006. 4.

21. "What's the French for Cock-up?", *The Economist*, 1995. 8. 12.

22. Elizabeth Manera Edelstein, "The Loi Toubon: Liberté, Egalité, Fraternité, but Only on France's Terms", *Emory International Law Review* 17 (2003), pp. 1127-1201.

8. 상자가 아니라 구름이다

1. Eric Hobsbawm, "Language, Culture, and National Identity", *Social Research* 63 (1996): p. 1068.

2. David Nettle and Suzanne Romaine, *Vanishing Voices: The Extinction of the World's Languages* (Oxford, England: Oxford University Press, 2000), pp. 60-61.

3. J. Pool, "National Development and Language Diversity", in *Advances in the Sociology of Language*, vol. 2, ed. Jonathan Fishman (The Hague: Mouton, 1972), pp. 213-30.

4. Daniel Nettle, "Linguistic Fragmentation and the Wealth of Nations: The Fishman-Pool Hypothesis Reexamined", *Economic Development and Cultural Change* 48 (2000): pp. 335-48.

5. Stanley Lieberson and Lynn Hansen, "National Development, Mother Tongue Diversity, and the Comparative Study of Nations", *American Sociological Review* 39 (1974): pp. 523-41.

6. *Oakland Tribune*, 2004. 8. 8.에 보도된 말이다. http://www.snopes.com/politics/soapbox/cosby.asp에는 관련 부분이 일부 수정된 형태로 나와 있다.

7. Malcolm X, "Coming to an Awareness of Language", in *Language Awareness*, 6th ed., eds. Paul Eschholz, Alfred Rosa, and Virginia Clark (New York: St. Martin's Press, 1994), pp. 9-11.

476

모든 언어를 꽃피게 하라
—말에 관한 잔소리의 사회사

초판 1쇄 : 2013년 4월 5일
초판 발행 : 2013년 4월 10일

지은이 : 로버트 레인 그린
옮긴이 : 김한영

펴낸이 : 박경애
펴낸곳 : 모멘토
등록일자 : 2002년 5월 23일
등록번호 : 제1-3053호
주 소 : 서울시 마포구 공덕동 242-85 2층
전 화 : 711-7024, 711-7043
팩 스 : 711-7036
E-mail : momentobook@hanmail.net
ISBN 978-89-91136-27-4   03700

잘못된 책은 구입하신 곳에서 바꿔 드립니다.